Elogios a

SEM LIMITES

"Embora muitos autores afirmem ensinar alguma habilidade incrível, nenhuma é tão poderosa quanto aprender a aprender. É o superpoder do qual se desenvolvem todos os outros... Vi com meus próprios olhos o que pode ser feito usando a tríade deste livro, de motivação, mentalidade e método. Leia e aplique o que aprender. Você se surpreenderá."

— **ERIC SCHURENBERG**, CEO da *Fast Company & Inc.*

"Minha pesquisa sobre o mal de Alzheimer enfatiza a importância de não apenas proteger o seu cérebro de lesões, mas também de se desafiar por meio do aprendizado contínuo. Jim Kwik deu palestras para a equipe, os cuidadores e os pacientes do *Cleveland Clinic Lou Ruvo Center for Brain Health*, deixando uma ótima impressão; ele é especialista em condicionamento do cérebro e aprendizado acelerado."

— **JEFFREY L. CUMMINGS**, diretor-fundador do *Cleveland Clinic Lou Ruvo Center for Brain Health*; diretor do *Center for Neurodegeneration and Translational Neuroscience*; professor e vice-diretor de Pesquisa do Departamento de Saúde do Cérebro da Universidade de Nevada–Las Vegas (UNLV)

"Enquanto eu capacito mulheres para questões financeiras, Jim Kwik capacita pessoas a assumirem as rédeas do próprio aprendizado. Nossa mente é o maior patrimônio de construção de riqueza. Ao ler *Sem Limites*, você não só ficará mais inteligente, mas alcançará coisas que nunca pensou serem possíveis."

— **NICOLE LAPIN**, âncora de telejornal, especialista financeira e autora de *Rich Bitch*; *Boss Bitch*; e *Becoming Super Woman*, best-sellers número 1 do *New York Times*

"Ao longo da história, guerreiros se preparam e se concentram. Eles são implacáveis. Jim Kwik ajuda você a dominar o seu cérebro e enfrentar as forças da distração e do pensamento negativo. *Sem Limites* é leitura obrigatória para uma mente incansável."

— **GERARD BUTLER**, premiado ator e produtor

"Enquanto eu estava na GE, Jim Kwik treinou nossa equipe executiva e deu palestras em muitas das nossas reuniões corporativas, deixando excelente impressão. Ele é um especialista de renome mundial em fornecer o treinamento e as ferramentas necessárias para que as equipes de alto impacto elevem o nível de sua organização."

— **BETH COMSTOCK**, ex-diretora de marketing e vice-presidente da General Electric, e autora do best-seller *Imagine It Forward*

"*Sem Limites* é uma inspiradora jornada de exploração de nossos dons humanos inatos e um conjunto de ferramentas para aproveitá-los ao máximo."

— **SIR KEN ROBINSON**, educador e autor best-seller do *New York Times*

"Guardo cada palavra que sai da boca de Jim Kwik. Ele tem uma capacidade poderosa de ajudar as pessoas a desbloquearem habilidades que elas nem sabiam que tinham."

— **TOM BILYEU**, CEO da Impact Theory e cofundador da Quest Nutrition

"*Sem Limites* é a companhia perfeita para quem deseja incitar uma mudança significativa. Neste livro, Jim mostrará a você como libertar sua mente, sua motivação e sua vida."

— **LISA NICHOLS**, palestrante, CEO e autora de *No Matter What!*, best-seller do *New York Times*

"Ao fazer progressos, devemos enfrentar o ceticismo e o pensamento convencional profundamente enraizado em muitos de nós. *Sem Limites* ensina como desmascarar as sete mentiras de aprendizado que impedem você de se tornar um verdadeiro gênio. O seu cérebro não será o mesmo após ler este livro!"

— **NICK ORTNER**, autor de *The Tapping Solution* e *The Tapping Solution for Manifesting Your Greatest Self*, best-sellers do *New York Times*

"Em *Sem Limites*, Jim Kwik compartilha métodos para desbloquear o seu potencial. Ele o guia, passo a passo, para se tornar a pessoa que você deseja ser, com hábitos simples de criar para aprimorar o cérebro e aprender."

— **BJ FOGG**, fundador do *Behavior Design Lab* da Universidade Stanford e autor de *Micro-hábitos*, best-seller do *New York Times*

"Jim Kwik é uma espécie de 'personal trainer' do seu cérebro. Ele treinou a minha equipe em estratégias de aprendizado acelerado para ajudá-la a apurar o foco, a produtividade e o desempenho mental. Sempre acreditei que primeiro você vence em sua mente e depois entra em campo, e não o contrário. Leia este livro, não há limites."

— **ALEX RODRIGUEZ**, ex-jogador de beisebol 3 vezes eleito MVP da temporada, e 14 vezes eleito all-star, campeão da liga norte-americana e CEO da *A-Rod Corp*

"A transformação começa com a preparação da sua mente para a mudança. Ao terminar a leitura de *Sem Limites*, você acreditará em seu potencial inexplorado. Novos níveis de sucesso são possíveis e realizáveis quando você tem Jim Kwik como guia."

— **JACK CANFIELD**, premiado palestrante, cocriador da série *Histórias para Aquecer o Coração* e autor de *Os Princípios do Sucesso,* best-seller do *New York Times*

"A memória é crucial para a felicidade, como explicou brilhantemente Jim Kwik em um de seus mais populares podcasts. Em seu livro, *Sem Limites*, ele o desafiará a fazer coisas realmente malucas, mas juro que você treinará sua mente para vencer no dia a dia e viver da melhor forma possível. O melhor de tudo? Você perceberá que só precisa de você."

— **JEANNIE MAI**, artista e produtora premiada com o Emmy e o NAACP Image Awards, e coapresentadora de *The Real*

"Da mesma forma que ajudo estudantes e adultos a superarem seus medos com relação aos números e à aritmética, Jim Kwik ajuda as pessoas a superarem as crenças que limitam o aprendizado. *Sem Limites* contém métodos práticos e comprovados de leitura dinâmica, estudo e memorização com os quais todos podemos contar!"

— **SCOTT FLANSBURG**, conhecido como The Human Calculator®, recordista do Guinness, fundador do National Counting Bee e autor do best-seller *Math Magic*

"Se você pensa que não consegue ler mais rápido, lembrar de mais coisas ou se libertar de algo que o impede de avançar, este livro é para você. Ele vai mudar sua mentalidade, motivá-lo e ajudá-lo a alcançar o que você jamais imaginou ser possível."

— **DAVE ASPREY**, CEO, fundador da Bulletproof 360, Inc. e autor de *Super Human*, best-seller do *New York Times*

"O sono tem um impacto enorme na saúde do cérebro, assim como treinar sua mente para a memorização, o aprendizado contínuo e combater pensamentos negativos. *Sem Limites* lhe dá as ferramentas para uma saúde cognitiva duradoura. Só as dez recomendações compartilhadas por Jim para gerar energia cerebral ilimitada já valem o preço do livro."

— **MICHAEL J. BREUS**, psicólogo clínico, diplomado pela *American Board of Sleep Medicine*, membro da *American Academy of Sleep Medicine* e autor do best-seller *O Poder do Quando*

"O objetivo do *USC Performance Science Institute* é ajudar estudantes, empreendedores e organizações a competirem e se destacarem por meio de práticas aplicadas, baseadas na ciência. O seminário de Jim Kwik na USC estava entre os mais valorizados e bem cotados. Suas estratégias de aprendizado acelerado são comprovadas e poderosas. *Sem Limites* é uma leitura essencial para quem quiser desafiar os limites do seu desempenho mental."

— **DAVID BELASCO**, cofundador do *USC Performance Science Institute*, diretor-executivo do *Lloyd Greif Center for Entrepreneurial Studies* e professor adjunto de empreendedorismo

"Quando se trata de aprender rápido e manter sua mente forte, Jim Kwik é o cara. Leia *Sem Limites* para ter um cérebro melhor. Salve o cérebro!"

— **STEVE AOKI**, artista, músico, DJ, produtor musical, duas vezes indicado ao *Grammy*, empreendedor, fundador da *Aoki Foundation* para a ciência e pesquisas do cérebro, e autor de *Blue*

"Nossa organização capacita as pessoas a mudarem o mundo. Engajar 4,5 milhões de agentes de mudança requer foco, disciplina e raciocínio rápido. O modelo de três vertentes de Jim Kwik em *Sem Limites* ajudou nossa equipe a aprimorar a mente para melhor resolver os problemas difíceis e criar maior impacto social."

— **MARC KIELBURGER**, cofundador do We Movement, ativista humanitário e dos direitos das crianças, colunista e autor de *Me to We*, best-seller do *New York Times*

"A mudança exponencial requer ferramentas mentais que ampliam a criatividade, o aprendizado rápido, o pensamento global e o otimismo. *Sem Limites* é uma leitura essencial para quem quer expandir o potencial da mente e ir além do que se acredita ser possível."

— **PETER H. DIAMANDIS**, presidente e fundador da XPRIZE Foundation, cofundador e presidente da Singularity University e autor de *Abundância*, best-seller do *New York Times*

"Cuidar de nosso cérebro é parte essencial da saúde e do bem-estar. *Sem Limites* lhe dá o poder para treinar e otimizar sua mente para que você possa alcançar todo o seu potencial."

— **MAIA E ALEX SHIBUTANI**, duas vezes medalhistas de patinação artística nos Jogos Olímpicos de Inverno de 2018, três vezes medalhistas mundiais, bicampeões norte-americanos e autores da série *Kudo Kids*

"O método de Jim Kwik de aprendizado, memorização e pensamento é muito empoderador. Produzir uma quantidade recorde de conteúdo, globalmente, requer atenção incrível aos detalhes. Graças aos ensinamentos de Jim, nossos apresentadores estão pensando melhor, lembrando-se mais e priorizando a saúde do cérebro, o que contribui tanto para o nosso sucesso quanto para o deles. Este livro é uma leitura obrigatória!"

— **MARIA MENOUNOS**, apresentadora do podcast *Better Together with Maria*, CEO do *@afterbuzztv*, jornalista ganhadora do Emmy e autora de *The EveryGirl's Guide to Diet and Fitness*, best-seller do *New York Times*

"Como dou muita ênfase a exercitar o cérebro e não só o corpo, achei o trabalho de Jim Kwik muito empoderador. *Sem Limites* o levará a lugares incríveis, que você nunca imaginou."

— **NOVAK DJOKOVIC**, tenista vencedor de 23 títulos de Grand Slam na categoria simples

"Minha pesquisa sobre o mal de Alzheimer me ensinou que devemos nos esforçar de forma contínua para inventar novas maneiras de usar o nosso cérebro. *Sem Limites* é uma revelação sobre aprender a aprender. Você descobrirá novas possibilidades de desafiar sua mente e viver da melhor forma possível."

— **RUDOLPH E. TANZI**, professor de Neurologia na Universidade Harvard, diretor da Unidade de Pesquisa em Genética e Envelhecimento do Hospital Geral de Massachusetts e autor de *Supercérebro*, best-seller do *New York Times*

"Atingir suas metas na vida é um jogo tanto mental quanto físico. Você quer aumentar suas habilidades e melhorar seu foco? *Sem Limites* é para você! Jim Kwik é seu treinador."

— **APOLO ANTON OHNO**, oito vezes medalhista na patinação de velocidade em pista curta nos Jogos Olímpicos de Inverno, palestrante e autor de *Zero Regrets*, best-seller do *New York Times*

"Quando era garota, sonhava em viajar para o espaço. Sonhar grande é algo que me encanta ensinar para outras pessoas, especialmente aos jovens de hoje. Jim compartilha essa mesma visão, de que nada pode impedi-lo quando você percebe o seu potencial ilimitado. *Sem Limites* não apenas o deixará mais inteligente, mas o ajudará a sonhar grande."

— **ANOUSHEH ANSARI**, CEO da XPRIZE Foundation, primeira mulher turista espacial da história e primeira embaixadora espacial

"Jim Kwik é o treinador da elite mundial quando o assunto é o cérebro. Em *Sem Limites*, ele abre um caminho para uma transformação que fortalece sua capacidade mental, faz você pensar mais rápido e lhe deixa mais inteligente do que quando começou."

— **TRACY ANDERSON**, CEO, pioneira no mercado fitness e autora do livro *A Dieta dos 30 dias*

"Quando meu filho sofreu uma lesão cerebral traumática com risco de vida, aprendi que a forma de pensar é tudo. Em *Sem Limites*, Jim Kwik compartilha a mentalidade e os métodos essenciais para prosperar em um mundo de mudanças. Mesmo quando as probabilidades parecem estar contra você, este livro mostra que tudo é possível."

— **JJ VIRGIN**, celebridade da nutrição e especialista no mercado fitness, autora de *The Virgin Diet*, best-seller do *New York Times*

"Quando você se conecta ao seu verdadeiro eu, algo mágico acontece. Ajudo pessoas a se expressarem por meio do movimento e da dança. *Sem Limites*, de Jim Kwik, explora a mesma fonte de crença de que tudo é possível."

— **JULIANNE HOUGH**, dançarina, atriz e cantora vencedora do Emmy, criadora da plataforma KINRGY

"Na vida e na competição, os melhores permanecem pacientes, consistentes e implacáveis. *Sem Limites*, de Jim Kwik, o ajudará a alcançar uma nova mentalidade — que o ajudará a atingir os seus sonhos."

— **DEREK HOUGH**, duas vezes ganhador do Emmy, hexacampeão do *Dancing with the Stars* e autor de *Taking the Lead*, best-seller do *New York Times*

"Jim Kwik é especialista em obter resistência mental e clareza de foco. *Sem Limites* lhe dará resultados sustentáveis em tudo o que você busca."

— **MIKE BRYAN**, tenista e maior vencedor de títulos de duplas na história

"Sabemos muito bem a importância do alimento como combustível para um cérebro saudável. O que você faz para aprimorar suas habilidades cognitivas também é importante. Em *Sem Limites*, Jim Kwik ensina as estratégias de mentalidade e meta-aprendizado, que ajudam a atingir níveis geniais."

— **MAX LUGAVERE**, apresentador do podcast *Genius Life* e autor de *Genius Foods*, best-seller do *New York Times*

"Trabalhei com super-heróis na tela durante toda a minha carreira e posso dizer que a capacidade de Jim de melhorar seu aprendizado e sua vida é um dos maiores superpoderes do mundo. *Sem Limites* é para qualquer pessoa ou organização que busca obter produtividade e performance mentais excepcionais."

— **JIM GIANOPULOS**, presidente e CEO da *Paramount Pictures*

"Existe toda uma ciência por trás da aptidão cerebral, do aprimoramento da memória e da acuidade mental. E Jim Kwik é o melhor guia. Este livro é leitura obrigatória a qualquer um que deseja maximizar seu potencial cognitivo e sua habilidade de aprendizado."

— **LISA MOSCONI**, diretora do Women's Brain Initiative e diretora associada da Alzheimer's Prevention Clinic na Weill Cornell Medical College, professora adjunta de neurociência em neurologia e radiologia e autora do livro *The XX Brain*

"Não há pílula da genialidade, mas Jim lhe oferece o processo de libertar o melhor do seu cérebro e trazer um futuro mais brilhante."

Do prefácio de **MARK HYMAN**, chefe de estratégia e inovação do Cleveland Clinic Center for Functional Medicine e autor de catorze best-sellers do *New York Times*

"Jim Kwik é simplesmente sensacional. Em meu livro *Use Seu Cérebro para Mudar Sua Idade*, escrevi um capítulo inteiro sobre ele, porque uma das estratégias para reverter o envelhecimento cerebral e prevenir o Alzheimer é trabalhar o seu cérebro. E não há nada em que eu acredite mais do que em Jim Kwik e seus programas para otimizar a função cerebral."

— **DR. DANIEL AMEN**, físico, psiquiatra duplamente certificado e autor de dez best-sellers do *New York Times*

"Tenho plena consciência do quão importante é manter sua mente e memória afiadas. As ferramentas e técnicas de Jim Kwik em *Sem Limites* são as melhores amigas do seu cérebro."

— **MARIA SHRIVER**, jornalista ganhadora do Emmy, fundadora do *Women's Alzheimer's Movement* e autora de *I've Been Thinking*, best-seller do *New York Times*

"Como uma pessoa que buscou conhecimento por toda a vida, entendo perfeitamente o que Jim Kwik ensina em *Sem Limites*. Quando você aprende a aprender, tudo é possível. E Jim é o melhor do mundo em mostrar a você como."

— **QUINCY JONES**, produtor musical, vencedor do *Grammy Living Legend Award* e autor de *Q*, best-seller do *New York Times*

"Quero agradecer ao meu amigo Jim Kwik por todo o seu apoio ao compromisso da Fundação Stan Lee com a alfabetização e a educação. Acredito que há um super-herói em cada um de nós e, no Kwik Learning, você descobrirá como libertar seus superpoderes."

— **STAN LEE**, presidente emérito da Marvel

"Jim Kwik é, de longe, o melhor treinador de memorização do mundo. Nosso programa Mindvalley, em parceria com Jim, se tornou o número 1 do mundo e, em um estudo com quase mil estudantes, o aumento médio na velocidade de leitura foi de incríveis 170% usando apenas lições de dez minutos ao dia, durante sete dias."

— **VISHEN LAKHIANI**, fundador e CEO do Mindvalley e autor de *O Código da Mente Extraordinária*, best-seller do *New York Times*

"Jim Kwik tem a habilidade de expandir sua mente e acender sua genialidade interior. Como diz minha música *Unwritten*, sua vida é sua história. *Sem Limites* o ajudará a escrever a sua, com novas possibilidades."

— **NATASHA BEDINGFIELD**, cantora e compositora indicada ao Grammy

BEST-SELLER DO *NEW YORK TIMES*

SEM LIMITES

APRIMORE SEU CÉREBRO, APRENDA MAIS RÁPIDO E DESCUBRA UMA VIDA EXCEPCIONAL

EDIÇÃO AMPLIADA

JIM KWIK

ALTA LIFE
EDITORA

Sem Limites

ISBN: 978-85-508-2415-4

Alta Life é uma Editora do Grupo Editorial Alta Books.

Translated from original Limitless © 2023 by Jim Kwik. ISBN 978-1-4019-6871-1. This translation is published and sold by Hay House, Inc., the owner of all rights to publish and sell the same. PORTUGUESE language edition published by Starlin Alta Editora e Consultoria Eireli, Copyright © 2024 by STARLIN ALTA EDITORA E CONSULTORIA LTDA.

Impresso no Brasil — 1ª Edição, 2024 — Edição revisada conforme o Acordo Ortográfico da Língua Portuguesa de 2009.

Dados Internacionais de Catalogação na Publicação (CIP)
(BENITEZ Catalogação Ass. Editorial, MS, Brasil)

K99s
1.ed. Kwik, Jim
Sem limites : aprimore seu cérebro, aprenda mais rápido e descubra uma vida excepcional / Jim Kwik ; tradução Wendy Campos. - 1.ed. - Rio de Janeiro : Alta Books ; Selo Alta Life, 2024.
400 p.; il.; 15,7 x 23 cm.

Título original: Limitless: upgrade your brain, learn anything faster, and unlock your exceptional life.
ISBN 978-85-508-2415-4

1. Aprendizagem - Metodologia. 2. Cérebro - Aspectos de saúde. 3. Cérebro - Desenvolvimento. 4. Cérebro - Fisiologia. 5. Memória. 6. Neurociência. I. Campos, Wendy. II. Título.

10-2024/240 CDD 612.89

Índice para catálogo sistemático:
1. Cérebro : Desenvolvimento : Neurociência : Ciências médicas 612.89
Aline Graziele Benitez - Bibliotecária - CRB-1/3129

Grupo Editorial Alta Books

Produção Editorial: Grupo Editorial Alta Books
Diretor Editorial: Anderson Vieira
Editor da Obra: Gorki Starlin
Vendas Governamentais: Cristiane Mutüs
Gerência Comercial: Claudio Lima

Produtor Editorial: Thiê Alves
Copidesque com Tradução: Wendy Campos
Revisão: Ana Gabriela Dutra
Diagramação: Diego Santos

ALTA BOOKS
GRUPO EDITORIAL

Rua Viúva Cláudio, 291 — Bairro Industrial do Jacaré
CEP: 20.970-031 — Rio de Janeiro (RJ)
Tels.: (21) 3278-8069 / 3278-8419
www.altabooks.com.br — altabooks@altabooks.com.br
Ouvidoria: ouvidoria@altabooks.com.br

Editora **afiliada à:**

Para meus leitores e alunos, e aos heróis sem limites dentro de vocês. Obrigado pelo seu tempo e confiança.

Este aqui é para vocês.

SUMÁRIO

PREFÁCIO DA EDIÇÃO AMPLIADA

A primeira edição de *Sem Limites* foi publicada no tumultuado mês de abril de 2020. O mundo foi lançado em um período de desafios sem precedentes. Ainda assim, em meio ao caos, a resposta ao livro original superou meus sonhos mais loucos. Tornou-se um best-seller do *New York Times*, foi traduzido para uma infinidade de idiomas e conquistou leitores de inúmeros países. Testemunhar essa acolhida mundial e ouvir as histórias transformadoras durante uma crise global foi tanto reconfortante quanto um exercício de humildade.

Uma história que me emocionou muito foi a de Jane, que, apesar de recursos financeiros muito limitados, retomou sua educação e foi a primeira de sua família a obter um diploma universitário, o que lhe possibilitou se aventurar em uma carreira que ela acreditava estar além de seu alcance. A jornada de Jane é um testemunho convincente do potencial inerente em todos nós.

Até o momento em que escrevo, a primeira edição acumulou mais de 33 mil avaliações de leitores na Amazon e no Goodreads. Com uma carreira dedicada a promover o poder transformador da leitura, estou muito ciente do potencial de mudança de vida que os livros podem ter. Mesmo assim, estou impressionado com a multiplicidade de histórias impactantes que encontrei. Como a de Ryan, que, aos 50 anos, desenvolveu uma sede insaciável de aprendizado pela primeira vez em sua vida, e a de Sandra, uma doutora em física e estudante universitária de primeira geração que confessou: “Eu me sinto realizada de muitas maneiras, mas sinto que só desenvolvi uma confiança recentemente, e *Sem Limites* foi a chave que desbloqueou meu potencial em áreas que eu não acreditava serem possíveis.”

Nos anos seguintes, à medida que o mundo começou a se reestruturar e evoluir, certas mudanças se consolidaram em nossa vida, especialmente no âmbito profissional. Reconhecendo esse movimento, adicionei um novo capítulo, “Sem Limites no Trabalho”. Ele oferece as ferramentas mentais necessárias para se adaptar e prosperar, quer você esteja trabalhando em regime totalmente remoto, adotando o modelo híbrido ou retomando o ambiente de escritório tradicional.

A saúde, também, recebeu um olhar renovado durante a pandemia. Embora a primeira edição já abordasse os alimentos para o cérebro, expandi o escopo para incluir um capítulo detalhado sobre Nutrição Cerebral, abrangendo os mais recentes avanços na ciência dos nootrópicos e do desempenho cognitivo.

Uma das adições mais empolgantes a esta versão ampliada é uma avaliação inovadora dos tipos de cérebro. Combinando insights sobre estilos de aprendizagem, tipos de personalidade e funcionalidade cerebral, este novo capítulo oferece uma compreensão abrangente de sua forma de interagir com o mundo. Essa poderosa ferramenta o ajudará a traçar o curso de sua jornada ilimitada, e aguardo ansiosamente seus feedbacks.

Outro acréscimo crucial a esta edição é o capítulo sobre aproveitar a Inteligência Artificial (IA) para impulsionar a Inteligência Humana (IH). Em nosso mundo em rápida evolução, a IA não é mais apenas ficção científica — é uma realidade. Esse capítulo irá orientá-lo sobre o uso da IA para aumentar sua inteligência natural, fornecendo-lhe o impulso necessário para acompanhar a era digital.

As inspiradoras histórias de transformação que surgiram da leitura e da aplicação do livro original, algumas das quais foram incorporadas nesta edição ampliada, dão vida às páginas desta versão. Essas narrativas adicionam profundidade e contexto ao livro, lembrando-nos de que a jornada rumo ao ilimitado é compartilhada.

Em um contexto pessoal, assumir o papel de pai aprofundou meu compromisso em promover um futuro repleto de possibilidades ilimitadas — para meu filho, para seus filhos e para cada um de nós. Almejo um futuro em que podemos nos unir para liberar nosso verdadeiro potencial.

Esta edição ampliada de *Sem Limites* tem o objetivo de aproveitar o impulso. Em nosso mundo pós-pandêmico, impactado pela IA, manter esse impulso para aprender, adaptar, liderar e contribuir não é apenas oportuno, mas atemporal.

Então, um brinde a embarcar numa jornada para uma vida repleta de significado e impulso ilimitado.

Jim Kwik

PREFÁCIO

O cérebro é o nosso bem mais precioso.

É ele que nos permite aprender, amar, pensar, criar e até sentir alegria. É a porta de entrada para nossas emoções, para nossa capacidade de experienciar uma vida com significado e ter relacionamentos duradouros. Também nos permite inovar, crescer e alcançar nossas metas.

No entanto, poucos percebem que é possível aperfeiçoar nosso cérebro e potencializar nossa capacidade de aprender ao utilizar uma série de métodos práticos. Muitos sabem que podemos melhorar nossa saúde cardiovascular com exercícios e dieta, mas a imensa maioria não percebe que também podemos aprimorar consideravelmente nosso cérebro — e, ao fazer isso, nossa vida.

Infelizmente, nosso mundo não promove um ambiente saudável para o cérebro. Antes de Jim Kwik oferecer um roteiro para torná-lo sem limites, ele identifica os quatro vilões emergentes que desafiam nossa capacidade de pensar, se concentrar, aprender, crescer e ser totalmente humano.

O primeiro é o *dilúvio digital* — o interminável fluxo de informações em um mundo de tempo limitado e expectativas injustas que levam à sobrecarga, à ansiedade e à insônia. Inundados por dados e mudanças rápidas, ansiamos por estratégias e ferramentas para recuperar a produtividade, o desempenho e a tranquilidade.

O segundo vilão é a *distração digital*. O fugaz estímulo de prazer gerado pela dopamina digital substitui nossa capacidade de manter a atenção necessária para aprofundar relacionamentos, aprendizagem e trabalho. Recentemente, sentei próximo a uma amiga numa palestra e reparei que ela pegou o telefone várias vezes em poucos minutos. Pedi seu celular emprestado e acessei o aplicativo que mede o tempo de uso. Ela pegou o aparelho mais de mil vezes e recebeu mil notificações em um dia. Mensagens, avisos de redes sociais, e-mails e alertas de notícias, embora importantes no contexto, podem atrapalhar nossa concentração e nos condicionar a nos manter distraídos ao que mais importa no momento.

O terceiro vilão é a *demência digital*. A memória é um músculo que nos permitimos atrofiar. Embora haja benefícios em ter um supercomputador no bolso, pense nele como uma bicicleta elétrica. É divertida e fácil de usar, mas não o deixa em forma. Pesquisas sobre demência provam que quanto maior nossa capacidade de aprender — ou seja, quanto mais exercícios mentais fazemos —, menor o risco de demência. Em muitos casos, para nosso prejuízo, terceirizamos nossa memória.

O último vilão que causa danos ao cérebro é a *dedução digital*. Em um mundo no qual a informação é abundante e acessível, talvez tenhamos ido longe demais na forma como a usamos, chegando ao ponto em que estamos deixando que a tecnologia substitua nosso pensamento e nosso raciocínio crítico. Há tantas pessoas tirando conclusões online que começamos a renunciar à nossa capacidade de tirá-las por conta própria. Nunca permitiríamos que outra pessoa pensasse por nós, mas nos sentimos muito mais confortáveis ao deixar que os dispositivos tenham esse poder.

Os efeitos cumulativos desses quatro vilões digitais tiram nosso foco, atenção, aprendizado e, principalmente, a habilidade de pensar de verdade. Isso acaba com a nossa clareza mental, o que causa fadiga cerebral, distração, incapacidade de aprendizado e infelicidade. Embora os avanços tecnológicos atuais tenham potencial tanto para ajudar como para prejudicar, a forma como os usamos na sociedade pode levar a uma epidemia de sobrecarga, perda de memória, distração e dependência. E isso só vai piorar.

A mensagem deste livro não poderia ser mais oportuna. Você nasceu com uma tecnologia de última geração e não há nada mais importante do que a saúde e a aptidão do nosso cérebro — ele controla tudo na vida. Aprender a filtrar todos os dados e desenvolver novos métodos e habilidades para lidar com um mundo distraído, inundado por informações, são ferramentas fundamentais para prosperar no século XXI. O aprendizado e a habilidade para aprender mais rápido e de forma mais fácil tornam possíveis todos os demais aspectos da vida, ou seja, nunca houve um momento melhor para treinar o cérebro da forma como você faz com seu corpo. Da mesma maneira que você quer um corpo saudável, também deseja um cérebro dinâmico, forte, energizado e em forma. É isso que Jim faz para ganhar a vida — ele é o *personal trainer* da mente.

Os quatro supervilões são somente um exemplo dos limites que você terá de aprender a superar neste livro. Segundo Jim, a chave para uma vida excepcional é o processo de não nos limitarmos. E ele decifrou o código para a transformação pessoal com seu Modelo Sem Limites. Se você está tentando atingir uma meta em qualquer área, o primeiro segredo é se perguntar: onde está o limite? Provavelmente a limitação está em sua mentalidade, em sua motivação ou em seus métodos — e isso não significa que você tenha uma deficiência ou falha pessoal que leve à falta de habilidade percebida. Ao contrário do que costumamos acreditar, nossas barreiras não são fixas. Estamos em total controle e podemos superá-las a qualquer momento.

Se nossa mentalidade não estiver alinhada com nossos desejos ou metas, nunca os alcançaremos. É fundamental identificar crenças e histórias limitantes, bem como convicções, atitudes e suposições profundas sobre você e o que é possível. Examinar, revelar e eliminar essas crenças é o primeiro passo para ter uma mentalidade sem limites. Uma vez minha mãe me disse que eu poderia fazer qualquer coisa, que eu era inteligente e capaz e que poderia ser o melhor no que tentasse. Essa crença profundamente enraizada me permitiu ter sucesso além dos meus melhores sonhos. Mas eu também desenvolvi a crença de que relacionamentos são complicados e repletos de dor e drama ao testemunhar o divórcio e casamentos posteriores dos meus pais. Levei quase cinquenta anos para eliminar essa crença e encontrar a felicidade real em meu casamento.

O segundo segredo para uma vida sem limites é a sua motivação; Jim descreve três elementos-chave. O primeiro é o seu propósito. A razão pela qual isso importa. Quero envelhecer bem e estou empenhado em exercitar e fortalecer meu corpo, mesmo que essa não seja minha atividade favorita. O propósito supera o desconforto.

O segundo elemento-chave é a habilidade de fazer o que você quer. Isso requer o chamado gerenciamento de energia. A ciência da performance humana é essencial para alcançar seu objetivo — comer alimentos integrais não processados, fazer exercícios, controlar o estresse, ter um sono de qualidade e habilidades de comunicação e construção de relacionamentos saudáveis (e eliminação dos tóxicos). E, finalmente, as tarefas devem ser desdobradas em pedacinhos, pequenas etapas que levam ao sucesso. Passar o fio dental em um dente, ler uma página do livro, fazer uma flexão, meditar por um minuto. Tudo isso o levará a ganhar confiança e, finalmente, a sucessos maiores.

O último elemento-chave para não ter limites é usar o método certo. Aprendemos ferramentas dos séculos XIX e XX para operar no século XXI. O Método Sem Limites nos ensina as cinco principais estratégias para obtermos o que quisermos: Foco, Estudo, Aprimoramento da Memória, Leitura Dinâmica e Pensamento Crítico. O uso dessas tecnologias de aprendizado atualizadas nos permite aproveitar nossa mentalidade e motivação para tornar sonhos realidade com mais facilidade e eficácia.

Limites não são novidade para Jim. Depois de uma lesão na cabeça sofrida na infância prejudicar seu foco, sua concentração e sua capacidade de aprender, uma professora insensível apontou para ele e falou: "Aí está o garoto com o cérebro quebrado." Jim passou a vida aprendendo como superar e curar sua lesão, transformando seus desafios em um superpoder de aprendizado. Todos temos um cérebro quebrado, em um grau ou outro. *Sem Limites* é a receita para curar nosso cérebro, reformular crenças limitantes e melhorar a vida. Aprender a aprender é o superpoder derradeiro, aquele que torna todos os outros possíveis. E ensinar isso é o objetivo deste livro.

Em *Sem Limites*, Jim Kwik traz um roteiro para fazermos exatamente isso. Muitos de nós não somos criados com as ferramentas necessárias, mas Jim generosamente compartilha neste livro tudo o que aprendeu. Ele passou três décadas trabalhando em campo com pessoas de todas as esferas da vida: estudantes, professores, celebridades, trabalhadores do setor da construção, políticos, empreendedores, cientistas. Ele trabalhou com alguns dos sistemas educacionais mais avançados do mundo, treinando educadores, supervisores e estudantes em seus métodos. Seus ensinamentos realmente funcionam e podem beneficiar a todos nós.

Não há uma pílula da genialidade, mas existe um processo para chegar lá, e você irá encontrá-lo nestas páginas. *Sem Limites* é um plano para atualizar seu cérebro, não apenas para aprender a aprender mais rápido, melhor e com mais eficácia, mas também para curar seu cérebro por meio de nutrição, suplementos, exercícios, meditação, sono e muito mais, de modo a aumentar a criação de novas células cerebrais e as conexões entre elas.

Jim reúne três livros em um. Se sua mentalidade, sua motivação e seus métodos atuais estão limitando a capacidade de alcançar seus sonhos, então *Sem Limites* é o manual para um cérebro e um futuro melhores, mais positivos e brilhantes. Seu aprendizado e sua vida nunca mais serão os mesmos.

— Mark Hyman,
chefe de estratégia e inovação no
Cleveland Clinic Center for Functional Medicine
e autor de doze best-sellers do *New York Times*
Dezembro de 2019

"Sabe quando você era criança, sua imaginação não tinha limites e você realmente acreditava em magia? Eu pensava que tinha superpoderes."

— MICHELLE PHAN

INTRODUÇÃO

Qual é o seu maior desejo? Sério, se um gênio lhe oferecesse um desejo, somente um, o que você pediria?

Desejos ilimitados, é claro!

Agora, pense que sou o seu gênio da aprendizagem e posso lhe conceder um desejo de aprendizado — qualquer assunto ou habilidade. O que você gostaria de aprender? O que seria equivalente aos "desejos ilimitados"?

Aprender a aprender, certo?

Se você realmente soubesse como aprender de forma mais inteligente, rápida e melhor, poderia usar isso para tudo. Aprender a dominar sua mentalidade ou sua motivação, ou usar os métodos para aprender mandarim, marketing, música, artes marciais ou matemática — não haveria limites! Você seria um super-herói mental! Tudo seria possível porque você não teria limites!

Minha missão com este livro é conceder esse desejo nas páginas a seguir. Começo dizendo o quanto eu respeito e admiro você. Ao investir na compra e na leitura deste livro, você está muito à frente da maioria da população que simplesmente aceita as atuais condições e restrições. Você é parte de um pequeno grupo de indivíduos que não só quer mais para sua vida, como também está disposto a fazer o necessário para chegar lá. Em outras palavras, você é o herói desta história; atendeu ao chamado para a aventura. Acredito que a verdadeira aventura que vivemos é mostrar e entender todo o nosso potencial, inspirando outras pessoas a fazerem o mesmo.

Não tenho como saber como a jornada da sua vida lhe trouxe a este livro. Suponho que pelo menos parte dela seja aceitar os limites impostos a você, seja por outras pessoas ou por si mesmo: você não consegue ler rápido o suficiente para acompanhar tudo o que precisa saber. Sua mente não é ágil o suficiente para ter sucesso no trabalho. Você não está motivado para fazer as coisas ou não tem energia para alcançar seus objetivos. E por aí vai.

A natureza deste livro é transcender — acabar com o transe: a hipnose em massa e as mentiras que aprendemos de nossos pais, na programação da

TV, na imprensa ou em campanhas de marketing, que sugerem que somos limitados. De alguma forma, não somos o suficiente, não somos capazes de ser, fazer, ter, criar ou contribuir.

Acreditar que você é limitado também pode impedi-lo de realizar seus maiores sonhos — pelo menos até agora. Mas prometo que nenhuma de suas crenças realmente restringe quem você é. Todos temos um vasto potencial dentro de nós, níveis inexplorados de força, inteligência e foco. E a chave para ativar esses superpoderes é se desprender dos limites. Durante mais de 25 anos, trabalhei com pessoas de todas as idades, nacionalidades, raças, níveis socioeconômicos e educacionais. O que descobri é que, não importa sua origem ou que desafios encarou, você tem um potencial incrível esperando para ser explorado. Cada pessoa — independentemente de idade, experiência, educação, gênero ou história pessoal — pode ir além do que acredita que merece e é possível. E isso inclui você. À medida que trabalharmos juntos, você passará a pensar em suas próprias limitações como um conceito ultrapassado.

Falo sobre super-heróis e superpoderes neste livro. Mas por quê? Em primeiro lugar, sou meio nerd. Por conta da lesão cerebral em minha infância e dos desafios de aprendizado, eu usava as histórias em quadrinhos e os filmes como fuga, para me inspirar durante minhas batalhas. Percebi que todos os meus favoritos compartilhavam o mesmo padrão: a Jornada do Herói. A estrutura clássica de trama de Joseph Campbell aparece em quase todas as aventuras famosas, como *O Mágico de Oz*; *Star Wars*; *Harry Potter*; *Comer, Rezar, Amar*; *Jogos Vorazes*; *Rocky*; *Senhor dos Anéis*; *Alice no País das Maravilhas*; *Matrix* e outros.

Pense em sua história favorita ou em um dos filmes ou livros que acabei de mencionar. Soa familiar? O herói (por exemplo, Harry Potter) começa em um mundo comum, que todos conhecemos. Então, ele recebe um chamado para a aventura. Ele tem uma escolha: ignorar e permanecer no mundo comum, onde nada mudará, ou atender ao chamado e encarar o desconhecido. Se ele atender ao chamado (como Neo quando tomou a pílula vermelha em *Matrix*), encontrará o seu guia ou mentor (como o senhor Miyagi, de *Karate Kid*), que vai treiná-lo e prepará-lo para superar os obstáculos e atingir novos níveis de satisfação. O herói é apresentado aos seus novos poderes e habilidades, e é estimulado a usá-los como nunca havia feito. Ele transcende as limitações percebidas, aprende uma nova maneira de ser e enfrenta suas provações. Quando ele retorna ao mundo normal (como Dorothy voltando ao Kansas), carrega o benefício máximo (o tesouro, as emoções, a força, a clareza e a sabedoria que descobriu em sua aventura). Então, compartilha as lições e os dons com outras pessoas.

A Jornada do Herói é a estrutura perfeita para fornecer poder e propósito à sua história pessoal. Em *Sem Limites*, você é o super-herói.

Uma de minhas principais crenças é a de que o potencial humano é um dos únicos recursos infinitos que temos no mundo. Quase todo o resto é limitado, mas a mente humana é o superpoder principal: não há limites para a nossa criatividade, imaginação, determinação ou capacidade de pensar, raciocinar ou aprender. No entanto, esse recurso também está entre os menos explorados. Todos podemos ser heróis em nossa própria história, mergulhando no poço do nosso potencial todos os dias ou nunca deixando-o secar. Mas poucos veem a vida dessa forma. É por isso que escrevi este livro: para ajudá-lo a perceber que, não importa onde você está ou de onde veio, pode realmente se libertar, indo dos limites à libertação. Talvez seja o único elemento "extra" que você precisa para passar do mundo comum para o *extra*ordinário.

Este livro lhe dará esse extra. O que você obterá das páginas a seguir é uma série de ferramentas que o ajudará a eliminar suas restrições percebidas. Você aprenderá a tornar seu cérebro sem limites. Aprenderá a derrubar os limites do seu impulso. Aprenderá a tornar sua memória, seu foco e seus hábitos sem limites. Se sou o mentor na sua Jornada do Herói, este livro é o mapa para você dominar sua mente, sua motivação e seus métodos para aprender a aprender. E, quando fizer isso, não haverá limites para você.

Esta é a porta; você sabe o que está esperando do outro lado. Siga em frente.

“Se um ovo é quebrado por uma força externa, a vida termina. Se é quebrado por uma força interna, a vida começa. Grandes coisas sempre começam a partir de seu interior.”

— JIM KWIK

PARTE I

LIBERTE A SUA MENTE

"Nós não precisamos de magia para mudar o mundo. Nós já temos todo o poder necessário dentro de nós mesmos."

— J. K. ROWLING

1

TORNANDO-SE SEM LIMITES

"Eu sou tão idiota."

"Não consigo entender."

"Sou muito burro para aprender."

Esses eram os meus mantras enquanto crescia. Não houve um dia em que não achasse que era lento, burro e que jamais aprenderia a ler, muito menos conseguir fazer qualquer coisa na vida. Se existisse uma pílula capaz de turbinar meu cérebro e me tornar mais inteligente de uma só vez (como no filme *Sem Limites*, lançado em 2011 e estrelado por Bradley Cooper), eu daria tudo para tê-la.

Eu não era o único a achar isso. Se você tivesse perguntado aos meus professores de infância, muitos diriam que eu seria a última pessoa que eles esperavam escrever este livro. Naquela época, eles ficariam surpresos ao saber que eu estava *lendo* um livro, quanto mais escrevendo um.

A origem disso tudo foi um incidente no jardim de infância que alterou completamente o rumo da minha vida. Estava na sala um dia e ouvi sirenes do outro lado da janela. Todos perceberam, a professora olhou para fora e disse que havia caminhões dos bombeiros. A classe inteira reagiu a essa informação como típicos alunos do jardim de infância: correndo imediatamente para a janela. Eu fiquei particularmente animado porque, naquela época, era obcecado por super-heróis (ainda sou). Para mim, os bombeiros eram o mais próximo dos super-heróis da vida real. Corri para a janela, como todo mundo.

O único problema é que eu não era alto o suficiente para ver os caminhões lá embaixo. Uma criança pegou uma cadeira para enxergar melhor, o que inspirou as demais a fazer o mesmo. Corri para a minha mesa para pegar minha cadeira, empurrando-a contra o enorme aquecedor que corria por toda a extremidade inferior das janelas. Subi nela, vi os bombeiros e fiquei muito empolgado. Era demais! Meus olhos brilhavam e mal conseguia fechar a boca enquanto observava aqueles corajosos heróis em ação, com seus uniformes aparentemente indestrutíveis e o brilhante veículo vermelho.

Mas uma das crianças puxou minha cadeira, fazendo com que eu me desequilibrasse e caísse de cabeça no aquecedor. Bati com força no metal e comecei a sangrar. A escola me mandou imediatamente para o hospital, onde os médicos cuidaram dos meus ferimentos. Mas foram sinceros com a minha mãe; a lesão no meu cérebro não havia sido leve.

Minha mãe disse que nunca mais fui o mesmo. Se antes do acidente eu era elétrico, confiante e curioso, depois parecia visivelmente desligado e passei a ter dificuldade em aprender. Era extremamente difícil manter o foco, não conseguia me concentrar e minha memória era péssima. Como você pode imaginar, a escola se tornou uma provação para mim. Os professores se repetiam até que eu aprendi a fingir que entendia. Enquanto todas as outras crianças aprendiam a ler, eu não conseguia entender as palavras. Você se lembra daquelas rodas de leitura, em que o livro era passado de mão em mão e todos tinham que ler em voz alta? Para mim, era a pior parte — esperava nervoso, enquanto o livro se aproximava, apenas para olhar a página e não entender uma palavra (acho que foi daí que surgiu o meu pavor de falar em público). Levaria mais três anos para conseguir ler, e isso continuou sendo um problema e uma árdua batalha por um longo tempo.

Não sei se aprenderia a ler se não fosse pelos heróis que conheci nas revistas em quadrinhos. Livros normais não prendiam a minha atenção, mas meu fascínio por quadrinhos me levou a continuar me esforçando até que conseguisse ler sem ter que esperar que outra pessoa o fizesse. Eu lia usando uma lanterna, debaixo das cobertas, à noite. Essas histórias me deram a esperança de que era possível uma pessoa superar probabilidades impossíveis.

Meus super-heróis favoritos na infância eram os X-Men. Não só porque eles eram fortes, mas também por serem incompreendidos e estranhamente diferentes. Eu me identificava com eles. Eram mutantes, não se encaixavam na sociedade e as pessoas que não os compreendiam acabavam evitando-os. Era o meu caso, exceto pelos superpoderes. Os X-Men eram párias, assim como eu. Pertencia ao mundo deles.

Cresci no Condado de Westchester, nos subúrbios da cidade de Nova York, e fiquei superempolgado no dia em que descobri que, de acordo com os quadrinhos, a Escola para Jovens Superdotados, do Professor Xavier, ficava perto da minha casa. Quando tinha 9 anos de idade, pegava minha bicicleta e pedalava quase todo final de semana pela vizinhança, procurando a chamada Mansão X. Estava obcecado. Pensava que, se pudesse localizá-la, acharia lá um lugar onde finalmente poderia me encaixar, onde era seguro ser diferente, onde poderia descobrir e desenvolver meus superpoderes.

O GAROTO COM O CÉREBRO QUEBRADO

No mundo real, a vida não era muito gentil. Foi mais ou menos nessa época que minha avó, que vivia conosco e ajudou a me criar, começou a desenvolver sinais avançados de demência. Ver alguém que você ama perder a capacidade mental e a memória é difícil de descrever. Era como perdê-la seguidas vezes até sua morte. Ela era meu mundo, e sua condição, aliada às minhas dificuldades de aprendizado, é o motivo de eu ser tão apaixonado por saúde e condicionamento cerebral.

De volta à escola, era intimidado e ridicularizado não só fora de sala, mas também dentro dela. Lembro-me de um dia no ensino fundamental quando uma professora, frustrada porque eu não entendia a lição, apontou para mim e falou: “Esse é o garoto com o cérebro quebrado.” Fiquei arrasado ao descobrir que aquela era a forma como ela me via — e que os outros, provavelmente, achavam o mesmo.

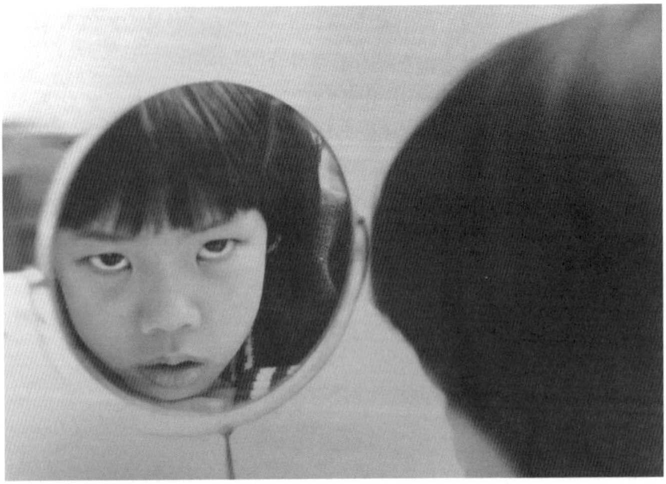

Ao rotularmos algo ou alguém, muitas vezes criamos um limite — o rótulo se torna a limitação. As pessoas adultas precisam ter muito cuidado com o que falam, pois suas palavras rapidamente são interiorizadas por uma criança. Foi o que aconteceu comigo naquele momento. Sempre que tinha dificuldades para aprender, ia mal em alguma prova, não era escolhido para um time na aula de educação física ou tinha um desempenho inferior ao dos meus colegas, dizia a mim mesmo que era porque meu cérebro estava quebrado. Como poderia esperar ir tão bem quanto os outros? Eu era defeituoso. Minha mente não funcionava como a dos demais. Mesmo quando estudava muito mais do que meus colegas, as notas nunca refletiam o meu esforço.

Era muito teimoso para desistir e fui conseguindo passar de ano, mas não estava prosperando. Enquanto era bom em matemática graças à ajuda dos meus amigos inteligentes, era péssimo em muitas outras áreas, principalmente matérias como inglês, leitura, línguas estrangeiras e música. Então, em meu primeiro ano do ensino médio, as coisas chegaram a um ponto em que eu corria o risco de ser reprovado em inglês. Meus pais foram chamados pela professora para discutirem o que eu poderia fazer para ser aprovado.

Ela ofereceu um projeto com crédito extra para mim. Eu teria que escrever um relatório comparando as vidas e os feitos de dois gênios: Leonardo da Vinci e Albert Einstein. Ela me disse que garantiria os pontos necessários para eu passar se fizesse um bom trabalho.

Encarei aquilo como uma grande oportunidade, uma chance de recomeçar o que tinha sido um começo difícil em meus anos no ensino médio. Dediquei-me ao máximo para escrever o melhor relatório possível. Passei horas na biblioteca após a aula, tentando aprender tudo o que pudesse sobre aquelas duas grandes mentes enquanto trabalhava no relatório. Curiosamente, durante a pesquisa vi várias menções ao fato de que tanto Einstein quanto Da Vinci lutavam contra supostas dificuldades de aprendizado.

Após semanas de muito esforço, montei o relatório final. Estava tão orgulhoso do resultado que mandei encadernar as páginas. Esse trabalho era uma afirmação para mim; a forma como anunciaria ao mundo o que era capaz de fazer.

No dia do prazo final do trabalho, eu o coloquei na mochila, ansioso para entregá-lo à professora e, mais ainda, pela resposta que eu previa que ela teria. Planejei entregá-lo no final da aula, então assisti às matérias daquele dia tentando me concentrar, mas constantemente voltando a pensar no olhar que esperava ver no rosto da professora quando eu apresentasse o relatório.

Mas, então, ela me pegou desprevenido. A professora simplesmente encerrou a aula faltando metade do tempo e disse que tinha uma surpresa para a turma. Ela revelou que eu estava trabalhando em um relatório extra, e gostaria que eu o apresentasse.

Passei a maior parte da minha vida escolar tentando passar despercebido para não ser chamado nas aulas; quando você se acha defeituoso, sente que não tem muito a oferecer. Eu era extremamente tímido e não queria chamar atenção. Meu superpoder na época era o da invisibilidade. Tinha pavor de falar em público, não estou exagerando. Se você colocasse um monitor cardíaco em mim naquele momento, ele provavelmente quebraria. Eu mal conseguia respirar. Não havia como eu ficar diante da classe e falar sobre o trabalho que tinha feito. Foi aí que tomei a única decisão que me restava.

"Desculpe, mas não fiz", disse, gaguejando, mal conseguindo pronunciar as palavras.

A cara de decepção da professora — tão diferente da que imaginei antes — foi tão profunda que meu coração quase se partiu. Mas eu simplesmente não conseguiria fazer o que ela pediu. Quando a aula acabou, após todos saírem, joguei o relatório no lixo e, com ele, grande parte do meu respeito e valor próprios.

VOCÊ ESTÁ MAIS PERTO DO QUE PENSA

De alguma forma, apesar de todos os problemas na escola, consegui entrar em uma universidade local. Pensava que me tornar um calouro significava uma última oportunidade de recomeçar. Sonhava em deixar minha família orgulhosa e mostrar ao mundo (e, o mais importante, a mim mesmo) que *tinha* potencial para o sucesso. Estava em um novo ambiente. Professores universitários pensam diferente aos do ensino médio e ninguém ali tinha noções preconcebidas a meu respeito. Trabalhei duro, mas acabei indo ainda pior na faculdade.

Alguns meses depois, comecei a encarar minha realidade. Não via sentido em desperdiçar tempo, além do dinheiro que não tinha. Estava pronto para abandonar a universidade. Falei com um amigo sobre meus planos e ele sugeriu que, antes de tomar a decisão, eu deveria ir com ele visitar sua família. Ele pensou que me tirar do campus pudesse trazer novas perspectivas. Quando chegamos, seu pai me mostrou a propriedade antes do jantar. Durante o passeio, ele me perguntou como estava indo na faculdade. Aquela era a pior pergunta que alguém podia fazer na época e tenho certeza de que a minha resposta o surpreendeu. Comecei a chorar. Não de forma contida, mas convulsivamente. Pude ver sua surpresa, mas sua pergunta inocente havia rompido a represa que segurava tantas emoções reprimidas.

Contei toda a história do "garoto com o cérebro quebrado", enquanto ele ouvia pacientemente. Quando terminei, ele me olhou diretamente nos olhos.

"Jim, por que você está na universidade?", perguntou. "O que você quer ser? O que deseja fazer? O que deseja ter? O que quer compartilhar?"

Eu não tinha respostas prontas porque ninguém nunca havia me perguntado aquilo antes, mas senti que deveria respondê-las agora. Comecei a falar e ele me interrompeu. Ele arrancou algumas folhas de seu diário de bolso e pediu que eu escrevesse minhas respostas.

Passei os minutos seguintes escrevendo uma lista de desejos. Quando terminei, comecei a dobrar os papéis e me preparei para colocá-los no bolso. Mas, enquanto fazia isso, o pai do meu amigo tirou as páginas da minha mão. Eu me apavorei porque não sabia que o que havia escrito seria lido por alguém, ainda mais por aquele completo estranho. Mas ele abriu as páginas e leu, enquanto eu aguardava, desconfortável.

Parecia que ele havia levado horas para ler o que escrevi, embora tivesse a certeza de que levou somente um minuto ou dois. Ao terminar, ele disse: "Você está perto assim", segurando os dedos indicadores a uma distância de trinta centímetros um do outro, "de conseguir tudo o que está nesta lista".

Achei a afirmação absurda. Disse a ele que não conseguiria cumprir a lista nem se tivesse mais dez vidas. Então ele ergueu os indicadores e, sem aumentar a distância entre eles, os posicionou de cada lado da minha cabeça. O espaço descrito era o meu cérebro.

"Esta é a chave", disse. "Venha comigo, tenho algo a lhe mostrar."

Voltamos para a casa e ele me levou a um cômodo que eu nunca tinha visto. Era cheio de livros, de parede a parede, do chão ao teto. Lembre-se de que naquele momento da minha vida eu não era fã de livros, ou seja, era o mesmo que entrar em uma sala cheia de cobras. Mas o que tornou aquilo pior foi que ele começou a pegar "as cobras" nas prateleiras e entregá-las para mim. Olhei os títulos e percebi que eram biografias de homens e mulheres incríveis, figuras históricas, bem como alguns livros sobre crescimento pessoal, como *A Mágica de Pensar Grande, O Poder do Pensamento Positivo* e *Quem Pensa Enriquece.*

"Jim, quero que você leia um desses livros por semana."

Meu primeiro pensamento foi *será que você não prestou atenção em nada do que eu disse?* Não disse isso em voz alta, mas respondi: "Não sei como. Sabe, ler não é fácil para mim e tenho muitos trabalhos da faculdade para fazer."

Ele ergueu o dedo e disse: "Não deixe a faculdade interferir na sua educação." Mais tarde, descobri que ele estava parafraseando Mark Twain.

"Olhe", eu disse, "entendo que ler esses livros realmente me ajudará, mas não quero fazer nenhuma promessa que não consiga cumprir".

Ele parou, colocou a mão no bolso, puxou minha lista de desejos e começou a ler cada um em voz alta.

Algo em ouvir meus sonhos na voz de outra pessoa mexeu com minha mente e alma de uma forma feroz. Verdade seja dita, muito do que estava na lista eram coisas que queria fazer pela minha família — que os meus pais nunca poderiam pagar ou nunca teriam feito por eles mesmos, ainda que pudessem bancar. Ouvir isso em voz alta mexeu comigo de formas que não sabia serem possíveis. Tocou profundamente minha motivação e meu propósito. Quando ele terminou, eu disse que faria exatamente o que ele sugeriu, embora secretamente não tivesse ideia de como conseguiria isso.

FAZENDO A PERGUNTA CERTA

Voltei às aulas após o final de semana, munido dos livros que ele me deu. Em minha mesa havia, agora, duas pilhas: a dos que tinha de ler para as aulas e a dos que prometi ler. A magnitude de minha promessa me atingiu. Como conseguiria vencer aquelas pilhas se a leitura era tão difícil para mim? Já estava com dificuldades para lidar com a primeira pilha — o que eu ia fazer? De onde tiraria tempo? Então passei a não comer, não dormir, não me exercitar, não ver televisão nem passar tempo com meus amigos. Em vez disso, praticamente morava na biblioteca. Até que em uma noite desmaiei de pura exaustão e caí de um lance de escadas, sofrendo uma nova lesão na cabeça.

Demorei dois dias para acordar no hospital. Pensei que havia morrido, e talvez uma parte de mim desejasse isso. Foi, realmente, um momento sombrio de minha vida. Estava definhando, pesava apenas 53 quilos, e tão desidratado que precisei receber litros de soro.

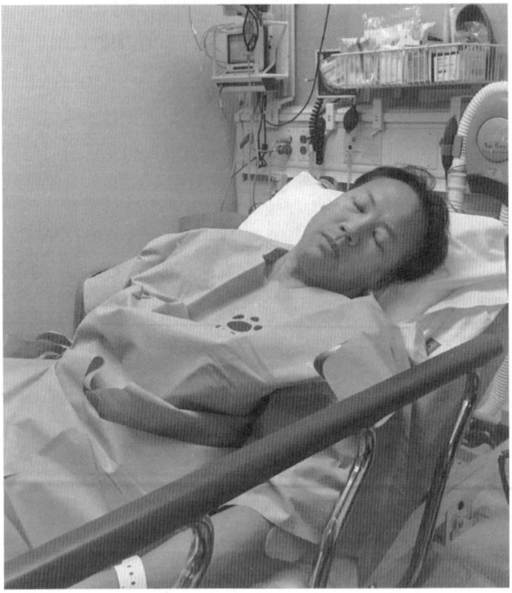

Por mais miserável que estivesse, disse a mim mesmo: "Tem de haver uma maneira melhor." Naquele momento, uma enfermeira entrou no quarto carregando uma xícara de chá com uma foto de Einstein, a mesma figura do relatório que me inspirou a me dedicar e estudar na escola. A frase ao lado da foto dizia: "Nenhum problema pode ser resolvido pelo mesmo estado de consciência que o criou."

Foi aí que me dei conta de que talvez estivesse fazendo a pergunta errada. Comecei a pensar: qual era o meu *verdadeiro* problema? Sabia que demorava a aprender, mas pensava da mesma maneira a respeito disso havia anos. Percebi que estava tentando resolver meus problemas de aprendizado pensando da maneira que me ensinaram a pensar — apenas me esforçando mais. Mas e se pudesse ensinar a mim mesmo um método de aprendizado melhor? E se pudesse aprender de forma mais eficiente, eficaz e até agradável? E se pudesse aprender a aprender mais rápido?

Naquele exato momento, eu me comprometi a encontrar esse caminho e, por conta disso, minha mentalidade começou a mudar.

Pedi à enfermeira que me arranjasse um guia de cursos e comecei a folheá-lo. Após algumas centenas de páginas, não encontrei nada além de aulas sobre *o que* aprender — espanhol, história, matemática, ciências —, mas não havia cursos ensinando *como* aprender.

APRENDENDO A APRENDER

Quando saí do hospital, estava tão intrigado com a ideia de aprender a aprender que deixei meus estudos de lado e me concentrei somente nos livros que meu mentor me deu, além de alguns que encontrei sobre teoria da aprendizagem de adultos; teoria das inteligências múltiplas; neurociência; crescimento pessoal, psicologia educacional; leitura dinâmica e até mnemônicos antigos (queria saber o que as culturas antigas faziam para passar o conhecimento adiante antes de terem dispositivos de armazenamento externo, como a impressão e os computadores). Estava obcecado em resolver este enigma: como meu cérebro funciona para que eu possa botá-lo para trabalhar?

Após alguns meses de profunda imersão em meus novos estudos autodirigidos, um interruptor foi acionado. Minha capacidade de foco aumentou. Comecei a entender novos conceitos porque conseguia me concentrar — não me distraía mais tão facilmente. Conseguia recordar melhor as informações que havia estudado semanas antes com pouco esforço. Tinha novos níveis de energia e curiosidade. Pela primeira vez em minha vida, conseguia ler e compreender as informações em uma fração do tempo que costumava levar. Minha competência recém-descoberta me deu um senso de confiança que nunca havia sentido antes. Meu cotidiano também mudou — via as coisas com mais clareza, sabia o que fazer para seguir adiante e libertei um senso de motivação fortalecedor e sustentável. Com esses resultados, comecei a acreditar que tudo era possível.

Mas também estava chateado. Parecia que todos os meus anos de dúvidas e sofrimento poderiam ter sido evitados se esse método fundamental de meta-aprendizado (aprender a aprender) tivesse sido ensinado na escola. Lembro-me, com frequência, dos professores dizendo que eu deveria estudar e me concentrar mais. Falar para uma criança coisas como "se concentrar" é como dizer a ela para tocar ukulele: é muito difícil sem nunca ter aprendido.

Continuando a Jornada do Herói, não pude deixar de compartilhar as dádivas e as lições que aprendi. Comecei a ensinar esses métodos para outros estudantes. A virada aconteceu quando trabalhei com uma caloura que queria aprender a ler mais rápido, ampliar a compreensão e reter a informação aprendida. Ela trabalhou com afinco e alcançou a meta de ler 30 livros em 30 dias. Sei como ela fez isso — ensinei a ela o método que você aprenderá no

Capítulo 14 —, mas queria saber o porquê. Descobri que sua motivação era o fato de sua mãe ter sido diagnosticada com um câncer em estado terminal e, por conta disso, ela estava determinada a salvá-la estudando livros sobre saúde, bem-estar e medicina. Meses depois, ela me ligou, chorando de alegria, para dizer que o câncer de sua mãe estava em remissão.

Percebi naquele momento que, se conhecimento é poder, então aprendizado é um superpoder. E nossa capacidade de aprender é ilimitada; basta saber como acessá-la. Ver a forma como a vida dessa mulher mudou acendeu uma fagulha em mim e permitiu que eu descobrisse a minha missão de vida: ensinar a mentalidade, a motivação e os métodos para fazer seu cérebro evoluir e aprender qualquer coisa mais rápido, para que você possa alcançar uma vida excepcional.

Ao longo de mais de duas décadas, desenvolvi um conjunto confiável e comprovado de métodos para aprimorar o aprendizado, muitos dos quais estão neste livro. Não apenas mantive minha promessa de ler um livro por semana, mas continuei a servir e ajudar a todos, desde crianças com "deficiência de aprendizado" até adultos com problemas de envelhecimento cerebral. Em honra à memória da minha avó, nossa equipe apoia apaixonadamente a pesquisa contra o Alzheimer. E acreditamos que a educação é direito de todas as crianças, financiando a criação de escolas em todo o mundo, da Guatemala ao Quênia, fornecendo assistência médica, água potável e ensino a crianças carentes por meio de organizações incríveis como a WE Charity e a Pencils of Promise. Esta é a nossa missão — construir cérebros melhores e mais brilhantes. Não deixaremos ninguém para trás.

Ensinei essas técnicas a outras pessoas e obtive resultados surpreendentes. Meus métodos chegam a mais de 150 mil pessoas em eventos ao vivo a cada ano, em todos os campos imagináveis; sou "treinador cerebral" de personalidades do esporte e do entretenimento; fiz treinamentos em muitas das principais empresas e universidades do mundo; lidero uma grande plataforma online de aprendizado acelerado com alunos de 195 países; e apresento um podcast de educação de qualidade chamado *Kwik Brain* [um jogo de palavras que alude a cérebro rápido, brincando com o sobrenome do autor e a palavra rápido em inglês], com dezenas de milhões de ouvintes e centenas de milhões de visualizações. Este livro está repleto de lições e conselhos práticos que aprendi ao longo dos anos, bem como de sabedoria e habilidades de muitos dos convidados que comparecem ao programa.

Digo tudo isso porque, tendo dedicado minha vida a pesquisar e ensinar esse tema, sei o que há dentro deste livro e, mais importante, sei o que há dentro de você.

ENCONTRANDO A ESCOLA DO PROFESSOR X

Essa história tem um adendo fruto de um feliz acaso. Como mencionei, ofereço treinamento mental para CEOs e suas equipes com regularidade. Alguns anos atrás, Jim Gianopulos, então CEO e presidente da 20th Century Fox, me convidou para uma sessão com sua equipe executiva. Fui ao estúdio de cinema em uma sexta-feira pela manhã e passei várias horas com os principais funcionários. Eles estavam particularmente receptivos à minha mensagem e se conectaram de imediato com as técnicas.

Quando a sessão terminou, Jim me procurou e disse: "Isso foi incrível. Foi uma das melhores sessões de treinamento que já fizemos." Fiquei feliz de ouvir isso, é claro. Quem não ama um feedback positivo? Depois, durante um passeio pelo estúdio, meus olhos pararam em um pôster do filme do *Wolverine*, programado para ser lançado no final daquele ano. Apontei para o pôster e disse: "Mal posso esperar para ver esse filme. Sou um grande fã."

"Você gosta de super-heróis?", perguntou Jim.

"Amo. Os X-Men tiveram um papel importante na minha vida." Contei a ele sobre minha lesão cerebral na infância, como as histórias em quadrinhos me ajudaram a aprender a ler e sobre minha busca pela escola do Professor Xavier.

Ele sorriu e me disse: "Sabe, ainda temos mais 30 dias de filmagem do próximo filme dos X-Men em Montreal. Por que você não vem conosco e passa uma semana no set? Os atores adorariam trabalhar com você."

Não havia como recusar. Nunca estive em um set de filmagens, e esse não era qualquer um — era o set do filme dos X-Men.

Na manhã seguinte, pegamos o avião que eles chamavam de *X-Jet*. Entre os demais passageiros, diversos atores do elenco mutante. Quando vi, estava sentado entre Jennifer Lawrence e Halle Berry. Aquele estava se tornando o melhor dia da minha vida.

Já no avião, e durante a semana que passei no set, compartilhei algumas das minhas dicas com algumas das extraordinárias pessoas do elenco e da equipe sobre como usar o cérebro para leitura dinâmica de roteiros e memorizar frases. E adivinha só? A primeira cena que vi ser gravada foi na Mansão X — o mesmo lugar que passei dias intermináveis procurando quando era criança. Foi um momento surreal.

Surpreendentemente, essa não é a melhor parte da história. Quando voltei de viagem, havia um pacote me esperando em casa. Era enorme, do tamanho de uma TV grande de tela plana. Eu abri e lá estava uma enorme fotografia minha emoldurada, com todo o elenco dos X-Men. A foto tinha um bilhete do presidente, que dizia:

Jim, muito obrigado por compartilhar seus superpoderes conosco. Sei que você procura a sua escola de super-heróis desde a infância. Aqui está a foto da sua turma.

Veja a superfoto em cores em LimitlessBook.com/classphoto.

TORNANDO-SE ILIMITADO JUNTOS

ilimitar

i·li·mi·ta.r *(verbo)*

O ato ou processo de deixar de lado percepções imprecisas e restritivas do potencial de alguém e de abraçar a realidade de que, com a mentalidade, a motivação e os métodos corretos, não há limites.

Durante grande parte da minha vida, me permiti ser definido por minhas restrições percebidas. Tive o que achava ser um problema terrível quando criança e estava convencido de que isso comprometeria definitivamente meu futuro. Mas, com a ajuda de pessoas fundamentais, descobri que minhas restrições não eram realmente restrições. Eram apenas obstáculos que eu devia aprender a superar ou limitações que precisava desaprender. E, quando fiz isso, o que poderia aprender a ser ou fazer a cada dia se tornou sem limites.

Tornar-se ilimitado não é apenas aprendizado acelerado, leitura dinâmica e ter uma memória incrível. Sim, você aprenderá a fazer tudo isso e muito mais. Porém ser ilimitado não é ser perfeito. Trata-se de progredir além do que você acredita ser possível atualmente. Assim como você aprendeu os limites por meio de sua família, cultura e experiências de vida, agora pode desaprendê-los. Essas restrições são apenas obstáculos temporários que você pode aprender a superar. O que descobri ao longo dos meus anos de trabalho com pessoas é que quase todo mundo limita e reduz seus sonhos para se ajustar à realidade atual. Nós nos convencemos de que as circunstâncias em que vivemos, as crenças que aceitamos e o caminho que seguimos são quem somos e quem sempre seremos. Mas há outra escolha. Você pode aprender a *ilimitar* e expandir sua mentalidade, sua motivação e seus métodos para criar uma vida sem limites. Quando você faz o que os outros não fazem, pode viver o que eles não vivem. Ao ler este livro, você está dando um passo importante. Lembre-se: um passo em direção a algo melhor pode mudar completamente o seu destino.

A chave para iniciar sua jornada é ter um mapa, um modelo de sucesso. Munido disso, não há provação ou dragão que você não possa superar. Então, aqui está ele:

O Modelo Sem Limites

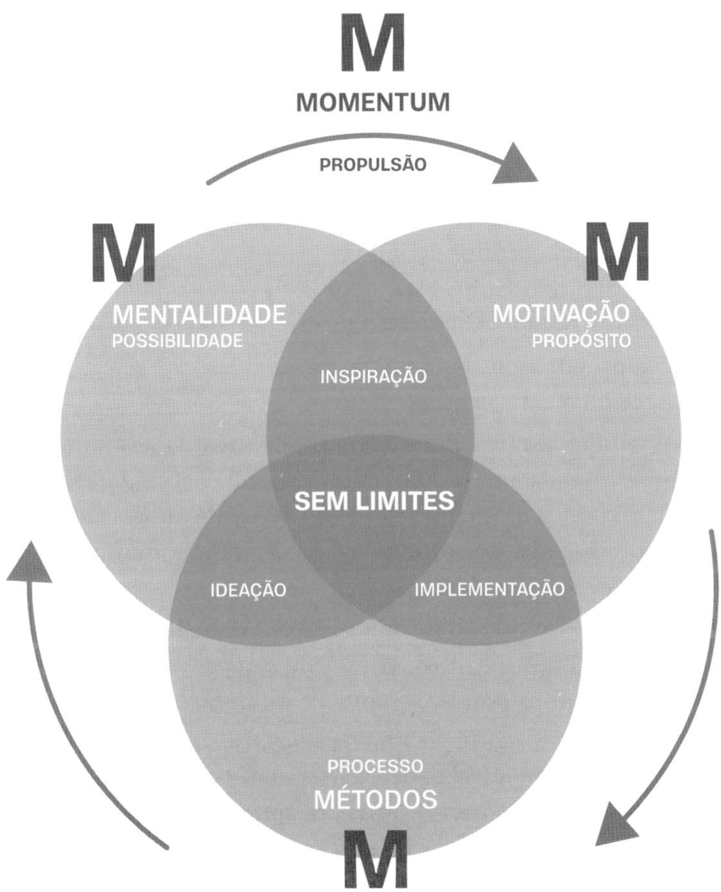

O MODELO SEM LIMITES

Você pode aprender a ser, fazer, ter e compartilhar sem restrições. Escrevi este livro para lhe provar isso. Se você não está aprendendo ou vivendo em sua capacidade máxima, se há uma lacuna entre as suas habilidades atuais e a realidade desejada, aqui está o motivo: há uma limitação que deve ser retirada e substituída em uma das três áreas:

- Limitação na sua Mentalidade — você acredita pouco em si mesmo, em suas capacidades, no que merece ou no que é possível.
- Limitação na sua Motivação — você não tem a motivação, o propósito ou a energia para agir.
- Limitação em seus Métodos — você foi ensinado e está atuando em um processo que não terá efetividade na geração dos resultados desejados.

Isso se aplica a um indivíduo, família ou organização. Todos temos nosso próprio conjunto de pontos fortes e dificuldades.

Considere a situação de Devin. À primeira vista, Devin parecia estar indo bem. Ele era um corretor de imóveis bem-sucedido e acabara de dar as boas-vindas ao segundo filho. Mas, quando a pandemia chegou e ele teve mais tempo para si mesmo, começou a fazer um balanço.

"Comecei a prestar atenção em um pensamento recorrente de que a vida tinha mais a me oferecer", me disse ele.

Ele percebeu que estava lidando com uma mentalidade limitada, que o instruía a ignorar quaisquer pensamentos de ambições maiores em troca da segurança da vida que já estava vivendo. Ele também estava lidando com uma motivação limitada, permitindo que as atividade diárias suprimissem qualquer desejo de se esforçar mais.

E, à medida que refletia sobre sua situação, percebeu que seus métodos estavam limitados. Em específico, apesar de sempre ouvir que "líderes são leitores", evitava a leitura porque sempre a considerara insatisfatória.

"Eu não estava interessado no que lia na escola, então sempre deixava a leitura de lado. Comecei a ler mesmo assim, mas ficava desanimado porque levava mais tempo do que eu queria para terminar um livro."

Agora que ele tinha mais tempo livre, ele se inscreveu em um curso de leitura dinâmica, e isso lhe apresentou novos horizontes.

"Assim que comecei a ler com mais rapidez, minha mente se abriu para as capacidades ainda latentes, mesmo em minha idade, para me transformar e desenvolver novas habilidades. Você tem uma visão de quem quer ser, mas é preciso ser essa pessoa hoje. Você começa a pensar como essa pessoa e se torna ela. Sua identidade é ilimitada. Uma vez que você chega ao próximo nível, há outro nível, e depois outro."

Essa forma de pensar levou a mudanças adicionais na vida de Devin em relação ao seu bem-estar pessoal e ao papel que desempenhava em sua comunidade.

"Minha visão agora é completamente diferente. Estou muito mais focado em minha saúde e em servir às pessoas. Minha missão é ampliar a conscientização para os benefícios de viver uma vida saudável e promover o bem-estar como algo essencial para uma vida feliz. Em um período em nossa sociedade em que os valores estão desalinhados e as pessoas perderam a esperança, estou tentando resgatar o significado de fazer parte de uma comunidade que cuida do bem comum de todos. Realmente consegui reprogramar meu cérebro e continuo a me tornar a pessoa que desejo ser. Aconteceram muitas coisas nos últimos anos e estou muito animado para o futuro. Tenho clareza, propósito e significado em minha vida."

Seja qual for a sua situação, aqui está a melhor parte: você não está sozinho. Vou ajudá-lo a se tornar sem limites à sua maneira, dentro da estrutura em três partes que você está prestes a aprender: Mentalidade Sem Limites, Motivação Sem Limites e Métodos Sem Limites.

- Mentalidade (o QUÊ): crenças, atitudes e suposições profundamente enraizadas que criamos sobre quem somos, como o mundo funciona, do que somos capazes e o que merecemos, e o que é possível.
- Motivação (o PORQUÊ): o propósito para agir. A energia necessária para que alguém se comporte de uma maneira específica.
- Método (o COMO): processo específico para realizar algo, geralmente uma instrução ordenada, lógica ou sistemática.

Outra observação sobre a ilustração anterior: você verá que, na interseção entre mentalidade e motivação, coloquei a palavra *inspiração*. Você está inspirado, mas não sabe quais métodos usar ou onde canalizar sua energia. Já na intersecção entre motivação e métodos, temos a *implementação*. Nesse caso, seus resultados serão limitados ao que você sente que merece, ao que acha que é capaz e ao que acredita ser possível porque não possui a mentalidade adequada. O ponto em que mentalidade e método se sobrepõem, temos a *ideação*. Suas ambições permanecem na mente porque falta energia para fazer algo a respeito. Na interseção das três está o estado sem limites. Nele, temos o quarto I, de *integração*.

No decorrer deste livro, você encontrará exercícios, estudos, ferramentas mentais e os resultados de um trabalho empolgante sendo realizado tanto na vanguarda da ciência cognitiva e do desempenho quanto na sabedoria antiga (por exemplo, como as civilizações antigas se lembraram de gerações de conhecimento antes do advento do armazenamento externo, como a máquina de impressão). Abordaremos os três M, um de cada vez:

- Na Parte II, Mentalidade Sem Limites, você aprenderá o que é *possível* ao erradicar as crenças que representam limites.
- Na Parte III, Motivação Sem Limites, você descobrirá por que seu *propósito* é seu poder, e as chaves para liberar seu impulso e energia.
- Na Parte IV, Métodos Sem Limites, você descobrirá como aprender da melhor maneira possível com *processos* comprovados — as ferramentas e técnicas que o impulsionarão à vida que você deseja e merece.

E, no final do livro, apresentarei um plano de 13 dias para iniciar seu progresso rumo a uma semana e uma vida sem limites.

Ao terminar o livro, você terá a habilidade de não ter limites em qualquer área importante para você, seja ela acadêmica, de saúde, carreira, relacionamentos ou crescimento pessoal. Como nunca estudei de verdade na escola dos X-Men, eu a recriei para você neste livro. Considere *Sem Limites* o seu livro didático. Será uma honra ser o seu Professor Xavier e estou muito animado por você ter decidido embarcar nesta jornada comigo. A aula começa agora. E aqui está a melhor parte: o momento não poderia ser mais propício.

"Agora, nós já aceitamos o fato de que a aprendizagem é um processo necessário de acompanhamento de mudanças ao longo de uma vida. E a tarefa mais premente é ensinar às pessoas como aprender."

— PETER DRUCKER

2

POR QUE ISSO IMPORTA AGORA

Acredito firmemente que temos superpoderes incríveis esperando para serem ativados. Não estou falando em voar, criar armaduras de aço ou disparar lasers pelos olhos, mas das habilidades práticas da vida real, como voar pelos livros, ter memória de aço, foco laser, criatividade sem limites, pensamento claro, atenção plena e mentalidade superior, entre outras coisas. Todos somos super-heróis, de um jeito ou de outro.

Assim como cada super-herói tem poderes, ele também tem arqui-inimigos, os chamados supervilões. Pense no Coringa para o Batman e no Lex Luthor para o Super-Homem. Os vilões que enfrentamos podem não se parecer com os dos filmes, mas ainda são os bandidos — aqueles que você, como super-herói, precisa derrotar e manter à distância. Os supervilões do mundo moderno são obstáculos que entram no nosso caminho, tornando a vida mais difícil e nos deixando aquém do nosso potencial. Eles nos atrasam e roubam nossa produtividade, prosperidade, positividade e paz de espírito. E cabe a nós reconhecê-los e derrotá-los.

Se você já leu alguma revista em quadrinhos ou assistiu a um filme de super-herói, sabe que os supervilões geralmente surgem de situações improváveis. Veja o exemplo de Harvey Dent, também conhecido como Duas Caras. Promotor de justiça de Gotham, ele começa com a melhor das intenções, defendendo a lei e colocando bandidos na prisão, trabalhando lado a lado com o Batman. Porém um ato de vingança deixa metade do rosto de Dent coberto de cicatrizes e ele passa a ser uma pessoa com muita raiva, amarga e vingativa. Ele se torna tudo aquilo contra o que passou a vida lutando: um criminoso ardiloso, que joga com o destino de suas vítimas. O bem dentro dele se corrompe e é usado para fins sinistros.

De certa forma, algo semelhante aconteceu com os quatro supervilões da aprendizagem. Eles começaram inocentes, mas acabaram fomentados por alguns dos maiores avanços feitos pela humanidade nos últimos cem anos. Eles surgiram como fruto da tecnologia. Para deixar claro, a tecnologia é parte vital do progresso e de se tornar ilimitado. Ela nos permite fazer tudo, desde nos conectar até aprender, tornando nossa vida muito mais prática. Mas é possível consumirmos a tecnologia digital a uma taxa que até seus criadores consideram extrema. Grande parte da tecnologia disponível hoje é tão nova que ainda não sabemos até que ponto precisamos controlar nossa interação com ela.

Em nossa plataforma educacional *Kwik Learning* [um trocadilho com o sobrenome do autor que remete a aprendizado rápido], ajudamos estudantes em 195 países e geramos dezenas de milhões de downloads em nosso podcast. Nossa comunidade tem demonstrado crescente preocupação com a excessiva dependência da tecnologia. As pessoas nos procuram para atualizar seus cérebros e atenuar os efeitos dos atuais "quatro cavaleiros do apocalipse": dilúvio digital, distração digital, demência digital e dedução digital. É importante notar que essas sensações de sobrecarga, distração, esquecimento e pensamento "automático" existem há séculos. Embora a tecnologia não seja a causadora dessas condições, ela tem enorme potencial para amplificá-las. Os benefícios da Era Digital são abundantes, mas vamos analisar como os mesmos avanços da tecnologia que podem ajudá-lo também podem prejudicá-lo.

DILÚVIO DIGITAL

Você tem muito para processar em bem pouco tempo? Temos o privilégio de viver em um mundo com acesso irrestrito a informações. Nessa era da conectividade, a ignorância é uma escolha. Comparado ao século XV, consumimos atualmente tantos dados em um único dia quanto uma pessoa comum dos anos 1400 teria absorvido durante toda a vida. Não muito tempo atrás, a informação se movia lentamente pelo boca a boca, por meio de um jornal ou um informe publicado em uma praça da cidade. Agora, temos tanto acesso a informação que isso está afetando nosso tempo e nossa qualidade de vida. Uma pessoa comum consome três vezes mais informação do que uma que vivia nos anos 1960;[1] um relatório de 2015 indicava que os entrevistados passavam 8 horas diárias consumindo notícias.

Em uma entrevista à National Public Radio, Matt Richtel, repórter de tecnologia do *New York Times*, declarou que, após vinte anos endeusando a tecnologia, como se tudo oriundo dela fosse bom, ele acha que "a ciência está começando a acolher a ideia de que algumas tecnologias são como bolinhos Ana Maria e outras são como couves-de-bruxelas. Consumir muita tecnologia, assim como alimentos em excesso, pode ter efeitos negativos".[2]

Pesquisadores da Universidade da Califórnia em São Francisco fizeram um estudo sobre o efeito do tempo de inatividade. Eles ofereceram uma nova experiência a ratos e mediram suas ondas cerebrais durante e após a atividade. Na maioria das circunstâncias, uma nova experiência ativará nova atividade neural e novos neurônios no cérebro, desde que o rato tenha um tempo de inatividade. Com a inatividade, os neurônios são capazes de abrir caminho pelo portal da memória para o resto do cérebro, onde a memória de longo prazo é armazenada. Os ratos foram capazes de registrar memórias de suas experiências, que são a base para o aprendizado.[3]

Isso não faz você se perguntar o que acontece se *não* houver tempo de inatividade? Há um corpo crescente de evidências que sugerem que, se nunca permitirmos que nossa mente vague ou fique entediada por algum tempo, pagamos um preço — falta de memória, anuviamento mental e fadiga.

Já em meados dos anos 1990 (quando o dilúvio digital representava uma fração da preocupação que é hoje), pesquisas começaram a mostrar que havia reais riscos à saúde em viver em um mundo em constante atividade. Um estudo da Reuters com o assustador título "Morrendo pela Informação" mostrou que "dois em cada três entrevistados associaram a sobrecarga de informações à tensão com os colegas e à perda de satisfação no trabalho; 42% atribuíram problemas de saúde a esse estresse; 61% precisaram cancelar as atividades sociais como resultado da sobrecarga de informações; e 60% disseram estar frequentemente cansados demais para as atividades de lazer". Ainda segundo o estudo, "diante de uma avalanche de informações e seus canais, eles se tornaram incapazes de criar rotinas simples para administrá-las".[4]

Além disso, também temos que lidar com o fato de a meia-vida da informação ter diminuído. A meia-vida nada mais é que a quantidade de tempo antes que as informações sejam substituídas por outras atualizadas ou mais precisas. Você pode estudar o quanto quiser: as informações que processa agora estarão desatualizadas mais cedo do que pensa. Os "fatos" escritos em artigos, livros e documentários são baseados em sólidas evidências e aceitos como verdade. Mas eles são completamente revogados quando sai um novo estudo.

Não preciso dizer como estamos completamente afogados pelos detalhes digitais. Mesmo quando tentamos "sair da rede", a informação digital dá um jeito de nos encontrar. Neste momento, desliguei todos os meus dispositivos para conseguir escrever. Mas preciso ter acesso à internet para pesquisar e, com isso, uma série de notificações e atualizações aleatórias continua aparecendo no meu computador (sim, sei que poderia desabilitá-las, mas você já me entendeu).

Nos Capítulos 12, "Estudo", e 14, "Leitura Dinâmica", você descobrirá formas práticas de acompanhar, manter-se atualizado e se antecipar à sobrecarga digital de informações que deve processar todos os dias.

COMECE LOGO

Pare um instante e reserve trinta minutos na sua agenda esta semana. É um momento para ficar longe da tecnologia, dedicando-se a limpar sua mente, relaxar e ser criativo.

DISTRAÇÃO DIGITAL

Antes dos dispositivos móveis, era comum nos afastarmos do computador durante uma atividade online. Isso não acontece mais. Não nos desligamos mais. Agora vivemos na internet. Por estarmos sempre online, com os dispositivos sempre conectados, temos dificuldade para nos conectar com os amigos e a família, e temos dificuldade em nos concentrar no trabalho. Muitos de nós lidamos com algum tipo de situação da vida profissional em que não ficamos confortáveis em abandonar a conexão digital por grandes períodos de tempo todos os dias. Então permanecemos ligados por temer que, se ficarmos inacessíveis, acabaremos prejudicados.

O problema é que somos predispostos a sentir prazer com isso. Cada injeção sucessiva de dopamina recebida, seja por conta de uma curtida nas redes sociais ou de mensagens de texto de entes queridos ou amigos, apenas reforça o nosso comportamento. Mas essas recompensas estão mudando nosso cérebro. Em vez de relaxar durante possíveis momentos de inatividade, seja em uma fila, à espera de um ônibus ou de um compromisso, pegamos os telefones e fortalecemos nossos músculos da distração. E o que acontece quando esse é nosso modo constante, em que cada momento livre é preenchido com estímulos luminosos?

Estar conectados pode fazer com que nos sintamos mais seguros, mas não nos deixa mais felizes. Ryan Dwyer, mestre em psicologia e doutorando na British Columbia University, liderou um estudo que mostrou como os hábitos digitais estão afetando nossas relações. Em um experimento com mais de trezentos adultos e estudantes universitários, foi pedido que, durante uma refeição, alguns deixassem seus telefones na mesa, com fácil acesso, enquanto outros colocariam o aparelho no silencioso, armazenado em um recipiente também na mesa. Depois, os participantes teriam que responder a um questionário em relação aos seus sentimentos sobre conexão, diversão, distração e tédio.

A pesquisa também pedia que detalhassem o total de tempo gasto no telefone durante a refeição. Aqueles cujos aparelhos estavam acessíveis os usaram com mais frequência… E declararam se sentir mais distraídos. Eles também afirmaram ter aproveitado menos a refeição do que aqueles que não mexeram nos telefones. "A tecnologia moderna pode ser maravilhosa, mas pode facilmente desviar nossa atenção e nos privar de momentos especiais na companhia de amigos e familiares", disse Dwyer a respeito do estudo.[5]

Assim como poucos de nós aprendem a aprender, poucos sabem como processar e filtrar a enorme quantidade de informações que vemos constantemente. Esse modo multitarefa, com absorção de tantas coisas ao mesmo tempo, não faz bem. "Pedir ao cérebro que desvie a atenção de uma atividade para outra faz com que o córtex e o corpo estriado pré-frontal queimem a glicose oxigenada, o mesmo combustível necessário para permanecer concentrado na tarefa", aponta o neurocientista Daniel J. Levitin em seu livro *A Mente Organizada*. "E o tipo de mudança rápida e contínua que fazemos ao sermos multitarefa leva o cérebro a queimar combustível tão rapidamente que ficamos exaustos e desorientados depois de um curto período. Literalmente, esgotamos os nutrientes em nosso cérebro, o que leva a um comprometimento nos desempenhos cognitivo e físico."[6]

Qual é o efeito disso em você? Bem, Eric acreditava que isso estava envelhecendo-o prematuramente. Há alguns anos, ele encontrou um conhecido que não via há um tempo, e a primeira coisa que o cara disse foi: "Cara, você está ficando velho." Eric não revelou seus sentimentos sobre a falta de tato dessa pessoa, mas ele reconheceu que, quando se olhou no espelho mais tarde, entendeu as palavras do amigo. "Meus cabelos estavam mais grisalhos e eu parecia cansado." Tentando entender por que, ele atribuiu seu estado ao modo pouco saudável com que iniciava seus dias.

"Costumava acordar e pegar meu telefone e, trabalhando para uma startup, mergulhava no trabalho. Eu ia para a academia logo de manhã, mas ficava no telefone enquanto esperava a aula começar, respondendo e-mails."

Uma vez que ele reconheceu que estava começando seus dias de maneira totalmente errada, Eric fez uma mudança radical.

"Agora eu espero quatro horas antes de abrir meu e-mail. Faço outras coisas no meu celular, como praticar a gratidão, mas não mergulho no trabalho. Acho que isso me ajudou a estar mais conectado comigo mesmo e a estar mais presente em situações. Antes, eu vivia correndo. Estava apenas passando o dia e não apreciando o nascer do sol. Eu estava me afundando no trabalho e nas necessidades de todo mundo e não cuidando de mim mesmo."

Os resultados têm sido profundos para ele.

"Provavelmente cresci mais desde 2020 do que nos cinco ou dez anos anteriores. Ainda tenho metas e continuo trabalhando nelas, mas vejo todas elas como possibilidades."

Não são apenas os adultos que lidam com isso. Com a disponibilidade da tecnologia e a pressão social para estarmos online e ativos nas redes sociais, crianças e adolescentes também vivem essa distração constante.

No Capítulo 11, "Foco", você descobrirá as chaves para manter a concentração e desenvolver o foco no aprendizado e na execução de tarefas.

COMECE LOGO

Acesse as configurações de notificação do seu celular e desligue todos os sons e alertas desnecessários e perturbadores. Faça isso agora.

DEMÊNCIA DIGITAL

Qual foi a última vez que você se lembrou do número de telefone de alguém? Estou entregando a idade aqui, mas faço parte de uma geração que, quando queria ligar para um amigo, precisava *saber* o seu número. Você consegue se lembrar dos números de alguns dos seus melhores amigos de infância? E de alguém com quem fala todos os dias? Isso não é mais necessário, porque o seu celular faz isso para você. Isso não significa que alguém precise ou deva memorizar duzentos números de telefone, mas praticamente já perdemos a habilidade de lembrar de um novo número, de uma conversa que acabamos de ter, do nome de um novo cliente em potencial ou de algo importante que devemos fazer.

O neurocientista Manfred Spitzer usa o termo *demência digital* para descrever como o uso excessivo da tecnologia resulta no colapso das habilidades cognitivas. Ele argumenta que os caminhos de memória de curto prazo começarão a se deteriorar por subutilização se continuarmos usando excessivamente a tecnologia. É a mesma coisa com o GPS. Vá para uma nova cidade e veja o quanto você depende dele para se locomover. Então veja quanto tempo você leva para mapear novas ruas em sua mente — provavelmente muito mais do que quando era criança, mas isso não significa que seu cérebro não esteja funcionando bem. Com ferramentas como o GPS, não damos à nossa mente a chance de trabalhar. Contamos com a tecnologia para fazer a memorização para nós.

Essa dependência pode estar prejudicando a nossa memória de longo prazo. Maria Wimber, da Universidade de Birmingham, declarou à BBC que a tendência de procurar informações impede o acúmulo de memórias de longo prazo. Em um estudo que examinou os hábitos de memória de 6 mil adultos no Reino Unido, França, Alemanha, Itália, Espanha, Bélgica, Holanda e Luxemburgo, Wimber e sua equipe descobriram que mais de um terço dos entrevistados recorreu diretamente ao computador para buscar informações. O Reino Unido teve os números mais altos: mais da metade dos participantes pesquisou a resposta online antes de pensar em responder por conta própria.[7]

Por que isso é sério? Porque essa informação instantânea pode ser fácil e imediatamente esquecida. "Nosso cérebro parece reforçar uma memória cada vez que nos lembramos dela e, ao mesmo tempo, esquecer memórias irrelevantes que nos distraem", disse a doutora Wimber. Forçar-se a buscar informações em vez de depender de uma fonte externa é uma forma de criar e reforçar uma memória permanente. Quando contrapomos esse dado com a realidade de que a maioria de nós tem o hábito de buscar informações constantemente, talvez até informações que já buscamos antes, sem nem tentar lembrar, a conclusão é que estamos nos prejudicando.

Depender da tecnologia é sempre ruim? Muitos pesquisadores discordam. Eles dizem que, ao terceirizar algumas tarefas menores, como memorizar números, fazer contas básicas ou encontrar o caminho para um restaurante ao qual já fomos, estamos economizando espaço no cérebro para algo que é mais importante para nós. Há pesquisas que dizem que nosso cérebro é mais parecido com músculos do que com um disco rígido. Quanto mais você usa, mais forte ele fica, e maior é sua capacidade de armazenamento. A pergunta é: estamos fazendo essas escolhas por vontade própria ou por um hábito inconsciente?

Muitas vezes terceirizamos nosso cérebro para os dispositivos inteligentes, que, por sua vez, nos deixam um pouco estúpidos. O cérebro é a nossa principal máquina de adaptação, capaz de níveis aparentemente infinitos de evolução. Porém muitas vezes esquecemos de fornecer a quantidade de exercício de que ele necessita. Assim como há um preço físico em sempre usar a tecnologia do elevador em vez de ir de escada, o mesmo acontece com músculos mentais preguiçosos: quando não utilizados, eles enfraquecem.

No Capítulo 13, "Memória", mostrarei ferramentas e técnicas simples para lembrar qualquer coisa de forma mais fácil e rápida, desde nomes e discursos até idiomas.

COMECE LOGO

Reserve um minuto para exercitar sua memória: memorize o número de telefone de alguém com quem você se comunica regularmente.

DEDUÇÃO DIGITAL

"Em um mundo digital, em que millenials obtêm todas as respostas para os problemas com o clique de um mouse ou o toque de um dedo, a dependência da tecnologia para resolver todas as questões confunde a percepção das pessoas sobre seu próprio conhecimento e inteligência. E essa dependência pode muito bem levar a um excesso de confiança e a uma tomada de decisões equivocada", comentou Rony Zarom, fundador da plataforma de vídeos de conteúdo colaborativo Newrow.[8] A onipresença de informação sobre tudo também significa que há uma ubiquidade de opiniões. Se você quer saber como se sentir em relação a um tema polêmico, basta acessar a internet e coletar as opiniões de outras pessoas. Se você deseja conhecer as consequências de um evento ou uma tendência, uma rápida pesquisa online fornecerá infinitas análises. O resultado é que a dedução — um conjunto de pensamento crítico, resolução de problemas e criatividade, que é uma habilidade essencial para se tornar ilimitado — está sendo automatizada.

Há algum valor nisso, certamente. Antes da internet, nosso acesso à opinião dos outros era limitado. Em um mundo ideal, poder receber o máximo de perspectivas possíveis sobre um tópico deveria ter um valor enorme na hora de ajudar a formar nossa opinião. Infelizmente, isso é raro no mundo real. Pelo contrário, tendemos a identificar diversas fontes com as quais estamos alinhados e, então, deixamos que elas influenciem de forma extrema nosso pensamento e tomada de decisões. No processo, os "músculos" que usamos para pensar criticamente e raciocinar efetivamente estão atrofiando. Conclusão: estamos deixando a tecnologia deduzir por nós. E se a tecnologia forma nossas deduções, então também estamos cedendo grande parte de nossa capacidade de resolução de problemas — algo muito importante e que discutiremos ao longo do livro.

O psicólogo Jim Taylor define o pensamento como "a capacidade de refletir, raciocinar e tirar conclusões com base em nossas experiências, conhecimentos e ideias. É o que nos torna humanos e nos permitiu nos comunicar, criar, construir, avançar e nos tornar civilizados". Ele acrescenta um alerta de que um "grande número de pesquisas conclui que a tecnologia pode tanto ser benéfica quanto prejudicial para as diferentes formas de pensar das crianças".[9]

A renomada professora de psicologia da UCLA Patricia Marks Greenfield analisa esse problema há mais de uma década. Ao discutir seu impacto na educação, ela escreveu: "Qual é o efeito no aprendizado se os estudantes usarem seus notebooks para acessar a internet durante uma aula? A hipótese foi testada em uma aula de estudos de comunicação, na qual os alunos geralmente eram incentivados a usar seus notebooks para explorar os tópicos com mais detalhes, na internet e em bancos de dados de bibliotecas. Metade dos estudantes pôde manter os notebooks abertos, enquanto a outra metade (escolhida aleatoriamente) deveria mantê-los fechados. O segundo grupo lembrou de muito mais conteúdo ao fazer um teste surpresa após a aula do que os que mantiveram o notebook aberto."[10] Por estarem com a mente envolvida na aula em vez de pesquisarem na internet sobre o assunto, eles estavam muito mais receptivos na hora de raciocinar por conta própria. Outro estudo de Greenfield mostrou que universitários que assistiram a um noticiário sem a barra de manchetes na parte inferior da tela se lembraram muito mais do que os âncoras falaram.

O dramaturgo Richard Foreman teme que essa dependência da internet para realizar grande parte de nosso pensamento esteja nos mudando. "Venho de uma tradição da cultura ocidental em que o ideal (o meu ideal) era a estrutura complexa, densa e 'catedrática' de personalidade altamente instruída e articulada — um homem ou uma mulher que carregavam em si uma construção pessoal e versão única de toda a herança ocidental... Hoje, porém, vejo dentro de nós (inclusive em mim) a substituição dessa complexa densidade interna por um novo tipo de autoevolução sob a pressão da sobrecarga de informações e da tecnologia 'pronta para usar'."[11]

Você se lembra de quando estava entrando na adolescência e começou a formular pensamentos e opiniões independentes dos seus pais? Meu palpite é que essa experiência foi extremamente libertadora e que deve ter sido a primeira vez na sua vida em que você se sentiu realmente como você mesmo. O que aconteceu, é claro, é que as suas faculdades críticas se tornaram refinadas o suficiente para permitir que usasse regularmente a razão para se orientar pela vida.

Por que, então, você entregaria essa habilidade libertadora para um dispositivo? Pense nisso: como você se sente quando alguém tenta lhe impor um pensamento? Se um membro da família, um amigo ou colega viesse até você e falasse "não pense sobre isso, eis a sua opinião", você se afastaria o mais rápido possível. No entanto, quando buscamos a informação imediatamente na internet, estamos tendo essencialmente o mesmo comportamento.

No Capítulo 15, apresentarei um poderoso conjunto de ferramentas que permitirá a você turbinar o pensamento e expandir sua perspectiva em relação a qualquer tópico ou problema.

Embora esses quatro cavaleiros sejam os que precisamos enfrentar com mais entusiasmo, há outro perigo digital digno de nossa atenção, que eu chamo de *depressão digital*. É um resultado da cultura de comparação que surge quando deixamos que os destaques dos feeds de outras pessoas nas redes sociais façam com que nós nos sintamos diminuídos. Não me entenda mal, eu gosto das redes sociais. Adoro permanecer conectado à nossa comunidade de estudantes e ouvintes de podcasts, e acompanhar o cotidiano da minha família e amigos. Gosto disso não somente como fonte de entretenimento, mas também de educação e fortalecimento. Mas recomendo o uso de forma consciente, não por hábito ou reflexo, e de forma harmoniosa, para não prejudicar sua produtividade e tranquilidade.

Na segunda parte do livro, Mentalidade Sem Limites, compartilho ideias para atenuar esse sentimento de não ser bom o bastante, bem como o medo de causar má impressão ou perder algo. São os mesmos limites que impedem o crescimento pessoal e a aprendizagem. Na terceira parte, Motivação Sem Limites, mostrarei como somar, quebrar ou alterar esses hábitos.

COMECE LOGO

Pense em uma decisão que você precisa tomar. Reserve algum tempo para trabalhar nela sem o uso de dispositivos digitais.

MANTENDO OS VILÕES AFASTADOS

Na Jornada do Herói, os heróis precisam muito dos vilões e vice-versa. Os desafios oriundos de provações e rivais fazem com que cresçamos e nos tornemos melhores. O poder e a força do vilão determinam a força e o poder necessários para o herói. Se o vilão fosse fraco, não haveria nada a conquistar — e nenhuma necessidade de o herói alcançar a grandeza. No meu podcast, quando entrevistei Simon Sinek, autor de *O Jogo Infinito*, ele se refere aos nossos "rivais dignos" como aqueles que ajudam a apontar as fraquezas pessoais que precisamos resolver. É aí que mora a sua oportunidade.

Como mencionei, amo o lado positivo da tecnologia — como ela pode nos conectar, nos educar, capacitar e facilitar nossa vida. O que acabamos de descrever são algumas potenciais desvantagens, uma parte inerente a todo o bem que ela traz para nossa vida. Tal qual o fogo, a tecnologia mudou o curso da história humana. O fogo pode cozinhar sua comida ou queimar sua casa: tudo se resume à forma como você o usa. Como qualquer ferramenta, a tecnologia em si não é boa nem má, mas precisamos controlar conscientemente a forma como a usamos. Se não o fizermos, quem acabará se tornando a ferramenta? Cabe a você escolher sua abordagem.

COMECE LOGO

Qual dos quatro vilões digitais você acha que está atualmente prejudicando mais o seu desempenho, produtividade e tranquilidade?

Pare um instante para escrever o nome desse vilão abaixo:

____________________________________.

Ter consciência é o primeiro passo para resolver um problema.

"O cérebro humano tem mais de 100 bilhões de neurônios, cada um conectado a 10 mil outros neurônios. Sobre seus ombros está o objeto mais complexo de todo o universo conhecido."

— MICHIO KAKU

3

SEU CÉREBRO SEM LIMITES

Você deve estar pensando: "Jim, entendo o que você quer dizer em relação à tecnologia. Não queria viver sem ela, mas me sinto mais sobrecarregado, distraído e esquecido do que nunca." Aí vai a boa notícia: você nasceu com a melhor das tecnologias, o maior superpoder entre todos.

Vamos dedicar um momento para reconhecer o quão extraordinário é seu cérebro. Ele gera mais de 70 mil pensamentos por dia e atinge a velocidade do carro de corrida mais rápido do mundo. Assim como suas impressões digitais, ele é exclusivamente seu — não existem dois cérebros iguais no universo. Ele processa muito mais rápido do que qualquer computador e tem uma capacidade de armazenamento praticamente infinita. Mesmo quando danificado, é capaz de produzir genialidade. E, mesmo que você use somente metade dele, ainda pode ser um ser humano completamente funcional.

E há uma infinidade de histórias maravilhosas sobre sua extraordinária capacidade. Uma delas é a do paciente em coma que, de alguma forma, desenvolveu um método de comunicação com seu médico. Ou a da mulher que conseguia se lembrar da *data* de cada evento importante desde os seus 12 anos de idade. Ou a de um cara preguiçoso que se tornou um gênio da matemática depois de sofrer uma concussão durante uma briga de bar. Nada disso é ficção científica ou fruto de revistas em quadrinhos de super-heróis: são apenas exemplos das extraordinárias funções incorporadas à incrível máquina localizada entre nossas orelhas.

Subestimamos muitas dessas funções. Vamos analisar apenas o que uma pessoa comum é capaz de fazer simplesmente sendo uma pessoa "comum". Com um ano de idade, você aprende a andar, e isso não é uma tarefa simples considerando quantos processos neurológicos e fisiológicos complexos são necessários. Mais ou menos um ano depois, você aprende a se comunicar por meio de palavras e linguagem. Aprende dezenas de novas palavras e seus significados diariamente, e continua fazendo isso o tempo todo na escola. E, enquanto está aprendendo a se comunicar, também aprende a raciocinar, calcular e analisar um número interminável de conceitos complexos — e tudo isso antes de ler uma única página de um livro ou assistir a uma aula!

Nosso cérebro é o que nos separa do resto do reino animal. Pense nisso. Não podemos voar, não somos especialmente fortes ou rápidos, não somos capazes de escalar com a destreza de alguns animais ou respirar debaixo d'água. No que diz respeito à maioria das funções físicas, somos apenas medianos. Mas, por conta do poder do nosso cérebro, somos, de longe, a espécie mais dominante do planeta. Ao aproveitar esse poder mental incrível, criamos formas de explorar as profundezas do oceano como um peixe, mover toneladas como um elefante e até voar como um pássaro. Sim, o cérebro é uma dádiva e tanto.

O cérebro é tão complexo que sabemos mais sobre nosso vasto universo do que sobre seu funcionamento. Aprendemos mais na última década do que ao longo da história da humanidade... E conheceremos ainda mais no momento em que este livro chegar às prateleiras. Nossa compreensão do cérebro está sempre evoluindo e sabemos que o conhecimento de hoje é apenas uma pequena fração do que há para ser aprendido. Mas o que já sabemos é impressionante. Então vamos viajar pelo seu cérebro sem limites.

O cérebro é parte do nosso Sistema Nervoso Central (SNC). Semelhante à torre de controle de um aeroporto, ele age como o seu centro de controle, direcionando todas as entradas e saídas de informações, processos e impulsos. O cérebro tem três áreas principais: o tronco encefálico, o cerebelo e o córtex cerebral (tanto o córtex cerebral quanto o cerebelo têm o prefixo *cere*, do latim "cera", por conta de sua aparência). Ele é composto de gordura e água, pesa aproximadamente 1,5 quilo e possibilita poderes e habilidades incríveis.[1]

O tronco encefálico modera as funções básicas de que precisamos para viver, como a respiração, a manutenção da frequência cardíaca regular, os impulsos para comer ou fazer sexo e a resposta de luta ou fuga. É localizado no topo da nossa coluna e na base do crânio, enterrado profundamente dentro do cérebro. Na parte de trás fica o cerebelo, responsável por comandar o movimento e a coordenação. Há evidências crescentes de que ele também desempenha um papel em nossa tomada de decisão.

O córtex cerebral é a maior parte do cérebro, onde ocorre a maioria do nosso pensamento complexo, memória de curto prazo e estímulo sensorial. Ele é constituído pelos lobos occipital, parietal, temporal e frontal. Nossos lobos frontais são onde a maior parte do nosso pensamento ocorre: de onde se originam a lógica e a criatividade.

O cérebro é dividido em duas metades que são conectadas pelo corpo caloso, que funciona como uma série de fios telefônicos entre os lobos, mandando mensagens de um lado a outro. Neste momento, você tem algo em torno de 86 bilhões de neurônios (também chamados de células cerebrais) disparando e agindo em conjunto enquanto lê estas palavras e assimila a informação nestas páginas.[2] Esses sinais neurais são liberados no cérebro e recebidos pelos neurotransmissores, que passam a mensagem para outros neurotransmissores ou a interrompem completamente se esta for a resposta apropriada.

Costumávamos pensar que atingíamos nosso ápice neurológico no fim da adolescência, e depois disso nosso cérebro não mudava mais — a não ser para se deteriorar. Hoje, sabemos que isso está longe de ser verdade. Ele tem a capacidade da neuroplasticidade, o que significa que pode ser alterado e moldado pelas nossas ações e ambientes. Seu cérebro está em constante mudança, moldando-se ao seu entorno e às demandas que você impõe a ele.

Por estar sujeito à influência dos nossos genes e do ambiente, o cérebro é inteiramente exclusivo de cada pessoa. É como flocos de neve: não há dois iguais. Cada cérebro se adapta às necessidades do seu dono. Vejamos o exemplo de alguém que cresceu em um ambiente estressante, como pobreza, dificuldade de acesso à alimentação ou insegurança. Essa pessoa terá uma estrutura cerebral bem diferente em relação àquela que viveu em um ambiente muito confortável, rico e bem cuidado. Mas, antes que você chegue à conclusão de que um ambiente é "melhor" que o outro e gera um cérebro que funciona melhor, desafio você a reconsiderar.

Como afirmei anteriormente, o cérebro é capaz de ser moldado e modelado, o que significa que qualquer pessoa pode decidir mudar a maneira como ele funciona a qualquer momento. Embora seja fácil assumir que um indivíduo que cresceu em um ambiente mais estressante e pouco favorável pode não atingir todo o seu potencial devido ao desenvolvimento do cérebro nessas circunstâncias, evidências crescentes sugerem que essas pessoas são capazes de prosperar e alcançar novos níveis de sucesso devido à mentalidade que elas são forçadas a desenvolver em tal situação. Com base no número de pessoas bem-sucedidas que superaram uma criação problemática, pode ser que uma infância difícil ou criação desafiadora gere resiliência, entre outros atributos que levam ao sucesso.

A resiliência se manifesta de várias formas. No caso de Saanvi, veio em resposta a um acidente terrível.

"Estava jogando futebol com minha filha em um piso de concreto, pisei errado e caí de cabeça no chão. Foi horrível. Recebi alta médica, mas minha vida começou a desmoronar. Passei a ter dores de cabeça, minha ansiedade estava nas alturas, passei por uma terrível depressão, e estava irritada e chateada com tudo e qualquer coisa. Sou do tipo de pessoa que, se tenho um problema, vou pesquisar sobre isso, aprender mais, fazer algo a respeito. Mas quando se trata do seu cérebro, é difícil resolver o problema. Durante cerca de um ano e meio, eu não conseguia dormir bem e ganhei muito peso. Eu queria meu cérebro de volta."

Saanvi encontrou um dos meus vídeos no YouTube, e isso a inspirou a lidar com seu desafio de uma nova maneira.

"Comecei uma nova rotina de exercícios, adotei uma dieta que estimula o cérebro, aprendi a importância das dez chaves para desbloquear a saúde cerebral ideal. Minha higiene do sono melhorou, comecei a ler regularmente, usei o método ABRA para melhorar meu diálogo interno, aprendi técnicas para vencer a procrastinação, implementei uma sólida rotina matinal e comecei a prestar atenção aos meus sonhos."

Esse trabalho começou a dar resultados e Saanvi começou a se sentir normal de novo, mas ela me disse que isso não era mais suficiente.

Depois de ouvir falar sobre o trabalho de Jessica Ortner com a EFT [sigla para técnicas de liberação emocional, em inglês], ela começou a praticar a técnica conhecida como tapping. Para avançar nessa jornada, ela fez vários cursos em hipnoterapia. Saanvi recuperou seu cérebro — ainda melhor — e isso levou a uma drástica mudança de carreira.

"Eu fui advogada empresarial por mais de quinze anos e decidi montar minha própria empresa, na qual trabalho para implementar mudanças de vida para meus clientes usando a mente subconsciente, principalmente com o tapping da EFT e hipnoterapia."

ENTENDENDO A NEUROPLASTICIDADE

O que podemos aprender com o cérebro dos taxistas de Londres?

Foi essa a pergunta feita pela neurocientista Eleanor Maguire, da Universidade de Londres, ao considerar o vasto conjunto de informação que precisa ser dominado pelos motoristas de táxi da cidade, apropriadamente chamado de "O Conhecimento". Para conseguir a licença, os candidatos percorrem uma parte específica da cidade em um ciclomotor — um raio de 10 quilômetros em torno da estação de Charing Cross — por 3 a 4 anos, memorizando um labirinto de 25 mil ruas e os milhares de atrações nelas. Mesmo após esse intenso estudo, somente 50% dos candidatos são aprovados. Maguire cogitou a hipótese de que os aprovados tivessem hipocampos maiores do que a média.

Maguire e seus colaboradores descobriram que os taxistas de Londres realmente tinham "mais massa cinzenta no hipocampo posterior do que pessoas com idade, educação e inteligência semelhantes, mas que não dirigiam táxis. Em outras palavras, os motoristas de táxi tinham centros de memória maiores. Parecia que quanto mais tempo alguém dirigia um táxi, maior ficava o seu hipocampo, como se o cérebro se expandisse para acomodar as demandas cognitivas de navegar pelas ruas de Londres".[3]

Esse estudo é um exemplo convincente da neuroplasticidade do cérebro, ou sua capacidade de se reorganizar e transformar à medida que é exposto ao aprendizado e às novas experiências. Ter de aprender constantemente novas rotas na cidade forçou o cérebro dos taxistas a criar novas vias neurais, que mudaram a estrutura e o tamanho do cérebro — um incrível caso do cérebro sem limites em ação.

Também conhecida como plasticidade cerebral, a neuroplasticidade significa que, quando você aprende algo novo, seu cérebro faz uma nova conexão sináptica. E toda vez que isso ocorre ele muda fisicamente, atualizando seu hardware para refletir um novo nível da mente.

A neuroplasticidade depende da capacidade dos neurônios de crescer e fazer conexões com outros neurônios em diferentes partes do cérebro. Ela funciona criando novas conexões e fortalecendo (ou enfraquecendo, conforme o caso) conexões antigas.[4]

Nosso cérebro é maleável. Temos a incrível habilidade de mudar sua estrutura e organização ao longo do tempo, formando novas vias neurais à medida que experienciamos, aprendemos algo novo e nos adaptamos. A neuroplasticidade ajuda a explicar como tudo é possível. Pesquisadores afirmam que todos os cérebros são flexíveis, pois as redes complexas de neurônios conectados podem ser religadas para formar novas conexões. Às vezes, isso significa que o cérebro compensa algo que perdeu, como quando um hemisfério aprende a funcionar por ambos. Assim como há pessoas que sofreram derrames e foram capazes de reconstruir e recuperar suas funções cerebrais, aquelas que procrastinam, têm pensamentos negativos excessivos ou não conseguem parar de comer porcarias também podem reconfigurar seu cérebro, mudar seus comportamentos e transformar sua vida.

Se aprender é fazer novas conexões, lembrar envolve mantê-las e sustentá-las. Quando temos dificuldades ou sofremos algum tipo de comprometimento da memória, provavelmente estamos experimentando uma desconexão entre os neurônios. No processo de aprendizagem, quando você não conseguir se lembrar de algo, encare isso como uma falha em fazer a conexão entre o que aprendeu e o que já sabe, e com a forma como vai usar isso na vida.

Por exemplo, se você acha que algo que aprendeu é valioso naquele momento, mas que nunca mais vai usá-lo, é improvável que crie uma memória. Da mesma maneira, se você aprende algo, mas não tem um raciocínio mais amplo sobre por que isso é importante para você ou como se aplica à sua vida ou ao seu trabalho, é provável que seu cérebro não retenha as informações. Lapsos de memória são totalmente normais — somos humanos, não robôs. Mas, se respondermos a esses lapsos com atitudes como "tenho uma memória ruim" ou "não sou inteligente o suficiente para me lembrar disso", afetamos negativamente nossa habilidade de aprender e crescer. Em outras palavras, a conclusão que podemos tirar em resposta ao esquecimento causa muito mais danos do que o lapso de memória. Esse tipo de diálogo interno reforça uma crença limitante em vez de reconhecer o erro e recuperar a informação.

O que isso significa para a aprendizagem? Plasticidade quer dizer que você pode moldar e modelar seu cérebro de acordo com seus desejos. É como se sua memória pudesse ser treinada — quando você sabe como ajudar o cérebro a receber, codificar, processar e consolidar a informação. Isso significa que, com pequenas mudanças em coisas simples como seu ambiente, alimentação ou exercícios, você pode alterar drasticamente o funcionamento do seu cérebro. Compartilho essas dicas de energia detalhadamente no Capítulo 8.

Concluindo: a plasticidade significa que sua aprendizagem, bem como sua vida, não é pré-determinada. Você pode ser, fazer, ter e compartilhar qualquer coisa quando otimiza e reconecta seu cérebro. Não há limites quando você se alinha e aplica a mentalidade, a motivação e os métodos corretos.

SEU SEGUNDO CÉREBRO

Meus alunos contam que, após aprenderem sobre a imensidão de seus cérebros, ganham um novo senso de valor e sua autoestima cresce da noite para o dia. Aqui vão mais boas notícias: você não está limitado a apenas um cérebro, há um segundo — seu intestino. Você já teve um pressentimento? Aquele momento em que simplesmente sabia o que aconteceria? Se você já seguiu seus instintos ou sentiu um "frio na barriga", já se perguntou por que isso ocorreu? Escondido nas paredes do sistema digestivo, esse "cérebro no seu intestino" está revolucionando a compreensão da medicina sobre as ligações entre digestão, humor, saúde e até a forma como você pensa.

Cientistas chamam esse pequeno cérebro de Sistema Nervoso Entérico (SNE). E ele não é tão pequeno assim. O SNE é composto por duas camadas finas de mais de 100 milhões de células nervosas que revestem o trato gastrointestinal do esôfago ao reto. A ciência está apenas começando a entender o eixo cérebro-intestino e como isso afeta nosso cérebro, humor e comportamento. Você já deve ter ouvido falar da "conexão cérebro-intestino". Na década passada, descobrimos que o intestino tem um efeito enorme no funcionamento de nosso cérebro. Você pode compará-lo às árvores. As raízes no chão drenam os nutrientes vitais e a água do solo, além de se comunicarem com outras plantas. Esses nutrientes são levados ao corpo da árvore, fortalecendo e desenvolvendo o tronco, dando à árvore tudo o que ela necessita para, a cada primavera, gerar novas folhas — que, por sua vez, captam luz, outra fonte de energia.

Da mesma forma, os nutrientes que ingerimos são absorvidos por meio de nosso intestino, sendo essenciais para fornecer energia para nosso cérebro. Embora o cérebro represente muito pouco do nosso peso corporal total, ele usa 20% da energia que consumimos. Assim, os nutrientes fazem grande diferença em como o cérebro funciona no dia a dia.

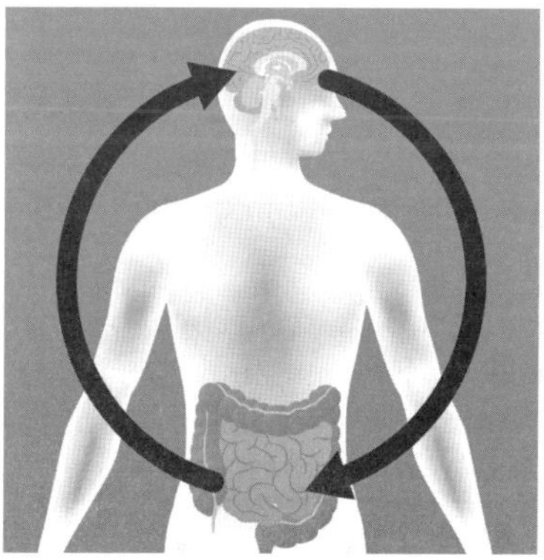

O intestino é revestido com mais de 100 milhões de células nervosas e faz parte do SNE. Quando o bebê cresce no útero materno, o SNE e o SNC se desenvolvem a partir do mesmo tecido e permanecem conectados pelo nervo vago. Os dois sistemas também se espelham muito na estrutura. Além disso, ambos usam os mesmos neurotransmissores para funcionar, incluindo serotonina, dopamina e acetilcolina. Assim como no caso do SNC, acreditávamos que cada indivíduo já nasce com uma quantidade determinada de células. Mas, tal como o cérebro, agora sabemos que o SNE produz novos neurônios ao longo da vida adulta e pode ser reparado quando danificado.[5] O intestino é constituído por esses neurônios, além de uma rede de bactérias que forma o microbioma. Assim como o cérebro, cada pessoa tem um microbioma único.

Além disso, essas células nervosas operam por vias muito semelhantes às do cérebro. Em 2010, o neurocientista Diego Bohórquez, da Universidade Duke, descobriu que as células enteroendócrinas do intestino tinham "protrusões semelhantes a pés", parecidas com as sinapses que os neurônios usam para se comunicar. Isso levou Bohórquez a imaginar se essas células poderiam "conversar" com o cérebro por meio de sinais similares aos usados pelos neurônios. Ele supôs que, se isso estivesse acontecendo, elas teriam que utilizar o nervo vago, que conecta o intestino ao tronco encefálico.[6] Após mais experimentos, descobriu-se que as células de fato usam o nervo vago para captar mensagens e enviá-las ao cérebro, uma via mais rápida do que a corrente sanguínea.

TRABALHO EM EQUIPE

A conexão entre o cérebro e o intestino continua sendo explorada, mas parece que ambos funcionam de maneiras muito similares e em conjunto. O pequeno cérebro, junto com o grande, determina parcialmente o nosso estado mental. Quando você tem um pressentimento, aquela sensação em suas entranhas, de que algo não está certo ou, por outro lado, que deve seguir um palpite, não é só superstição — seu intestino tem uma forma específica de interpretar eventos e enviar sinais para o cérebro. Além disso, quando você fornece alimentos de qualidade inferior ao intestino, também está alimentando o cérebro com combustível de baixa qualidade.

Nesse momento, seu intestino está digerindo o alimento que você acabou de comer e enviando energia para o cérebro. Ao mesmo tempo, uma parte do seu cérebro está percebendo as páginas sob as pontas dos seus dedos (ou do leitor digital, se for da sua preferência), sentindo o conforto da cadeira em que você está sentado e monitorando o ambiente à sua volta para garantir que você está seguro. Já outra parte do seu cérebro está percebendo o cheiro do ambiente: talvez o de café, de um perfume ou o que exala destas páginas. Outra parte está decifrando as palavras na página deste livro e transformando-as em significado, que é então processado e armazenado na memória de curto prazo, de onde será posteriormente enviado para a memória de longo prazo (sob as condições certas, nas quais chegaremos em breve).

Descrevi tudo isso para dizer que você tem o maior superpoder de todos no espaço entre suas orelhas. Além disso, possui a habilidade de aprimorar e turbinar esse superpoder — ou deixá-lo enfraquecer e se deteriorar. E é você que decide que tipo de ambiente proporciona para seu superpoder: um que apoia sua missão na vida ou um que o afasta dos seus maiores sonhos.

O INDESCRITÍVEL ÓBVIO

Considerando que temos esse gigantesco poder mental à nossa disposição, por que enfrentamos tanta dificuldade? Se seu cérebro realmente é tão magnífico, por que a sobrecarga, a distração, o esquecimento e os sentimentos de inadequação nos afetam tanto? Como conciliamos o fato de termos tanto potencial com os dias em que não conseguimos nos lembrar de um mero nome ou resolver um problema trivial? A resposta é simples, quase o indescritível óbvio: não nos ensinaram como.

Dê uma ideia a uma pessoa e você enriquecerá o dia dela. Ensine uma pessoa a aprender, e ela poderá enriquecer a vida inteira.

A escola é um ótimo lugar para se aprender. Lá, nos ensinam o que aprender, o que pensar e o que lembrar. Mas há poucas aulas, se é que há alguma, sobre *como* aprender, *como* pensar e *como* lembrar.

No livro *Escolas Criativas: A Revolução que Está Transformando a Educação*, considerado uma referência da área, Ken Robinson declara: "Uma das minhas preocupações mais profundas é que, apesar de os sistemas de educação ao redor do mundo estarem sendo reformados, muitas dessas reformas são conduzidas por interesses políticos e comerciais, que não compreendem como as pessoas de carne e osso aprendem e como escolas excelentes realmente trabalham. Assim, o futuro de inúmeros jovens está sendo prejudicado. Cedo ou tarde, para o bem ou para o mal, isso afetará você ou alguém que você conhece."[7]

Meu palpite é o de que isso *já* afetou você e a todos ao seu redor. Como você já sabe, minha própria experiência com o sistema de educação foi complicada e reconheço que minhas circunstâncias não foram usuais. Na realidade, porém, mesmo que jamais tivesse sofrido aquele fatídico traumatismo craniano no jardim de infância, provavelmente teria obtido muito menos da minha educação escolar do que o ideal. Isso ocorre porque poucas escolas

"A única maneira de vencer é aprender mais rápido do que qualquer outro."

— ERIC RIES

no mundo incorporaram o "como aprender" aos seus currículos. Elas nos enchem de informação, nos apresentam a grandes obras da literatura e a pessoas que mudaram o curso da civilização. Elas nos testam, algumas vezes incessantemente, para determinar se podemos repetir o que nos ensinaram. Mas não vão além, de modo a nos ensinar como aprender e a tornar o enriquecimento de nossa mente, a descoberta de novos conceitos e a absorção do que aprendemos fundamentais em nossa vida cotidiana.

Não se trata de culpar os professores, que trabalham duro para ensinar os nossos filhos. Na minha opinião, eles são alguns dos seres humanos mais carinhosos, compassivos e capazes da nossa sociedade. De fato, minha mãe se tornou professora após minha lesão cerebral, porque eu tinha muita dificuldade e ela queria ajudar a mim e a outros como eu. O problema está no sistema desatualizado em que os professores trabalham. Se o personagem Rip Van Winkle, do conto de mesmo nome, acordasse depois de décadas de hibernação, a única coisa que ele reconheceria hoje são as salas de aula, porque elas mudaram muito pouco. A educação não mudou o suficiente para nos preparar para o mundo em que vivemos hoje. Em uma era de carros elétricos autônomos e veículos capazes de nos levar a Marte, nosso sistema educacional é o equivalente a um cavalo e a uma carruagem.

E há a questão da mudança cada vez mais rápida e profunda da forma como ganhamos a vida. A automação e a inteligência artificial estão afetando o futuro do trabalho, e não estou falando somente de empresas em que os funcionários estão sendo substituídos por robôs. Além disso, muitos de nós enfrentamos a necessidade de mudar da estrutura de um emprego em um escritório para a volatilidade da economia de trabalhos temporários e sem vínculos empregatícios. Funções que poucos de nós imaginávamos até cinco anos atrás ganharam força, enquanto outras estão surgindo neste exato momento e influenciarão o local de trabalho nos próximos anos.

Tudo isso nos leva à mesma direção: temos de assumir o controle do nosso próprio aprendizado. Se as escolas dizem o que devemos aprender, mas não *como*, teremos de fazer o restante do trabalho por conta própria. Se a sobrecarga digital ameaça sequestrar o nosso cérebro, devemos usar o que sabemos sobre aprender para redefinir as regras básicas. Se o local de trabalho evolui com tanta rapidez que nunca poderemos ter certeza de como será trabalhar amanhã, só poderemos estar realmente preparados para um futuro desconhecido assumindo o controle completo da nossa aprendizagem.

LIGANDO A ENERGIA

Vamos relembrar uma história rápida: certo dia, tudo parou abruptamente em uma usina de energia. Todas as máquinas desligaram. O silêncio era ensurdecedor. As pessoas que comandavam o local ficaram fora de si e, horas e horas depois, nenhum dos funcionários conseguiu resolver o problema. O chefe de operações estava desesperado, então ligou para a melhor ajuda local que conseguiu encontrar.

O especialista chegou e andou pela instalação. Ele se aproximou dos quadros de distribuição elétrica e abriu um deles, olhando os vários fios e parafusos lá dentro. Ele girou um parafuso e, como em um passe de mágica, tudo começou a funcionar normalmente. A fábrica voltou à vida.

O chefe de operações ficou aliviado. Ele agradeceu ao técnico e perguntou o valor do serviço. O técnico disse: "$10 mil." O chefe de operações levou um susto: "Como assim $10 mil? Você ficou aqui poucos minutos e só apertou um parafuso. Qualquer um poderia ter feito isso. Preciso de uma conta detalhada, por favor."

O técnico colocou a mão no bolso, tirou um bloco de notas, rabiscou por alguns segundos e entregou a conta ao outro homem. O chefe leu e, imediatamente, fez o pagamento. Na conta estava escrito: "Apertar um parafuso: $1. Saber qual parafuso apertar: $9.999."

Qual é a moral da história? Não é a de que você tem um parafuso solto. A história mostra duas coisas.

A primeira é quanto valor agregado uma mente sem limites pode oferecer a você e aos outros. Entramos em uma economia especializada, em que o poder do cérebro supera a força bruta. O instrumento que você tem entre as orelhas é o seu maior ativo gerador de riqueza. O mundo se divide entre os que têm conhecimento e os que não têm. E esse conhecimento aplicado não é apenas poder, mas também lucro. Sua habilidade de pensar, resolver problemas, tomar as decisões certas, criar, inovar e imaginar é como agregamos valor. Quanto mais rápido você aprender, mais rápido ganhará dinheiro.

E isso nos leva à segunda lição. Aquele parafuso fez toda a diferença. Orientei e treinei algumas mentes incríveis, e você não precisa ser um gênio para perceber que a genialidade deixa pistas. Uma delas é a de que os artistas mentais de elite filtram e se concentram nos poucos "parafusos" que fazem toda a diferença e ativam todo o resto. Este livro está repleto de comportamentos, ferramentas e estratégias que descobri para lhe dar o máximo de resultados e recompensas pelo seu esforço.

O mundo está lhe propondo mais desafios do que nunca e todos os sinais indicam que eles continuarão a crescer. Ao mesmo tempo, há muito a ganhar com um cérebro em sua melhor forma. E agora você sabe que tem potencial mais do que suficiente para enfrentar qualquer desafio. Mas isso exigirá que você tenha controle sobre o seu aprendizado.

Pode parecer que acompanhar as demandas da nossa realidade atual exige capacidades sobre-humanas. Mas você já tem um superpoder latente: o seu cérebro. Talvez você não seja capaz de atirar teias das suas mãos, mas tem algo muito melhor: as teias neurais na sua cabeça. Essa usina de superpoder em rede representa o seu maior dom e vantagem. Tudo o que temos de fazer é atualizar o cérebro da mesma forma como você faz com seu telefone. Como instalar um novo software no seu cérebro? Uma das minhas formas favoritas é a que você está fazendo agora: a leitura.

"Não uso apenas o meu cérebro, mas todos que posso tomar emprestado."

— WOODROW WILSON

4

COMO LER E SE LEMBRAR DESTE (E DE QUALQUER) LIVRO

O tempo é um dos seus maiores ativos. É a única coisa que você não pode recuperar.

Como *coach* do seu cérebro, quero que você obtenha os melhores resultados e o melhor retorno sobre o investimento de sua atenção, então aqui vão algumas recomendações sobre como aproveitar este livro ao máximo. Você pode seguir este conselho com praticamente qualquer coisa que queira aprender e ler.

Vamos começar com uma pergunta: você já leu alguma coisa e a esqueceu no dia seguinte?

Você não está sozinho. Os psicólogos chamam isso de "curva do esquecimento". É uma fórmula matemática que descreve a taxa em que as informações são esquecidas após serem absorvidas. Segundo pesquisas, os seres humanos esquecem cerca de 50% do que aprenderam em uma hora, e uma média de 70% em 24 horas.[1]

A seguir estão algumas recomendações para ajudá-lo a superar essa curva. Depois, compartilharei estratégias avançadas para acelerar seu aprendizado e sua retenção de informações nas seções sobre estudo, leitura dinâmica e evolução da memória.

Pesquisas apontam que a nossa habilidade natural de se concentrar diminui depois de 10 a 40 minutos. Se passarmos mais do que isso em uma determinada tarefa, obtemos retornos decrescentes em nosso investimento de tempo, pois nossa atenção começa a vagar. Por essa razão, sugiro que você use a técnica *Pomodoro* [tomate, em português], um método de produtividade criado pelo italiano Francesco Cirillo. Ele se baseia na ideia de que o tempo ideal para uma tarefa é de 25 minutos, seguido de uma pausa de 5 minutos.[2] Cada período de 25 minutos é chamado de *Pomodoro*. Enquanto você lê este livro, sugiro que o faça por um *Pomodoro* e dê ao seu cérebro uma pausa de 5 minutos antes de seguir.

Quando se trata de aprender, a técnica *Pomodoro* funciona por razões relacionadas à memória, mais precisamente devido aos efeitos de precedência e de recenticidade.

O efeito de precedência significa que você está mais inclinado a se lembrar do que aprendeu no começo da sessão, da aula, da apresentação ou mesmo de uma interação social. Se você for a uma festa e conhecer trinta estranhos, está mais propenso a se lembrar das primeiras pessoas (a não ser que tenha treinado para recordar os nomes com meu método, que ensinarei mais adiante neste livro).

Já o efeito de recenticidade mostra que você também é propenso a se lembrar da última coisa que aconteceu (a mais recente). Na mesma festa, significa que lembrará o nome das últimas pessoas que conheceu.

Todos nós procrastinamos antes de uma prova. Então, na noite anterior, sentamos para estudar e "comprimir" o máximo possível de informação, sem pausas. A precedência e a recenticidade são somente duas das (muitas) razões que mostram que isso não funciona. Porém, ao fazer pausas, você cria mais inícios e fins, retendo muito mais sobre o que está estudando.

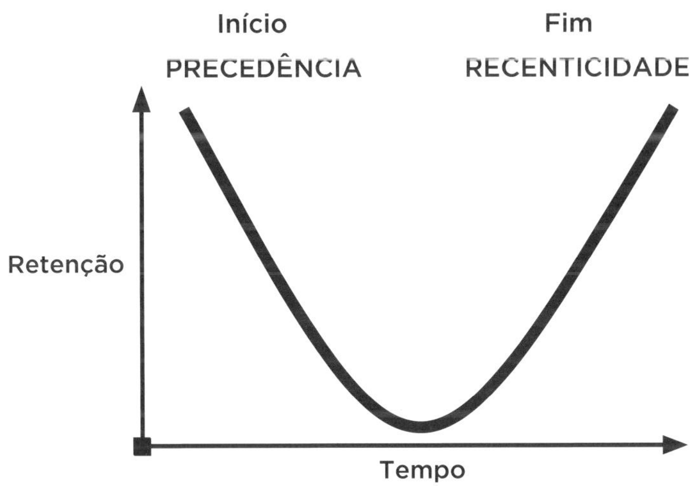

Se você se senta para ler um livro durante duas horas sem pausas, talvez se lembre do que leu nos primeiros vinte minutos, tenha uma queda na marca dos trinta minutos e, então, é provável que se lembrará do final da leitura. Isso significa que o que ficou no meio do caminho, sem pausas para assimilar ou refletir sobre o que você acabou de ler, é um espaço morto para a aprendizagem. Então leia este livro um *Pomodoro* por vez, para absorvê-lo ao máximo. Se, ainda assim, você escolher "comprimir" o máximo de informação, aprenderá métodos úteis para reter as informações intermediárias.

Você sabia que o próprio ato de ler este livro o tornará mais inteligente? Sei que é uma grande pretensão, mas estou completamente convencido de que é verdade. Em um nível, ele irá ensiná-lo a ser mais inteligente por meio das ferramentas e das táticas que compartilho. Entretanto, em outro nível, ao lê-lo ativamente, você formará imagens em sua mente e fará conexões entre o que sabe e o que está aprendendo. Você refletirá sobre como isso se aplica à sua vida atual e imaginará como usar o conhecimento que está absorvendo. Isso promove a neuroplasticidade. O filósofo norte-americano Oliver Wendell Holmes disse: "De vez em quando, a mente de um homem é ampliada por uma ideia nova ou sensação e nunca mais se reduz às suas antigas dimensões."[3] Quando você lê qualquer livro, tem a oportunidade de ampliar o alcance da sua mente, que jamais será a mesma.

> **COMECE LOGO**
>
> Marque 25 minutos em um cronômetro agora e concentre-se no que você está lendo neste livro por esse tempo. Quando o alarme disparar, marque a página e feche o livro. Em seguida, anote o que aprendeu nesse período.

USE O MÉTODO *FASTER*

Para aproveitar este livro ao máximo, segue uma forma simples de aprender qualquer coisa rapidamente. Trata-se do método *Faster* [mais rápido], e quero que você o use enquanto lê, começando agora.

O acrônimo *Faster* significa: *Forget* [esquecer], *Act* [agir], *State* [estado de espírito], *Teach* [ensinar], *Enter* [anotar] e *Review* [revisar]. Veja mais detalhes a seguir.

F de Forget

A chave para manter um foco consistente é eliminar ou esquecer o que o distrai. Há três coisas que você quer esquecer (ao menos, temporariamente). A primeira é o que você já sabe. Quando aprendemos algo novo, tendemos a supor que entendemos mais do que sabemos sobre o assunto. O que pensamos saber sobre um tópico pode bloquear nossa habilidade de absorver uma informação nova. Uma das razões pelas quais crianças aprendem mais rápido é porque são recipientes vazios; elas sabem que não sabem. Muitas pessoas que dizem ter vinte anos de experiência têm, na verdade, um ano de experiência que foi repetido vinte vezes. Para aprender além do seu atual senso de restrições, quero que você esqueça temporariamente o que já sabe ou pensa que sabe sobre o tópico, abordando-o com o que a filosofia Zen chama de mente de principiante. Lembre-se de que a sua mente é como um paraquedas — só funciona quando está aberta.

A segunda coisa é deixar para lá o que não é importante ou urgente. Ao contrário da crença popular, o cérebro não realiza várias tarefas ao mesmo tempo (veremos mais adiante). Se você não estiver totalmente presente, será difícil aprender quando seu foco estiver dividido.

COMECE LOGO

Quando sua mente inevitavelmente vagar para longe ao ler este livro — e for importante, mas não urgente —, não lute contra. Aquilo a que você resiste acaba persistindo. Em vez disso, mantenha um caderno por perto para anotar o pensamento ou a ideia. Assim, você pode se libertar temporariamente e lidar com isso após a conclusão da tarefa em questão.

E, finalmente, esqueça suas limitações. Elas são as noções preconcebidas que você tem sobre si mesmo, como sua memória não ser boa ou você ser um aprendiz lento. Esqueça (ao menos temporariamente) o que você acredita ser possível. Sei que isso pode ser difícil, mas mantenha a mente aberta para o que você pode fazer. Afinal, já que está lendo este livro, alguma parte sua, no fundo, deve acreditar que há mais na vida do que aquilo que você já demonstrou. Faça o seu melhor para manter um diálogo interno positivo. Lembre-se disso: se você lutar a favor de suas limitações, vai mantê-las. Sua capacidade não é fixa, e é possível aprender sobre qualquer coisa.

A de Act

A educação tradicional ensinou a muitas pessoas que aprender é um ato passivo. Você se senta quieto na sala, não fala com o colega e consome a informação. Mas assimilar *não* é ser um espectador. O cérebro humano aprende mais criando do que consumindo informação. Sabendo disso, gostaria que você se perguntasse como pode ser mais ativo em seu aprendizado. Tome notas e faça todos os exercícios da seção "Comece Logo". Baixe o aplicativo *Kwik Brain* para testar e treinar suas habilidades ilimitadas. Visite o site www.LimitlessBook.com/resources [conteúdo em inglês] para obter ferramentas gratuitas adicionais. Recomendo que grife as ideias principais, mas não se torne um daqueles viciados em grifar as páginas com marca-texto até que todas elas brilhem no escuro. Se destacar tudo como importante, então nada se torna importante. Quanto mais ativo você for, melhor, mais rápido e mais conteúdo vai aprender.

COMECE LOGO

O que você *fará* para tornar a leitura deste livro uma experiência mais ativa? Escreva aqui: ______________________________
____.

S de State

Toda aprendizagem depende de seu estado de espírito, que é uma imagem instantânea das suas emoções. Ele é altamente influenciado por seus pensamentos (psicologia) e pela condição física do seu corpo (fisiologia). Seus sentimentos (ou a falta deles) sobre um assunto em uma situação específica afetam o processo de aprendizagem e, como consequência, os resultados. De fato, quando você associa um sentimento à informação, ela se torna mais marcante. Para provar isso, aposto que certas músicas, cheiros ou comidas o levam de volta à infância. O oposto também é verdade. Qual foi o estado emocional predominante que você sentiu na escola? Quando pergunto isso ao público, a maioria das pessoas grita "tédio!". Muito provavelmente você se identifica com isso.

Se a sua energia emocional na escola era baixa, não é de se admirar que você tenha se esquecido da tabela periódica. Mas, quando você controla sua condição física e mental, pode transformar a experiência chata do aprendizado em uma experiência curiosa, emocionante e até divertida. Para isso, você deve tentar mudar a forma como seu corpo se comporta em um ambiente de aprendizagem ou despertar diferentes humores antes de se sentar para aprender. Mude sua postura ou a intensidade de sua respiração. Sente-se ou fique em pé do jeito que faria se estivesse totalmente energizado e animado com o que está por vir. Fique entusiasmado com os enormes benefícios que terá com o aprendizado e o que fará com o seu conhecimento. Lembre-se de que todo aprendizado depende do seu estado de espírito. Escolha conscientemente condições de alegria, fascínio e curiosidade.

COMECE LOGO

Você está concentrado, cheio de energia ou motivado neste momento? Classifique seu estado atual em uma escala de 1 a 10. O que você *fará* agora para aumentar esse número?

T de Teach

Se você quer reduzir drasticamente sua curva de aprendizagem, aprenda com a intenção de ensinar a alguém. Pense nisso: se você sabe que terá de apresentar o que absorveu, abordará como entender o tópico com a intenção de dominá-lo o suficiente para explicá-lo a outra pessoa. Você prestará mais atenção. Suas anotações serão mais detalhadas e, talvez, será possível até fazer perguntas melhores. Quando você ensina algo, aprende duas vezes: uma por conta própria e, de novo, ao ensinar a outra pessoa.

Aprender não é sempre um ato solitário; ele também pode ser social. Talvez você aproveite melhor este livro se convidar alguém para aprender junto. Compre uma cópia para um amigo ou, melhor ainda, comece um clube do livro *Sem Limites*, que se encontra semanalmente para discutir suas ideias e conceitos. Você gostará mais de aprender enquanto cria memórias com um amigo ou um grupo. Trabalhar com mais alguém não somente vai ajudá-lo a se manter responsável, mas também lhe dará alguém para praticar esse método.

COMECE LOGO

Encontre um colega de aprendizado para ler este livro. Um vai se responsabilizar pelo outro. Coloque o nome dele (ou deles) aqui: ______________________________.

E de Enter

Qual é a ferramenta de desempenho pessoal mais simples e poderosa? Sua agenda. É nela que colocamos as coisas importantes: reuniões de trabalho, reuniões de pais e professores, consultas com o dentista, levar o animal de estimação para passear e por aí vai. Você sabe o que a maioria das pessoas não põe na agenda? Seu crescimento e desenvolvimento pessoal. Se não está anotado em sua agenda, há uma grande chance de não estar acontecendo. É muito fácil que o dia passe e você "se esqueça" de exercitar o seu corpo e o seu cérebro.

COMECE LOGO

Pegue sua agenda e anote a leitura de *Sem Limites* para os próximos sete dias. Identifique-a como Hora *Sem Limites*, Hora Genial, Formação Cerebral, Conversa com Jim ou qualquer outra coisa chamativa o suficiente para garantir que você mantenha o compromisso na agenda.

R de Review

Uma das melhores formas de reduzir os efeitos da curva de esquecimento é se lembrar ativamente do que você aprendeu usando repetições espaçadas. Você ficará mais apto a reter a informação ao revisá-la em diversas sessões espaçadas. Para otimizar, pare por um momento antes de começar sua sessão de leitura, mesmo que por alguns minutos, para revisar o que já aprendeu. Seu cérebro dará grande valor ao material e preparará sua mente para o que está por vir.

COMECE LOGO

Antes de cada leitura, reserve alguns minutos para falar ou escrever o que você lembra da leitura anterior.

ESCOLHA SABIAMENTE

O filósofo francês Jean-Paul Sartre afirmou que "a vida é feita de C entre B e D", o que significa que a vida é feita de escolhas [*choices*, em inglês] entre o B [*birth*, nascimento] e o D [*death*, morte]. A enorme simplicidade dessa declaração é particularmente relevante para a jornada que estamos percorrendo. Não ter limites é uma escolha inteiramente sua, independentemente das suas circunstâncias. Você pode optar por desistir desse poder, mas por que você faria isso sabendo que pode realmente viver uma vida sem barreiras? Mas escolher é algo dinâmico, e o momento de fazer essa escolha é agora.

Quero que você tome uma decisão e se comprometa. A maioria das pessoas estão sinceramente interessadas em fazer algo que elas sabem que *devem* fazer, mas não o fazem porque consideram uma escolha, e não um compromisso. Há um poder enorme em verdadeiramente tomar uma decisão. Quero que você escreva seu compromisso de concluir este livro. Quando colocamos algo no papel, estamos mais propensos a cumprir a promessa.

Mais adiante, você verá uma página de compromisso para preencher. Se você quiser pontos extras, tire uma foto da sua promessa assinada e poste nas redes sociais. Essa resolução pública o ajudará a continuar assumindo a responsabilidade. Não se esqueça de me marcar (@JimKwik #LimitlessBook), para que eu possa torcer por você!

"Esta é sua última chance. Depois não há como voltar. Se tomar a pílula azul, a história acaba e você acordará na sua cama acreditando no que quiser acreditar. Se tomar a pílula vermelha, ficará no País das Maravilhas e eu lhe mostrarei até onde vai a toca do coelho. Lembre-se: tudo que ofereço é a verdade. Nada mais."

— **MORFEU**

AS PERGUNTAS SÃO A RESPOSTA

Você já leu uma página de um livro, chegou ao final e não conseguiu se lembrar do que tinha acabado de ler? Você pode até reler, mas vai esquecer novamente. Não quero que isso aconteça durante a leitura deste livro. Por que você acha que isso acontece? A resposta é: você não está fazendo os questionamentos certos. As perguntas, de fato, são a resposta.

A cada segundo, seus sentidos coletam 11 milhões de bits de informação do mundo à sua volta. É claro, se você tentar interpretar e decifrar todos ao mesmo tempo, ficará imediatamente sobrecarregado. É por isso que o cérebro é, em grande parte, um dispositivo de exclusão; ele é desenvolvido para manter as informações do lado de fora. Uma mente consciente processa em média somente 50 bits por segundo.

O que passa pelo filtro é determinado pela parte do cérebro chamada Sistema de Ativação Reticular (SAR). O SAR é responsável por várias funções, incluindo o sono e a mudança de comportamento. Ele também age como guardião da informação durante o processo chamado de habituação, que permite ao cérebro ignorar estímulos repetitivos e sem sentido, e permanecer sensível a outras informações.

Uma das formas de orientar o SAR é por meio das perguntas que fazemos a nós mesmos. Elas dizem ao cérebro o que é importante para nós. Vamos usar o aniversário da minha irmã mais nova como exemplo. Anos atrás, ela me mandava cartões postais, e-mails e fotos de cachorros da raça pug. Você sabe, aqueles com carinha amassada e olhos brilhantes. Eles são muito dóceis; você pode vesti-los de bailarina e eles não ligam. É claro que eu me perguntava por que ela me enviava fotos de pugs — então lembrei que o aniversário dela estava chegando e ficou evidente que ela estava deixando pistas porque queria um.

Mais tarde naquele dia, estava no caixa da loja de alimentos naturais e olhei para a fila do lado. Para minha surpresa, vi uma mulher carregando um pug. "Uau, não vejo um cachorrinho dessa raça há muito tempo — quais são as chances disso?", pensei. No dia seguinte, fui correr no meu bairro e havia alguém andando com seis pugs.

A pergunta é: de onde vieram os pugs? Eles simplesmente apareceram, como mágica? É claro que não. Eles sempre estiveram lá. Mas, em meio à enxurrada de estímulos, nunca havia prestado atenção neles. Quando os pugs invadiram a minha consciência, comecei a vê-los em todo lugar. Você já viveu algo parecido? Talvez com um carro ou peça de roupa que começou a aparecer em todos os lugares como em um "passe de mágica".

Eu, ______________________, me comprometo a ler este livro em intervalos de 10 a 25 minutos até terminá-lo.

Eu me comprometo a me concentrar, esquecendo meu conhecimento anterior, distrações e crenças limitantes do que é possível.

Eu me comprometo a ser ativo no processo. Farei todos os exercícios das sessões "Comece Logo", anotações, marcações e praticarei fazendo perguntas relevantes a mim mesmo enquanto leio.

Eu me comprometo a gerenciar meu estado de espírito enquanto leio, checando regularmente meus níveis de energia e ajustando minha motivação proativamente conforme necessário.

Eu me comprometo a ensinar aos outros o que aprendi, para que todos possamos nos beneficiar.

Eu me comprometo a reservar o tempo de leitura em minha agenda, porque, se estiver lá, eu farei.

Eu me comprometo a revisar o que já aprendi, para que possa lembrar melhor antes de passar para algo novo.

E, finalmente, mesmo que eu fracasse em qualquer um desses itens, eu me comprometo a não me frustrar. Vou recomeçar e fazer o meu melhor.

Sim! Estou pronto para me tornar SEM LIMITES!

Assinado,

______________________________ Data: __________

Em uma entrevista com a personalidade e estilista norte-americana Jeannie Mai, comparamos esse efeito com o modo como a sua rede social favorita começa a mostrar mais postagens com base em um interesse demonstrado anteriormente. O site que você está usando sabe disso por conta do que você já clicou, curtiu ou viu. Seu SAR é como o algoritmo desse site. Ele mostra mais sobre o que você expressa interesse e esconde as coisas com as quais você não interage.

Muitas vezes as respostas que queremos estão lá, mas não estamos fazendo as perguntas certas para chamar a atenção para elas. Em vez disso, estamos fazendo perguntas inúteis, ou pior, que nos desmerecem. Por que não sou inteligente o suficiente? Por que não sou bom o bastante? Por que não consigo perder peso? Por que não encontro a pessoa certa? Fazemos perguntas tão negativas que, em seguida, elas nos dão evidências — ou pugs — como respostas. A mente humana está sempre generalizando para dar sentido ao mundo. Aqui, ali e em qualquer lugar, podemos achar evidências que confirmam nossas crenças.

Pensar é um processo de raciocinar sobre algum assunto, durante o qual fazemos e respondemos perguntas. Você deve estar se perguntando: "É mesmo?" Veja, você tinha que fazer uma pergunta. Enquanto temos dezenas de milhares de pensamentos ao dia, nós temos uma, talvez duas perguntas dominantes que fazemos mais do que as outras. Como você deve imaginar, elas direcionam o nosso foco, que guia como nos sentimos e como, consequentemente, levamos nossa vida. Como um experimento mental, imagine uma pessoa cuja pergunta frequente seja: "Como fazer os outros gostarem de mim?" Você não sabe a sua idade, carreira ou como ela é. Mas você sabe mais do que imagina. Como você vê a personalidade dela? Não precisa de muito para adivinhar que ela gosta de agradar os outros, não é direta ao expressar suas necessidades e também não é autêntica sobre seus pensamentos ou sentimentos em um dado momento. Uma pessoa que se pergunta constantemente como fazer os outros gostarem dela jamais poderá mostrar o seu verdadeiro eu, pois ela sempre estará se moldando às preferências das pessoas ao seu redor, mesmo que não tenha consciência disso. Você sabe toda essa informação com apenas uma pergunta que ela faz a si mesma. Qual você acha que é a sua pergunta dominante?

SUA PERGUNTA DOMINANTE

Quando achava que meu cérebro estava quebrado, adorava fugir para o mundo de super-heróis, histórias em quadrinhos e *Dungeons and Dragons*, um popular RPG. O mundo da fantasia me ajudou a esquecer a dor. Decidi que o melhor superpoder para mim era a invisibilidade e minha pergunta dominante se tornou "como me manter invisível?". Em vez de ser visto, estava sempre observando os outros, imaginando como eram suas vidas. Imaginava por que esta pessoa era tão popular e aquela era tão feliz, ou o que fazia outra ser tão inteligente. Estava sofrendo o tempo todo, então, enquanto observava as pessoas e aprendia com o mundo ao meu redor, minha pergunta dominante passou a ser "como fazer isso melhor?". Queria resolver este enigma: "Como meu cérebro funciona para que eu possa botá-lo para trabalhar?" Quanto mais fazia essas perguntas, mais respostas recebia. Este livro é o resultado de duas décadas fazendo perguntas poderosas.

Conheci Will Smith na festa de aniversário de 80 anos de Quincy Jones, famoso empresário e produtor musical norte-americano. Após ouvir sobre meu traumatismo cerebral, Will Smith me convidou para ir à estreia do seu filme *Um Homem Entre Gigantes*, sobre a preocupante relação entre o futebol americano e o traumatismo craniano. (Falarei sobre proteção cerebral em um próximo capítulo). Mais tarde, Will me convidou para ir a Toronto, no Canadá, para passar uma semana com ele no set. Ele estava gravando um filme de super-herói, então você pode imaginar como fiquei feliz.

O interessante foi que elenco e equipe estavam trabalhando todas as noites, das 18h às 6h, ao ar livre, no auge do inverno. Nem tudo em Hollywood é brilho e glamour; há muita correria só para esperar no set. Durante um intervalo, Will e eu descobrimos algumas de suas perguntas dominantes. Uma delas era: "Como faço para tornar este momento ainda mais mágico?" Enquanto estávamos esperando a próxima cena de Will ser filmada, sua família e amigos estavam reunidos em tendas, assistindo aos outros atores trabalharem. Às 3h, em um momento que eu tinha certeza de que todos estavam cansados e congelando, vimos sua pergunta dominante em ação. Ele estava trazendo chocolate quente para todos, contando piadas para que ríssemos e fazendo o papel de anfitrião, quando poderia estar descansando. Ele realmente estava fazendo aquele momento ser mais mágico. O resultado daquela pergunta direcionou o seu foco e comportamento, mudando completamente a experiência de todos.

COMECE LOGO

Que pergunta dominante você faz para si mesmo? Escreva-a aqui:

____

____

____

____

____

____

PREPARE A SUA MENTE

Perguntas direcionam o nosso foco e contribuem para tudo na vida — até para a compreensão da leitura. Como as pessoas normalmente não fazem questionamentos suficientes ao ler, comprometem seu foco, compreensão e retenção de informação. Se você preparar a sua mente com o tipo certo de perguntas antes de ler, verá as respostas (pugs) em todos os lugares. Por essa razão, coloquei perguntas-chave específicas ao longo deste livro.

Para começar, aqui estão as três perguntas dominantes a serem feitas durante nossa jornada juntos. Elas o ajudarão a agir em relação ao que aprendeu e a transformar o conhecimento em poder.

- Como posso usar isto?
- Por que devo usar isto?
- Quando usarei isto?

COMECE LOGO

Estas são suas três perguntas mágicas: Como posso usar isto? Por que devo usar isto? Quando usarei isto? Elas o ajudarão a integrar o conhecimento deste livro à sua cabeça, coração e mãos. Incorpore-as. Deixe-as em um lugar bem visível — na sua mesa ou no celular.

"Aquele que faz as perguntas não pode evitar as respostas."

— PROVÉRBIO CAMARONÊS

Em vez de ler passivamente, considere essas perguntas ao absorver o conhecimento deste livro. Lembre-se: as perguntas são a resposta. A partir de agora — e até o fim do livro —, no começo de cada capítulo, você encontrará uma série de questões voltadas a preparar o seu foco à medida que lê. Estude as questões antes de ler cada capítulo e você estará mais bem preparado para entender e lembrar o que aprender.

Além das questões, faça os exercícios das sessões "Comece Logo", dispostas em lugares estratégicos ao longo do livro. São atividades específicas, projetadas para treiná-lo a tomar ações imediatas em seu aprendizado e na vida. Muitas dessas atividades podem ser feitas em um ou dois minutos. Lembre-se do poder da neuroplasticidade: cada vez que você responder a uma pergunta e fizer uma nova atividade, reconectará o seu cérebro. Também concluo cada capítulo com exercícios para fazer antes de ir para a próxima seção, para realmente colocar essas lições em prática.

"O único objetivo real da educação é deixar uma pessoa em condições de fazer perguntas continuamente."

— BISPO MANDELL CREIGHTON

PARTE II

MENTALIDADE SEM LIMITES

O QUÊ

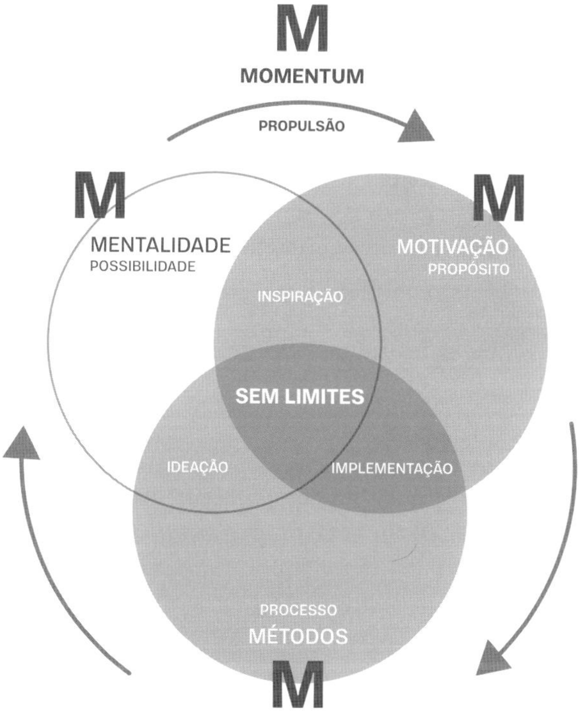

Mentalidade

men-ta-li-da-de *(substantivo feminino)*

O conjunto de crenças, atitudes e suposições profundamente enraizadas que criamos sobre quem somos, como o mundo funciona, do que somos capazes, o que merecemos e o que é possível.

O primeiro dos três elementos do Modelo Sem Limites é a Mentalidade, que é a atitude ou disposição mental que predetermina a resposta de uma pessoa às interpretações e situações. A mentalidade é feita das crenças, suposições e atitudes que temos de nós mesmos e do mundo à nossa volta. Todo comportamento é motivado por crença, então, antes de tratarmos como aprender, devemos falar das crenças inerentes que temos sobre o que é possível.

Não nascemos com uma mentalidade definida sobre o que somos capazes de fazer — aprendemos essas formas fixas e limitadas de pensar com as pessoas em nossa vida e a cultura que vivemos ao crescer.

Pense em um jovem elefante preso a uma estaca no chão. Quando ele é bebê, não é forte o suficiente para puxar a estaca, então acaba desistindo de tentar ao descobrir que o esforço é inútil. À medida que o elefante cresce, ele ganha força e poder mais que suficientes para arrancar a estaca. Mas ele segue preso, por algo tão irrelevante quanto uma corda e um frágil pedaço de metal, por conta do que aprendeu quando bebê. Na psicologia, isso se chama desamparo aprendido.

Muitos de nós temos o mesmo comportamento do elefante. Em algum momento, uma experiência nos deu uma impressão do que somos capazes e, a partir daí, a crença sobre o nosso potencial foi estabelecida. Porém, assim como o desamparo pode ser aprendido, também podemos aprender a não ter limites. Nesta seção, você conhecerá as sete mentiras que nos ensinam sobre nosso potencial e como substituí-las por novas crenças.

Uso o termo "mentira" intencionalmente porque a expressão em inglês *Limited Idea Entertained* [Ideia Limitada Mantida, em português] forma o acrônimo LIE [mentira, em português]. Se você é como a maioria das pessoas por aí, tem ideias firmes sobre si mesmo que o definem como algo aquém do potencial que você pode alcançar. Você reforça essas ideias e permite que vivam em sua mente, mas elas nada são além de *Belief Systems* [sistemas de crença, em português], ou melhor dizendo, BS [abreviação em inglês para *bullshit,* ou besteira em uma tradução leve para o português]. Durante os próximos capítulos, você descobrirá de onde essas mentiras vêm, como o aprisionam e o que pode ser feito a respeito. E continue perguntando a si mesmo: quantas das minhas restrições nada mais são que "mentiras" ou "besteiras", de acordo com meus acrônimos? Acho que você ficará surpreso com as respostas e elas serão libertadoras.

Antes de continuarmos, vou contar mais uma breve história. Uma das amizades mais preciosas da minha vida foi com Stan Lee. Como você sabe, as criações dele na Marvel me ajudaram a enfrentar alguns dos meus maiores desafios na vida quando era mais jovem e seguem sendo uma fonte de inspiração ilimitada até hoje. Minhas conversas com ele sempre foram envolventes e, muitas vezes, esclarecedoras.

Lembro-me de uma conversa em particular: estávamos no mesmo carro, a caminho de um restaurante. Stan parecia radiante em seu terno com uma gravata ousada do Homem-Aranha, o que me deu a coragem para perguntar algo que sempre quis.

"Stan, você criou tantos personagens maravilhosos ao longo dos anos, como os Vingadores e os X-Men", eu disse. "Qual é seu favorito?"

Ele não hesitou por um segundo sequer:

"Homem de Ferro", disse. "E o seu?"

Apontei para a sua gravata: "Homem-Aranha."

Stan assentiu e disse: "Com grandes poderes vêm grandes responsabilidades."

"Isso é verdade, Stan. E o oposto também é: com grandes responsabilidades vêm grandes poderes."

Ele pareceu gostar daquilo, o que me agradou profundamente. Embora nunca tivesse formulado dessa maneira antes, percebi que estava expressando um dos princípios da mentalidade sem limites. Quando assumimos a responsabilidade por alguma coisa, estamos imersos em grande poder para fazer as coisas melhor.

E é disso que se trata a mentalidade sem limites. Nossos antecedentes e circunstâncias podem ter influenciado quem somos, mas devemos ser responsáveis por quem nos tornamos. Trata-se de entender que somos responsáveis por nossas premissas e atitudes. E, quando você aceita que todo o seu potencial está sob seu controle, o poder desse potencial cresce drasticamente.

Então, super-herói, vamos começar a tornar sua mentalidade sem limites. Como diria Stan: "Excelsior!"

"O grande problema não é o que você não sabe. É o que você sabe com certeza, mas está errado."

— MARK TWAIN

5

O FEITIÇO DO SISTEMA DE CRENÇAS

Por que suas crenças têm tanto efeito em sua vida?

Por que crenças limitantes o mantêm longe de seus objetivos?

Como rejeitar as crenças limitantes?

Pegue uma pipoca imaginária, porque faremos uma visita rápida ao cinema. A cena é a seguinte:

Uma ponte está prestes a desabar no rio, porque um supervilão danificou os pilares de sustentação. Enquanto a estrutura range e balança, nossa super-heroína fica sabendo da crise e corre para o local. Ela é a única pessoa com força para evitar a catástrofe e salvar centenas de vidas.

Ela está a menos de dez segundos da ponte agora. Porém, quando chega perto, uma voz em sua cabeça a recorda de quando ela caiu de cara no chão ao fazer uma cambalhota na escola. Poucos segundos depois, ela se lembra do seu pai dizendo que seria melhor que ela reduzisse suas expectativas sobre o futuro. Com a ponte à vista, outra visão: sua ex-melhor amiga a ridicularizando por seus delírios de grandeza.

Pedaços da ponte caem na água. O rangido fica mais alto. Os gritos da multidão enchem o ar.

Cheia de dúvidas, nossa super-heroína senta-se à beira da estrada, leva as mãos ao rosto e se afoga em lágrimas, com pena de si mesma.

Espere… O quê?

Você nunca viu essa cena em um filme de super-herói, certo? Há algumas razões para isso. A primeira é que seria uma história horrível. Outra razão é que, independentemente da escuridão do passado ou dos conflitos morais que os super-heróis possam enfrentar, eles não se tornam verdadeiros heróis cedendo às crenças limitantes. O Super-Homem não acha que, em um dia bom, talvez ele possa saltar de um prédio alto ou, pelo menos, de uma altura de dois andares. Tony Stark não pensa: "O traje do Homem de Ferro provavelmente pode falhar no pior momento possível, porque sou propenso a errar." A Capitã Marvel não rompe a barreira de nossa atmosfera e, de repente, começa a refletir: "Não sei se tenho capacidade emocional para voar sozinha pelo espaço." Eles têm superpoderes e qualquer senso de restrição que vá pro inferno.

E sabe de uma coisa? Você também tem superpoderes. Como colocá-los em prática? Comece com a sua mentalidade.

ENCONTRANDO MEU ROGER BANNISTER

Quando eu era criança, talvez com 9 ou 10 anos, tivemos uma grande reunião de família. Éramos mais de vinte pessoas ao redor de uma mesa enorme, em um restaurante grande e movimentado. Por ser um sábado à noite, o lugar estava lotado, com os garçons indo e vindo de mesa em mesa o mais rápido que podiam.

Alguns minutos depois de nos acomodarmos, nossa garçonete veio pegar o pedido. Como você consegue imaginar, foi um processo longo. Mais ou menos na metade, era a minha vez e ela perguntou o que eu queria para comer e beber. Foi quando percebi que ela não havia anotado os pedidos. Achei aquilo extremamente curioso. Estávamos em cerca de 25 pessoas e ela estava atendendo outros clientes, eu sabia que não éramos a sua única mesa. Como era possível ela se lembrar do que todo mundo havia pedido? Disse a ela o que queria e, então, observei-a atentamente enquanto ela seguia para falar com os outros.

Não estava muito confiante de que comeria exatamente o que pedi. Mesmo naquela idade, tinha um certo nível de ceticismo. Não por ser uma pessoa negativa ou não confiar nas pessoas, mas porque precisava *presenciar* algo fora do comum para *acreditar* que era possível. Naquele caso, pensei que, na melhor das hipóteses, a garçonete acertaria a maioria dos pedidos, mas se confundiria e os entregaria trocados, e nós teríamos que rearranjar os pratos na mesa.

Bem, primeiro vieram as nossas bebidas. Todos receberam exatamente o que pediram, mesmo a prima que pediu gelo em sua Coca-Cola e a outra que queria sua bebida com uma rodela de limão-siciliano, uma de limão e duas cerejas. *Ok*, pensei, *isso foi muito legal. Mas ainda há muitos pratos para chegar.* Poucos minutos depois, chegaram as saladas e, novamente, tudo estava perfeito. Quem pediu molho à parte conseguiu o que queria; quem queria molho em cima da salada também; e todo mundo recebeu o molho que pediu. Meu ceticismo estava sendo testado. Então vieram os pratos principais. Nenhum erro, mesmo em meio a diversos pedidos especiais malucos. Tudo foi preparado como solicitado e todos os acompanhamentos estavam certos.

Comecei a comer, mas não parava de pensar no que a garçonete havia feito. Naquela idade, estava apenas começando a ler com mais desenvoltura e minha lesão cerebral ocasionou todo tipo de desafio ao meu aprendizado. E, no entanto, aqui estava alguém me mostrando que o nosso cérebro é capaz de muito mais do que eu teria imaginado.

A garçonete era o meu Roger Bannister, estrela do atletismo nos anos 1950. Durante os primeiros anos de sua carreira, presumia-se que era fisicamente impossível um atleta correr 1.600 metros em menos de quatro minutos. O sentimento era o de que nosso corpo se despedaçaria com o esforço antes de atingir esse tempo. Então, em 6 de maio de 1954, Bannister correu 1.600 metros em três minutos e 59,4 segundos, mostrando que a barreira dos quatro minutos poderia, sim, ser quebrada. O mais interessante para mim é que alguém bateu o recorde de Bannister menos de dois meses depois e a marca foi sendo quebrada sucessivas vezes. Os tempos vêm caindo desde então.

O que Bannister fez foi mostrar que aquilo não era, de fato, uma barreira. Foi isso o que a garçonete me mostrou. O que eu percebia como a capacidade do meu cérebro era muito menos do que ela realmente era. Como você sabe, continuei tendo dificuldades com o aprendizado por muitos anos. Mas, desde aquele jantar, tinha um modelo do que era possível.

A garçonete não tinha limites naquela situação. Ela demonstrou algo, bem diante de meus olhos, que nunca pensei ser possível, nem em um milhão de anos. Nunca a conheci melhor, mas sou eternamente grato porque o que ela fez por mim, pessoalmente, mudou a percepção sobre minhas próprias restrições. Ela mudou minha mentalidade. Era impossível para mim aceitar a ideia de que, com o meu cérebro, eu poderia realizar apenas uma pequena parte do que sabia que outros poderiam alcançar. Bastava encontrar um método.

Compartilho com você muito desse método neste livro. Em sua essência, existe um conceito fundamental: não ter limites. A chave para se tornar ilimitado é esquecer falsas premissas. Muitas vezes, não realizamos algo porque nos convencemos de que não somos capazes. Vamos voltar a Roger Bannister por um momento. Todo dia antes de 6 de maio de 1954, as pessoas estavam convencidas de que correr 1.600 metros em menos de quatro minutos estava além da capacidade humana. Quarenta e seis dias depois de Bannister conseguir, outro corredor o superou, assim como fizeram mais de 1.400 atletas posteriormente. Correr 1.600 metros em menos de quatro minutos continua sendo um feito extraordinário, embora não impossível. Uma vez que a "barreira" foi quebrada, muitos outros a alcançaram.

Então, como você enfrenta as crenças que o limitam?

O QUE AS CRENÇAS LIMITANTES FAZEM CONOSCO

Crenças limitantes são frequentemente reveladas nos diálogos internos. Sim, aqueles que se concentram no que você está convencido de que *não* pode fazer, e não no que já domina e no que vai continuar realizando hoje e no futuro. Com que frequência você se impede de tentar fazer algo ou de buscar um sonho porque essa voz o convence de que está além do seu alcance? Se isso soa familiar, você não está sozinho, mas também não está fazendo nenhum favor a si mesmo.

"Chegamos a esse mundo sem saber se a vida é fácil ou difícil, se o dinheiro é escasso ou abundante, se somos importantes ou não. Assim nos guiamos por duas pessoas que sabem de tudo: nossos pais",[1] disse Shelly Lefkoe, especialista em mudança de valores, em entrevista ao nosso podcast. Os pais são nossos primeiros professores e, embora eles provavelmente não queiram nos prejudicar, ainda assim nos afastamos de nossa infância com as crenças limitantes que eles, inconscientemente, transmitiram para nós.

As crenças limitantes podem paralisá-lo mesmo quando você está fazendo algo que já domina e faz bem. Você já viveu uma situação de pressão em que precisa realizar algo tipicamente fácil — escrever um memorando ou fazer um cálculo rápido, por exemplo —, mas a intensidade o fez duvidar de si mesmo e o levou a errar? Essa é uma crença limitante que o atrasa. Se você pudesse dominar seus pensamentos, não teria problemas para fazer o trabalho, mas sua voz interior o confunde.

Agora, pegue essa situação e leve-a para todo um segmento da sua vida: talvez suas aspirações profissionais ou sua capacidade de fazer amigos. Se suas crenças limitantes estão no controle, você pode se ver envolto em insatisfação, querendo saber por que nunca realmente chegou lá ou se convencendo de que não merece.

Alexis, que fundou a *Kwik Learning* comigo, também enfrentou problemas de aprendizado na infância, mas por razões completamente diferentes. Ela nasceu na Coreia do Sul, filha de pais empreendedores que estavam com dificuldade nos negócios. Eles não tinham muito dinheiro, mas sempre trabalharam duro para sobreviver. Embora ela tivesse um teto, sua família de quatro pessoas morava em um porão com um único cômodo. O segundo negócio deles havia acabado de falir quando receberam uma carta dos Estados Unidos dizendo que seu pedido de visto havia sido aprovado — após sete anos de espera. À beira do desespero, sua família vislumbrou uma nova chance, então eles tomaram um empréstimo equivalente a US$2 mil e partiram.

Alexis chegou aos Estados Unidos sem saber uma palavra de inglês. Foi um choque cultural — ela não entendia o que estava sendo dito à sua volta e as normas culturais eram completamente diferentes. Seus pais também não falavam o idioma, então todos lutavam para compreender seu novo mundo.

Alexis se matriculou na escola perto da sua nova casa. Ela era uma aluna tímida e introvertida e, como não conhecia o idioma, costumava sentar sozinha no almoço ou comia no banheiro apenas para evitar se sentir uma pária.

Foram seis anos até Alexis se sentir apta a realmente se comunicar em inglês. Tanto os alunos quanto os professores da escola não entendiam por que ela teve dificuldades por tanto tempo. Após alguns anos, colegas começaram a criticá-la por ser lenta para aprender. "O que há de errado com você?", "Você é estúpida?", "Você é estranha". Essas eram frases que ela ouvia com frequência na infância.

Suas dificuldades na escola se estendiam à educação física, a única área em que, aparentemente, não precisava usar muitas palavras. Alexis se lembra de estar sentada na arquibancada, copiando repetidamente: "Vou trazer a roupa de educação física para a aula." Mas ela não tinha ideia do que estava escrevendo e ninguém conseguiu lhe explicar que ela devia levar uma muda de roupa.

Quando estava com vinte e poucos anos, Alexis tinha dificuldades para ler um livro inteiro. Ela lutava com suas vozes internas sempre que tentava aprender. Uma voz dominante a criticava constantemente e duvidava de suas habilidades, enquanto outra, em menor escala, questionava essa crítica. Algo dentro dela não conseguia aceitar por completo a noção de que ela era "burra". Seus pais trabalharam duro para lhe dar uma segunda chance e ela não podia decepcioná-los. Embora houvesse momentos em que ela sentia não ser boa o suficiente para fazer algo especial, em outros tinha a certeza de que havia mais na vida do que aceitar as circunstâncias.

Se Alexis deixasse que aquelas vozes externas moldassem sua realidade, isso a impediria de evoluir. Ela jamais teria procurado soluções para os problemas; em vez disso, buscou respostas observando e aprendendo com os outros. Alexis começou a se perguntar o que eles estavam fazendo de diferente para encontrar sucesso e felicidade, pois queria saber se era pura sorte e genialidade ou se havia um método. Na busca para aprender a alcançar o sucesso, ela acabou em uma das minhas primeiras aulas: ela não tinha certeza no que estava se metendo, mas sabia que queria algo diferente, precisava ter esperança.

No primeiro dia, falamos da memória. Foram oito horas de treinamento intenso, mas ao final da sessão Alexis se sentiu renovada, até mesmo entusiasmada, sobre o que estava aprendendo. "De que outra forma posso usar meu cérebro?", pensou. Pela primeira vez na vida, não se sentiu lenta, mas, sim, animada por aprender.

O segundo dia foi sobre leitura dinâmica. Inicialmente, ela não estava empolgada com isso por conta dos seus desafios anteriores. Mas se animou quando aprendeu hábitos inteligentes de leitura e começou a fazer os exercícios de leitura dinâmica. De repente, ela percebeu o potencial — e até mesmo a diversão — em ler. Ela percebeu que não era tão lenta ou estúpida quanto pensava; simplesmente nunca lhe mostraram como aprender e usar o supercomputador em sua cabeça. Conforme experimentava o poder do aprendizado, os anos de conversas negativas e crenças limitantes ficaram para trás em sua mente.

Depois daquela aula, Alexis leu um livro inteiro pela primeira vez na vida e ficou impressionada com o quanto foi capaz de entender e se lembrar, e o quanto gostou da experiência.

Foi um grande ponto de virada em sua vida. Ela saiu de uma mentalidade limitada, acreditando que "as coisas são do jeito que são", para entender que poderia mudar e moldar sua mente para alcançar seus objetivos. Pela primeira vez na vida, começou a acreditar em si mesma e vislumbrar possibilidades.

Hoje, Alexis não foge de aprender algo novo. Ela não se sente incapaz se não souber de algo; vai buscar as respostas e as aplica. Por conta de sua paixão pelo aprendizado, ela também começou o *Kwik Learning* online comigo, para compartilhar sua transformação com outras pessoas ao redor do mundo.

Em seu livro *Mequilibrium*, os autores Jan Bruce, Andrew Shatté e Adam Perlman chamam esses tipos de valores de "crenças iceberg" por conta de quantos deles se encontram abaixo da superfície do nosso subconsciente. "As crenças iceberg são profundamente enraizadas e poderosas, elas alimentam nossas emoções", diz o livro. "Quanto mais entranhado um iceberg está, mais estragos causará na sua vida... Criando caos em sua agenda, impedindo-o de se manter em uma dieta ou de aproveitar oportunidades."

E, talvez ainda mais importante, os autores falam que: "Se controlarmos nossos icebergs, obteremos um *imenso* controle sobre nossos sentimentos e nossa vida. Derreta um iceberg e todos os eventos que ele causa desaparecerão também."[2]

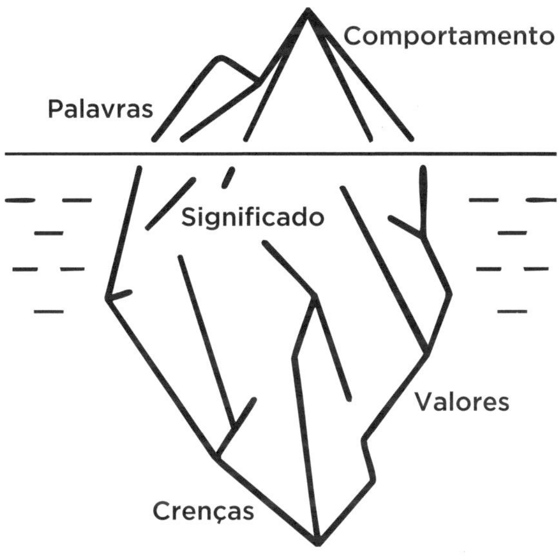

Jennice Vilhauer, diretora do Programa de Psicoterapia Ambulatorial no Departamento de Psiquiatria e Ciências do Comportamento da Faculdade de Medicina da Universidade Emory, nos implora a encarar nossa crítica interna. "A voz na sua cabeça que o julga e duvida de você, que o diminui e diz constantemente que você não é bom o suficiente. Ela lhe diz coisas prejudiciais e negativas que você nunca sonharia dizer a mais ninguém, tais como: *Sou tão idiota; sou um impostor; nunca faço nada certo; nunca terei sucesso.*"

Ela continua: "A crítica interna não é inofensiva. Ela inibe, limita e impede que você busque a vida que você quer de verdade. Tira a sua paz mental, o bem-estar emocional e, se não for tratada a tempo, pode levar a sérios problemas de saúde mental, como depressão e ansiedade."[3]

Vamos voltar à nossa super-heroína fracassada do início do capítulo. Ela certamente tem a motivação e as técnicas para salvar o dia, mas falta a mentalidade. Sua crítica interna a convence de que não é boa o suficiente, então ela senta no meio-fio se sentindo culpada em vez de resolver o assunto. Sem dúvida, um argumento dessa história é o de que a nossa heroína fracassada estragou tudo. Ela falhou em um momento crítico porque não conseguia parar de se preocupar.

Mas há outro elemento imensamente importante nessa história: nossa heroína tinha, dentro de si, tudo para triunfar. Se, ao menos, ela conseguisse superar as crenças que a impediam, seus talentos extraordinários teriam brilhado.

Por isso que é tão importante derrotar suas crenças limitantes.

E SE EU LHE DISSESSE QUE VOCÊ É UM GÊNIO?

Quando você pensa em gênios, quais são as primeiras pessoas que vêm à sua mente? Eu chutaria Einstein e Shakespeare. Outros palpites seriam Stephen Hawking, Neil DeGrasse Tyson, Marie Curie ou Ruth Bader Ginsburg. Esses nomes pipocam na cabeça da maioria das pessoas porque cada um foi extraordinário nos tipos de inteligência que tendemos a relacionar à genialidade. Mas será que Roger Federer está na sua lista? E J.Lo? Oprah? Ou Gandhi? E você?

Não seria surpreendente se você não incluísse os últimos nomes na sua relação. Muitos de nós tendem a equiparar o gênio a uma medida específica de inteligência: o Quociente Intelectual — o QI. Quem tem QI elevado é gênio e quem possui QI menor pode ser bom ou até ótimo em alguma coisa, mas não é considerado gênio.

Se você pensa da mesma forma, está longe de saber definir realmente quem é um gênio. Eu diria que a maioria das pessoas tem essa concepção. Mas há dois problemas nisso. Primeiro, isso o impede de apreciar a genialidade que muitas pessoas possuem. O outro é que isso talvez o atrapalhe a identificar o gênio que existe em você.

Há inúmeras formas de genialidade. Muitos especialistas divergem com relação a quantos tipos existem, mas concordam que ela se expressa em pelo menos uma das quatro formas a seguir. Aqui está uma maneira de ver isso que existe há milhares de anos.

- **Dynamo Genius [genialidade da energia, em português]:** aqueles que expressam sua genialidade por meio da criatividade e das ideias. Um exemplo era Shakespeare, que criava histórias que nos diziam muito sobre nós mesmos. Galileu também, pela forma como via as coisas que os outros não conseguiam quando olhava para o céu. Essas são as pessoas em quem geralmente pensamos quando estamos falando de gênios.
- **Blaze Genius [genialidade brilhante, em português]:** aqueles cuja genialidade se torna clara por meio de seu carisma. Oprah Winfrey é brilhante por conta da habilidade extraordinária de se conectar ao coração, à mente e à alma de muitas pessoas. A genialidade da ativista Malala Yousafzai se expressa pela capacidade de fazer sua história ecoar no coração de pessoas de todo o mundo. Geralmente são mestres na arte da comunicação.
- **Tempo Genius [genialidade do tempo, em português]:** aqueles cuja genialidade se expressa pela capacidade de ver o panorama geral e manter o plano em andamento, com perseverança. Nelson Mandela era assim, pois foi capaz de ver a sabedoria de sua visão mesmo diante de um cenário mais que desfavorável. A genialidade de Madre Teresa de Calcutá lhe permitiu imaginar circunstâncias melhores para aqueles que a cercavam, mesmo nos tempos mais sombrios. Essas pessoas entendem a visão em longo prazo de formas que a maioria de nós não consegue.
- **Steel Genius [genialidade de aço, em português]:** aqueles que são brilhantes em observar minuciosamente as pequenas coisas e fazer algo com detalhes que outros ignoraram ou não conseguiram imaginar. Sergey Brin viu potencial em grandes quantidades de dados ao cofundar o Google. Se você leu *Moneyball: O Homem que Mudou o Jogo*, sabe que Billy Beane e sua equipe redefiniram o beisebol pela genialidade em processar dados. Pessoas assim agem de forma mais lógica e fria (daí a referência ao aço), gostam de obter o máximo possível de informações e têm a visão do uso delas que a maioria não possui.

COMECE LOGO

Qual você diria que é a sua genialidade? Escreva aqui: ______________

____.

Há uma grande chance da sua genialidade ser uma combinação de duas ou mais delas. Pouquíssimas pessoas sabem apenas lidar com dados ou são somente habilidosas em ser empáticas. Mas o mais importante é entender que a genialidade vai muito além da sua capacidade de se destacar no meio acadêmico ou de recitar a tabela periódica quando solicitado — e que você tem um gênio dentro de si.

Se você acha essa última afirmativa surpreendente, volte e releia alguns dos capítulos anteriores. Não ter limites tem tudo a ver com libertar sua genialidade inata. Talvez você não tenha a energia criativa de Shakespeare ou o brilhantismo de Oprah, mas há uma combinação aí dentro esperando para se expressar, ou se expressar *mais* do que já faz. Por isso, é fundamental deixá-la livre.

NÃO ESTÁ SÓ NA SUA CABEÇA

Antes de apresentar algumas ferramentas para ajudá-lo a mudar para uma mentalidade mais positiva, vamos falar um pouco sobre a importância do pensamento positivo. Há conexões claras entre o pensamento positivo e a saúde física. Em um estudo da Escola de Medicina Johns Hopkins, na cidade norte-americana de Baltimore, a doutora Lisa Yanek descobriu que "pessoas com atitude positiva entre a população em geral tinham 13% menos chance de ter um ataque cardíaco ou outro evento coronariano do que aquelas que pensam negativo".[4]

Ao mesmo tempo, a organização norte-americana da área de serviços médicos Mayo Clinic notou que "o pensamento positivo que geralmente vem com o otimismo é parte essencial de um gerenciamento do estresse eficaz, que está associado a muitos benefícios à saúde".

Fazem parte dessa lista:

- Maior tempo de vida.
- Níveis mais baixos de depressão.
- Níveis mais baixos de aflição.
- Maior resistência ao resfriado comum.
- Melhor bem-estar físico e psicológico.
- Melhor saúde cardiovascular e risco reduzido de morte por doenças cardiovasculares.
- Melhor habilidade para lidar com dificuldades e momentos de estresse.[5]

REESTRUTURANDO AS CRENÇAS LIMITANTES

Há uma metáfora que sempre achei útil quando ajudava as pessoas a se afastarem de suas crenças limitantes. Digo a elas que as diferenças entre as crenças limitantes e uma mentalidade sem limites é como a diferença entre um termômetro e um termostato. O termômetro só tem uma função: reagir ao ambiente. Ele lê a temperatura e nada mais. É semelhante a como as pessoas reagem às crenças limitantes. Elas leem seu senso de restrição, reagem de forma restrita a isso e levam suas vidas de maneira limitada.

Por outro lado, um termostato mede o ambiente e faz o ambiente reagir a ele. Se ele perceber que a sala está muito fria ou quente, muda para se adequar ao ideal predefinido. Da mesma forma, se você encontrar tentativas externas ou internas de impor restrições a si mesmo, poderá agir como um termostato, rejeitando essas crenças limitantes e criando um ambiente que se alinhe aos seus objetivos mais ambiciosos.

E como você minimiza as crenças limitantes e desenvolve uma mentalidade de super-herói? Para mim, há três formas.

Forma 1: Dê Nome às Suas Crenças Limitantes

Você já viu aqui alguns exemplos de crenças limitantes, mas há muito mais de onde elas vieram (e discutiremos sobre as sete crenças limitantes mais comuns no aprendizado em breve). Elas podem ter a ver com seus talentos, seu caráter, suas relações, sua educação ou qualquer coisa que acione aquele sussurro interno que diz que você não pode ser o que quer. Comece a prestar atenção agora sempre que disser a si mesmo que é incapaz, mesmo que pense que algo em particular pode não ter consequências em sua vida.

Por exemplo, talvez você ache que é péssimo em contar piadas. Provavelmente isso não é um problema para você, porque ser um bom contador de piadas não é uma aspiração pessoal. Mas você também pode estar dizendo a si mesmo que não é divertido ou está longe de ser uma companhia boa e agradável; esse tipo de diálogo interno pode, em última instância, fazer com que você trave quando estiver em uma interação social importante ou precisar falar a um grupo. Portanto, ouça atentamente toda vez que disser a si mesmo frases como "eu não posso", "não sou" ou "não". Você está enviando mensagens a si mesmo que afetam como pensa sobre a sua vida em geral, mesmo que o que você esteja martelando seja algo específico e, aparentemente, não seja importante para a forma como você se define.

Ao mesmo tempo, tente também identificar a origem desse tipo de diálogo interno. Crenças limitantes geralmente começam na infância. Isso não significa automaticamente que sua família é a única fonte. Outros contextos sociais no início da vida podem causá-las, assim como as primeiras experiências com a educação. Algumas podem ser reforçadas quando algo não deu certo nas primeiras vezes em que você tentou quando criança.

Estar ciente de como você está lidando com seu diálogo interno e passar algum tempo para chegar à fonte dessas crenças é extremamente libertador. Ao ter consciência disso, perceberá que não são *fatos*, mas *opiniões* sobre você. E há uma grande chance de elas estarem erradas.

Após identificar as vozes em sua cabeça focadas no que você não pode fazer, responda a elas. Se estiver pensando "sempre estrago esse tipo de coisa", contra-ataque com "só porque nunca fui bom, não significa que não posso ser ótimo agora. Guarde suas opiniões para você".

Forma 2: Conheça os Fatos

Uma das injustiças fundamentais das crenças limitantes é que, em muitos casos, elas estão completamente erradas. Você é *mesmo* tão ruim falando em público? Você é *realmente* péssimo no papel de líder? É *mesmo* a pessoa menos interessante no ambiente, seja ele qual for? Que evidências sustentam isso? Quantas vezes você já esteve nessas situações e quais foram os resultados?

Uma das coisas mais nocivas a respeito das crenças limitantes é que elas atingem duramente as nossas emoções. Ao se deparar com uma delas, é provável que as encontre duelando com o seu eu racional (e, geralmente, vencendo). Mas o quanto desse diálogo interno se baseia na realidade? Pense nas suas experiências sobre falar em público (um pânico muito comum, por sinal). Em vez de se concentrar em como você se sentiu nesses casos, considere como as coisas foram. Você foi vaiado? Pessoas riram e disseram como você foi horrível? Seu chefe chamou você para conversar no dia seguinte e recomendou considerar uma carreira em que não teria que falar em público?

Aposto que nenhuma dessas coisas aconteceu. Em vez disso, é bem capaz da sua plateia ter se sentido conectada com o que você disse. Se fosse um ambiente profissional, talvez eles estivessem fazendo anotações e você, quase certamente, lhes ensinou algo. Isso significa que seu próximo discurso deveria ser no TED, a famosa série de conferências pelo mundo destinadas à disseminação de ideias? É claro que não. Entretanto, você provavelmente é muito melhor em transmitir informações a um grupo do que aquela voz na sua cabeça lhe diz.

E vem a pergunta: quanto do desempenho que você considerou ruim ocorreu porque seu diálogo interno não o deixou em paz? Esse é um problema real para muitas pessoas. Quando as pessoas fazem algo em que não têm confiança, a crítica interna será tão perturbadora que faltará concentração. E, portanto, não acabará bem. Essa é uma das razões pelas quais é tão importante aprender a enfrentar e mitigar suas crenças limitantes. Quanto melhor você for nisso, melhor será para controlar as distrações durante seus maiores desafios de crescimento.

Portanto, ao examinar os fatos por trás das suas crenças limitantes, certifique-se de considerar duas coisas: se há de fato alguma evidência para provar que você realmente tem dificuldades nessa área, e se ela foi contaminada pelo ruído em sua cabeça.

Forma 3: Crie uma Nova Crença

Agora que você deu nome às suas crenças limitantes e examinou cuidadosamente a realidade delas, é hora de dar o passo mais essencial — gerar um novo valor que seja mais verdadeiro do que as "mentiras" que você tem aceitado, beneficiando a condição sem limites que está sendo criada.

Você verá esse processo em funcionamento no próximo capítulo, mas vamos fazer um rápido *test drive*. Digamos que uma das suas crenças limitantes é a de que você sempre falha nos momentos mais importantes da sua vida. Após identificar a crença limitante, você vai para o próximo passo, que é o de examinar os fatos. Você percebe que, embora às vezes tenha sucumbido ao nervosismo em momentos de pressão, poucos desses momentos foram realmente desastrosos. Após analisar, percebe a quantidade de vezes em que se saiu bem "em momentos decisivos". De fato, agora que você realmente pondera sobre isso, teve sucesso com muito mais frequência do que errou.

Nesse caso, está na hora de criar uma nova crença: a de que ninguém triunfa na conjuntura mais crítica o tempo todo, mas que você deve se orgulhar de si mesmo pelo número de vezes em que teve melhor desempenho em momentos de maior pressão. Ela substitui completamente a crença antiga e é apoiada pelos fatos, dando a você uma mentalidade bem mais saudável na próxima situação crítica.

Tenho mais uma ferramenta para você usar aqui. Dialoguei com muitos especialistas ao longo dos anos e a conversa sempre voltava ao mesmo ponto: contanto que você acredite que sua crítica interna é a sua verdadeira voz, a sua versão mais sábia, ela sempre o guiará. Muitos de nós usam frases como "eu me conheço e..." antes de expressar uma crença limitante.

"A vida não tem limitações, exceto as que você cria."

— LES BROWN

Mas, se você criar uma personalidade separada para a sua crítica interna, diferente do seu eu verdadeiro, terá muito mais sucesso em silenciá-la. Isso pode ser extremamente útil e, ao mesmo tempo, uma diversão. Dê à sua crítica interna um nome e atributos físicos absurdos, como se ela fosse uma caricatura que não apareceria nem em um filme B. Deboche da sua estrita dedicação à negatividade. Revire os olhos quando ela vier à mente. Quanto melhor você separar essa voz do seu verdadeiro ser, melhor evitará que crenças limitantes apareçam.

AS POSSIBILIDADES SE TORNAM SEM LIMITES

Agora que você já sabe como superar suas crenças limitantes, pode começar a usar sua mentalidade positiva na missão de se tornar sem limites. Pode parecer um plano audacioso, mas há milhares de evidências que embasam a conexão entre a mentalidade e a realização.

James Clear, autor de *Hábitos Atômicos* [Editora Alta Books], best-seller do *New York Times*, citado mais vezes ao longo deste livro, escreveu sobre um estudo de autoria de Barbara Fredrickson, pesquisadora de psicologia positiva da Universidade da Carolina do Norte. Antes de uma conversa para o meu podcast, ele enfatizou o que as emoções negativas fazem conosco, usando o exemplo de encontrar um tigre na floresta. "Pesquisadores sabem há muito tempo que as emoções negativas programam o seu cérebro para executar uma ação específica", disse ele. "Por exemplo, você corre quando um tigre cruza o seu caminho. O resto do mundo não importa. Você está inteiramente focado no tigre, no medo que ele gera e em como poderá sair do seu caminho."[6] O ponto ao qual Clear quer chegar é o de que as emoções negativas nos levam a restringir o alcance daquilo que somos capazes de fazer. É tudo uma questão de fugir do (metafórico) tigre e nada mais importa. Ao deixar as emoções negativas (e crenças limitantes) nos controlarem, ficamos no modo de sobrevivência regularmente, presos a poucas possibilidades.

Fredrickson descobriu que uma mentalidade positiva leva exatamente ao resultado oposto. Em um experimento, ela dividiu os participantes em cinco grupos e os expôs a pequenos filmes. O primeiro grupo viu vídeos que provocavam alegria; o segundo, que traziam satisfação; o terceiro, que causavam medo; e o quarto, que geravam raiva. O quinto era o grupo de controle.

Depois de terem visto os vídeos, os participantes foram convidados a imaginar situações similares às que acabaram de ver, e como reagiriam a elas. Em seguida, eles foram solicitados a preencher um formulário com vinte frases que começavam com "eu gostaria de". As pessoas que sentiram medo e raiva escreveram o menor número de respostas, enquanto as que experimentaram alegria e satisfação preencheram muito mais até do que o grupo de controle. "Em outras palavras", segundo Clear, "quando você está vivenciando emoções positivas como alegria, satisfação e amor, verá mais possibilidades em sua vida".[7]

Também é essencial observar que os benefícios de uma mentalidade positiva vão muito além da experiência de uma emoção positiva. Clear apresenta este exemplo:

> Uma criança que costuma correr ao ar livre, dependurando-se em galhos e brincando com os amigos, desenvolve a capacidade de se mover atleticamente (habilidade física), a de brincar com os outros e se comunicar com uma equipe (social), e a de explorar e examinar o mundo à sua volta (criativa). Assim, as emoções positivas do ato de brincar e da alegria levam a criança a desenvolver habilidades úteis e valiosas na vida cotidiana. A felicidade promovida pela exploração e criação de novas habilidades terminou há muito tempo, mas as capacidades em si continuam vivas.[8]

Fredrickson se refere a isso como a teoria de "ampliar e construir" porque as emoções positivas *ampliam* seu senso de possibilidades e abrem sua mente. Isso permite que você *construa* novas habilidades e recursos que possam agregar valor a outras áreas da sua vida.

> A soma da teoria com a pesquisa revisada aqui sugere que as emoções positivas: (i) ampliam a atenção e o pensamento das pessoas; (ii) desfazem a excitação emocional negativa persistente; (iii) estimulam a resistência psicológica; (iv) criam recursos pessoais importantes; (v) desencadeiam espirais ascendentes em direção a um bem-estar maior no futuro; e (vi) semeiam o florescimento humano. A teoria também carrega uma importante mensagem prescritiva. As pessoas devem cultivar emoções positivas em suas próprias vidas e nas das pessoas à sua volta não apenas porque elas se sentem bem no momento, mas também porque elas acabam mudando para melhor, entrando no caminho da longevidade crescente e saudável.[9]

A mentalidade que obtemos ao silenciar a crítica interna abre um novo mundo. Quando você está repleto de emoções positivas, vê — e aproveita — oportunidades que talvez nunca tivesse notado antes. E, com um alto senso de motivação (e, francamente, como não ficar motivado com isso?) e os métodos certos, você está rumo a se tornar sem limites.

ANTES DE SEGUIRMOS ADIANTE

Para aprender mais rápido, devemos transcender a definição restrita do que acreditamos ser possível para nós. Nas páginas a seguir, você aprenderá sobre as sete mentiras da aprendizagem, que são as crenças limitantes mais comuns que atrasam as pessoas. Vejo alunos e clientes se apegarem a essas crenças ao longo das minhas décadas ensinando pessoas a aprender. Essas restrições são sua única barreira real. Afinal, as pessoas não aprendem a ler mais rápido se acharem que não é possível. Elas não aprendem a memorizar com mais eficiência se seguirem dizendo a si mesmas que têm memória ruim. Todo o resto se ajusta ao sair do transe das chamadas "limitações". Ao combater essas mentiras, você derruba as principais peças que o impedem de não ter limites. Antes de avançarmos para o próximo capítulo:

- Pense em uma ocasião em que você viu alguém realizar algo que realmente o impressionou. Agora pense em que inspiração pessoal você pode tirar disso.
- Imagine novamente sua crítica interna. Mude os atributos dessa voz na sua cabeça para começar a dar menos credibilidade a ela.
- Enfrente uma crença limitadora agora. O que você diz regularmente a si mesmo que *não pode* fazer? Encontre a prova que mostra que essa crença não é verdadeira.

"Existe uma única grande mentira — a de que somos limitados. Os únicos limites que temos são aqueles em que acreditamos."

— **WAYNE DYER**

6

AS 7 MENTIRAS DA APRENDIZAGEM

Quais são os mitos mais limitadores que você diz a si mesmo?

Como você pode superar o efeito debilitante desses mitos?

Como você pode transformar estas crenças limitantes em crenças positivas?

Você está sendo enganado. Constantemente. Às vezes, por você mesmo. Todos nós estamos sujeitos a um fluxo interminável de informações erradas sobre as restrições às nossas capacidades. Recebemos essas informações com tanta frequência que a maioria das pessoas não tem outra escolha a não ser acreditar nelas. O problema é que essas mensagens impedem sua busca para se tornar ilimitado. Essas sete "mentiras" ou Ideias Limitadas Mantidas [*Limited Idea Entertained,* ou LIE, na sigla em inglês] em nossa mente podem nos impedir ou levar a uma direção que não queremos. Então vamos revelá-las, analisá-las pelo que são e substituí-las por algo melhor.

MENTIRA NÚMERO 1: A INTELIGÊNCIA É FIXA

À primeira vista, Rae parecia ser uma pessoa altamente positiva — ela comandava seu próprio negócio, tinha uma rede social bem-sucedida e amava estar cercada de pessoas com grandes ideias, que imaginavam possibilidades com as quais a maioria não sonharia.

Quando Rae teve uma filha, percebeu que, talvez, não fosse tão positiva quanto pensava. Um tipo diferente de mentalidade começou a surgir de maneiras muito sutis, como é comum nessas situações. Primeiro, foi pela forma como ela reagia a algumas coisas que sua filha fazia. Rae pensava que "este era o jeito dela", em vez de acreditar que poderia ter um efeito na forma como sua filha se comportava. Quando seu parceiro tentou ensinar novas coisas à sua filha, Rae notou ter sentido um pequeno desconforto, como se quisesse proteger sua filha da decepção se ela não conseguisse aprender o que estava sendo ensinado. Ela percebeu que constantemente pensava que sua filha "era muito jovem para aprender aquilo".

Um dia, seu parceiro olhou para ela e disse: "Você acha que ela não pode aprender, que ela nunca vai melhorar em relação ao que é hoje?" A resposta, é claro, foi não — ela amava sua filha, e a menina era inteligente, curiosa e aprendia algo novo todo dia. A verdade era, obviamente, o oposto... E, no entanto, Rae sabia que havia alguma crença profunda nela, que sussurrava: "Não, ela é do jeito que é." Rae estava lutando contra uma mentalidade fixa sobre a inteligência de sua filha.

Valores como esse são incrivelmente sutis. São poucos os que pensam, de forma consciente, sobre nossas restrições ou as que atribuímos aos outros. Mas eles surgem em áreas que afetam profundamente nossa felicidade — no trabalho, em casa e com as crianças. Se acreditarmos que é impossível melhorar, então não será possível mesmo. É extremamente difícil concluir algo quando você não acredita que aquilo possa ser feito.

Carol Dweck, professora de psicologia na Universidade Stanford, descreve a diferença entre a mentalidade fixa e a construtiva:

> Na mentalidade fixa, os alunos creem que suas habilidades básicas, sua inteligência e seus talentos são apenas características fixas. Temos uma determinada quantidade e ponto-final. Então, o objetivo deles é parecerem inteligentes o tempo todo, nunca burros. Em uma mentalidade construtiva, eles entendem que seus talentos e suas habilidades podem ser desenvolvidos por meio de esforço, bons ensinamentos e persistência. Eles não pensam, necessariamente, que todos são iguais ou que qualquer um pode ser Einstein, mas acreditam que todos podem ficar mais inteligentes se trabalharem nisso.[1]

Assim como Rae, muitas pessoas não pensam se têm uma mentalidade fixa ou construtiva. Muitos continuam pensando nos mesmos padrões da sua família, mesmo sem saber. Por mais sutil que isso seja, a adoção de uma ou de outra forma de pensar afeta profundamente o modo como encaramos a vida. Com a mentalidade fixa, as coisas são do jeito que são — não temos o poder de mudá-las. Já com a mentalidade construtiva, temos a capacidade de aprimorar qualquer coisa.

Se Rae pensa, mesmo que de forma muito sutil, que sua filha não pode evoluir ou crescer, o que ela faz em vez de ensiná-la? Provavelmente, um monte de coisas — apaziguar, dar tempo, desviar a atenção. Tudo isso contribui para aliviar o estresse do momento, mas não para o crescimento da filha. Da mesma forma, se, quando adultos, acreditamos que não temos a capacidade de aprender, o que fazemos em vez de assumir a responsabilidade de aprender por nós mesmos? Falamos a nós mesmos que isso não é necessário, damos desculpas, culpamos pessoas ou circunstâncias e, então, nos distraímos com coisas que nos fazem nos sentir bem.

A origem dessa crença limitante é, provavelmente, algo de que você não se lembra, ou que veio dos seus primeiros anos de vida. E isso tem um efeito profundo na forma como você vê sua inteligência e capacidade de aprender. Pontuações e testes de nível de QI foram criados no início dos anos 1900 para avaliar melhor quais alunos teriam mais dificuldades na escola. O psicólogo francês Alfred Binet e seu aluno Theodore Simon foram alguns dos primeiros cientistas a fazerem um teste que media a inteligência a serviço do governo francês.[2] Eles foram capazes de elaborar algo que levou em consideração a idade no que se refere à competência. Eles também foram elogiados pelo fato de que o teste foi facilmente adaptável a outros idiomas e culturas.[3]

Mais de cem anos depois, ainda existem acaloradas discussões sobre se esses testes têm a capacidade de medir a inteligência, que é a capacidade de adquirir e assimilar conhecimento e informações. Curiosamente, o próprio Binet não estava feliz pela forma como seu teste foi usado porque ele não media a criatividade ou a inteligência emocional.[4] Além disso, nosso entendimento cultural desses testes significa que atribuímos a essas pontuações um peso indevido. Acabamos pensando que as pontuações de QI são um reflexo fixo de nossa inteligência, mas não é esse o caso. Na verdade, o teste de QI mede as capacidades acadêmicas atuais, não a inteligência inata.[5] Até hoje, os testes de QI ainda não medem a criatividade ou a inteligência prática (o que você pode chamar de "sagacidade"), nem a inteligência emocional[6] — e todos os três são cada vez mais importantes no trabalho e na vida.

O importante aqui é lembrar a diferença entre os resultados de testes e a sua capacidade de aprender. "Aqueles que afirmam que o QI é fixo para toda a vida estão, na verdade, se referindo às nossas pontuações no teste de QI, que são relativamente estáveis — não aos nossos níveis de inteligência, os quais aumentamos constantemente", diz Bryan Roche, da Universidade Nacional da Irlanda.[7]

David Shenk promove essa ideia em seu livro *O Gênio em Todos Nós*. Ele escreve que todos temos o potencial para a genialidade ou, pelo menos, para a grandeza. Isentar-se da responsabilidade de assumir o controle de nossa própria vida é o que nos leva a acreditar que ou somos gênios ou não somos, que temos talento ou não. "A crença em dons e limites inatos é muito mais gentil para a mente: a razão pela qual você não é um grande cantor de ópera é porque não pode ser um. Essa é a forma como você foi criado. Pensar no talento inato torna nosso mundo mais gerenciável, mais confortável. Alivia uma pessoa do fardo da expectativa."[8]

A sua inteligência não só é maleável, mas dependente da sua capacidade em cultivar uma mentalidade construtiva. Comece a observar sua atitude. Ouça a forma como você fala; uma mentalidade fixa, normalmente, aparece na sua linguagem. Talvez você diga algo como: "Não sou bom de leitura." Esse tipo de afirmação sugere que você acredita que essa é uma situação fixa e que suas habilidades não podem ser melhoradas. Em vez disso, tente dizer algo como "*ainda* não sou bom nisto". Essa mudança na linguagem pode ser aplicada a qualquer coisa que você queira melhorar. Resultados de testes não determinam o seu futuro e não definem o quanto você é capaz de aprender e realizar. Assuma sua educação com suas próprias mãos.

A verdade é esta: não se trata do quanto, e sim de como você é inteligente. Há vários tipos de inteligência (falaremos mais adiante sobre isso). Assim como muitas coisas, a inteligência é uma combinação de atitudes e ações, e depende do contexto.

Nova crença: a inteligência é fluida.

MENTIRA NÚMERO 2: USAMOS APENAS 10% DO NOSSO CÉREBRO

Todos já ouviram falar disso. Alguns pela primeira vez na sala de aula, outros por algum amigo. E outros ainda pela mídia — talvez em um documentário, programa de TV ou filme. Esse mito, normalmente, é usado no contexto de destacar possibilidades desejadas: se pudéssemos acessar o resto do nosso cérebro, o que poderíamos realizar?

Essa história foi atribuída a diferentes fontes, mas, como muitas vezes acontece na formação da opinião pública, provavelmente foi construída por eventos sucessivos. Alguns a atribuem ao autor e filósofo William James, que escreveu em *The Energies of Men* [*As Energias dos Homens*, em tradução livre] que "usamos somente uma pequena parte de nossos potenciais recursos mentais e físicos".[9] Pode ter se originado no trabalho de Pierre Flourens, um famoso físico francês que descobriu no final dos anos 1800 como o cérebro e o sistema nervoso trabalham, individualmente e em conjunto.

Essa lenda também pode estar relacionada ao trabalho do psicólogo Karl Lashley nos anos 1920; quando ele removeu de ratos partes do córtex cerebral, uma área responsável pelo processamento cognitivo de ordem superior, descobriu que eles ainda podiam reaprender algumas tarefas. Isso o levou à hipótese — incorreta — de que partes inteiras do cérebro não estavam sendo usadas.[10] Alguns culpam as primeiras neuroimagens de exames de PET-CT [sigla em inglês para *Positron Emission Tomography*] e de ressonância magnética funcional, que mostravam manchas brilhantes na tela com explicações simplificadas como "isso é o que o seu cérebro faz quando você pega algo". Essas imagens geralmente mostravam somente uma porção do cérebro se acendendo, levando o leigo a concluir que usamos apenas uma pequena parte do órgão de cada vez.[11]

Essa premissa também foi perpetuada em inúmeros anúncios e filmes nos últimos cem anos. A adaptação do livro *The Dark Fields [Os Campos Escuros*, em tradução livre], que deu origem ao filme *Sem Limites*, de 2011, afirma que usamos 20% da nossa função cerebral; o filme *Lucy*, de 2014, alega que usamos 10% em todos os momentos. Em 2017, em um episódio da série *Black Mirror*, um programa conhecido pela pesquisa e pelo uso bem pensado de fatos e estatísticas, reforçou o mito ao afirmar: "Mesmo em um bom dia, usamos apenas 40% da capacidade do cérebro." Todas essas histórias focam a ideia de desbloquear nosso maior, embora oculto, potencial.

Não preciso dizer que essa lenda é generalizada, mas não é verdade.

Em um breve segmento da National Public Radio, o apresentador toca um clipe com narração de Morgan Freeman e sua característica voz grossa sobre o cenário hipotético em que *Lucy* se baseia: "E se houvesse uma maneira de acessar 100% do nosso cérebro? Do que seríamos capazes?"

A resposta é dada de forma pertinente pelo neurocientista David Eagleman: "Seríamos capazes de fazer exatamente o que fazemos agora, o que significa que usamos 100% do nosso cérebro."[12]

Inúmeras evidências confirmam isso — são muitas para incluir aqui —, mas Barry Beyerstein, professor de psicologia na Universidade Simon Fraser, no Canadá, descreve algumas das maiores descobertas científicas que rejeitam essa lenda.[13] Veja algumas delas a seguir:

- Estudos de cérebros danificados mostram que não existe nenhuma área do órgão que possa suportar lesões sem perda de capacidade, ao contrário das teorias anteriores. Exames mostraram que todas as áreas cerebrais são ativas, não importa a atividade. Mesmo enquanto dormimos, todas as partes do nosso cérebro mostram atividade.
- Nosso cérebro é consumidor de energia. O cérebro ocupa somente 2% de espaço em peso e, ainda assim, é responsável por 20% do consumo de energia, mais do que qualquer outro órgão. Não precisaríamos de uma quantidade tão incrível de energia para um órgão que funcionasse a 40% ou menos de sua capacidade.
- Cientistas também determinaram que as regiões do cérebro têm funções distintas que trabalham juntas. Depois de mapear extensivamente o cérebro ao longo de décadas, eles concluíram que não existem áreas sem função no cérebro.
- Por fim, como já aprendemos, o cérebro usa um processo chamado supressão sináptica. Se não utilizássemos uma parte grande do nosso cérebro, veríamos amplas áreas de degeneração (e não vemos, a menos que haja doenças cerebrais).[14]

Resumindo, essa suposição simplesmente não é verdade. Em entrevista à revista *Scientific American*, o neurologista Barry Gordon, da Escola de Medicina Johns Hopkins, em Baltimore, afirmou: "Essa ideia é tão errada que é quase ridícula."[15]

A verdade é esta: o que quero que você aprenda com isso é que todo o poder do seu cérebro está agora à sua disposição. A utopia que cada um desses filmes e programas de TV mostra já é possível para você. Embora usemos todo o nosso cérebro, algumas pessoas o usam melhor do que outras. Assim como a maioria das pessoas usa 100% do corpo, mas existem algumas que são mais rápidas, mais fortes, mais flexíveis e mais ativas. O segredo é aprender a usar seu cérebro da forma mais eficiente e eficaz que você puder — ao final deste livro, você terá todas as ferramentas para isso.

Nova crença: estou aprendendo a usar todo o meu cérebro da melhor forma possível.

MENTIRA NÚMERO 3: ERROS SÃO FALHAS

Quando ouvimos o nome de Albert Einstein, pensamos em brilhantismo e feitos intelectuais que muitos de nós acreditam que nunca serão capazes de realizar. Essa associação, que se consolidou quase como um sinônimo, é bem merecida; Einstein fez mais para promover o campo científico em geral, e a física em particular, do que qualquer outro cientista do nosso tempo. Suas descobertas tornaram possível algumas das nossas tecnologias modernas mais importantes.

Com reputação tão ilustre, seria fácil presumir que Einstein raramente cometia erros — mas esse não é o caso. Para começar, seu desenvolvimento foi descrito como "lento" e ele foi considerado um aluno abaixo da média.[16] Desde cedo, era evidente que sua forma de pensar e aprender era diferente em relação aos demais alunos da turma. Por exemplo, ele gostava de resolver os problemas mais complicados de matemática, mas não era muito bom com os mais "fáceis".[17]

Mais tarde na carreira, Einstein cometeu erros matemáticos simples que apareceram em alguns dos seus trabalhos mais importantes. Seus vários erros incluem sete grandes gafes em cada versão da sua Teoria da Relatividade, outros na sincronização do relógio, relacionados aos seus experimentos, e muitos mais nos cálculos de matemática e física usados para determinar a viscosidade dos líquidos.[18]

Einstein foi considerado um fracasso por causa de seus erros? Dificilmente. Mais importante ainda, ele não permitiu que seus erros o impedissem, continuando a fazer experimentos e contribuir para seu campo. Ele é famoso pela frase "quem nunca errou nunca experimentou nada novo". Mais importante, ninguém se lembra dele pelos seus erros, apenas por suas contribuições. Então, por que temos tanto medo de errar? Isso pode estar enraizado na mente, pois, em idade escolar, éramos julgados por nossos erros e o número de erros em qualquer prova determinava se passávamos ou não. Se éramos chamados na frente da turma e déssemos a resposta errada, a maioria de nós geralmente ficava com vergonha de levantar a mão novamente. Infelizmente, erros nem sempre são usados como uma ferramenta para aprender, e sim como uma maneira de medir as capacidades de uma pessoa. Cometa muitos erros e você fracassará na prova ou na matéria.

Precisamos mudar isso. Muitos de nós não chegam nem perto de nossas capacidades porque temos muito medo de cometer um erro. Em vez de ver erros como prova de uma falha, considere-os como prova de que você está tentando.

A ex-vice-presidente da *General Electric,* Beth Comstock, e sua equipe aprenderam isso quando a empresa precisou se desfazer de uma nova linha de produtos em que havia investido. Autora de *Imagine It Forward: Courage, Creativity, and the Power of Change* [*Imagine o Adiante: Coragem, Criatividade e o Poder da Mudança,* em tradução livre], Comstock fala frequentemente sobre a crescente demanda das empresas e das pessoas dentro delas para se adaptarem e mudarem mais rapidamente.[19] Ela reflete sobre como ela e sua equipe foram capazes de encarar os erros que cometeram não como falhas, mas como grandes lições de aprendizado que levaram ao desenvolvimento de uma nova linha que impulsionou a empresa.[20] Em vez de pensar nos erros, eles se perguntaram o que aprenderam.

A verdade é esta: erros não representam falhas. Eles são sinal de que você está tentando algo novo. Você pode pensar que tem de ser perfeito, mas a vida não é se comparar com os outros, e sim avaliar a si mesmo em comparação com quem era ontem. Quando você aprende com seus erros, eles têm o poder de transformá-lo em algo melhor do que era antes.

Além disso, lembre-se de que você não é reflexo dos seus erros. Errar não representa nada sobre sua pessoa. É fácil chegar à conclusão de que você é naturalmente inútil, mas todos erram; e os erros não dizem quem somos. Use-os como degraus para subir ao nível seguinte. O que nos define não é como cometemos erros, mas como lidamos com eles.

Nova crença: não existe falha. Somente a falha em aprender.

MENTIRA NÚMERO 4: CONHECIMENTO É PODER

Todos nós já ouvimos a frase "conhecimento é poder", geralmente como um motivo para aprender, como se apenas o conhecimento nos desse poder. Você já deve ter ouvido essa frase com a intenção oposta: como uma razão para esconder informações ou conhecimento de outra pessoa, por exemplo, em uma negociação.

Embora a frase "conhecimento é poder" seja comumente atribuída a Francis Bacon, o primeiro uso conhecido da expressão exata não foi escrito até Thomas Hobbes, que trabalhou como secretário de Bacon em sua juventude, usar a frase *scientia potentia est*, ou "conhecimento é poder" em latim, no *Leviatã*, em 1651. Ele, então, expandiu a ideia em *De Corpore*, em 1655. Infelizmente, o sentido original de Hobbes foi sendo modificado ao longo dos anos. No original, ele diz: "O fim do conhecimento é poder; e o uso de teoremas destina-se à resolução de problemas. Por fim, o objetivo de toda especulação é a *realização de alguma ação ou alguma coisa a ser feita*." [grifo meu.][21]

Em outras palavras, o conhecimento é importante, mas o que o torna poderoso é "a execução de alguma ação". É aqui que ficamos presos enquanto cultura. Conforme discutido, ficamos afogados em informações diariamente. Temos mais acesso ao conhecimento do que jamais tivemos na história da humanidade e, ainda assim, esse excesso de informações torna cada vez mais difícil agir.

Eu costumava acreditar nesse mito. Quando era "o garoto com o cérebro quebrado", não queria nada mais além de aprender como o resto da minha turma. Mas, uma vez que fui capaz de fazer isso, logo percebi que ter conhecimento não me diferenciaria das pessoas ao meu redor, e sim a forma como o usava.

A verdade é esta: conhecimento não é poder. Ele tem somente o potencial para ser poder. Você pode ler este livro e aprender tudo nele, mas isso será inútil se você não aplicar o conhecimento. Todos os livros, podcasts, seminários, programas online e postagens inspiradores nas redes sociais ao redor do mundo não funcionarão até que você coloque o conhecimento em prática.

É fácil falar sobre o que aprendemos. Mas quero desafiá-lo a mostrar o que aprendeu, e não a ficar falando sobre isso. É melhor bem feito do que bem falado. Não prometa, prove. Seus resultados falam por si.

Nova crença: conhecimento × ação = poder

MENTIRA NÚMERO 5: É MUITO DIFÍCIL APRENDER COISAS NOVAS

Quando ouvimos a palavra *aprendizagem*, geralmente pensamos na escola. Poucas pessoas têm lembranças boas de lá. Mesmo que tenhamos ido bem academicamente, a escola costuma ser um lugar associado às dificuldades da juventude, onde alguns descobrem o amor (e, provavelmente, a rejeição) e onde vivenciam o tédio esmagador. Para quem teve dificuldades, as emoções adicionais de vergonha, dúvidas e o sentimento sempre presente de que somos burros demais para aprender qualquer coisa também remetem à escola. Não é de se admirar que, quando pensamos em aprendizagem, imaginamos dificuldade e conflito.

Carol Greider é uma bióloga molecular norte-americana, ganhadora do Prêmio Nobel em 2009 por sua participação na descoberta de como os telômeros mudam com o tempo, o que tem um enorme potencial para o entendimento e tratamento do câncer.[22] Greider detém os títulos de *Bloomberg Distinguished Professor*, o que a coloca em um seleto grupo da área médica mundial, e *Daniel Nathans Professor*, além de ser nomeada diretora de biologia molecular e genética da Escola de Medicina John Hopkins. Com uma carreira tão ilustre, é de se supor que ela tenha ido bem na escola, mas não foi esse o caso.

"Quando estava no ensino fundamental, era considerada fraca em soletrar e em qualquer outra matéria relacionada a palavras, então fiz aulas de reforço", lembra Greider. "Lembro que um tutor me tirou da minha sala e me levou para uma turma diferente. Certamente, parecia que não era tão boa quanto as outras crianças."[23]

Acontece que ela tinha dislexia, uma deficiência de aprendizagem que afeta partes do cérebro que processam a linguagem. Aqueles que lutam contra a dislexia têm problemas para identificar os sons da fala e relacioná-los com as letras e palavras, o que resulta em dificuldade de ler e, às vezes, de falar.[24] Greider se sentia estúpida e descreveu a situação como difícil de superar, mas ela não desistiu.

> Fiquei pensando em formas de compensar. Aprendi a memorizar as coisas muito bem porque não conseguia soletrar palavras. Mais tarde, quando tive de cursar matérias como química e anatomia, em que tinha de memorizar, descobri que era muito boa nisso. Nunca planejei uma carreira. Eu usava uma espécie de venda, o que me ajudou a superar muitas coisas que poderiam ser obstáculos. Apenas segui adiante. É uma habilidade que tinha desde pequena e que foi se ajustando.[25]

Mesmo que a escola tenha sido difícil no início, ela encontrou outras formas de compensar sua deficiência e, por causa da sua capacidade de adaptação, se tornou uma espécie de "resolvedora de problemas" que podia não só aprender, mas também contribuir com pesquisas que mudaram a forma como vemos o câncer. Aprender era difícil, mas ela descobriu como contornar sua deficiência. Afinal, não se trata do quanto você é inteligente, e sim de como você é inteligente. Por ter que resolver os problemas de ensino à sua maneira, Greider agora tem uma carreira que causa impacto no mundo.

A verdade é que aprender não é sempre fácil, mas o esforço compensa. De fato, o aprendizado deve ser, pelo menos, um pouco desconfortável; caso contrário, estaria apenas reforçando o que já sabe. Se você já tentou cortar lenha com uma lâmina cega, sabe que gasta muito mais tempo e energia para completar a tarefa do que deveria. Da mesma forma, a falta de motivação ou os métodos inadequados o atrasarão e farão com que você sinta que aprender é muito difícil (mostraremos como abordar essas questões mais adiante neste livro).

O segredo é dar pequenos passos simples. Pense em um escultor trabalhando com um bloco de pedra. Ele pode sentar e martelar seu bloco de pedra pelo que parece ser uma eternidade, fazendo apenas pequenas lascas e entalhes aqui e ali. De repente, a pedra se quebra. Isso aconteceu de uma vez só? Não, foi resultado de todo o esforço contínuo, que levou a pedra a se partir.

Aborde o seu aprendizado como esse escultor. É necessário que você cultive paciência para ter uma atitude positiva, e se adapte às suas próprias necessidades. Se você é o tipo de aluno que faz o seu melhor com um livro nas mãos, isso é fantástico. Mas, se você já sabe que isso não funciona, por que continuar tentando a mesma coisa? Busque outras formas de aprender que funcionem para você.

Saiba que não será difícil, mas exigirá esforço — talvez nem tanto quanto você está pensando. O essencial é a consistência. Você tem que ter paciência para repetir o processo diversas vezes. Ao fazer isso, não apenas colherá as recompensas de seu conhecimento adquirido com muita dedicação, mas também será uma pessoa melhor por ter cultivado a tenacidade para continuar tentando.

A verdade é esta: às vezes, aprender coisas novas *é* difícil. De forma mais precisa, temos que saber que o aprendizado é um conjunto de métodos, um processo que certamente pode ser mais fácil quando você sabe como aprender.

Nova crença: quando você aprende novas formas de aprender, o desafio do aprendizado pode ser divertido, fácil e mais agradável.

MENTIRA NÚMERO 6: A CRÍTICA DAS OUTRAS PESSOAS IMPORTA

Há alguns anos, fui palestrante em um evento organizado pelo médico norte-americano Deepak Chopra. Após minha apresentação, me sentei na plateia para assistir ao restante da programação. Para minha surpresa, uma figura alta se aproximou e parou ao meu lado. Olhei para cima e vi um de meus atores favoritos: Jim Carrey.

Pouco depois, estávamos no lobby do local tendo uma conversa profunda sobre criatividade. Em dado momento, o ator disse: "Jim, estou trabalhando em *Debi e Loide 2* e preciso ficar realmente inteligente para fazer o personagem."

Algumas semanas depois, passamos um dia juntos em sua casa. Durante uma das pausas, enquanto fazia guacamole (um dos meus combustíveis favoritos para o cérebro) na cozinha, perguntei: "Por que você faz o que você faz? Você é um ator único e até um pouco exagerado diante das câmeras." Jim respondeu: "Ajo desta forma porque quero dar às pessoas que estão assistindo permissão para serem elas mesmas. A maior farsa do mundo está nas pessoas se impedindo e se limitando a expressar quem realmente são por terem medo do que as outras pessoas pensam." Esse sentimento é quase como uma religião para Jim; ele chama de "libertar as pessoas da preocupação". Ele falou mais sobre isso durante um discurso de formatura na Maharishi International University, em Fairfield, no estado norte-americano de Iowa.

> O propósito da minha vida sempre foi libertar as pessoas das preocupações. Como você vai servir ao mundo? Do que elas precisam e que seu talento pode oferecer? Isso é tudo o que você tem de descobrir. O efeito que você tem nos outros é a moeda mais valiosa que existe. Tudo o que você ganha na vida vai apodrecer e desintegrar. E tudo o que restará de você é o que estava em seu coração.[26]

As pessoas que aprendem mais rápido no planeta são as crianças, em parte porque elas não se importam com o que os outros pensam. Elas não têm vergonha de errar. Elas vão cair trezentas vezes e levantar outras trezentas tentando aprender a andar e não se sentirão envergonhadas; elas apenas sabem que querem andar. À medida que envelhecemos, temos mais dificuldades em nos manter abertos assim. Seja em uma aula de canto ou de programação, se estivermos fora do tom ou cometermos um erro enquanto aprendemos, acabamos nos retraindo ou desistindo.

Parte de se tornar sem limites é aprender a ignorar o medo das críticas de outras pessoas. A história está repleta de exemplos daqueles que superaram as opiniões negativas das pessoas ao seu redor. Os irmãos Wright realizaram a incrível façanha de construir uma máquina que voasse — e, inicialmente, não receberam quase nenhum elogio por isso. Quando voltaram para casa após o voo inaugural, em 17 de dezembro de 1903, não foram recebidos com bandas, champanhe e serpentinas. Eles foram recebidos com dúvidas.

Biógrafo dos irmãos, Fred Kelly escreveu que os vizinhos não conseguiam acreditar no que havia acontecido. Um deles disse: "Sei que vocês, garotos, são confiáveis e, se disseram que voaram pelos ares com uma máquina, eu acredito. Mas, lá na costa da Carolina do Norte, vocês tinham condições especiais para ajudá-los. É claro que não conseguiriam fazer isso em nenhum outro lugar."[27]

Não era bem a resposta entusiasmada que eles esperavam, não é?

A imprensa também não noticiou seu feito. Segundo Kelly, cientistas notáveis da época já haviam explicado por que o homem não podia voar, então nenhum repórter estava disposto a cobrir o evento por medo de ser humilhado.[28] Nenhum editor queria publicar uma história que refutava diretamente as declarações de um respeitado cientista de que voar não era cientificamente possível. A falta de reconhecimento público não perturbou os irmãos Wright. Eles sabiam que havia mais trabalho a ser feito e começaram a aperfeiçoar sua máquina voadora, o que acabou por lhes dar o reconhecimento que mereciam.

A maioria das pessoas teme a opinião dos outros quando pensa em tentar algo novo. O que a história dos irmãos Wright mostra é que a imaginação do público é lamentavelmente desalentadora e as pessoas têm dificuldade em conciliar o que acreditam ser possível com o que realmente está acontecendo.

A verdade é esta: criar a vida que você quer pode ser assustador. Mas sabe o que é mais assustador? O arrependimento. Um dia daremos nosso último suspiro e nenhuma opinião ou medo das outras pessoas vai importar. O que importa é como vivemos. Não aceite críticas de alguém a quem você não pediria conselhos. As pessoas vão duvidar e criticar, não importa o que você faça. Você nunca conhecerá seu verdadeiro potencial até ignorar os julgamentos injustos que coloca em si mesmo. Não permita que a opinião e as expectativas dos outros atrapalhem ou arruínem sua vida.

Nova crença: não cabe a você gostar, amar ou me respeitar. Esse trabalho é meu.

MENTIRA NÚMERO 7: GENIALIDADE VEM DE BERÇO

Bruce Lee é conhecido no mundo inteiro hoje em dia. Foi uma estrela do cinema, filósofo e um dos mais talentosos lutadores de artes marciais na história do esporte. Pensando que a genialidade vem de berço, você dificilmente o teria considerado um futuro ícone mundial.

A família de Lee se mudou de São Francisco para Hong Kong logo depois que ele nasceu.[29] Não muito após sua chegada, Hong Kong foi ocupada pelo Japão, tornando-se um lugar política e socialmente tumultuado para se crescer. Quando jovem, Lee encontrou dificuldades devido a suas origens. Ele não era chinês puro, então os colegas o discriminavam. Ele também não era britânico como as outras crianças da escola particular, então era frequentemente provocado por ser "oriental". O sentimento de tensão estava sempre presente e foi aí que ele começou a lutar para abrir caminho.[30] A luta começou a defini-lo. Suas notas eram baixas e ele brigava tanto na escola que acabou sendo transferido para outra.

Quando tinha 13 anos, Lee conheceu seu professor Yip Man, que o ensinou o Wing Chun. Ele foi aceito na escola desse famoso mestre e começou a aprender esse estilo de Kung Fu. De forma similar a suas outras experiências educativas, ele ainda era insultado pelas crianças chinesas, que achavam que ele não era parecido com elas o suficiente para ser "autorizado" a aprender a técnica. Constantemente, ele tinha que provar seu valor e suas habilidades, e suas lutas tomaram as ruas. Essa tensão interna, juntamente com a derrocada de Hong Kong com a violência de gangues, levou Lee a passar mais tempo lutando do que se dedicando ao aprendizado. Ele desenvolveu uma reputação de mau elemento nas ruas por sua disposição e inclinação para brigar.

Após uma violenta briga de rua, um policial de alto escalão chamou os pais de Lee e disse a eles que seu filho teria que ser preso. O rapaz que ele massacrou na noite anterior era filho daquele policial. O pai de Lee rapidamente o mandou de volta para os Estados Unidos, afinal, ele ainda era um cidadão norte-americano. Então, com apenas US$100 no bolso, ele retornou. "Como a maioria das crianças chinesas que acabavam de chegar, meu primeiro trabalho foi lavar e recolher pratos",[31] disse Lee em uma entrevista. Ele fez bicos para se sustentar e, com o tempo, começou a ensinar artes marciais.

Lee não era apenas talentoso — também estava disposto a ensinar outras pessoas e aceitou todos os que o procuravam como alunos, independentemente de sua raça ou origem. Isso logo irritou a comunidade chinesa em Oakland, que considerava que essas técnicas não deveriam ser ensinadas a quem não era chinês. Por fim, ele foi forçado a defender o seu direito de ensinar. Os tradicionalistas chineses o desafiaram para uma luta dizendo que, se ele ganhasse, poderia manter sua escola, mas, se perdesse, seria forçado a fechá-la e parar de ensinar às pessoas de fora desse grupo étnico.

O estilo de Lee era diferente de qualquer outra forma de artes marciais. Quando ainda vivia em Hong Kong, ele fez aulas de dança e, em 1957, era tão bom que conquistou o título do chá-chá-chá. Ele usou os movimentos aprendidos com a dança em suas técnicas de luta. Enquanto outros lutadores adotavam uma posição fixa dos pés, ele se movia constantemente, o que impulsionava sua capacidade de se adaptar aos movimentos do oponente. Lee fez isso com tudo o que aprendeu em sua vida. Mais tarde, seu estilo incorporou não apenas técnicas de Wing Chun, mas do boxe, da esgrima e da dança.

Foi um grande momento de virada — a velha vanguarda contra o novo. A esposa de Lee, Linda, estava grávida de oito meses na época e se lembra claramente da cena, quase cômica. Ela lembra que Lee demorou apenas três minutos para derrubar seu oponente, que, antes disso, correu ao redor do tatame, tentando fugir.

Após a luta, Linda encontrou Lee com a cabeça afundada nas mãos, apesar da vitória. Ele disse que seu treino não o preparou para esse tipo de disputa. Como ela descreveu, este foi o começo da evolução para seu próprio estilo de artes marciais.

Após essa batalha, Lee não tentou mais colocar seus conhecimentos e ensinamentos em uma caixa e descartou a maior parte de seu treinamento original. Ele assumiu abertamente influências de estilos de luta fora do Wing Chun e Kung Fu, usando-as para formar a filosofia da arte marcial. Em uma entrevista, ele disse: "Não acredito mais em estilos. Não acredito que exista uma maneira chinesa de lutar, uma maneira japonesa de lutar."[32] Em vez disso, a abordagem de Lee se concentrou na luta como forma de expressão pessoal máxima. "Quando as pessoas vêm aprender, elas não vêm para aprender a se defender. Elas querem aprender a se expressar por meio do movimento, da raiva ou da determinação." Ele acreditava que o indivíduo era mais importante do que qualquer estilo ou sistema.

Ninguém se lembra de Lee por seus esforços acadêmicos. Ele é lembrado por sua tenacidade, sua habilidade em derrotar os oponentes, sua filosofia e pela forma como conseguiu sair da sua caixa de pensamento ortodoxo e unir diferentes estilos de luta para criar uma filosofia totalmente nova. Seria ele, então, um gênio natural, alguém que nasceu para alcançar grandes feitos físicos, mentais e filosóficos?

Em *O Código do Talento*, o autor Daniel Coyle investiga se o talento é inato ou se pode ser desenvolvido. Ele argumenta que "grandeza não é algo inato, mas, sim, cultivado". Por meio da prática intensiva, da paixão e dos ensinamentos do mestre, qualquer pessoa pode desenvolver um talento tão profundo que parecerá genialidade.[33]

A filha de Bruce Lee, Shannon, discursou em nossa conferência anual sobre a abordagem de seu pai para memorizar e aprender. Ela disse que, na época em que era uma estrela do cinema e um notável professor, Lee já havia atingido milhares e milhares de horas de prática intensa, pelo menos em parte por causa de seus primeiros dias de luta nas ruas. Mais tarde, Lee não dominou a famosa técnica do soco de uma polegada em um dia, mas ao longo de anos de árdua prática e repetição. Mesmo com uma lesão nas costas, Lee continuou a treinar e se condicionar — era um compromisso diário. Paixão é a motivação, o combustível para você fazer o que faz. Parece que o combustível inicial de Lee era a tensão que sentia por ser um sino-americano em locais que não o aceitavam nem como chinês, nem como norte-americano. Depois, sua ignição parece ter sido a motivação para a autoexpressão final. Por fim, Lee recebeu seu treinamento de um mestre, Yip Man, que foi treinado por vários professores desde que era criança. Quando Lee se tornou seu aluno, ele já ensinava Kung Fu há décadas.

O talento de Lee nasceu de uma confluência de experiências e circunstâncias que o impulsionaram, embora pudessem ter derrotado outra pessoa. Quantos de nós olharíamos para uma criança com tendência a brigar e notas baixas e preveríamos que ela se tornaria um professor, mestre e filósofo?

A verdade é esta: a genialidade deixa pistas. Há sempre um método por trás do que parece mágica.

Nova crença: a genialidade não vem com o nascimento, e sim por meio da prática intensa.

COMECE LOGO

Em quantas das mentiras descritas neste capítulo você acreditava antes de ler este livro? Há outras que você gostaria de adicionar?

Escreva-as aqui: ______________________________

____

____

ANTES DE SEGUIRMOS ADIANTE

Entender que essas crenças limitantes comuns não passam de mitos é uma parte essencial para se tornar sem limites. Quando você se convence de que tudo isso é verdade, está se sobrecarregando de forma desnecessária. Embora essas sete mentiras estejam entre as mais comuns, fique atento a qualquer "sabedoria convencional" que tenha o efeito de restringir seu potencial e a examine com muito cuidado. Na maioria dos casos, você verá que essas restrições não se aplicam a ninguém disposto a ir além delas. Antes de avançarmos para o próximo capítulo:

- Analise os erros que cometeu. Você deixou que eles o definissem? Como seus sentimentos sobre esses erros mudaram depois de ler este capítulo?

- Ache uma forma de botar em prática algo que você aprendeu recentemente (mesmo que tenha sido hoje). Note a diferença quando você transforma o conhecimento em poder.
- Pense em uma situação em que você permitiu que as opiniões de outras pessoas influenciassem suas ações. Como você trataria a mesma situação, de forma diferente, se a única opinião que importasse fosse a sua? Use meus 4Gs para uma mentalidade ilimitada, incluindo mais estratégias para substituir crenças limitantes, em *LimitlessBook.com/resources* [conteúdo em inglês].

"A cultura é nutrida pela motivação humana — um recurso ilimitado que, às vezes, pode ser subestimado."

— LYNNE DOUGHTIE

PARTE III

MOTIVAÇÃO SEM LIMITES

O PORQUÊ

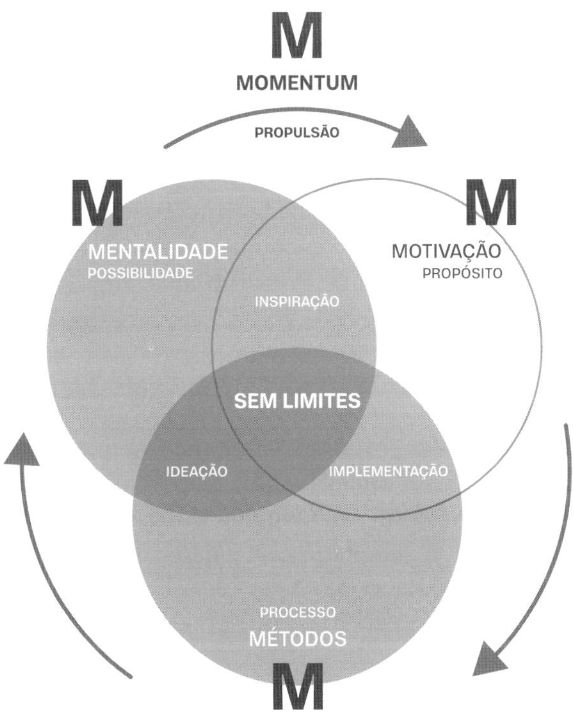

Motivação

mo·ti·va·ção *(substantivo feminino)*

O propósito que se tem para agir. A energia necessária para alguém se comportar de uma maneira específica.

No filme *Sem Limites*, o escritor Eddie Morra está completamente desmotivado, sem foco nem energia. Quando ele toma a pílula que libera todo seu poder mental, sua vida muda drasticamente para melhor porque ele se torna apto a realizar o que quiser.

Vamos derrubar algumas mentiras comumente aceitas sobre motivação. Ao contrário da crença popular, assim como sua mentalidade, a motivação não é fixa. Ninguém tem um nível predeterminado de motivação. E, quando as pessoas dizem que estão desmotivadas, isso não é completamente verdade. O que elas podem ter é um alto nível de motivação para ficar na cama e assistir televisão.

Motivação também não significa que você deve gostar do que precisa fazer. Meu amigo, o empreendedor Tom Bilyeu, odeia malhar, mas tem uma razão clara e convincente para fazer isso, então se exercita todas as manhãs. Não gosto de tomar banho frio, mas faço isso todos os dias (explicarei por que no Capítulo 8).

Finalmente, não existe isso de "acordar com ou sem motivação". Ficamos paralisados quando dizemos "não tenho motivação". Motivação não é algo que você tem, mas que você faz. E é inteiramente sustentável. Ao contrário de um banho quente, não é algo que você experimenta por um momento e depois acaba, a menos que aqueça a água da banheira novamente. A motivação não surge em um seminário que o estimula temporariamente. É um processo. E, como é uma estratégia, você tem controle sobre ela e pode criá-la de forma consistente, seguindo a receita certa.

A fórmula é a seguinte: Motivação = Propósito × Energia × S^3

Quando você combina propósito, energia e pequenos passos simples [*small simple steps*, ou S^3, em inglês], ganha uma motivação sustentável. E a forma derradeira de motivação é o estado do fluxo. Pense nisso como um gerenciamento de energia. Crie, invista nela e não a desperdice. Um propósito ou uma razão clara lhe dá energia. As práticas que você emprega cultivam energia para o cérebro e o resto do corpo, e pequenos passos simples requerem pouca energia.

Nesta seção, vamos falar sobre como cultivar uma poderosa motivação sustentável em relação à vida e ao aprendizado. Vamos alcançar isso identificando seu propósito, promovendo a energia mental e física que o sustentará, estabelecendo pequenos passos simples e ativando os estados de fluxo.

O propósito nos leva à ação. E ele tem que ser claro o suficiente para que possamos saber por que estamos agindo e o que esperamos ganhar com aquilo. Gerar energia suficiente é vital — se você estiver cansado ou sonolento, ou se seu cérebro estiver confuso, você não terá o combustível para agir. Pequenos passos simples demandam esforço mínimo e evitam que você fique paralisado pela sobrecarga. E encontrar o fluxo é o benefício final da motivação.

"Razões colhem resultados."

— JIM KWIK

7

PROPÓSITO

Como certas frases delimitantes determinam quem você é?

Como seus valores o definem?

O que seu senso de propósito diz sobre quem você é?

Por muito tempo, minha kriptonita era a falta de sono. Dormir nunca foi fácil para mim. Durante anos na infância, passava a noite inteira em claro, estudando por longas horas, tentando compensar meus desafios de aprendizagem. Desenvolvi terríveis problemas de sono. Estava sempre cansado na escola, mas, de qualquer maneira, enfrentava isso por ter um forte desejo de trabalhar duro e deixar minha família orgulhosa. Meu propósito e minhas razões eram superclaros, então estava bastante motivado. Mesmo depois de começar a usar técnicas de aprendizado acelerado aos 18 anos e não precisar mais gastar um número insano de horas, minha insônia ficou cada vez pior na idade adulta — um total de 2 a 4 horas de sono muito interrompido por noite, por cerca de 20 anos.

Quanto mais tempo sem dormir, mais difícil se torna manter um senso de realidade ou qualquer motivação. A falta de sono compromete todas as suas capacidades cognitivas, sua concentração, sua memória e sua saúde cerebral geral. Além de ser um fator contribuinte para a depressão e muitos transtornos de humor. Sou testemunha dos lugares sombrios a que se pode chegar como resultado da falta de sono. Minha agenda de viagens como palestrante ao redor do mundo certamente não ajuda. Em um ano, estive viajando 235 dias. Lidando com fuso horário, *jet lag* e quartos de hotel desconhecidos e sem graça. Meu cérebro estava dando sinais; imagine um especialista em memória esquecendo em que cidade está acordando.

Isso me intrigou porque, como estudante de meditação de longa data, à noite minha mente não se agitava nem se envolvia em ruminação; estava a mais calma possível. Há alguns anos, quando fui hospitalizado por ter passado várias noites sem descanso, participei de um estudo do sono durante uma noite inteira e acabei diagnosticado com uma grave apneia obstrutiva do sono, um distúrbio físico que me fazia parar de respirar mais de 200 vezes a cada noite.

Hoje, após inúmeros tratamentos, estou orgulhoso em dizer que meu sono é muito melhor. Após resolver o problema físico com uma cirurgia, estava apto a otimizar meu sono com uma série de ferramentas que explico no Capítulo 8.

Durante os momentos mais difíceis, me perguntei por que continuava a fazer o que fazia. Por que lutar quando poderia simplesmente dizer a mim mesmo que não tinha energia para tal? Quando criança, meu propósito e motivação (para agir) era compensar minha falta de talento com trabalho árduo, para provar a mim mesmo que era capaz. Mas, depois de aprimorar minha aprendizagem, por que continuava trabalhando tão duro, apesar da exaustão, da privação do sono e da minha extrema introversão, para fazer discurso atrás de discurso, vídeo atrás de vídeo, podcast atrás de podcast? Devido à mesma motivação que me guiava quando era criança: eu tinha um propósito claro e definitivo. Não quero que ninguém lute e sofra como eu. A missão que me guia é libertar cérebros melhores e mais brilhantes.

Muitas vezes, as nossas maiores dificuldades nos levam às nossas maiores forças. Meus dois maiores desafios quando criança eram aprender e falar em público. A vida tem uma certa ironia, porque passo a maior parte da minha vida falando em público sobre aprendizagem. Não conseguia ler e, hoje, ensino pessoas ao redor do mundo a lerem melhor. Batalhei para entender o meu cérebro e, hoje, falo diante de milhares de pessoas para ajudá-las a entender a maravilhosa ferramenta à sua disposição. Aprendi que há um benefício na maioria dos desafios. De certa forma, décadas de falta de sono me proporcionaram duas importantes lições.

Em primeiro lugar, isso me obrigou a vivenciar tudo o que está neste livro. Não seria capaz de me apresentar da forma que faço sem as ferramentas que aprendi, então me comprometo a colocar em prática tudo o que ensino. Raramente tenho que me preparar para um discurso porque uso essas habilidades todos os dias. Eu as vivencio. Elas são quem eu sou.

Em segundo lugar, tive de ser muito claro sobre meu propósito, identidade, valores e razões para fazer o que faço todos os dias. Quando você não dorme e tem uma quantidade muito limitada de energia e foco, você não a desperdiça. Aprende a priorizar e a definir claramente seus compromissos e por que os está assumindo. Todas essas escolhas o levam a uma motivação inesgotável. É disso que falamos neste capítulo.

COMECE PELO PORQUÊ

Um dos meus livros favoritos é *Comece pelo Porquê*, de Simon Sinek, a quem já entrevistei várias vezes em meu programa. Frequentemente, ele enfatiza a importância de poder transmitir aos outros por que você faz o que faz. Segundo ele, se você conseguir articular a crença que o guia (o seu porquê), as pessoas desejarão o que você está oferecendo. Ou, como ele sempre diz, "as pessoas não compram *o que* você faz; elas compram *o porquê* você faz isso, de modo que, se você não sabe *por que* faz *o que* faz, como alguém saberá?"

Existe uma razão pela qual a segunda pergunta mágica é: "Por que devo usar isto?" (Você lembra as outras duas?) As palavras favoritas da maioria das crianças são "por que", elas perguntam o tempo todo. Você sabe por que era importante memorizar a tabela periódica ou as datas históricas? Se não, provavelmente não se lembra delas. Nós ouvimos as palavras "propósito" e "meta" usadas com frequência nos negócios, mas sabemos mesmo o que elas significam e quais são suas semelhanças ou diferenças? A meta é o ponto que alguém deseja alcançar. O propósito é a razão pela qual se visa atingir a meta.

Se a sua meta é ler um livro por semana, aprender outra língua, ficar em forma ou simplesmente sair do trabalho a tempo de ver a família, esses são objetivos que você quer alcançar. Mas como você faz isso? Uma das formas populares é traçar as metas Smart [esperta, em tradução livre]. Sim, é um acrônimo em inglês:

- **S de Specific (Específica)**: sua meta deve ser bem definida. Não diga que quer ser rico, mas que você quer ter uma renda de determinado valor.
- **M de Measurable (Mensurável)**: se você não consegue mensurar sua meta, não pode administrá-la. Ficar em forma não é mensurável, mas correr um quilômetro em seis minutos é.
- **A de Actionable (Acionável)**: você não conseguirá dirigir até outra cidade sem perguntar pelo caminho. Desenvolva as etapas para atingir o seu objetivo.

- **R de Realistic (Realista):** se você vive no porão dos seus pais, é difícil ficar milionário. Suas metas devem ser desafiadoras e inspiradoras, mas não a ponto de fazer com que você desista delas.
- **T de Time-based (Baseada no tempo):** a frase "a meta é um sonho com prazo" vem à mente. Definir um tempo para cumprir a meta o deixa muito mais propenso a alcançá-la.

O desafio para muitas pessoas é que esse processo, embora lógico, é muito intenso. Para as metas saírem do pensamento e chegarem à execução, verifique se elas se adequam às emoções no seu coração [ou o acrônimo Heart, em inglês]:

- **H de Healthy (Saudável):** como você pode garantir que seus objetivos apoiem seu bem-estar geral? Eles devem contribuir para a sua saúde mental, física e emocional.
- **E de Enduring (Duradoura):** suas metas devem inspirá-lo e sustentá-lo durante os tempos difíceis, quando você pensar em desistir.
- **A de Alluring (Encantadora):** nem sempre é preciso se esforçar para trabalhar suas metas. Elas devem ser emocionantes, sedutoras e envolventes a ponto de mantê-lo engajado.
- **R de Relevant (Relevante):** não defina uma meta sem saber por que você a está definindo. Idealmente, seus objetivos devem estar relacionados a um desafio que está enfrentando, ao propósito da sua vida ou a seus valores essenciais.
- **T de Truth (Verdadeira):** Não defina uma meta só porque seu vizinho está fazendo ou porque é algo que seus pais esperam de você. Tenha certeza de que a sua meta é algo que você quer, algo que permanece verdadeiro para você. Se ela não é assim, é muito mais provável que você procrastine e sabote a si mesmo.

SOBRE PROPÓSITO E PAIXÃO

Conhecer o seu propósito na vida o ajuda a viver com integridade. Pessoas que conhecem seus propósitos sabem quem são, o que são e por que são. E, quando você se conhece, é mais fácil viver uma vida fiel aos seus valores fundamentais.

Seu propósito de vida consiste no seu objetivo motivador central, a razão pela qual você acorda de manhã. O propósito pode guiar as decisões da vida, influenciar o comportamento, oferecer um senso de direção e criar significado. O meu propósito de vida é criar um mundo com cérebros melhores e mais brilhantes.

O idioma inglês é repleto de palavras que são usadas de forma intercambiável, como se significassem a mesma coisa. Veja o exemplo de *nice* (agradável) e *kind* (gentil). Com frequência, elas são usadas no mesmo sentido, mas *nice* vem do latim *nescius*, que significa "ignorante". *Kind*, por outro lado, tem origem germânica e relação com a palavra *kin*. O sentido original desta palavra é "natureza, ordem natural" e "caráter, forma ou condição inata". Ela se transformou do sentimento de "sentir-se relacionado um com o outro" e se tornou uma palavra que quer dizer "fazer o bem aos outros de forma amigável e deliberada".[1]

As palavras *passion* (paixão) e *purpose* (propósito) também se enquadram nessa situação — com frequência são usadas como sinônimas. Mas os conceitos são discutidos por toda a internet, em livros motivacionais e palestras do TED. É fácil sentir que algo está faltando na sua vida quando não se tem uma paixão ou um propósito. Na minha experiência, porém, paixão e propósito não são a mesma coisa; na verdade, um leva ao outro.

Encontrar sua paixão não significa escolher o caminho certo ou encontrar o objetivo profissional perfeito. Trata-se de experimentar para ver o que desperta a sua alegria. A paixão surge quando redescobrimos nosso eu autêntico e pleno, aquele que foi silenciado e enterrado sob uma pilha de expectativas de outras pessoas. Não há um único caminho certo a ser descoberto ou revelado. Em vez disso, acredito que, quando mudamos da mentalidade fixa para a construtiva, como discutimos no Capítulo 6 na seção que trata dos mitos, aprendemos que os interesses podem ser desenvolvidos por meio da experiência, da persistência e do esforço.

Além disso, diferentes paixões podem ser cultivadas simultaneamente. Você não tem que escolher uma em detrimento de outras quando está explorando. Encontrar sua paixão é como encontrar o amor verdadeiro: é preciso conhecer vários parceiros em potencial para encontrar o par perfeito. E uma vez que você encontra a pessoa especial, as coisas não funcionam como mágica, porque é preciso esforço para construir um relacionamento. Encontrar sua paixão não é diferente — requer experimentação para ver o que mexe com você e exige muito esforço.

Em suma, a paixão é o que acende a chama dentro de você. Minha paixão por aprender nasceu de uma luta tão intensa que se tornou uma parte importante da minha identidade.

COMECE LOGO

Quais são as suas paixões atuais? Escreva três aqui: ______________
____
____
____
____

O propósito, no entanto, diz respeito a como você se relaciona com outras pessoas. Propósito é o que você tem para compartilhar com o mundo. É como você usa sua paixão. No fundo, todos temos o mesmo objetivo: ajudar outras pessoas por meio da nossa paixão. A maior tarefa que temos na vida é compartilhar o conhecimento e as habilidades que acumulamos. Não precisa ser mais complexo que isso.

Seja qual for sua paixão, seu propósito é compartilhá-la com o mundo. A minha é o aprendizado, e meu propósito é ensinar outras pessoas a aprender. Isso é tão enraizado que não tenho que me forçar a nada — tudo vem naturalmente. Acordo pronto, motivado e animado para ajudar as pessoas a aprender.

O convidado do meu podcast Jonathan Fields, fundador do Good Life Project, acredita que teremos diversas paixões várias vezes ao longo da vida, naturalmente. Pois, conforme mudamos, o meio pelo qual expressamos nossas paixões também muda. Ele acredita que, se você se definir por uma paixão muito específica e sua vida mudar de uma maneira que não permita que você continue nessa jornada por mais tempo, poderá se sentir perdido. A chave é encontrar o significado subjacente em suas paixões, para encontrar uma nova maneira de canalizar sua expressão.

Carter já tinha um emprego que o satisfazia e pagava as contas. Como optometrista, ele adorava atender os pacientes e fazer tudo que pudesse por eles. No entanto, dada sua função, havia limites para o quanto ele poderia ajudá-los. Ele percebeu que, se fosse para buscar seu verdadeiro propósito, uma grande mudança seria necessária.

"Eu queria fazer mais pelos meus pacientes", me disse ele, "e percebi que a enfermagem era o próximo passo. Mas eu sabia que os cursos de enfermagem são difíceis. Eu conhecia alguns estudantes de enfermagem e eles pareciam zumbis lutando para se formar, e eu pensei: 'Não sei se consigo competir.'".

Ele havia feito um curso de Introdução à Anatomia cerca de um ano antes e se lembra de ter pensado que foi o curso mais difícil que já havia feito. Ao comparar aquela experiência — um curso introdutório para estudantes de outras áreas não científicas — com a perspectiva de frequentar um curso de enfermagem, ele se perguntava se seu verdadeiro propósito estava de alguma forma fora de seu alcance.

Mas essa não era uma busca aleatória para Carter. Ele sabia que era seu destino e, quando veio a pandemia e ele viu o heroico esforço dos trabalhadores da linha de frente, sua determinação se tornou ainda mais forte.

"Eu senti que precisava entrar na área de saúde para aliviar a pressão que muitos desses trabalhadores enfrentavam. Finalmente decidi me inscrever na escola de enfermagem local, mas não conseguia me imaginar sendo inteligente o suficiente para passar nas disciplinas."

Mesmo assim, ele sabia que não poderia deixar nada atrapalhar seu objetivo. Então, ele procurou meu programa Super Brain [SuperCérebro, em tradução livre], que teve um profundo impacto em sua vida.

"Finalmente aprendi que poderia aprimorar meu foco, minha velocidade de aprendizado e minha capacidade de retenção. Meu aprendizado não era mais limitado. Eu sempre tirei boas notas, mas não porque era um bom aluno, e certamente nunca aprendi a aprender. Depois do programa, passei a tirar notas máximas em minhas disciplinas, incluindo cursos de anatomia avançados, algo que eu nunca pensei que seria capaz de fazer."

Carter obteve uma das pontuações mais altas de todo o país em cuidados pediátricos e ingressou no último semestre em agosto de 2022. Quanto ao curso, ele me disse: "O que costumava ser impossível agora é gerenciável." E isso o levou a estar prestes a cumprir seu propósito da maneira mais essencial possível.

COMECE LOGO

Você conhece o seu propósito de vida? Mesmo se ainda não souber, escreva um pouco sobre o que poderia ser: ______________________

____

____

____

____

QUEM VOCÊ PENSA QUE É?

O que geralmente não é discutido na busca por motivação é a identidade — quem você é... e quem você realmente *pensa* que é. Diz-se que as duas palavras mais poderosas são: "Eu sou." E o que você acrescenta após essas duas palavras determina seu destino.

Digamos que você queira parar de fumar. Talvez você já tenha recebido alguns alertas do médico e finalmente se convenceu de que deve parar. Se você se identifica como fumante e costuma dizer "eu fumo", será difícil parar até que você desconstrua completamente essa identidade. Quando você afirma que uma ação específica o define, está essencialmente se predispondo a se identificar e a justificar um determinado comportamento.

Isso é crucial para a mudança de comportamento. Um estudo fascinante da Universidade Stanford mostrou os efeitos da predisposição nos participantes. O pesquisador Christopher Bryan separou os participantes em dois grupos. O primeiro responderia um questionário que incluía palavras como "votar" e perguntas como "qual a importância de votar?". O questionário do segundo grupo tinha perguntas ligeiramente alteradas, como "para você, o quão importante é *ser um eleitor* [ênfase adicionada]?".[2] Também foi perguntado aos participantes se eles pretendiam votar nas eleições seguintes. Depois, os pesquisadores usaram registros públicos de votação para confirmar se os participantes haviam votado ou não. Bryan e sua equipe descobriram que aqueles cuja pesquisa incluiu declarações de identificação pessoal como "eleitor" tiveram 13% mais probabilidade de votar do que aqueles que foram, simplesmente, questionados sobre a possibilidade de votar.[3]

Quando você decide conscientemente se identificar com o hábito ou a meta que deseja criar ou alcançar, ou não se identificar conscientemente com um hábito que não deseja mais, experimentará um poder enorme. Se você passou a vida inteira dizendo a si mesmo que tem um aprendizado lento ou não consegue aprender, poderia, em vez disso, começar a dizer a si mesmo "eu aprendo rápido e de forma eficiente". O impulso mais forte que temos é agir de maneira consistente com a forma como nos percebemos. É uma das forças mais poderosas do universo. Use-a em seu benefício.

COMECE LOGO

Reserve 60 segundos e, sem filtros, preencha essas linhas com declarações "eu sou". ______________________________

____

____

____

____

____

UMA HIERARQUIA DE VALORES

A seguir, precisaremos considerar nossos valores. Você pode estabelecer hábitos muito bem planejados, mas, se seus valores não estiverem alinhados com o objetivo final, você não seguirá adiante. Por exemplo, alguém que queira lembrar os nomes dos outros deve valorizar relações e conexões com outras pessoas. Seu comportamento deve apoiar os seus valores de alguma forma ou não haverá motivação para isso.

Nossos valores têm uma hierarquia. Se eu perguntar qual é a coisa mais importante em sua vida, provavelmente você responderá que a família é um dos seus principais valores. Então, minha pergunta seguinte será o que a família faz por você. Para mim, ela proporciona amor. Para você, pode ser pertencimento. A distinção importante aqui é que a família é um *valor meio* — um meio para um fim. O *valor final* é, na verdade, amor ou pertencimento. Quando analisamos nossos valores, podemos determinar se o valor que estabelecemos é um fim ou se ele evoca algo mais.

Os valores precisam ser priorizados. Os meus são amor, crescimento, contribuição e aventura, nesta ordem. Cada um é construído com base no anterior e contribui para o seguinte. Os valores de uma pessoa tendem a não mudar de ano para ano, a menos que as circunstâncias da vida os alterem — como ter um filho, perder um ente querido ou terminar um relacionamento, só para citar alguns.

Quando desconhecemos os nossos valores e os das pessoas próximas, abrimos espaço para o surgimento de conflitos. Geralmente, a discórdia decorre de valores conflitantes. Digamos que, dentre os seus valores, há a aventura e a liberdade. Se seu parceiro valoriza a segurança, não é surpresa que vocês tenham desentendimentos. Não é que um conjunto de valores esteja certo e o outro errado: eles não estão alinhados. Ou digamos que ambos valorizem muito o respeito, mas o que cada um considera respeitoso ou desrespeitoso é diferente. Sendo assim, ainda haverá espaço para desentendimentos, a não ser que vocês conversem sobre o que constitui respeito.

ENCONTRANDO SUAS RAZÕES

Quando se trata de fazer qualquer coisa na vida, as razões colhem recompensas. A minha história mostra que se sentir bem não é requisito para se sentir motivado. Se eu esperasse esse dia chegar, teria parado de ensinar os outros a aprender melhor quando meus problemas de sono aumentaram. Além disso, quantas vezes nos sentimos bem em um determinado dia e não fizemos o que dissemos que faríamos? Você pode se sentir incrível e, ainda assim, não conseguir fazer nada, se suas razões não forem fortes o suficiente.

Mesmo face a todos os obstáculos diários que a vida coloca em nosso caminho, você será motivado a agir por razões atreladas a propósito, identidade e valores. Uma pessoa saudável de 70 anos de idade não vai à academia às 4h35 da manhã porque gosta, ela vai porque quer manter a saúde, o que possibilitará que tenha uma vida mais longa com sua família, e isso é motivação mais que suficiente para ela, mesmo que ela preferisse continuar dormindo. A boa aluna não estuda porque está de bom humor, ela o faz porque quer ir bem na prova para ter melhores chances de conseguir o estágio que a levará ao emprego dos sonhos.

É provável que haja uma boa razão por trás de todas as tarefas que você precisa cumprir, mesmo as desagradáveis. Você não ama fazer o jantar, mas quer que sua família coma bem e entende os perigos da dependência excessiva da comida para viagem e do fast-food. Você se sente desconfortável falando em público, mas sabe que sua equipe depende de você para a organização do seu projeto na conferência. Acha economia uma matéria complicada e um pouco chata, mas precisa concluir a disciplina para obter o seu diploma de marketing e mal pode esperar para colocar suas habilidades em ação no mundo real.

Se você está com dificuldade de encontrar motivação para aprender ou para fazer qualquer coisa na vida, há uma boa chance de não saber o *porquê* da tarefa. Analise sua paixão, sua identidade desejada e seus valores: como eles podem embasar suas razões para agir? Você já sabe que é muito mais provável que se lembre de algo quando está motivado a se lembrar disso. Por outro lado, se você não encontrar motivação para se recordar do nome de alguém, irá esquecê-lo assim que encerrar a conversa. Digamos que sua paixão seja ajudar as pessoas a criar relacionamentos melhores; você se identifica como um conector e um dos seus valores é o amor. Suas razões para aprender a lembrar nomes podem ser fáceis de encontrar: "Quero aprender a lembrar nomes para poder ter melhor conexão com as pessoas em minha comunidade e ajudar a promover uma rede mais forte de pessoas com quem me preocupo."

Neste momento, pare e pense em três razões pelas quais você deseja aprender melhor. Suas razões devem ser concretas, como: "Quero aprender espanhol para, finalmente, conseguir conversar com meu sogro", ou "quero aprender história para poder ajudar meu filho na escola", ou "quero aprender a pesquisar melhor para concluir meu plano de negócios e encontrar um investidor para minha empresa". Escreva-as abaixo:

____

____

____

____

____

____

____

____

Ter razões para agir me ajudou a ter certeza em relação a compromissos. O amor próprio, em grande parte, é proteger seu tempo e sua energia. Estabelecer limites em torno do seu tempo, emoções, saúde mental e espaço é incrivelmente vital a qualquer momento, em especial quando você não dorme. Quando falta um dos combustíveis essenciais, como comer ou dormir, seus recursos não são tão abundantes quanto em outras ocasiões. Por isso é muito importante se proteger. Quando tomo decisões, tudo se resume a um sim ou a um não absoluto. Se não me sinto completamente alinhado com alguma coisa, não faço, porque não tenho energia para desperdiçar. E posso dizer, honestamente, que não sofro de FOMO [*fear of missing out*, ou medo de ficar de fora, em português]. Nas últimas semanas, fui convidado para alguns encontros sociais e de trabalho, mas declinei porque sei bem meu propósito e motivação ao dedicar meu tempo escrevendo este livro. Adoraria que você se juntasse a mim na celebração de JOMO [*joy of missing out*, ou alegria em ficar de fora, em português].

Hoje em dia, muitas pessoas se sentem cansadas e fatigadas o tempo todo. Creio ser porque sentimos que temos de dizer "sim" a cada oportunidade, convite ou pedido que chegue até nós. Embora seja ótimo ter a mente aberta e considerar opções, quando você diz "sim" a alguma coisa, precisa tomar cuidado para não dizer "não" inadvertidamente a você mesmo ou a suas necessidades.

O QUE VOCÊ TEM A PERDER?

O que é motivação? É um conjunto de emoções (dolorosas e prazerosas) que agem como combustível para as nossas ações. De onde ela vem? A motivação vem do propósito, de sentir plenamente e se conectar com as consequências de nossas ações (ou inações).

Vamos fazer um exercício. Escreva abaixo todas as desvantagens que você terá que enfrentar se não aprender a usar o material deste livro. O que isso custará a você hoje e no futuro? Por exemplo, você pode escrever "terei que continuar estudando muito e me contentando com as mesmas notas ou empregos medíocres", ou "não poderei passar mais tempo com meus entes queridos", ou "não receberei aquele aumento". O essencial é garantir que você sinta as emoções. Não encare isso apenas como um exercício mental. Tomamos decisões com base no que sentimos. Experiencie realmente a dor que você sentirá se não fizer algo a respeito. Essa é a única forma de você fazer uma mudança duradoura e garantir seu comprometimento.

A dor pode ser uma boa professora, se utilizá-la ao seu favor ao invés de permitir que ela o domine. Use a dor como combustível para fazer as coisas acontecerem. Se for honesto, escreverá algo como: "Terei que me contentar com um emprego que odeio, ser mal remunerado, não ter tempo livre para mim ou qualquer outra pessoa e terei que aturar isso pelo resto da vida, entediado e frustrado." Isso o levará a fazer alguma coisa a respeito! Faça isso agora:

____

____

____

____

____

Agora vem a parte mais empolgante. Escreva abaixo todos os *benefícios* e *vantagens* que obterá ao aprender as habilidades e técnicas deste livro. Faça uma lista de coisas que o deixam realmente animado e motivado. Por exemplo: "Estarei apto a gabaritar a prova, terei mais tempo para estar com a família, começarei aquele negócio que tanto quero e aprenderei novos idiomas para viajar pelo mundo", ou "terei mais tempo livre para fazer exercícios e ficar saudável, curtir o verão e ficar mais tempo com meu namorado/namorada!", ou algo mais simples, como "finalmente terei tempo livre para colocar as coisas em dia e relaxar!".

Mais uma vez, verifique se suas razões são convincentes o suficiente para serem respaldadas por emoções genuínas. Você deve, realmente, visualizar e sentir os benefícios de aprender com este material. Faça isso agora:

____

____

____

____

____

____

CONECTANDO TUDO

Agora, vamos aplicar tudo isso à aprendizagem. À medida que você avança nesta parte de "Motivação", gostaria que considerasse onde a aprendizagem se encaixa em sua paixão, identidade, valores e razões.

Somente quando me tornei adulto encontrei minha paixão e propósito. Durante minha batalha para aprender, desenvolvi um amor pela aprendizagem porque isso me ajudou a não ter limites, e meu propósito é ensinar outras pessoas a aprender, para que também não tenham limites.

Quando criança, me obrigava a estudar, tentando atingir a média. Tinha um monte de questões de identidade para resolver; era o garoto com o cérebro quebrado e acreditava que era estúpido. Tive que mudar a forma como me via e desistir da identidade que me mantinha aprisionado em não ser capaz de aprender. Em vez de dizer "sou irrecuperável", comecei a dizer "sou um aprendiz".

Quanto aos valores, como mencionei anteriormente, valorizo o crescimento e a aventura. Para mim, a aprendizagem se encaixa em ambos, porque contribui diretamente para o meu crescimento e me dá um senso de aventura, especialmente quando aprendo algo novo e desafiador. Não há ambiguidade aqui; aprender contribui diretamente para a realização dos meus valores.

Cada uma das minhas razões me mantém motivado para que eu possa ajudar mais pessoas a aprender. Como qualquer autor sabe, escrever um livro é um desafio. Mas minha razão para escrever este livro — ensinar meus métodos a um público mais amplo em todo o mundo que não pode ter acesso aos meus cursos online — me mantém no caminho.

Se você está tentando se forçar a ser motivado, mas não abordou essas identidades invisíveis e limitadoras, não vai muito longe. Quando se sentir preso, pense em como sua meta se encaixa nos seus valores e, em seguida, pergunte a si mesmo o que precisa ser realinhado.

Retomando a lista do capítulo anterior, das sete mentiras que o atrapalham, talvez a oitava mentira seja a de que a motivação é algo que você *tem* — a de que você acorda e se sente motivado todos os dias. A realidade é que a motivação é algo que você *faz*. Por fim, ela é um conjunto de hábitos e rotinas, guiados por seus valores e sua identidade, que você realiza todos os dias.

ANTES DE SEGUIRMOS ADIANTE

Encontrar sua paixão requer experimentar coisas novas e se expor a um novo ambiente para ver o que o empolga. É difícil fazer isso se você se sente limitado ou se estiver preocupado em causar uma boa impressão, então deixe isso para lá e aproveite a experiência. Esses momentos iniciais de desconforto podem levá-lo a uma paixão e um propósito inteiramente novos na vida. Antes de avançarmos para o próximo capítulo:

- Escreva uma lista das suas declarações "eu sou" mais comuns. Como você se sente com relação às formas pelas quais essas declarações o definem?
- Crie uma lista das coisas que você mais valoriza. Ordene por prioridade e pense em como isso se alinha à sua definição de si mesmo.
- Adquira o hábito de perguntar "por que" antes de fazer qualquer coisa.

"Quando você oferece ao seu corpo o melhor combustível possível, você tem mais energia, fica mais forte e pensa mais rápido."

— MICHELLE OBAMA

8

ENERGIA

Como você garante que seu cérebro esteja tão saudável e energizado quanto possível?

O que deve fazer parte de minha dieta se quiser que meu cérebro esteja cada vez mais forte?

Como consigo ter uma boa noite de sono sempre?

Você tem um propósito claro de fazer algo e dividiu o projeto ou a meta em etapas pequenas e simples. Será que isso garante motivação sustentável e ilimitada?

Mesmo que você tenha uma razão para ler diariamente e um plano para fazer isso apenas cinco minutos ao dia, por exemplo, a fadiga pode impedi-lo. As vitalidades mental e física são o combustível necessário para guiar as suas ações. Sabemos a importância de gerir o tempo. E a motivação tem tudo a ver com gerenciamento e otimização de energia.

Aqui estão as minhas dez recomendações para gerar energia cerebral sem limites. Para cada dica, por favor, classifique em uma escala de 1 a 10 quanta atenção você está dedicando àquela área específica e se surpreenderá com as suas respostas.

1. UMA BOA DIETA PARA O CÉREBRO

Eva Selhub, especialista em resiliência, costuma comparar o cérebro a um veículo de alto desempenho. "Assim como um carro caro", escreve ela, "seu cérebro funciona melhor quando utiliza combustível premium. Comida de alta qualidade, com muitas vitaminas, minerais e antioxidantes, nutre o cérebro e o protege do estresse oxidativo — os resíduos (radicais livres) produzidos quando o corpo usa oxigênio e que podem danificar as células".[1] Ela observa ainda que, quando o seu cérebro é forçado a funcionar com combustível inferior, não pode fazer tudo para que foi desenvolvido. Açúcar refinado, por exemplo, contribui para prejudicar a função cerebral, leva à inflamação e pode até causar depressão (algo que você pode querer considerar na próxima vez em que pegar um pote de sorvete para encarar um dia difícil).

Nas entrevistas em meu podcast com Lisa Mosconi, neurocientista, nutricionista integrativa e autora dos livros *Brain Food* e *The XX Brain*, ela explica por que as necessidades alimentares do cérebro são diferentes das de outros órgãos. "O cérebro humano requer 45 nutrientes diferentes para funcionar melhor. Embora a maior parte desses nutrientes seja criada pelo próprio cérebro, o restante é fornecido por meio de nossa dieta."[2]

Como sabemos com certeza que há uma conexão direta entre uma boa dieta e um cérebro saudável, é essencial que você o alimente com a melhor comida que a natureza tem para oferecer. A seguir, você terá uma lista dos meus dez alimentos favoritos para o cérebro (para um rápido vídeo sobre como memorizar esta lista, acesse *www.LimitlessBook.com/resources* [conteúdo em inglês]). Se você é do tipo de pessoa que odeia ouvir que precisa comer vegetais, a lista pode exigir um processo de adaptação. Mas há boas notícias, pois as evidências mostram que seu cérebro funciona muito bem com um pouco de chocolate amargo. Lembre-se de que o que você come importa, especialmente para sua massa cinzenta.

COMECE LOGO

Quais são os seus alimentos para o cérebro favoritos? Como você pode incorporar mais um em sua dieta diária?

OS 10 MELHORES ALIMENTOS PARA O CÉREBRO

Abacate: fornece gordura monoinsaturada, o que ajuda a manter o fluxo sanguíneo saudável.

Açafrão (Cúrcuma): ajuda a reduzir a inflamação e aumentar os níveis de antioxidantes, além de melhorar a ingestão de oxigênio no cérebro. Há também indicações de que ajuda a reduzir a deterioração cognitiva.

Água: seu cérebro tem cerca de 80% de água. A desidratação pode causar anuviamento cerebral, fadiga e lentidão na reação e velocidade de pensamento. Estudos mostram que pessoas bem hidratadas têm melhor desempenho em testes cerebrais.

Brócolis: ótima fonte de vitamina K, conhecida por melhorar a função cognitiva e a memória.

Chocolate amargo: ajuda no foco e na concentração, além de estimular endorfinas. O chocolate também possui flavonoides que melhoram a função cognitiva. Quanto mais escuro, melhor, pois o chocolate amargo tem menos açúcar e, como já falamos, açúcar é algo para comer com moderação.

Mirtilo: protege seu cérebro do estresse oxidativo e reduz os efeitos do envelhecimento cerebral. Estudos também mostram que o mirtilo pode ajudar na memória.

Nozes: fornecem altos níveis de antioxidantes e vitamina E, que protegem seus neurônios e protegem contra o envelhecimento cerebral. Também contêm altos níveis de zinco e magnésio, que são realmente bons para o seu humor.

Ovos: fornecem a colina, nutriente para melhorar a memória e estimular o cérebro.

Salmão, Sardinha, Caviar: ricos em ácidos graxos ômega-3, que ajudam a reduzir os efeitos do envelhecimento cerebral.

Vegetais de folha verde: boa fonte de vitamina E, que reduz os efeitos do envelhecimento cerebral, e folato, que melhora a memória.

Conheci Mona Sharma quando ela apareceu no canal *Red Table Talk*, do Facebook, ao lado do médico Mark Hyman. Ela compartilhou como "as comidas que consumimos podem ter um grande impacto em nossa energia, na qualidade de nossa saúde e no funcionamento do cérebro. Focar ingredientes-chave, como gorduras ricas em ômega-3 de boa qualidade, vegetais repletos de antioxidantes e fitonutrientes, e temperos para melhorar a digestão e o foco, ajuda tanto a função cerebral de curto quanto a de longo prazo". Veja receitas que exemplificam um dia buscando otimizar a energia e a vitalidade do cérebro:

TÔNICO CEREBRAL MATINAL

Rendimento: 2 porções

Ingredientes:

- **Pedaço de gengibre de 5 centímetros, descascado e cortado em fatias**
- **Pedaço de cúrcuma de 5 centímetros, descascada e cortada em fatias (nota: a cúrcuma mancha, então tome cuidado com as roupas e a bancada)**
- **4 xícaras de água filtrada**
- **Chá verde orgânico (a granel ou em sachês sem plástico na composição: 2 porções)**
- **Sumo de ½ limão orgânico**
- **1 pitada de pimenta-do-reino preta**
- **Mel cru (opcional)**

Coloque a cúrcuma, o gengibre e a água em uma panela pequena.

Ferva lentamente em fogo médio-alto. Adicione o chá verde e ferva por, pelo menos, 5 minutos.

Tire do fogo. Coloque o sumo de limão, a pitada de pimenta-do-reino e o mel (se escolher usá-lo).

Coe e sirva quente. Evite comer por 20 minutos após beber o tônico.

Nota: você pode fazer uma grande quantidade deste tônico antes de consumir. Basta processar uma quantidade maior de cúrcuma, gengibre e limão em uma centrífuga. Conserve este suco na geladeira, em recipiente bem fechado, por até 7 dias. Quando for servir, basta adicionar a água quente e o chá verde.

VITAMINA MÁGICA DA MANHÃ

Rendimento: 1 porção

Ingredientes:

- ½ xícara de mirtilo congelado
- ½ xícara de jícama (nabo mexicano) picada (sem a casca)
- Um punhado grande de espinafre orgânico (você pode adicionar mais também!)
- 2 colheres de sopa de sementes de cânhamo
- 1 colher de chá de óleo de TCM (triglicerídeos de cadeia média)
- 1 colher de chá de espirulina orgânica em pó
- ½ xícara de água de coco sem açúcar
- ½ xícara de leite de amêndoa sem açúcar
- Gelo (opcional)

Adicione todos os ingredientes ao liquidificador, misture e comece o seu dia com combustível para o cérebro e para o corpo!

SALADA DE REFORÇO CEREBRAL

Rendimento: 2 porções

Para a salada:

- 2 xícaras de rúcula orgânica
- 2 xícaras de espinafre orgânico
- ¼ xícara de sementes de romã
- ¼ xícara de nozes cruas picadas
- 1 abacate fatiado
- 4 ovos orgânicos cozidos e fatiados ainda frescos (se você for vegano, substitua os ovos por 2 colheres de sopa de sementes de cânhamo e 1 colher de sopa de sementes de abóbora)

Para o molho:

- 3 colheres de sopa de vinagre de cidra de maçã crua
- ¼ xícara de azeite extravirgem
- ½ limão espremido
- 1 colher de sopa de mel cru
- ¼ colher de chá de sal do Himalaia
- 1 colher de chá de sementes de gergelim preto (para decorar)

Coloque todos os ingredientes do molho (exceto as sementes de gergelim) em uma tigela e misture. Deixe descansar.

Adicione a rúcula, o espinafre, as sementes de romã e as nozes em uma saladeira grande.

Despeje o molho em cima da salada e misture.

Sirva a mistura em dois pratos. Cubra cada um com meio abacate e 2 ovos fatiados. Decore com sementes de gergelim. Bom apetite!

SALMÃO GRELHADO E BRÓCOLIS COM ACELGA

Rendimento: 2 porções

Ingredientes:

- 2 colheres de sopa de suco de limão recém-espremido
- 2 colheres de chá de alho picado
- 5 colheres de sopa de azeite extravirgem
- 2 filés de salmão, de preferência selvagem, não cultivados (de 115 a 170 gramas, cada)
- 2 a 4 fatias de limão
- 1 cabeça grande de brócolis orgânico, picada em floretes pequenos (3 a 4 xícaras)
- 2 colheres de chá de sal do Himalaia
- 1 chalota pequena, picada
- 1 acelga orgânica pequena (ou uma acelga arco-íris) picada fininha
- 1 colher de chá de sementes de mostarda orgânica em pó

Forre uma forma grande com papel-manteiga e preaqueça o forno a 200°C.

Misture o suco de limão, o alho picado e 2 colheres de sopa de azeite em uma tigela pequena.

Coloque o salmão no meio da forma e despeje a mistura de limão, alho e azeite em cima de cada filé uniformemente. Em seguida, coloque as fatias de limão em cima de cada filé.

Misture as fatias de brócolis, 2 colheres de sopa de azeite e 1 colher de chá de sal em uma tigela grande. Coloque a mistura em torno de cada filé de salmão na assadeira.

Coloque no forno preaquecido e cozinhe por 20 minutos.

Enquanto o salmão e o brócolis estão cozinhando, aqueça a colher de sopa de azeite restante em fogo baixo em uma frigideira. Adicione a chalota picada, mexendo sempre até ficar clara e cozida. Adicione a acelga com 2 colheres de sopa de água na frigideira e cozinhe por 3 a 5 minutos, mexendo ocasionalmente até que a acelga esteja macia. Retire do fogo.

Coloque o salmão, o brócolis e a acelga em dois pratos. Polvilhe o brócolis com sementes de mostarda em pó, para aumentar os benefícios anti-inflamatórios. Sirva-se e aproveite!

"CHOCOLATE QUENTE" COM CACAU, CANELA E GENGIBRE

Rendimento: 2 porções

Ingredientes:

4 xícaras de leite de amêndoa ou coco sem açúcar

1 pedaço de gengibre de 5 centímetros, descascado e cortado longitudinalmente

3 colheres de sopa de cacau orgânico em pó sem açúcar

1 colher de chá de canela orgânica em pó

1 a 2 colheres de sopa de açúcar de coco (adoçar a gosto)

½ colher de chá de essência de baunilha

1 pitada de sal

2 paus de canela, para decorar

Aqueça o leite de amêndoa e as fatias de gengibre em uma panela média em fogo médio-alto, mexendo ocasionalmente. Deixe ferver.

Adicione o cacau em pó, a canela, o açúcar de coco, a baunilha e o sal e bata até dissolver.

Deixe ferver mais um pouco antes de tirar do fogo. Despeje em duas canecas, usando um coador para impedir que o gengibre entre nas canecas. Adicione um pau de canela em cada caneca e aproveite!

Nota: essa bebida pode ser servida gelada durante o verão. Além disso, se servir como sobremesa, adicione um pouco de creme de coco e misture, para obter um sabor mais doce e espumante.

2. NUTRIENTES CEREBRAIS

Como dito antes, a dieta afeta a função cerebral. Mas e se você não conseguir seguir regularmente uma dieta rica em alimentos para o cérebro por conta da agenda ou do estilo de vida? Pesquisas mostram que certos nutrientes têm um efeito direto em nossa habilidade cognitiva. Sempre preferi consumir meus nutrientes a partir de alimentos reais, integrais e orgânicos. Converse com seu profissional de saúde qualificado para saber em que você pode estar deficiente.

No episódio de meu podcast com Max Lugavere, autor de *Genius Foods*, discutimos os benefícios da suplementação com DHA fosfolipídios — que o seu cérebro usa para criar membranas celulares saudáveis.[3] Isso é importante porque nossas membranas celulares formam todos os receptores envolvidos no humor, no funcionamento executivo do corpo, na atenção e na memória. A vitamina B mostrou ser eficaz na melhoria da memória das mulheres. A curcumina, nutriente encontrado na cúrcuma, pode prevenir a deterioração cognitiva. Você pode obter uma lista dos nutrientes no cérebro no site do National Institutes of Health [conteúdo em inglês] ou no site Biblioteca Virtual em Saúde do Ministério da Saúde.[4]

Existem fontes naturais para todos esses nutrientes, mas colocá-los em sua dieta pode não ser adequado ao seu estilo de vida ou paladar. A boa notícia é que há suplementos prontamente disponíveis para todos eles (embora nem todos os suplementos sejam iguais; faça uma boa pesquisa). Você também pode combiná-los com os alimentos para o cérebro discutidos neste capítulo para dar ao seu cérebro o combustível de que ele precisa. Para uma lista dos meus suplementos favoritos para o cérebro, acesse *www.LimitlessBook.com/resources* [conteúdo em inglês].

3. EXERCÍCIOS

"Exercícios transformam o cérebro de forma a proteger a memória e as habilidades de pensamento", escreveu Heidi Godman, editora-executiva da *Harvard Health Letter*. "Em um estudo feito na Universidade da Colúmbia Britânica, no Canadá, pesquisadores descobriram que exercícios aeróbicos regulares, do tipo que estimulam o coração e as glândulas sudoríparas, parecem aumentar o tamanho do hipocampo, a área do cérebro envolvida na memória verbal e no aprendizado."[5]

Quase posso ouvir alguns de vocês reclamando ou dando desculpas ao ler o último parágrafo: fazer exercícios é chato. Você não tem tempo para isso. Ou não pode pagar uma academia. Mas o simples fato é que o exercício é extremamente valioso se você deseja libertar o seu cérebro. Pense nisso: quando você está ativo e se mexendo, se sente mais ligado, certo? Algumas pessoas até sentem uma *necessidade* de se movimentar para que o cérebro opere com a máxima eficiência. Isso ocorre porque há uma relação direta entre os exercícios e a função cerebral. E você não precisa ser um atleta olímpico para manter seu cérebro ligado. Há várias evidências que mostram que apenas dez minutos de exercício aeróbico ao dia têm benefícios enormes.

Conforme seu corpo se move, seu cérebro funciona. Veja alguns vídeos dos meus exercícios favoritos em *www.LimitlessBook.com/resources* [conteúdo em inglês].

COMECE LOGO

Coloque um alarme em seu celular para se lembrar de se mover por alguns minutos a cada hora.

4. MATANDO AS FORMIGAS

O neurocientista clínico Daniel Amen, autor do best-seller *Transforme seu Cérebro, Transforme sua Vida* e convidado assíduo de nosso podcast, voltava para casa após um dia particularmente difícil no escritório, lidando com riscos de suicídio, adolescentes cheios de angústia e casais disfuncionais, quando encontrou milhares de formigas em sua cozinha. "Foi nojento. Conforme comecei a limpar, um acrônimo surgiu em minha mente. Pensei em meus pacientes daquele dia — assim como a minha cozinha, o cérebro deles também estava infestado de pensamentos negativos que os tiraram de sua alegria e lhes roubaram a felicidade. No dia seguinte, levei uma lata de inseticida para o trabalho como auxílio visual e, desde então, tenho trabalhado diligentemente para ajudar meus pacientes a erradicar suas formigas."[6]

Formiga em inglês é ANT, que forma o acrônimo "*automatic negative thoughts*" [pensamentos automáticos negativos, em português]. Se você é como a maioria das pessoas, impõe limitações a si mesmo na forma desses pensamentos pelo menos uma parte do tempo. Talvez diga a si mesmo que não é esperto o suficiente para aprender uma habilidade que você realmente queria ter. Ou, talvez, repita em um ciclo sem fim que se esforçar para fazer algo só vai levá-lo à decepção.

As formigas do pensamento negativo estão em todo lugar e não há inseticida suficiente no mundo para acabar com todas elas. Mas eliminá-las de sua vida é parte essencial de tornar seu cérebro sem limites. A razão para isso é simples: se você lutar pelas suas limitações, as manterá. Se diz a si regularmente que não é capaz, que está muito velho ou que não tem inteligência suficiente para fazer algo, de fato nunca o fará. Só quando você deixar esse tipo de diálogo interno de lado poderá realmente alcançar aquilo que quer.

Olivia passou a vida lidando com seus pensamentos automáticos negativos até estar na casa dos 30 anos. "Cresci com todas as probabilidades contra mim", me disse ela. "Fui criada por pais que eram imigrantes poloneses, e cresci testemunhando minha família infeliz com suas vidas, odiando seus empregos e realmente acreditando que a vida deveria ser estressante, miserável e difícil. Nunca tive o tipo de orientação de que precisava quando criança.

"Quando meus pais ficavam com raiva, descontavam em mim, o que geralmente me fazia me fechar sempre que estava em casa ou perto da minha família. Eu estava enfrentando o que agora sei ser o início do meu trauma infantil — desenvolvendo a crença de que havia algo de errado comigo, de que eu era uma 'criança má'. Minha autoestima era quase inexistente."

Como resultado, pensamentos negativos a acompanhavam a cada passo, e acabaram levando-a a oito anos de vício em drogas pesadas. Em algum momento, porém, sua intuição começou a guiá-la para longe dos pensamentos automáticos negativos que impediam seu crescimento.

"Você sabe sem dúvida que algo está errado, mas não sabe por quê. Não tem um entendimento lógico; simplesmente sente isso no seu íntimo. Foi assim que minhas habilidades intuitivas começaram a florescer. Eu queria muito ser capaz de conectar minha compreensão intuitiva com o conhecimento intelectual."

A busca de Olivia para unir o que sua intuição estava lhe dizendo com um plano para mudar sua vida começou a render frutos.

"Finalmente, comecei a me alimentar de forma saudável, e notei o efeito que isso teve na minha concentração e foco. Isso despertou meu interesse pela saúde cerebral. Não tinha ninguém para me ensinar ou dar exemplo, mas eu mesma encontrei um caminho. Então, mergulhei de cabeça no treinamento para professores de ioga e isso deu início ao processo."

Uma vez que ela começou a confiar em seus instintos, a reconhecer que poderia exterminar as formigas dos pensamentos negativos que afligiam sua mente, o sucesso que se seguiu a colocou em um caminho de realização.

COMECE LOGO

Qual é a sua pior formiga? Pelo que você poderia substituí-la?

5. UM AMBIENTE LIMPO

Um artigo de 2018 da revista médica *The Lancet* identificou que "a poluição do ar pode ser responsável por 30% dos acidentes vasculares cerebrais, o que a torna um dos principais fatores de contribuição para esse problema globalmente". Ele continua: "Dada a forte associação entre acidente vascular cerebral, fatores de risco vasculares e demência, a conexão sugerida entre a poluição do ar e a demência pode ser válida."[7] O ar que você respira é fundamental para o funcionamento do cérebro. Se você já ficou fechado em uma sala com um fumante, sabe como é difícil pensar enquanto respira o ar tóxico. Por outro lado, caminhar pelas montanhas e respirar o ar puro e fresco aguça nossos sentidos e percepções.

Se você mora em uma cidade industrial ou uma metrópole, com poluição em todos os lugares, não há muito o que fazer a respeito do ar ao seu redor. Felizmente existem dispositivos disponíveis para melhorar a qualidade do ar dentro de sua casa e seu escritório, e você pode fazer um esforço extra para frequentar ambientes com ar mais puro.

Mas um ambiente limpo vai além da qualidade do ar. Remover a desordem e as distrações do ambiente ao seu redor fará com que você se sinta mais leve e melhorará a capacidade de concentração. Portanto, aplique as técnicas de organização de Marie Kondo para limpar sua mente e eliminar tudo que não é necessário.

COMECE LOGO

O que você pode fazer hoje para limpar o seu ambiente?

6. UM GRUPO DE COLEGAS POSITIVO

O potencial do seu cérebro não está relacionado apenas com as suas redes biológicas ou neurológicas, mas também com as suas redes sociais. Aqueles com quem você passa o tempo definem quem você se torna. O palestrante motivacional Jim Rohn diz que você é a média das cinco pessoas com quem mais passa tempo. Mesmo que não acreditemos totalmente nessa afirmação, acho que não podemos discordar da noção de que as pessoas à nossa volta têm uma influência significativa em nossa vida. Um estudo recente da Universidade Temple mostrou que as pessoas (principalmente os adolescentes desse estudo) agem, quando estão sozinhas, de forma diferente do que quando estão com os outros. Em uma reportagem sobre o estudo no *New York Times*, Tara Parker-Pope relata que "o doutor Steinberg (um dos autores do estudo) observa que o sistema cerebral responsável pelo processamento de recompensas também está envolvido no processamento de informações sociais, explicando por que nossos pares podem ter um efeito tão significativo em nossa tomada de decisões".[8]

Por causa dessa influência, as pessoas com quem você passa mais tempo têm um efeito genuíno na sua função cerebral. Certamente, elas afetam seu diálogo interno, pois a maioria de nós vincula pelo menos uma parte de nossas crenças àquelas que os outros têm de nós. Mas o círculo social pode afetar tudo, desde o que comemos, o quanto nos exercitamos e até o quanto dormimos. Há milhares de livros dedicados a ajudá-lo a distinguir as pessoas que são boas ou ruins para você, mas, para os fins deste capítulo, reserve alguns minutos para pensar sobre quem são os seus pares, quanta influência eles têm em sua vida e como isso afeta o seu desejo de se ilimitar.

COMECE LOGO

Quem é a pessoa com quem você precisa passar mais tempo? Entre em contato e marque um encontro com essa pessoa agora.

7. PROTEÇÃO DO CÉREBRO

Provavelmente isso é óbvio, mas proteger o seu cérebro é fundamental se você quiser aproveitar o máximo dele. Você só tem um cérebro. Se só tivesse um carro para passar o resto da sua vida, quanto cuidado teria com ele? Cuidaria como se sua vida dependesse disso. Acidentes são inevitáveis, mas se colocar em situações em que a lesão cerebral é menos provável aumenta as suas chances de evitar o pior. Esportes extremos e de contato não são os ideais se você deseja aproveitar ao máximo esse ativo precioso. Pilotar sua moto sempre em alta velocidade tampouco é aconselhável. Se você ama demais essas atividades para desistir delas, pelo menos tome o máximo de precauções possível e use todos os dispositivos de segurança disponíveis.

8. NOVA APRENDIZAGEM

Uma das coisas mais importantes que você pode fazer pela saúde do seu cérebro é seguir aprendendo. Todos somos capazes de expandir a capacidade cerebral mesmo quando envelhecemos, o que já discutimos quando falamos sobre neuroplasticidade no Capítulo 3.

Isso significa que, enquanto continuarmos aprendendo, seguiremos criando novas vias em nosso cérebro. Manteremos nosso cérebro plástico e maleável, capaz de processar novas informações de maneira relevante. Isso é especialmente verdadeiro se impusermos desafios genuínos em nossa aprendizagem. Tentar dominar uma nova habilidade, descobrir um novo idioma, conhecer novos elementos da própria cultura ou de outras culturas são ações que manterão todos os neurônios ativos e criando novos caminhos. Ao melhorar as formas de usar o seu cérebro, você melhora as capacidades dele.

COMECE LOGO

Crie uma lista contínua "para aprender". Quais são as coisas desta lista? Escreva duas aqui: ______________________________

____

____

9. ADMINISTRAÇÃO DO ESTRESSE

Todos experimentamos algum nível de estresse em nosso dia a dia, algumas vezes em altas doses. Sempre que isso acontece, um hormônio conhecido como cortisol é liberado para aliviar os efeitos físicos do estresse em nosso corpo. Se ocorre ocasionalmente, não há problema. Porém, com regularidade, o acúmulo de cortisol em nosso cérebro pode fazer com que ele pare de funcionar adequadamente.

E não é só isso. "Há evidência de que o estresse crônico (persistente) pode, de fato, mudar as conexões do seu cérebro", diz um artigo no *Harvard Health Blog*. "Cientistas descobriram que os animais que vivenciaram estresse prolongado têm menos atividade nas partes do cérebro que lidam com tarefas de ordem superior, como o córtex pré-frontal, e maior atividade nas partes primitivas do cérebro, que focam a sobrevivência, como a amígdala. É muito parecido com o que aconteceria se você exercitasse somente uma parte do corpo. A que foi ativada com frequência se tornaria forte e a que recebeu menos atenção enfraqueceria. É o que parece acontecer com o cérebro quando está sob estresse contínuo: ele, essencialmente, desenvolve a parte projetada para lidar com ameaças, e a encarregada de pensamentos mais complexos fica em segundo plano."[9]

Com evidências tão claras de que o estresse pode debilitar o seu cérebro, é fundamental encontrar maneiras de reduzir ou evitar o estresse. Oferecerei várias sugestões nessa área ao longo deste livro.

COMECE LOGO

Qual sua atividade favorita para lidar com o estresse? Qual foi a última vez que você a fez?

10. SONO

Se você quer melhorar o foco, precisa dormir bem. Se quer ter um pensamento mais claro, precisa dormir bem. Se quer tomar decisões melhores ou ter uma memória melhor, precisa dormir bem. De acordo com o National Institutes of Health:

> Um sono de qualidade — e em quantidade suficiente, na hora certa — é tão essencial à sobrevivência quanto comida e água. Sem dormir, você não consegue formar ou manter os caminhos no seu cérebro que lhe permitem aprender e criar novas memórias, e fica difícil se concentrar e responder rapidamente. Dormir é importante para várias funções cerebrais, incluindo como as células nervosas (neurônios) se comunicam. De fato, seu cérebro e seu corpo permanecem notavelmente ativos enquanto você dorme. Descobertas recentes sugerem que o sono desempenha um papel de "faxina mental", que remove as toxinas do cérebro que se acumulam quando você está acordado.[10]

Moral da história: dormir o suficiente — e com *qualidade* — é essencial para aproveitar o seu cérebro ao máximo.

Dormir Não É uma Escolha

Sei que há várias pessoas por aí que dizem que não precisam dormir muito, ou que não têm tempo para dormir, ou até consideram um orgulho que suas vidas sejam tão cheias de atividade que elas "não têm escolha" a não ser sacrificar o sono. Isso é um erro; se você é uma dessas pessoas, é algo que deve reconsiderar agora.

"Dormir é essencial para a saúde em geral e para as funções diárias", afirma Jean Kim, psiquiatra e assistente clínico de psiquiatria na Universidade George Washington. "Evidências crescentes vinculam a falta de sono a uma série de distúrbios mentais e físicos, incluindo aumento da depressão, irritabilidade, impulsividade, doenças cardiovasculares e muito mais. Um estudo concluiu que dormir, na verdade, funciona como uma espécie de ciclo de lavagem para o cérebro onde, durante o sono, os vasos sanguíneos (e canais linfáticos) hiperperfundem, liberam o acúmulo metabólico do dia, removem neurotoxinas e distribuem componentes que melhoram a reparação celular."[11]

Em sua palestra no TED sobre o sono, Jeff Iliff, médico da Oregon Health and Science University, levou além a metáfora do "ciclo de lavagem". Ele notou que, quando estamos acordados, o cérebro está tão ocupado fazendo outras coisas que não tem capacidade de se livrar dos resíduos. O acúmulo de resíduos na forma de beta-amiloide está agora sendo vinculado à doença de Alzheimer.

Ele completa: "Quando o cérebro está acordado e mais ocupado, ele adia a limpeza dos resíduos nos espaços entre as células para mais tarde e, então, quando dorme e não precisa estar tão ocupado, ele entra em uma espécie de modo de limpeza para remover os resíduos dos espaços entre as células, que se acumularam ao longo do dia."[12]

Mais à frente na palestra, Iliff adverte contra algo que muitos de nós fazemos: sacrificar o sono até termos a chance de recuperar o atraso. "Assim como a limpeza doméstica, o sono pode ser um inconveniente, mas é necessário. Se você parar de limpar a cozinha por um mês, sua casa se tornará completamente inabitável muito rápido. Mas, no cérebro, as consequências de ignorar o descanso podem ser muito maiores do que o constrangimento de bancadas sujas, porque, quando se trata da limpeza cerebral, é a sua própria saúde e a função da mente e do corpo que estão em jogo. É por isso que a compreensão dessas funções básicas de limpeza do cérebro hoje em dia pode ser crítica para prevenir e tratar doenças da mente no futuro."[13]

Então, se você é um dos muitos que se convenceram de que há um nível de nobreza em conviver com um sono mínimo, é hora de rever esse pensamento. É simples: há muito mais a ganhar com uma boa noite de sono (incluindo o que você aprende com seus sonhos).

Atravessando a Noite

Uma coisa é dizer que você terá uma boa noite de sono. Outra é tê-la de fato. Cerca de um quarto dos norte-americanos experimenta algum nível de insônia todos os anos.[14]

No entanto, há fortes evidências ligando os exercícios ao sono, mesmo entre aqueles que sofrem de insônia crônica. Um estudo conduzido pela doutora Kathryn J. Reid e colaboradores descobriu que o exercício aeróbico teve resultados altamente positivos em um grupo de participantes que, anteriormente, tiveram problemas regulares para dormir. "Os resultados deste estudo indicam que um programa de 16 semanas de atividade física aeróbica de intensidade moderada e educação sobre higiene do sono é eficaz na melhoria da qualidade do sono, humor e qualidade de vida em idosos com insônia crônica", escreveram os autores. "Esses resultados destacam o potencial de programas estruturados de atividade física para melhorar a eficácia de abordagens comportamentais padrão para o tratamento da insônia, particularmente em uma população de idosos sedentários."[15]

Um grupo da Escola de Medicina Feinberg, da Northwestern University, construiu esse estudo analisando os dados coletados e estudando a interconexão entre exercício e sono. O que eles descobriram é algo a se considerar: exercício não é a pílula mágica. Se você está tendo problemas para dormir, não poderá resolvê-los com uma simples ida à academia. Eles descobriram que, mesmo após dois meses, os efeitos do exercício no sono são mínimos. Mas, ao final do estudo de 16 semanas, os resultados foram consideráveis, com os participantes ganhando até 75 minutos de sono por noite.[16]

Há uma clara conexão entre exercícios e sono, mas você precisará esperar um tempo. Considerando os benefícios gerais do exercício para a saúde, porém, é sempre uma boa ideia se comprometer com uma rotina de exercícios mesmo que não sinta os benefícios do sono imediatamente.

Existem várias ideias sobre quanto exercício é necessário para afetar o sono, mas uma quantidade geralmente indicada é de 2,5 horas de exercício aeróbico por semana, aliado a um pouco de exercícios de resistência. "Caminhada rápida, pedalada leve, aparelho elíptico, qualquer atividade que aumente a frequência cardíaca de forma que você possa continuar falando enquanto se exercita, mas que tenha que recuperar o fôlego a cada poucas frases, é considerada um exercício moderado", recomenda o doutor Christopher E. Kline da Universidade de Pittsburgh.[17]

Dê um Tempo à Sua Mente

Uma das muitas razões pelas quais as pessoas têm problemas para dormir é não conseguir que suas mentes se desliguem. Todos já vivemos isso: você tem uma reunião importante no dia seguinte, aconteceu algo importante (positivo ou negativo) durante o dia ou você recebeu uma ligação antes de se deitar que o irritou. Sua cabeça encosta no travesseiro, mas você poderia muito bem estar dando voltas ao redor da sua casa porque sua mente está ocupada com esse evento incitante. Você fica deitado lá por horas e o sono parece tão inacessível quanto o topo do Everest.

Felizmente, temos uma ferramenta disponível para ajudá-lo a lidar com isso: meditação. Os benefícios são muitos (e há muitos livros que os detalham) e incluem de tudo, desde aumentar a função imunológica e diminuir a ansiedade até aumentar realmente a sua massa cinzenta. Um desses muitos benefícios é ajudar com a insônia.

Em um estudo conduzido pelo doutor David S. Black e colaboradores, um grupo de idosos com problemas para dormir foi apresentado à meditação de atenção plena ao longo de 6 sessões de 2 horas. Ao final delas, o grupo mostrou melhorias significativas contra a insônia.[18]

Se a meditação é algo estranho para você (e, se assim for, você não está sozinho, pois, de acordo com as pesquisas, apenas 15% dos norte-americanos meditam),[19] é provável que tenha ouvido falar que é difícil e exige que você esvazie completamente a sua mente. Ariel Garten, criadora do Muse, uma faixa de cabeça que auxilia na meditação, explica que não é esvaziar sua mente, mas "treiná-la para estar consciente no momento presente".[20]

Ela me disse que você pode escolher qualquer hora e lugar para meditar e que é possível sentir os benefícios passando apenas 3 minutos com os olhos fechados, inspirando profundamente e expirando, contando os segundos. Outra ferramenta que ela indica é a atenção focada, um processo supersimples de colocar toda a sua atenção na respiração. Quando sua mente se desviar da respiração (como sempre acontece), é só retomar o foco. Essa técnica promete desmistificar a meditação para quem pensa que é preciso ser um mestre zen para conseguir algum resultado. Poucos de nós somos capazes de manter o foco por um período prolongado, então é bom saber que a reorientação é igualmente valiosa.

Quando você recupera a sua atenção na respiração, diz Garten, "você está exercendo uma habilidade importante: está aprendendo a observar o seu pensamento. Você não está envolvido em seus pensamentos, mas no processo de observar que está pensando. Então começa a reconhecer que pode ter controle sobre eles e escolher o que pensa".[21]

A meditação pode melhorar seu sono, mesmo com esses métodos simples. Minha professora de meditação, Emily Fletcher, autora de *Menos Estresse, Mais Conquistas*, tem um processo único chamado "Meditação Ziva". Veja um vídeo completo de nós dois e do processo em *LimitlessBook.com/resources* [conteúdo em inglês].

COMECE LOGO

Qual a sua melhor dica para dormir? Escreva-a aqui: ____________________

____

____

____

____

ANTES DE SEGUIRMOS ADIANTE

Alimentar seu cérebro é fundamental para se tornar ilimitado e temos muito mais a fazer para que isso aconteça. Antes de avançarmos para o próximo capítulo:

- Faça uma lista de compras de todos os alimentos para o cérebro que você não tem atualmente em casa. Sei que nem todos serão palatáveis para você, mas tente incluir o máximo possível. Leve essa lista com você ao mercado.
- Gaste algum tempo identificando as suas formigas, seus pensamentos automáticos negativos. Quais limitações você está impondo a si mesmo? Reserve uns minutos para este assunto. O que você diz a si mesmo que não é capaz de fazer? Escreva.
- Pense em como você deseja expandir sua aprendizagem. O que você sempre quis dominar e não encontrou tempo para fazer? Um novo idioma? Programação de computador? Novas técnicas de venda ou marketing? O que você pode fazer para encaixar isso em sua vida agora?
- Use uma das ferramentas mencionadas neste capítulo para melhorar a qualidade do sono. Pratique pelo menos por uma semana.
- Fiz dois vídeos para você sobre como memorizar facilmente os dez principais alimentos para o cérebro e minhas dez recomendações energéticas para ele. Veja-os em *www.LimitlessBook.com/resources* [conteúdo em inglês].

“Primeiro fazemos nossos hábitos, depois nossos hábitos nos fazem.”

— JOHN DRYDEN

9

PEQUENOS PASSOS SIMPLES

Qual o menor passo simples que você pode dar agora?

Como começar bons hábitos ou acabar com os ruins?

Que rotina diária o ajudará a se tornar sem limites?

Você tem uma razão ou um propósito para fazer algo. E tem a energia necessária. Então, o que está faltando?

A resposta: um pequeno passo simples (*small simple steps*, ou S^3, em inglês). A menor ação que você pode tomar para ficar mais próximo de seu objetivo. Uma que requeira o mínimo esforço ou energia. Com o tempo, isso se torna um hábito. Essa é a razão pela qual este livro está repleto de exercícios com pequenos passos simples, chamados Comece Logo.

Nos anos 1920, a psicóloga russa Bluma Zeigarnik estava sentada em um restaurante em Viena, na Áustria, quando reparou que os garçons andando de um lado para o outro no movimentado estabelecimento eram altamente eficientes em lembrar os pedidos dos clientes enquanto estavam sendo preparados, mas tendiam a esquecer quem pediu o que assim que eram finalizados.

Intrigada com isso, ela conduziu um estudo no qual ela pedia às pessoas que fizessem tarefas simples, e elas eram interrompidas de vez em quando. Depois, ela perguntou aos participantes de quais tarefas eles se lembravam e quais tinham esquecido, descobrindo que aqueles que haviam sido interrompidos tinham duas vezes mais chances de se lembrar do que estavam fazendo quando foram interrompidos do que daquilo que haviam sido capazes de concluir sem interrupção. Ela chegou à conclusão — posteriormente conhecida como efeito Zeigarnik — de que as tarefas incompletas criam um nível de tensão que as mantém ativas em nossa mente até que sejam concluídas.

Muito provavelmente você possui familiaridade com essa tensão a partir das suas experiências com a procrastinação. Quando você precisa fazer algo e fica adiando, isso se torna um peso, dificultando ainda mais realizar outras atividades com eficiência enquanto essa tarefa não for concluída. O que você precisa fazer parece difícil ou menos divertido do que outras atividades, parece que será algo desagradável ou você simplesmente se convence de que há tempo suficiente para fazer depois. Mesmo quando temos uma visão clara da nossa vida e sabemos quem desejamos nos tornar, ainda temos dificuldade para concluir as tarefas. Por que é tão difícil agir, mesmo quando temos motivação?

Uma das principais razões pelas quais deixamos de agir é nos sentirmos sobrecarregados com o que precisamos fazer. Um projeto ou tarefa pode parecer tão complexo e demorado que você não consegue imaginar como vai fazê-lo. Olhamos para o projeto como um todo e, imediatamente, sentimos que a tarefa em questão é complicada demais e então desistimos ou adiamos. "Tarefas incompletas e procrastinação muitas vezes nos levam a certos padrões de pensamento frequentes e inúteis", disse a psicóloga Hadassah Lipszyc. "Esses pensamentos podem impactar nosso sono, desencadear sintomas de ansiedade e afetar os recursos mentais e emocionais de uma pessoa."[1]

SEJA GENTIL COM VOCÊ MESMO

Se você tem dificuldades em fazer algo com certa regularidade, há uma grande chance de se sentir culpado e se criticar por isso. É provável que se cobre mais do que seria útil. Já sabemos que tarefas não finalizadas criam uma tensão em seu cérebro. Se você adicionar culpa e vergonha, torna ainda mais difícil concluir a tarefa, o que o leva a se sentir infeliz.

"Sentir-se culpado longe do trabalho, quando não está em posição de fazer alguma coisa a respeito, não é útil e pode ser doloroso", afirma Art Markman, professor de psicologia e marketing da Universidade do Texas, em Austin. "Isso fará com que se sinta pior sobre o seu trabalho em geral e arruinará o tempo que você poderia estar passando com seus amigos, família ou fazendo uma atividade mais agradável. A vergonha, porém, é uma história

tirar essa tarefa da mente até concluí-la. Então, comece a caminhar na direção da conclusão. Comece por algum lugar, qualquer lugar. Mesmo que não tenha energia ou motivação para fazer a tarefa toda, apenas comece. Você se sentirá aliviado.

COMECE LOGO

Pense em uma tarefa importante que está adiando. Qual é? Como pode dividi-la em passos mais simples que poderá fazer todos os dias?

NO PILOTO AUTOMÁTICO

Pequenos passos simples repetidos levam ao hábito. Nossos hábitos são parte essencial do que somos. Vários estudos mostraram que entre 40% e 50% do que fazemos todos os dias são fruto do hábito. Isso significa que metade de nossa vida é governada pelo que os cientistas chamam de *automaticidade*. Essa porcentagem pode parecer alta para você — para mim com certeza foi surpreendente —, mas considere quantas coisas você faz diariamente sem realmente pensar nelas. Escova os dentes; verifica o seu telefone em intervalos previsíveis; dirige até o escritório e não se lembra dos detalhes de como chegou lá. Abotoa o seu casaco, tira um copo do armário, clica no controle remoto da TV, e tudo isso de modo automático.

Isso, claro, é essencial para a forma como conduzimos nossa vida. Você poderia imaginar o quanto se sentiria sobrecarregado se tivesse que pensar antes de fazer *cada coisa*? Se até escovar os dentes exigisse algum nível consciente de cálculo, você estaria exausto às 10h.

"Sem os ciclos do hábito, nosso cérebro entraria em colapso, sobrecarregado pelas minúcias da vida cotidiana", diz Charles Duhigg em seu best-seller *O Poder do Hábito*. "Pessoas cujos gânglios basais são danificados por lesões ou doenças geralmente ficam mentalmente paralisadas. Elas têm problemas em fazer atividades básicas, como abrir uma porta ou decidir o que comer. Perdem a habilidade de ignorar detalhes insignificantes — por exemplo, um estudo descobriu que pacientes com lesões nos gânglios basais não conseguiam reconhecer expressões faciais, incluindo medo e repulsa, porque não conseguiam decidir em qual parte do rosto deveriam focar."[5]

James Clear, autor do best-seller *Hábitos Atômicos*, afirma: "Os hábitos que você repete (ou não) todos os dias determinam amplamente sua saúde, prosperidade e felicidade. Saber mudar seus hábitos significa saber como

"Ao acessar o seu eu sem limites, você pode ser confrontado com velhos hábitos e padrões que não são necessariamente baseados na verdade. Essas velhas maneiras de ser ressurgem porque muitas delas foram repetidas milhares de vezes."

— DEBBIE FORD

gerenciar seus dias com confiança, concentrar-se nos comportamentos que causam maior impacto e aplicar a engenharia reversa para alcançar a vida que deseja."[6]

"Todo hábito serve a um propósito", me disse Clear. "Na vida diária, enfrentamos uma variedade de problemas. Precisamos amarrar o sapato, então nosso cérebro automatiza a solução. Isso é o hábito. É a solução para um problema recorrente em sua vida, algo que você fez tantas vezes que repete sem pensar. Se a solução não funcionar mais, seu cérebro criará uma nova."[7]

Clear identifica o ciclo do hábito com quatro componentes: estímulo, desejo, resposta e recompensa. Usando o exemplo de acender a luz ao entrar em uma sala, o estímulo é entrar na sala e ver que ela está escura. O desejo é sentir que haveria algum benefício se a sala não estivesse escura. A resposta é acender o interruptor, e a recompensa é a sala não estar mais escura.[8] Você pode aplicar esse ciclo em qualquer um dos seus hábitos, como checar a correspondência quando chega em casa. O estímulo é chegar à porta da frente ao final do dia. O desejo é o de que tenha algo na caixa de correio. A resposta é ir até a caixa para verificar. E a recompensa é pegar a correspondência. Provavelmente, você não pensou em nada disso até ter a correspondência em suas mãos.

O Ciclo do Hábito

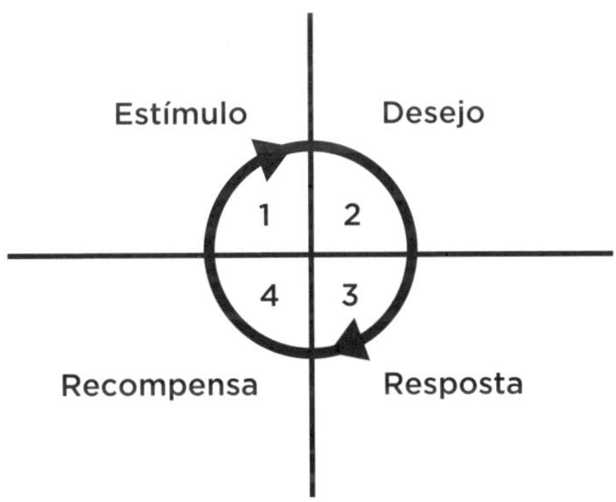

Criar hábitos para automatizar partes essenciais de nossa vida é uma técnica fundamental de otimização que fazemos em grande parte de modo inconsciente, em geral para nosso benefício. É claro, também automatizamos outras ações que provavelmente seria melhor não transformar em hábito. Tenho certeza de que conhece alguma versão disso. Talvez um estímulo seja passar pela despensa. O desejo surge do fato de saber que seu salgadinho favorito está lá e da vontade inata de comê-lo. A resposta é que você entra na despensa, abre a embalagem de salgadinhos e pega um punhado. E a recompensa é uma guloseima crocante, salgada, gordurosa, deliciosa... que não beneficia em nada sua saúde. Nossos hábitos negativos operam com o mesmo nível de automaticidade que os saudáveis. Esses salgadinhos estão no seu estômago antes de você ter uma boa oportunidade de registrar que estava colocando-os na boca.

Agora que você está em processo para se tornar sem limites, já sabe que perpetuar comportamentos negativos drena seus superpoderes. Então, como você pode abandonar os hábitos ruins e, o mais importante, criar novos hábitos benéficos?

COMO UM HÁBITO É FORMADO

Antes de prosseguirmos, vamos falar brevemente sobre quanto tempo leva para se formar um hábito. Em um estudo da University College London, Phillippa Lally, Cornelia H. M. van Jaarsveld, Henry W. W. Potts e Jane Wardle conduziram os participantes pelo processo de desenvolver um novo hábito saudável para comer, beber ou se exercitar, como beber água no almoço ou dar uma leve corrida antes do jantar. Os indivíduos foram instruídos a realizar o novo comportamento com base em estímulos situacionais específicos diariamente durante 84 dias. "Para a maioria dos participantes", escreveram eles, "a automaticidade aumentou de forma constante ao longo dos dias do estudo, apoiando a suposição de que repetir um comportamento em um ambiente consistente aumenta a automaticidade". No final, eles descobriram que levou uma média de 66 dias para o novo comportamento se tornar um hábito, embora alguns participantes tenham levado apenas 18 dias e outros, até 254 dias.[9]

Outro fator amplamente aceito é que abandonar um hábito ruim não significa eliminá-lo, mas, sim, substituí-lo por outro hábito diferente e mais construtivo. Elliot Berkman, diretor do Laboratório de Neurociências Sociais e Afetivas da Universidade do Oregon, observa que "é muito mais fácil começar a fazer algo novo do que parar de fazer algo habitual sem um comportamento de substituição. Essa é uma das razões pelas quais os mecanismos de apoio para deixar de fumar, como chiclete de nicotina ou inaladores, tendem a ser mais eficazes do que o adesivo de nicotina".[10]

Então, se o processo de começar um novo hábito, tal como reservar um tempo para ler todos os dias, é basicamente o mesmo que o processo de abandonar um hábito negativo, por exemplo, pegar aqueles salgadinhos toda vez que você passa na despensa, como isso funciona?

Assim como em muitos aspectos discutidos neste livro, a motivação desempenha um papel fundamental. Falando especificamente acerca dos esforços para abandonar hábitos, Thomas G. Plante, professor clínico adjunto do Departamento de Psiquiatria e Ciências do Comportamento da Faculdade de Medicina da Universidade Stanford, disse: "Depende do quanto você realmente deseja abandonar aquele hábito. Muitas pessoas têm sentimentos ambivalentes. Elas querem perder peso, mas gostam de comer alimentos calóricos. Elas querem reduzir o consumo de álcool, mas amam o happy hour. Querem parar de roer as unhas, mas isso é um mecanismo de redução de estresse. Então, um ponto importante é quão forte é o seu desejo de abandonar o hábito em questão. Segundo, quão arraigado está o hábito problemático? Um hábito novo é mais fácil de abandonar do que um antigo. Terceiro, quais as consequências de não abandonar esse hábito? Seu(sua) parceiro(a) irá deixá-lo? Você perderá o emprego? Ficará doente? Algo realmente ruim vai acontecer se você não mudar?"[11]

B. J. Fogg criou o Modelo de Comportamento de Fogg para identificar as circunstâncias que precisam estar presentes para que a mudança de comportamento ocorra. "Para que um comportamento-alvo ocorra", aponta ele, "a pessoa precisa ter motivação e habilidade suficientes, e um incentivo eficaz. Todos esses três fatores precisam estar presentes ao mesmo tempo para que o comportamento ocorra".[12] Em outras palavras, você precisa de três coisas para desenvolver um hábito: o desejo de fazer, pois é extremamente difícil tornar algo habitual sem que realmente deseje; a habilidade para fazê-lo, uma vez que é quase impossível tornar um hábito algo que você não tem capacidade de realizar; e algo para iniciar o ciclo do hábito (o que James Clear e outros chamam de "estímulo"). Vamos analisar cada uma delas separadamente:

Motivação

Já falamos sobre a motivação, mas vale a pena revisar, para vê-la a partir da perspectiva de Fogg. Ele identifica três motivadores essenciais:

1. **Prazer/dor:** esse é o motivador mais imediato. Neste caso, o comportamento tem um retorno quase instantâneo, positivo ou negativo. "Eu acredito que o prazer e a dor são respostas primitivas", disse Fogg, "e funcionam de forma adaptativa na fome, no sexo e em outras atividades relacionadas à autopreservação e à propagação dos nossos genes".[13]

"O hábito é o melhor dos servos, ou o pior dos senhores."

— NATHANIEL EMMONS

2. **Esperança/medo:** ao contrário do imediatismo do motivador anterior, esse se trata de expectativa. Quando você tem esperança, prevê que o resultado será bom; quando tem medo, espera o oposto. "Essa dimensão é, às vezes, mais poderosa que o prazer/dor, como evidenciamos no comportamento cotidiano", observa Fogg. "Por exemplo, em algumas situações, as pessoas aceitarão a dor (uma vacina da gripe) para superar o medo (a perspectiva de contrair gripe)."[14]
3. **Aceitação/rejeição social:** os seres humanos sempre desejaram ser aceitos por seus pares, remontando ao tempo em que o ostracismo poderia significar uma sentença de morte, e isso permanece como um motivador extremamente forte. "O poder da motivação social provavelmente é algo arraigado em nós e, talvez, em todas as outras criaturas que historicamente dependiam de viver em grupos para sobreviver."[15]

Habilidade

Fogg equipara a habilidade à simplicidade, observando que, quando é algo simples para nós, somos consideravelmente mais propensos a fazê-lo. Ele define seis categorias de simplicidade:

1. **Tempo:** só percebemos algo como simples se tivermos tempo disponível para executá-lo.
2. **Dinheiro:** da mesma forma, se algo requer muitos recursos financeiros, não consideramos simples.
3. **Esforço físico:** algo é simples se é fisicamente fácil para nós.
4. **Ciclos cerebrais:** coisas simples não exigem muito esforço mental e tendemos a evitar tudo que nos obriga a pensar demais.
5. **Desvio social:** isso remete à motivação da aceitação. Um ato simples se encaixa nas normas da sociedade.
6. **Não rotineiro:** quanto mais distante da rotina normal, menor o nível de simplicidade.

Incentivo

Por fim, Fogg observa os três tipos de incentivo:

1. **Centelha:** a centelha é o tipo de estímulo que o leva, imediatamente, a uma forma de motivação. Por exemplo, se abrir seu e-mail causa um certo medo do que pode encontrar, é provável que você adote um hábito que mudará esse medo.

2. **Facilitador:** esse tipo de incentivo funciona quando a motivação é alta, mas a habilidade é baixa. Por exemplo, se você quer usar um certo tipo de software no seu computador, mas não é muito hábil com tecnologia, uma ferramenta que facilite a utilização do software provavelmente fará com que você adote esse comportamento.

3. **Sinal:** em alguns casos, você terá tanto a motivação quanto a habilidade em alta. A única coisa que precisará para tornar um comportamento habitual é algum tipo de lembrete ou sinal. Se você ama vitaminas saudáveis, tudo o que precisa é entrar na cozinha de manhã e olhar o liquidificador para se lembrar de fazer uma.

COMECE LOGO

Você consegue identificar os hábitos que quer abandonar? Qual é o único hábito que o impede de fazer outras coisas importantes no seu dia? Escreva-o aqui e, em seguida, identifique os estímulos que o levam a seguir esse hábito: ____________________

____

____

____

CRIANDO UM NOVO HÁBITO

O Modelo de Comportamento de Fogg nos mostra tudo o que é necessário para que um determinado comportamento se torne um hábito. Sabemos que transformar comportamentos que consideramos bons em um hábito é importante para o nosso crescimento e também sabemos que a chave para abandonar os hábitos ruins é substituí-los por outros mais construtivos. Mas como você torna algo um hábito? Lembre-se da palavra em inglês *win* [vencer, em português]:

- **W de Want (Querer)**: certifique-se de que realmente deseja isso. É quase impossível transformar algo em hábito se você não quer fazer aquilo. Um dos motivadores do Modelo de Fogg se aplica ao hábito que você está tentando adotar? Caso contrário, existe algo parecido com este hábito que possa ter um resultado semelhante?
- **I de Innate (Inato)**: o novo hábito que você está tentando adotar se alinha bem com as suas habilidades inatas? Lembre-se: é improvável que você crie um hábito se for consistentemente difícil executá-lo. Se o hábito que você está tentando adotar é algo em que você é bom ou sabe que pode ser bom, está no caminho certo.
- **N de Now (Agora)**: crie um incentivo para executar o novo hábito agora. Pode ser qualquer coisa, desde um lembrete no telefone até um objeto em seu escritório que faça com que você se lembre de reservar um tempo para fazer o que está planejando fazer.

MELHORANDO A SUA VIDA UM HÁBITO DE CADA VEZ

Caso você ainda esteja se perguntando sobre o efeito que a criação de bons hábitos pode ter na sua vida, deixe-me compartilhar a história de um dos nossos clientes. Xiang sofria de esquizofrenia e depressão. Com frequência, ele ouvia vozes dizendo para que machucasse a si mesmo ou aos outros e acabou sendo internado em clínicas psiquiátricas várias vezes por causa disso. Após encontrar o medicamento certo e encerrar seu último tratamento, ele conheceu o meu podcast e aprendeu algumas das táticas que eu ensinava em meus cursos. Ele começou a ouvir regularmente e participar do *Kwik Challenge*, uma série de exercícios em que levo as pessoas a incorporarem novidade em suas formas de pensar e, assim, manterem seus cérebros preparados para aprender.

No início, foi difícil para Xiang, mas ele focou dois desafios em particular: escovar os dentes segurando a escova com a mão não dominante e tomar uma ducha fria toda manhã. Ele aumentou seu tempo debaixo da água fria um minuto por semana e, fazendo isso, descobriu ser capaz de fazer algo difícil, como ficar sob a água gelada por vários minutos todas as manhãs. Isso o fez perceber que havia áreas em sua vida nas quais ele reforçava suas limitações. Com as experiências do *Kwik Challenge*, ele começou a aplicar o que aprendeu sobre hábitos e mudanças de comportamento em outras áreas.

A vida de Xiang melhorou consideravelmente. Ele fez a prova para tirar carteira de motorista e passou. Mudou a dieta, cortou as bebidas com açúcar adicionado e começou a correr cinco minutos no parque todas as manhãs.

Começou a ler livros — o primeiro foi *Mindset*, de Carol Dweck — e, enquanto lia, ouvia música barroca para dar ritmo à leitura e distraí-lo de suas alucinações. Levou um mês para finalizar o livro e, ao fazê-lo, sentiu uma confiança que nunca tinha experimentado antes. As idas à biblioteca se tornaram regulares. Xiang levou seu aprendizado para um novo nível e se matriculou em aulas de ciência da computação em uma faculdade local. E a melhor parte é que, agora, ele acredita ser um aprendiz para toda a vida.

Você deve estar pensando que, como suas tentativas de mudar seus hábitos e rotinas fracassaram até hoje, está condenado a fracassar para sempre. A história de Xiang mostra que, ao mudar apenas um ou dois hábitos por dia, progressos incríveis podem surgir. Algo simples, como escovar os dentes com a mão não dominante, pode ser o começo de uma maneira de viver totalmente nova.

ESTABELECENDO UMA ROTINA MATINAL

Keisha, recém-formada na faculdade, chegou ao ponto em que precisava de uma "mudança radical".

"Eu estava no meu quarto estudando, como sempre", me contou ela. "Sempre fui uma pessoa muito focada. Eu trabalhava oito horas seguidas, sem pausas. Não me dava folgas nos fins de semana. E, no período de provas, às vezes só via meu namorado uma vez por mês. Por algum motivo, aquele dia foi diferente. Deus me perguntou, se eu tivesse que morrer naquele momento, como teria sido minha vida? Respondi que se resumiria a uma cadeira. A percepção da minha resposta me deu calafrios na espinha."

Diagnosticada com TDAH, Keisha oscilava entre usar medicação — que a deixava "muito reservada, introvertida e calma, mas também muito vaga" — e evitá-la, o que a deixava "fora de controle. Eu ficava agitada, inquieta, comia tudo o que encontrava no armário". Ela se dedicava aos estudos, muitas vezes à custa de tudo o mais em sua vida, mas também estava convencida de que não estava usando seu tempo de estudo de forma otimizada. Ela se convenceu de que precisava mudar sua abordagem, começando pela forma como lidava com suas manhãs.

"Comecei com uma rotina diária. Eu declarava: 'Não sou o TDAH.' Eu não precisava daquela identidade. Decidi que era importante fazer uma desintoxicação tecnológica. Descobri que, quando acessava as redes sociais pela manhã, inundava minha mente de imagens estimulantes e, depois, quando eu ia trabalhar, queria mais daquelas imagens estimulantes. Eu precisava aprender como meu cérebro funcionava.

"Precisei lidar com isso a partir da criação de hábitos. Eu me sentava à minha mesa e dizia: 'Keisha, você vai trabalhar por dez minutos sem interrupções, e vai gostar disso.' De dez minutos, fui para vinte, depois uma hora, depois quatro horas, e finalmente consegui uma desintoxicação digital de 24 horas. Antes, eu sentia que estava sempre pensando em mil coisas ao mesmo tempo."

Keisha ainda trabalhava arduamente, mas agora realizava muito mais do que antes. Tanto que, depois de se formar, começou a trabalhar para quatro empresas ao mesmo tempo como especialista em comunicações, incluindo uma empresa própria, idealizada para capacitar as pessoas a alcançarem seu potencial. E ela atribui sua capacidade de fazer isso à sua rotina.

"Ter uma rotina elimina grande parte do estresse. A única maneira de eu conseguir realizar todas as minhas tarefas era ter uma rotina realmente dedicada. Acordar cedo. Cumprir minhas metas. Pensar no que eu queria realizar durante o ano. Se você tem uma visão clara do que deseja alcançar e de como alcançá-lo, você se torna imbatível."

Por que sua rotina matinal é tão importante? Acredito firmemente que, se começar o dia ativando seu cérebro com uma série de atividades simples, você terá uma enorme vantagem. Além disso, ao estabelecer rotinas de sucesso no início do dia, poderá se beneficiar do que Tony Robbins chama de "ciência do momentum": a ideia de que, uma vez iniciada a ação, é possível sustentá-la com muito menos esforço do que se estivesse começando do zero.

Tenho uma rotina matinal cuidadosamente desenvolvida para me ajudar a vencer o dia que envolve predispor a minha mente. Não faço cada item dessa rotina todos os dias, principalmente quando estou viajando, mas sempre faço a maioria deles e sei que isso me deixa mentalmente preparado e pronto para o desempenho, a produtividade e a positividade desde o minuto em que me levanto.

Vou descrever como é minha manhã típica.

Antes mesmo de levantar da cama, passo um tempo refletindo sobre meus sonhos. Os sonhos são a expressão da atividade do subconsciente e, neles, há ouro a ser garimpado. Ao longo da história, muitos gênios extraíram suas melhores ideias e fizeram suas maiores descobertas a partir de sonhos. Mary Shelley teve a ideia de escrever *Frankenstein* em um sonho. Um sonho inspirou Paul McCartney a compor "Yesterday" e Einstein a desenvolver a Teoria da Relatividade.

A primeira coisa que faço todas as manhãs antes de levantar minha cabeça do travesseiro é refletir sobre meus sonhos para ver se há alguma ideia, percepção ou nova forma de ver algo que possa ser útil para meus propósitos. Sei que muitas pessoas têm problemas em se lembrar dos sonhos, então vou ensinar uma técnica mnemônica rápida, criada para ajudar nesse processo. Vamos utilizar a palavra em inglês *dreams* [sonhos, em português] para tal:

- **D de Decide (Decidir):** na noite anterior, tome uma decisão consciente de se lembrar dos seus sonhos. Ao definir essa intenção, as chances melhoram consideravelmente.
- **R de Record (Registrar):** mantenha papel e caneta ao lado da cama, ou use um aplicativo de gravação em seu celular. Assim que acordar, registre qualquer lembrança persistente dos seus sonhos.
- **E de Eyes (Olhos):** mantenha seus olhos fechados logo após acordar. Os sonhos podem desaparecer em minutos, e manter os olhos fechados o ajudará a refletir.
- **A de Affirm (Afirmação):** antes de ir dormir, reafirme que você se lembrará dos seus sonhos, porque a afirmação é uma ferramenta fundamental para a concretização.
- **M de Manage (Gerenciar):** por várias razões, mas especialmente para se lembrar dos sonhos, é importante estabelecer boas rotinas e gerenciar seu sono.
- **S de Share (Compartilhar):** conte seus sonhos para outras pessoas. Ao fazer isso, você consegue trazê-los cada vez mais à tona e desenvolve o hábito de acessar seus sonhos para poder discuti-los mais tarde.

A primeira coisa que faço após levantar é arrumar a cama. É um hábito de sucesso, o meu primeiro no dia. É uma vitória fácil e tem a vantagem adicional de tornar a minha hora de dormir mais agradável, pois uma cama arrumada é muito mais aconchegante. É por isso que os militares são treinados a arrumar a cama logo após acordar, isso os prepara para a excelência em tudo o que fazem.

Em seguida, tomo um grande copo de água. A hidratação é muito importante pela manhã porque nosso corpo perde muita água enquanto dormimos somente pelo ato de respirarmos. Lembre-se: nosso cérebro é composto de, aproximadamente, 75% de água, então, se quisermos ativar nosso cérebro, precisamos dele bem hidratado. Também tomo um copo de suco de aipo, que estimula o sistema imunológico, ajuda a limpar as toxinas do fígado e a restaurar as glândulas suprarrenais (um agradecimento a Anthony William, autor de *Médium Médico*, por essa dica). Em seguida, tomo meus probióticos para garantir que meu segundo cérebro receba o que precisa.

Depois, escovo os dentes com a mão não dominante. Faço isso para treinar meu cérebro a lidar com desafios, pois estimula uma região cerebral diferente e me obriga a estar presente. Para executar a tarefa corretamente, não posso me distrair com outras coisas.

Então, eu me exercito por três minutos. Esse não é o meu treino completo, mas quero aumentar os meus batimentos cardíacos logo de manhã, pois ajuda no sono, no controle de peso e na oxigenação do cérebro.

Finalizado o treino, tomo um banho frio. Tenho certeza de que algumas pessoas não gostarão da ideia de começar o dia se torturando com água gelada, mas terapias frias desse tipo são excelentes para reativação do sistema nervoso e têm o benefício adicional de ajudar a controlar qualquer inflamação.

Quando saio do banho, faço uma série de exercícios de respiração para oxigenar meu corpo completamente. Então, pratico 20 minutos de meditação para clarear a minha mente durante o dia. O processo que uso se chama Meditação Ziva e foi desenvolvido pela minha professora, Emily Fletcher. São três etapas que envolvem atenção plena, meditação e manifestação. Para assistir a um vídeo desse processo, acesse *www.LimitlessBook.com/resources* [conteúdo em inglês].

A seguir, faço meu "chá cerebral", uma combinação de centella asiática, ginkgo biloba, cogumelo juba de leão, óleo de TCM e alguns outros ingredientes. Depois, me sento e passo algum tempo escrevendo no diário, colocando meus primeiros pensamentos do dia no papel. Meu objetivo em qualquer dia é realizar três tarefas profissionais e três pessoais; e é nesse momento que defino a agenda. Depois, leio por aproximadamente meia hora. Defino uma meta de ler pelo menos um livro por semana, e integrar a leitura à minha rotina matinal me mantém no curso.

Por fim, bebo minha "vitamina cerebral", uma combinação de muitos dos alimentos para o cérebro que discutimos antes neste capítulo (aqui eu deixo o salmão de fora, caso você esteja imaginando).

Convenhamos, essa rotina demanda muito tempo. Como mencionei, não consigo fazer tudo isso todos os dias e entendo se parece mais do que você pode fazer, principalmente se precisa ajudar outras pessoas a começar o dia. Mas, se a sua meta ao ler este livro é aprimorar o cérebro, algumas variações em uma rotina matinal desse tipo fazem parte do processo. Aqui estão alguns pontos essenciais:

- Reflita sobre seus sonhos antes de levantar da cama. Há muito ouro neles a ser garimpado, então recomendo firmemente que você não pule este passo.
- Mantenha-se hidratado e oxigenado.
- Alimente-se com algumas das comidas para o cérebro mencionadas neste capítulo.
- Defina um plano para seu dia.

Se você fizer ao menos essas quatro coisas, estará pronto para acelerar o cérebro para operar em um nível de alta octanagem. Faça o máximo dessas coisas que puder no começo do seu dia. O item mais importante é ter uma rotina matinal produtiva. Não posso enfatizar o suficiente o quanto começar suas manhãs da maneira certa impacta o restante de seu dia.

COMECE LOGO

Crie sua nova rotina matinal. Lembre-se: não precisa ser muito complexa. Mesmo uma rotina simples de 3 etapas pode ajudar a dar um impulso à sua manhã. Quais são as 3 coisas que você sempre fará quando acordar para definir que o seu dia será vitorioso? Escreva-as aqui:

1. ______________________________

2. ______________________________

3. ______________________________

ANTES DE SEGUIRMOS ADIANTE

Nenhum de nós seria capaz de viver sem hábitos, é claro, mas trabalhar conscientemente para trazer novos hábitos construtivos para a sua vida e substituir os hábitos ruins por outros melhores levará seus superpoderes a um novo nível. Antes de avançarmos para o próximo capítulo:

- Reforce a sua compreensão do ciclo do hábito, pensando nos quatro componentes de alguns de seus hábitos mais comuns, como fazer seu café da manhã ou levar o cachorro para passear. Qual é o estímulo, o desejo, a resposta e a recompensa para cada um?
- Reserve alguns minutos para pensar sobre um hábito que você adoraria substituir por outro mais construtivo. Usando o Modelo de Comportamento de Fogg, que novo comportamento você pode adotar que se encaixa perfeitamente no modelo?
- Percorra o processo de criar um novo hábito valioso usando o método *win*.

"Em outras palavras: o fluxo é a cabine telefônica em que Clark Kent troca de roupa; o local de onde surge o Super-Homem."

— STEVEN KOTLER

10

FLUXO

Por que o fluxo é tão importante para se tornar sem limites?

Como alcançar um estado de fluxo?

Quais são os principais inimigos do fluxo?

Tenho certeza de que houve momentos em que você ficou tão envolvido com o que estava fazendo que todo o resto desapareceu e a atividade pareceu a coisa mais natural que você já fez. Provavelmente, o tempo voou para você durante esses momentos. As pessoas costumam me falar sobre se concentrar tão profundamente no que estavam fazendo que não tinham ideia de que a tarde se tornara noite ou que tinham perdido várias refeições no processo.

Essa experiência é o fluxo.

Em seu livro inovador *Flow: A Psicologia do Alto Desempenho e da Felicidade,* o psicólogo Mihaly Csikszentmihalyi descreve o fluxo como o "estado no qual as pessoas estão tão envolvidas na atividade que nada mais parece importar; a experiência em si é tão agradável que as pessoas fazem a atividade, mesmo a um grande custo, pelo simples fato de fazê-la". Para Csikszentmihalyi, o fluxo é uma expressão da "experiência ideal".[1]

Csikszentmihalyi descreve o fluxo como tendo oito características:[2]

1. Concentração absoluta.
2. Foco total nas metas.
3. Sensação de que o tempo está passando mais rápido ou mais devagar.
4. Sentimento de recompensa a partir da experiência.
5. Sensação de que o resultado é obtido sem esforço.
6. A experiência é desafiadora, mas não excessivamente.
7. Suas ações quase parecem estar acontecendo por conta própria.
8. Você se sente confortável com o que está fazendo.

Como você provavelmente já vivenciou, estar em um estado de fluxo aumenta consideravelmente sua produtividade. As pesquisas sugerem que o fluxo pode fazê-lo ser cinco vezes mais produtivo. Um estudo da McKinsey imaginou uma força de trabalho onde o fluxo é comum.

> Quando perguntamos aos executivos durante o exercício de pico de desempenho o quanto mais produtivos eles eram em relação à média, por exemplo, obtivemos várias respostas, mas a mais comum nos níveis mais seniores da carreira é um aumento de cinco vezes. A maioria relatou que eles e seus funcionários estão nessa zona no trabalho menos de 10% do tempo, embora alguns afirmem experimentar esses sentimentos em até 50% do tempo. Se os funcionários que trabalham em um ambiente de alto QI, alta inteligência emocional (QE) e alta inteligência moral (QM) são cinco vezes mais produtivos em seu pico de desempenho do que a média, considere o que um relativamente modesto aumento de 20% no tempo de pico traria na produtividade geral do local de trabalho. Seria quase o dobro.[3]

VENCENDO COM O FLUXO

Patrick é um membro de nossa comunidade e luta constantemente contra o transtorno do déficit de atenção, a hiperatividade e sua dificuldade em se concentrar. Foi um problema para ele durante toda a vida. Ele se distrai com facilidade ou, ao contrário, fica superfocado em detrimento de tudo e de todos ao seu redor. Ele vivenciou tudo isso, inclusive durante seus torneios de jiu-jítsu. Ele tinha dificuldades em decidir que técnica usar contra os adversários e sentia como se estivesse tentando usar todos os movimentos ao mesmo tempo, apesar de muitos deles não serem apropriados para a situação. Sua inabilidade em se concentrar afetou seu trabalho, vida familiar e esporte favorito, e ele sentia um nível alto de estresse quase o tempo todo.

Então, um dia ele começou a ouvir os episódios do meu podcast e foi conhecendo as etapas do fluxo (das quais trataremos em breve), bem como vários hábitos de alto desempenho. Patrick aplicou o que aprendeu em sua vida cotidiana e obteve resultados imediatos. Finalmente foi capaz de identificar e entender contra o que estava lutando, e pôde mergulhar em suas atividades mais plenamente do que nunca. Encontrar o fluxo foi essencial.

Em seu torneio seguinte, Patrick conseguiu liberar sua concentração intensa e deixar sua mente livre de problemas que o distraíram no passado. Ele encontrou seu fluxo rapidamente... E se sentiu como se estivesse no filme *Matrix*; podia ver os movimentos do oponente antes de eles acontecerem. Para melhorar, ele conseguiu encontrar o fluxo em outras áreas da vida também. Quanto melhor ia nos torneios de artes marciais, melhor se dava na vida. Patrick finalmente sentiu um alívio do estresse que o perseguia sem parar, enfim acreditando que podia se deixar levar e aproveitar mais a vida.

AS QUATRO ETAPAS DO FLUXO

O estado de fluxo possui um arco previsível. O convidado do nosso podcast, Steven Kotler, fundador do *Flow Research Collective* e autor de *The Rise of Superman — Decoding Science of Ultimate Human Performance*, identificou quatro etapas do fluxo:[4]

Etapa 1: Luta

Quando você busca profundamente encontrar o que quer que seja necessário para atingir o estado de fluxo. Pode ser um programa de treino na academia, uma pesquisa abrangente, uma sessão intensa de brainstorming ou qualquer outra coisa em que esteja concentrado. Aviso: aqui você se sente lutando, o que é, de fato, o oposto do fluxo.

Etapa 2: Relaxamento

É a pausa que você dá antes de mergulhar fundo no fluxo. É um passo essencial, pois evita que você se esgote em decorrência da batalha que acabou de enfrentar. Essa pausa — uma caminhada, exercícios de respiração, qualquer coisa que o ajude a relaxar — é, decididamente, diferente de uma distração, como simplesmente passar para outra tarefa ou checar os resultados esportivos.

Etapa 3: Fluxo

Esse é o estágio que Kotler descreve como "a experiência do Super-Homem". Esse é o estado de fluxo que, esperamos, você já experimentou em vários momentos da sua vida, em que está realizando absolutamente seu melhor trabalho e tudo parece estar acontecendo automaticamente.

Etapa 4: Consolidação

Nessa etapa final, você reúne tudo o que conseguiu durante a fase de fluxo. Com frequência, é acompanhado por uma sensação de decepção. Todos os tipos de substâncias químicas positivas fluem por seu cérebro enquanto você está em fluxo, e agora o estado de euforia chegou ao fim. Mas outro ciclo pode estar esperando na próxima esquina.

Kotler acredita que encontrar o fluxo é o "código-fonte" da motivação. Quando isso acontece, você recebe "talvez a dose mais potente de recompensa química" que o seu cérebro pode lhe dar — razão pela qual ele acredita que o fluxo é o estado mais viciante do planeta. Quando começamos a sentir o fluxo em uma experiência, somos motivados a fazer o que for necessário para obter mais. Mas isso é uma relação cíclica — se você tem motivação para cumprir uma tarefa, mas não tem o fluxo, com o tempo acabará esgotado. A motivação e o fluxo precisam trabalhar juntos e devem ser combinados a um sólido protocolo de recuperação, com bom sono e nutrição.

COMECE LOGO

Você já experimentou o estado de fluxo? Onde foi? O que você estava fazendo? Como se sentiu? O que você alcançou ao final? Visualize esse estado. Mesmo que não consiga visualizar, imagine que pode.

ENCONTRANDO O FLUXO

Se você pretende se tornar sem limites, precisa entrar em um estado de fluxo o mais rápido possível. Então, como pode fazer isso? Posso oferecer cinco maneiras:

1. Elimine as Distrações

Anteriormente, falamos sobre a importância de manter as distrações no mínimo possível. Se você quer estar no estado de fluxo, eliminar distrações é absolutamente essencial. Pode levar até 20 minutos para você se reconectar com o que estava fazendo anteriormente após se distrair. Como conseguirá entrar no fluxo se estiver constantemente tendo que recomeçar porque uma mensagem chamou sua atenção ou só porque queria dar uma olhada nas redes sociais antes de voltar ao trabalho? Então, coloque tudo de lado e se concentre completamente no que está fazendo.

2. Dê Tempo Suficiente a Si Mesmo

Verifique se você tem um tempo viável para entrar no fluxo. Acredita-se que, em condições normais, leva-se em torno de 15 minutos para alcançar o estado de fluxo, mas você não atinge o pico antes de 45. Alocar apenas meia hora não trará bons resultados. Reserve pelo menos 90 minutos ou, de forma ideal, 2 horas.

3. Faça Algo que Você Ama

Quando pensamos em fluxo, tendemos a pensar em pessoas atingindo níveis extremamente elevados: a atleta com seu jogo perfeito, o músico compondo o solo de guitarra ideal, o escritor colocando rapidamente as palavras na página como se estivesse escrevendo um ditado, e não criando uma história. O que essas pessoas todas têm em comum? Elas estão fazendo algo com que se importam muito. Elas não ficarão satisfeitas sendo apenas moderadamente competentes porque não estão realizando uma tarefa com a qual têm um relacionamento casual; estão fazendo o que amam.

Conversei com pessoas sobre o fluxo por décadas e acho que nunca ouvi alguém mencionar estar em um estado de fluxo em algo que estava fazendo apenas para passar o tempo. É como a diferença entre dirigir um carro velho e uma Ferrari zero. Ambos vão te levar até o escritório, mas muito provavelmente você só vai curtir a experiência de dirigir em um deles. Se você encontrar certos aborrecimentos em algo que está fazendo ou se achar monótono a maior parte do tempo, essas coisas negativas certamente impedirão que você entre no fluxo.

4. Tenha Metas Claras

Um dos obstáculos mais eficientes na prevenção do fluxo é a falta de clareza. Se você não sabe o que está tentando alcançar, é provável que ficar procurando uma missão só mantenha o fluxo afastado. Um amigo romancista separa a preparação do enredo de seus livros da escrita efetiva exatamente por esse motivo. Para ele, traçar o enredo é uma tarefa árdua, com muitas idas e vindas, mas ele tem um enorme prazer em escolher as palavras certas para suas histórias e em dar vida aos seus personagens. Ao planejar com antecedência, ele sabe exatamente sobre o que escreverá em um determinado dia e regularmente se vê desaparecendo no fluxo de seu trabalho por horas seguidas.

Por isso, depois de definir o tempo, crie para si mesmo uma meta clara de como vai usá-lo. Se você se propõe a uma missão desde o início e é algo que está entusiasmado em realizar, é provável que você se encontre profundamente imerso nessa missão.

5. Desafie-se... Um Pouco

Quando converso com pessoas a respeito do fluxo, sempre ouço que é mais provável que elas o atinjam quando estão fazendo algo que é um pouco desafiador. Em outras palavras, estão fora de suas zonas de conforto, mas não muito além dela. A lógica aqui é clara. Se a tarefa é muito fácil, provavelmente ficará entediado rapidamente — e tédio e fluxo são incompatíveis.

Por outro lado, se realizar algo que acha extremamente difícil, provavelmente ficará frustrado, e essa frustração impedirá que o fluxo aconteça. Mas, se você faz algo de que gosta e que tem um nível moderado de desafio — tentar rebater uma bola de beisebol para uma parte específica do campo, uma nova forma de afinar seu violão ou escrever pela perspectiva de um novo personagem, por exemplo —, esse nível de desafio provavelmente manterá a tarefa emocionante para você e, portanto, vai envolvê-lo profundamente.

DERROTANDO OS INIMIGOS DO FLUXO

Treinar a si mesmo para atingir o fluxo regularmente ou até em várias sessões no mesmo dia fará com que você se comporte como um super-herói. Mas todos sabemos que os super-heróis são desafiados constantemente pelos supervilões, e vários deles estão à espreita em cada esquina, perseguindo seu fluxo e tentando extingui-lo. Aqui estão os quatro supervilões que você tem de manter afastados para o seu fluxo prosperar:

1. Multitarefa

Já falamos sobre isso antes neste mesmo capítulo, mas vale a pena repetir. Ser um "mestre em multitarefas" não é sinônimo de não ter limites. De fato, pesquisas mostram de forma reiterada que as pessoas que operam em multitarefa são consideravelmente menos produtivas do que aquelas que se concentram em uma coisa por vez. Diante do que você sabe sobre o fluxo, é óbvio que a multitarefa é inimiga mortal daquele sentimento. Você jamais vai entrar no estado de fluxo para criar aquele solo épico ou uma apresentação de cair o queixo se também estiver consultando colegas, enviando uma nota rápida para um amigo e lendo o e-mail da empresa. A única forma de derrotar o supervilão Multitarefa é ignorá-lo completamente. Tire tudo de sua agenda e entre no fluxo.

2. Estresse

Esse, em particular, é um dos supervilões mais mortíferos e, muitas vezes, é derrotado somente após uma batalha monumental. Se você tem vários fatores externos de estresse em sua vida — prazos, problemas de relacionamento ou família, preocupações com garantia de emprego etc. —, esses provavelmente vão surgir a qualquer momento. Tenho certeza de que você teve a experiência de pensar em algo totalmente diferente quando, de repente, foi surpreendido por um lembrete ansioso de que está enfrentando alguns problemas em casa. Uma vez que esse pensamento invade a sua mente, qualquer oportunidade de fluxo é frustrada. Derrotar esse supervilão requer duas jogadas especiais. A primeira é olhar o vilão nos olhos antes de começar e perguntar a si mesmo se há algo com o qual você realmente deve lidar antes de entrar no fluxo. Se a resposta for sim, trate disso primeiro. Muito provavelmente, no entanto, ela será não. Não é que o fator estressante não seja real, mas geralmente não precisa de sua atenção imediata e não ficará pior em duas horas. Se for esse o caso, lute com esse supervilão usando o seu campo de força. Torne seu espaço impenetrável para fontes externas de estresse, para que você possa se concentrar completamente na tarefa em mãos.

3. Medo de Falhar

"O perfeccionismo reduz a criatividade e a inovação", afirma a editora-geral e ex-diretora-chefe da *Psychology Today*, Hara Estroff Marano. "Ele é uma fonte constante de emoções negativas; em vez de ver o positivo, quem está preso em suas garras concentra-se exatamente naquilo que mais deseja evitar: a avaliação negativa. O perfeccionismo, então, é um eterno boletim escolar; mantém as pessoas presas em suas mentes, envolvidas em uma autoavaliação perpétua, colhendo uma frustração implacável e condenadas à ansiedade e à depressão."[5] Se você começar uma tarefa acreditando que tem de executá-la de forma absolutamente perfeita e que o fracasso o deixará devastado, você ficará tão focado em não errar que jamais vai entrar em um estado em que possa realmente se destacar.

Lembra quando conversamos sobre como uma das condições ideais para o fluxo é se afastar um pouco da sua zona de conforto? Ao fazer isso, você aumenta as chances de não acertar tudo na primeira vez. Se você permitir que o vilão do perfeccionismo o domine aqui, estará desistindo do seu fluxo. Para superá-lo, é preciso se convencer de que a falta de perfeição não é apenas boa, mas um claro sinal de que você está se esforçando da maneira necessária.

4. Falta de Convicção

Um supervilão quase tão diabólico quanto o perfeccionismo é a falta de convicção no que você está fazendo. "O cérebro percebe a incerteza como ameaça, o que desencadeia a liberação do cortisol, um hormônio do estresse que prejudica a memória, deprime o sistema imunológico e aumenta o risco de pressão alta e depressão", escreve Travis Bradberry, presidente da TalentSmart.[6]

Se você não acredita que vai conseguir alcançar um resultado importante, o desfecho acabará sendo esse. Ao começar uma tarefa duvidando de sua capacidade para completá-la, pergunte a si mesmo: tenho as habilidades necessárias para fazer isto? E todas as informações necessárias para fazer isto? Possuo paixão suficiente por este projeto para fazer isto? Se alguma das respostas for "não", deixe a tarefa de lado até que você possa dizer "sim" a cada uma delas. Mas, se a resposta para as três for "sim", derrube este supervilão e entre no fluxo.

ANTES DE SEGUIRMOS ADIANTE

A experiência de fluxo é uma das mais elevadas que qualquer um de nós experimentará; ela também é fundamental para sermos sem limites. A essa altura, você deve ter uma noção melhor do que é o fluxo e de como chegar lá. Antes de avançarmos para o próximo capítulo:

- Reflita sobre algumas vezes em que você esteve no fluxo. O que você estava fazendo? Qual foi a consistência dessas experiências? Como você pode voltar a elas com maior frequência?
- Pegue sua agenda e encontre um espaço nos próximos dias em que você possa trabalhar de 90 minutos a 2 horas. Precisa ser um momento em que você estará livre de todas as distrações. Agora, o que você fará com este tempo para aumentar consideravelmente a sua produtividade?
- Com que frequência você começa um trabalho com um dos supervilões que falamos neste capítulo à espreita? O que você pode fazer agora para derrotá-lo antes de avançar para o próximo trabalho?

“Os analfabetos do século XXI não serão aqueles que não conseguem ler e escrever, mas aqueles que não conseguem aprender, desaprender e reaprender.”

— ALVIN TOFFLER

PARTE IV

MÉTODOS SEM LIMITES

O COMO

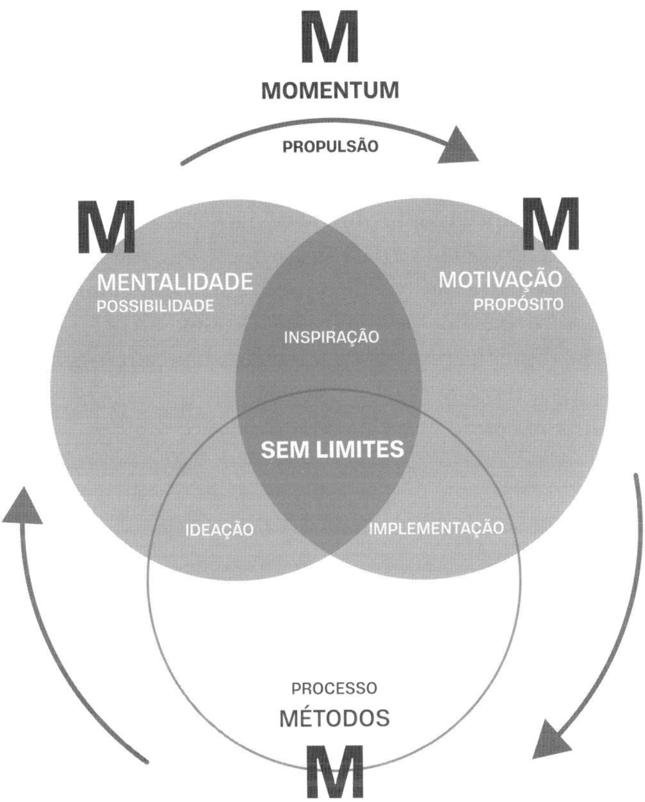

Método

mé·to·do *(substantivo masculino)*

Um processo específico para realizar algo, em especial um modo ordenado, lógico ou sistemático de instrução.

Até aqui, você descobriu como liberar dois elementos necessários para ser sem limites: aprendeu como encarar os dias com mentalidade produtiva e como fazer isso com um nível ideal de motivação. Mas há outro "M" que diferencia as pessoas ilimitadas daquelas sobrecarregadas por suas limitações: o método.

Métodos são processos ou procedimentos para alcançar um objetivo. Neste contexto, o método é o processo de aprendizado sobre como aprender, também conhecido como meta-aprendizado. Quando passamos pelo sistema educacional, aprendemos maneiras de aprender muito antiquadas e ineficientes, como subvocalização e memorização mecânica. Como mencionado no início deste livro, enquanto sofria como "o menino com o cérebro quebrado", eu não era incapaz de aprender; a história mostrou isso. Mas não estava conseguindo aprender da forma como me era ensinado. Só quando dominei uma nova maneira de aprender — um método que você verá nos próximos capítulos — que finalmente pude usar meu cérebro para me destacar.

Nesta seção, você aprenderá sobre a ciência da aprendizagem acelerada e do meta-aprendizado em cinco áreas: foco, estudo, memória, leitura dinâmica e pensamento. Esses são os cinco programas principais que ensinamos a pessoas e organizações no *Kwik Learning*. Dê uma atenção especial às perguntas no início destes capítulos e faça todos os exercícios. Quando você começar a usar essas ferramentas, verá que passará a utilizá-las o tempo todo e ficará maravilhado com o que elas farão por você.

"Sempre que quiser conseguir alguma coisa, mantenha os olhos abertos, concentre-se, e saiba exatamente o que deseja. Ninguém atinge seu alvo com os olhos fechados."

— PAULO COELHO

11

FOCO

O que posso aprender sobre mim quando estou mais concentrado?

Como posso aumentar minha capacidade de concentração?

Como posso limitar as distrações e acalmar minha mente agitada?

Qual a diferença entre alguém com um desempenho de um super-herói e alguém que nunca conseguiu descobrir seus superpoderes? Na maioria dos casos, é uma questão de foco. Tenho certeza de que já houve vários momentos em sua vida em que você se viu realmente engajado em uma tarefa. Talvez estivesse escrevendo um relatório muito importante. Talvez fosse uma sessão com um mentor que você adora. Talvez devorando uma tigela do seu sorvete favorito. Como você se saiu? É bem possível que tenha arrasado, escrevendo um dos melhores relatórios da sua vida, aprendido muito com seu mentor e devorado aquele sorvete como se fosse a última sobremesa do mundo. Isso aconteceu porque você conseguiu colocar seu foco na tarefa, manteve a concentraçao sem deixar que nada o distraísse. Então por que a maioria das pessoas tem uma capacidade limitada de manter o foco? Para colocar em termos simples, acho que é porque nunca fomos ensinados a fazer isso. Não me lembro de ter uma aula de foco quando estava no ensino fundamental.

Você se lembra de quando era criança e saiu em um dia de sol com uma lupa? De como era legal colocar a lupa sobre uma folha e observá-la começar a soltar fumaça e queimar? O que você fez ali foi focar um nível maior da intensidade do sol naquela folha. E, no lugar em que o ponto brilhante apareceu, estava mais quente. Curiosamente, quando falamos sobre alguém ser inteligente, costumamos chamá-lo de "brilhante". Voltando à nossa analogia da lupa, talvez o que estejamos realmente falando não é que essa pessoa seja muito mais inteligente do que a maioria das pessoas; talvez ela seja apenas mais focada.

O foco nos permite treinar o poder de nosso cérebro em uma tarefa em particular para brilhar nela. É impressionante o que podemos fazer quando estamos focados. Por outro lado, quando isso não acontece, temos menos chances de realizar o que realmente queremos fazer porque não estamos tão comprometidos — tanto emocional quanto fisicamente — a fazê-lo. O inimigo principal do foco é a distração.

COMECE LOGO

De 0 a 10, classifique seu nível atual de concentração. Agora, avalie o seu desejo de aumentá-lo. A concentração é como um músculo, que você pode treinar para ficar mais forte.

PRATICANDO A CONCENTRAÇÃO

"A concentração está no cerne de todo o sucesso e empreendimento humano", me contou o guru hinduísta, empresário e ex-monge, Dandapani, durante um dos meus podcasts. "Se você não consegue se concentrar, não consegue se manifestar."[1] O que ele quis dizer é que a concentração é um componente crítico para qualquer coisa que você quiser atingir. Mas, assim como outros fatores que já discutimos, nunca nos ensinaram *como* nos concentrar. Certamente, nossos pais e professores imploraram para nos concentrarmos mais, talvez até criticando nossa falta de foco com uma pergunta do tipo: "Por que você simplesmente não se concentra?" Mas a resposta simples é que nunca nos ensinaram como.

Dandapani explicou que a concentração é como um músculo, que fica mais forte à medida que você o exercita. "A concentração é algo que você pode aprender e que pode praticar para melhorar", diz ele.[2] No entanto, o que a maioria de nós pratica é a distração. Permitimos que nossa mente pule de pensamento em pensamento, com frequência usando a tecnologia para fomentar essa distração, até que nos tornamos especialistas nisso — e assim deveria ser, porque geralmente temos 12 ou mais horas de prática de distração por dia. Imagine como seria se praticássemos a concentração por uma fração desse tempo.

Dandapani tem uma forma notável de encarar essa questão. "Defino concentração como minha habilidade para manter a atenção em algo por um longo período. Toda vez que minha concentração se desvia, eu uso a força de vontade para trazer a atenção de volta."[3]

Muitos de nós pensam na falta de concentração como nossa mente pulando de um lugar para outro. Dandapani tem uma metáfora diferente — e mais útil. Para ele, não é sua mente que está se movendo; é a sua consciência. Ele vê a consciência como uma bola de luz brilhante que se move para diferentes partes de sua mente. Para melhorar a concentração, você precisa manter essa bola de luz treinada em um ponto de sua mente por um período prolongado. Não será fácil a princípio, mas um esforço consciente para exercitar a sua força de vontade dessa maneira provavelmente levará a resultados impressionantes.

Você pode trabalhar nisso em quase qualquer atividade. Se estiver conversando com alguém, faça um esforço para não prestar atenção em nada além da conversa. Se perceber que sua consciência está se desviando da conversa, torne a focar a sua bola de luz. Se você está lendo um relatório para o trabalho, fixe seus olhos nas palavras como se nada mais existisse. Novamente, se perceber que a luz de sua consciência começa a brilhar sobre outra coisa, traga a bola de volta para o relatório. Se você se comprometer a praticar a concentração por mais ou menos uma hora por dia, logo se tornará um comportamento automático.

Sempre que possível, tente fazer apenas uma coisa por vez. Já falamos sobre ser multitarefa, mas por enquanto lembre-se de que é uma forma extremamente ineficiente de realizar qualquer coisa. Se possível, permita-se se dedicar apenas a uma tarefa, excluindo todo o resto. Se estiver ao telefone, não cheque as redes sociais ao mesmo tempo. Se estiver fazendo o café da manhã, não trabalhe na lista de afazeres diários ao mesmo tempo. Ao fazer uma coisa de cada vez, o "músculo" da concentração se tornará incrivelmente forte e seu foco alcançará níveis ilimitados.

Outra forma de aumentar a sua concentração é organizar o ambiente. Um estudo da Universidade de Princeton descobriu que "estímulos múltiplos presentes no campo visual ao mesmo tempo competem pela representação neural suprimindo mutuamente a atividade evocada em todo o córtex visual, fornecendo um correspondente neural para a capacidade limitada de processamento do sistema visual".[4] Em termos leigos, isso significa que a desordem física ao seu redor compete pela atenção, o que resulta em desempenho reduzido e aumento dos níveis de ansiedade e estresse.

Então, se você quer se tornar um mestre da concentração, se abstraia do potencial de distração sempre que a concentração for crucial. Se você está trabalhando no computador, feche todos os aplicativos ou abas que não sejam absolutamente necessários para fazer a tarefa em mãos. Limite o número de itens no seu espaço de trabalho físico também. Embora muitos de nós considerem uma mesa cheia de livros, revistas, papéis, fotos de nossos filhos e lembranças de nossas férias como aconchegantes ou até mesmo como sinal de uma mente ativa, cada um desses itens cria uma distração e o afasta da sua concentração. Lembranças de família são maravilhosas e você já sabe como me sinto com relação a livros. Limite o número dessas coisas que dividem o espaço no local em que você precisa ser mais produtivo.

ACALMANDO A SUA MENTE AGITADA

Ilimitar o seu foco requer mais do que apenas realizar a tarefa corrente. Como já discutimos, foco requer uma habilidade de colocar as distrações de lado e dar toda a atenção ao que você está fazendo. Mas será que isso ainda é possível? A maioria de nós trabalha em vários dispositivos ao mesmo tempo, geralmente com inúmeros aplicativos em execução. Temos reuniões para participar, e-mails e mensagens para responder, status em mídias sociais para atualizar e múltiplos projetos em execução. E, justamente por causa disso, é mais importante do que nunca encontrar formas de acalmar a sua mente.

Talvez você ainda não tenha percebido, mas todas as informações que recebe em um dia causam uma quantidade considerável de estresse. Se você é como a maioria, já deve ter pensado nisso como uma coisa positiva porque significa que está ocupado e, portanto, fazendo uma contribuição significativa para o mundo. Embora possa ser verdade, isso ocorre *apesar dessa* ansiedade, e não por causa dela.

"Pensamentos ansiosos podem sobrecarregá-lo, dificultando a tomada de decisões e a ação para lidar com qualquer problema que o incomode", escreve a psicóloga Melanie Greenberg, autora do livro *The Stress-Proof Brain*. "A ansiedade também pode levá-lo a pensar demais, o que o deixa mais ansioso e assim por diante. Como você consegue sair deste círculo vicioso? Reprimir pensamentos ansiosos não funcionará; eles simplesmente voltarão, às vezes com mais intensidade."[5]

Juliet Funt é CEO da empresa de consultoria WhiteSpace at Work. Ela descreve o *whitespace* [espaço em branco, em português] como "o momento de pensar, a pausa estratégica que está entre a ocupação".[6] Quando esteve em meu podcast, ela chamou o espaço em branco de "o oxigênio que permite que todo o resto pegue fogo".

O que Greenberg e Funt identificam é a necessidade de aumentarmos o tempo em que nossa mente não esteja sobrecarregada. É evidente como isso afetará a nossa saúde mental. Mas o que é menos óbvio é como isso melhorará consideravelmente o nosso foco e produtividade. Alguns estudos interessantes em neurociência enfatizam isso, mostrando-nos como a distração está realmente mudando o nosso cérebro. Um deles, da University College London, comparou os cérebros de consumidores frequentes de mídia multitarefa com o de consumidores ocasionais e descobriu que o Córtex Cingulado Anterior (CCA), ligado ao foco, era menor no primeiro grupo. Por outro lado, um estudo no Instituto Max Planck descobriu que os CCAs das pessoas que realizam exercícios de treinamento para aumentar a atenção se tornam mais espessos.[7]

As distrações podem ser um desperdício de tempo sério. Um estudo da Universidade da Califórnia em Irvine mostrou como as distrações podem realmente perturbar seu dia. "Você tem que mudar completamente o seu pensamento, leva um tempo para entrar no ritmo e outro tempo para lembrar onde parou", disse a autora Gloria Mark. "Descobrimos que cerca de 82% de todos os trabalhos interrompidos são retomados no mesmo dia. Mas veja a má notícia: leva cerca de 23 minutos e 15 segundos para retomar a tarefa."[8] São mais de 20 minutos cada vez que você se distrai. E com que frequência isso acontece todos os dias?

Ferramentas como meditação, ioga e algumas artes marciais podem ser extremamente valiosas para ajudá-lo a acalmar sua mente agitada. Mas, se você estiver no meio do dia e não puder se dar ao luxo de sair por mais de alguns minutos, ainda há algumas técnicas que podem ser feitas. As três mais importantes são:

1. Respirar

Já falamos sobre a importância de respirar profundamente como parte da sua rotina matinal. Mas isso é muito valioso sempre que você precisar retomar o foco. O médico especialista em saúde holística Andrew Weil desenvolveu uma ferramenta respiratória que ele chama de Método 4-7-8. Funciona assim:

- Expire completamente pela boca, soprando o ar;
- Feche a boca e inspire pelo nariz, contando mentalmente até 4;
- Segure a sua respiração, contando até 7;
- Expire completamente pela boca, soprando o ar e contando até 8.

Essa é a primeira respiração. Agora, inspire novamente e repita o ciclo mais três vezes, totalizando quatro respirações.[9]

2. Fazer Algo que Esteja Causando Estresse

Estamos de volta ao que falamos sobre procrastinação. Todos já sabemos (graças a Bluma Zeigarnik) que assuntos pendentes continuarão a nos incomodar até que lidemos com eles. Se você está com problemas para se concentrar ou sua mente está operando em uma dúzia de planos ao mesmo tempo, é muito provável que a razão para isso estar acontecendo seja algo que você precisa fazer e está evitando. Se esse for o caso, faça o Método 4-7-8 de respiração, lide com a tarefa estressante e, então, volte para o que você precisa fazer com maior foco.

COMECE LOGO

O que de importante você está evitando e está afetando o seu foco?

3. Reservar Tempo para Distrações

Pode ser difícil para você desligar o telefone e o e-mail quando precisa se concentrar, mas, se puder se convencer a fazer isso, ótimo. São coisas relativamente fáceis de se fazer. O que provavelmente será considerado mais difícil é evitar que essas preocupações e obrigações atrapalhem o que está tentando realizar naquele momento. Há uma razão pela qual você está vendo essas coisas como preocupações ou obrigações, o que as tornam muito mais difíceis de tirar de sua mente. Encarar uma de suas preocupações de frente, como acabamos de discutir, é uma maneira de lidar com isso, mas haverá situações em que isso simplesmente não é possível. E se, em vez disso, você definir um momento para trazer essas preocupações e obrigações para o primeiro plano? Simplesmente dizer “me preocuparei com isso mais tarde” provavelmente não evitará que isso volte em 20 minutos. Mas dizer “me preocuparei com isso às 16h15” será muito melhor.

COMECE LOGO

Agende seu próximo momento de distração.

ANTES DE SEGUIRMOS ADIANTE

Ilimitar o seu foco é a chave para libertar seus superpoderes. Quando a sua mente está totalmente focada, quando você se joga de cabeça na tarefa, alcança níveis que são impossíveis quando está distraído ou perdido em seus pensamentos. Antes de avançarmos para o próximo capítulo:

- Dê uma boa olhada em sua lista de tarefas e identifique a coisa (ou coisas) que poderá invadir seus pensamentos até que você a conclua. Formule um plano para lidar com ela usando algumas das ferramentas antiprocrastinação que você tem agora.
- Faça algo agora para mudar o seu ambiente de produtividade, para que você consiga se concentrar melhor nas tarefas.
- Pratique a técnica de acalmar sua mente agitada. Funcionou? Se sim, comprometa-se a usá-la regularmente.

"Nada tem tanto poder para expandir a mente quanto a capacidade de investigar sistematicamente."

— MARCO AURÉLIO

12

ESTUDO

Se pretendo me dedicar ao aprendizado durante toda a vida, como posso otimizar meu tempo?

Decorar é a melhor forma de aprender?

Como posso me tornar melhor na hora de fazer anotações?

Em uma noite de sexta-feira, após uma semana exaustiva de trabalho, recebi um telefonema. O homem do outro lado da linha disse que um amigo em comum sugeriu que ele entrasse em contato.

"Claro, como posso ajudar?", respondi.

Nos primeiros trinta segundos da ligação, aquele homem parecia totalmente calmo. Depois dessa pergunta, no entanto, sua voz ficou mais agitada.

"Por favor, você tem que me ajudar. Meu palestrante teve uma emergência e não poderá vir amanhã. Ele faria nosso discurso principal."

Respondi que lamentava sua situação, mas que não aceitava convites em cima da hora. Normalmente, agendava apresentações com seis meses de antecedência e sempre me dava tempo de preparação.

Isso não o impediu. Ele disse que o nosso amigo em comum adorou minhas palestras e que, se existia alguém que podia fazer uma apresentação marcante em pouco tempo, seria eu.

"Por favor, me salve", suplicou, com ainda mais emoção na voz. A situação dele começava a me tocar. Por coincidência, estava livre no sábado e o evento seria em Manhattan, onde eu morava. Decidi perguntar o tópico da palestra.

Quando ele me contou, olhei para o telefone como se ele estivesse falando alguma língua alienígena.

"Por que você está me ligando?", disse. "Não sei nada a respeito desse tópico."

"Sim, mas o palestrante que cancelou publicou um livro."

"Não sei se isso vem ao caso."

O homem respondeu tão rápido que ficou claro que ele já havia preparado o argumento. "Ouvi que você é ótimo em leitura dinâmica. Estava pensando se você poderia chegar mais cedo, estudar o livro e, então, fazer a palestra."

A situação era tão estranha que fiz a única coisa que poderia nessas circunstâncias: aceitei o trabalho. Como declinaria de um desafio como esse? Acertamos os detalhes, ele me contou um pouco mais sobre o público-alvo, então desliguei e fiquei me perguntando que diabos havia acontecido.

Cheguei ao centro de conferências às 10h da manhã seguinte. O homem que havia me telefonado me entregou uma cópia do livro e me levou a uma sala silenciosa. Eu deveria fazer a palestra às 13h. Durante as três horas seguintes, li o livro, fiz uma série de anotações e expus os parâmetros básicos da apresentação que estava prestes a fazer. Então, subi no palco e dei uma palestra que acabou sendo a mais bem avaliada de toda a conferência. Estava exausto, mas tenho que admitir que a experiência toda foi bastante empolgante.

É improvável que você se encontre em uma situação como essa. Por mais ultrajante que tenha sido o pedido, sabia que eu seria capaz porque, com a competência, vem a confiança. Não digo isso para impressionar, mas, sim, para expressar o que é possível. É para mostrar como qualquer sensação de restrição desaparece quando você aprende a absorver um assunto em uma sessão, lembra-se do que aprendeu, tem a capacidade de destacar os pontos mais essenciais e entende como as pessoas aprendem — em outras palavras, muitos dos aspectos que estamos discutindo neste livro.

Jamais estaria apto a fazer essa palestra específica se eu não tivesse a capacidade de aprender tão rápido. E, assim como as outras habilidades discutidas aqui, não é algo que se tem ou não. Pelo contrário: é uma habilidade que você cultiva ou não. Você pode aprender a tornar seus estudos sem limites. E, quando conseguir, será um superpoder a ser utilizado pelo resto da vida.

COMECE LOGO

Pense em um tópico ou assunto que você gostaria de aprender este mês. Como você estudaria? Qual a sua abordagem ou processo atual?

OS QUATRO NÍVEIS DA COMPETÊNCIA

Desde os anos 1960, psicólogos observaram que há quatro níveis de competência ou aprendizagem. O primeiro, conhecido como "incompetência inconsciente", é quando você não sabe que não sabe. Por exemplo, você pode nem estar ciente do fato de que existe algo como a leitura dinâmica. Portanto, também não está ciente de que atualmente não é capaz de fazê-lo.

No nível seguinte, conhecido como "incompetência consciente", você tem ciência de que não sabe. Por exemplo, está ciente de que há pessoas que aprendem a ler e a compreender muito mais rapidamente por meio de técnicas de leitura dinâmica, mas você mesmo não teve nenhum treinamento nessa área e nem entende quais ferramentas são necessárias para se tornar assim.

O terceiro nível é conhecido como "competência consciente". Isso significa que você está ciente de uma habilidade e tem a capacidade de aplicá-la, mas somente quando se dedica ativamente. Você consegue fazer, mas dá trabalho. Continuando no exemplo da leitura dinâmica, isso seria semelhante a conseguir ler rápido, mas apenas quando você se concentrar em usar uma técnica de leitura dinâmica. Da mesma forma, nesse nível você é capaz de executar outras atividades, como digitar ou dirigir, mas elas requerem a sua atenção consciente.

O quarto nível — aquele que um eterno estudante procura — é a "competência inconsciente". Nesse caso, você sabe como usar uma habilidade, ela é automática para você. Com a leitura dinâmica, você atingiria o ponto da competência inconsciente quando ela se tornasse sua maneira habitual de ler. Você não está lendo mais rápido; está simplesmente lendo. Está digitando ou dirigindo sem sua atenção deliberada.

Agora, a chave para passar da competência consciente para a competência inconsciente é óbvia: prática. A prática leva ao progresso.

Embora o modelo usado pelos psicólogos termine aí, eu acrescentaria um quinto nível: a verdadeira maestria. É um passo além da competência inconsciente, no qual você executa uma habilidade em nível de elite. Este é o nível em que você se torna sem limites. E, se você quer ser um mestre, precisará estudar como um super-herói.

COMO ESTUDAR MELHOR

Por que a maioria de nós é limitada em nossa capacidade de estudar? Muitas pessoas não sabem como estudar efetivamente porque nunca foram ensinadas. As pessoas presumem que já sabem como aprender. O desafio é que muitas das técnicas que você usa são obsoletas e ineficientes. Muitas delas datam de centenas de anos atrás.

Atualmente, vivemos em uma era altamente competitiva, em que a informação está em toda a parte. E ainda usamos os mesmos métodos para absorver e processar tudo. Hoje, nossos requisitos para aprender são muito diferentes, mas muitos de nós fomos ensinados que estudar era revisar o material diversas vezes para que pudéssemos reproduzir o conteúdo durante uma prova. Em breve, discutiremos o motivo pelo qual estudar de última hora é uma péssima ideia, mas, por ora, basta dizer que o processo está longe de ser o ideal.

As pessoas de mais sucesso no mundo estudam durante a vida inteira. Continuam a aprender novas habilidades, mantendo-se atualizadas com as últimas novidades nos campos de interesse e se informando sobre o que outras áreas podem oferecer. Como vimos anteriormente, há enormes benefícios em passar a vida aprendendo, então, se você pretende atingir o seu objetivo de ser um aprendiz sem limites, convém tornar o estudo parte de toda a sua vida.

Foi isso que James, um de nossos alunos, descobriu, ainda que tenha levado algum tempo. James teve dificuldades com sua educação e, depois de terminar a escola, passou três anos trabalhando em uma loja de bebidas, apesar de sempre ter sonhado em se tornar um empresário de sucesso. Ele percebeu que, para realizar seu sonho, teria que ir para a faculdade, mas como ele mesmo me disse: "Era como arrancar um dente. Acabei obtendo meu diploma em contabilidade, depois entrei para uma empresa de contabilidade e, em seguida, para o setor bancário. Mas por muito tempo não consegui me tornar um gestor de patrimônio. Assumi um cargo de analista e isso exigiu muito aprendizado, muito estudo e mal conseguia acompanhar. Tinha habilidades interpessoais e disciplina, mas a parte de estudar era muito difícil para mim. Fui reprovado algumas vezes antes de conseguir as certificações que tenho agora. Quando chegou a hora de obter meu certificado CFP, enquanto continuava a trabalhar, o fardo se tornou pesado demais."

Faltavam seis semanas para a grande prova de James — um exame que, normalmente, demanda doze semanas de estudo — quando ele conheceu o meu programa de leitura dinâmica, que permitiu que ele virasse o jogo, melhorando os seus estudos, ajudando-o a "manter o cérebro saudável durante todo o processo de estudos intensivos" e lhe dando um grande impulso no dia da prova.

James conseguiu o certificado CFP, que o permitiu conseguir uma nova posição na empresa, lidando diretamente com os clientes como gestor de patrimônio. Ele continua a usar as técnicas recém-aperfeiçoadas de aprendizado quando analisa o vasto número de prospectos que precisa ler e entender.

Ele poderia facilmente ter permitido que as limitações o impedissem. Em vez disso, ele aprendeu a ilimitar suas formas de estudar para superar os obstáculos em sua carreira.

MAS E OS ESTUDOS DE ÚLTIMA HORA?

"Virar a noite" é uma antiga tradição de estudo que muitas pessoas mantêm tempos depois de saírem da escola. Grande parte dessa atitude se deve à procrastinação e ao adiamento do trabalho exigido para aquela prova ou apresentação importante. Mas muitas pessoas também acreditam que estudar de última hora é a forma mais efetiva de preparação. No entanto, são grandes as chances de não ser.

"Na verdade, o ato de estudar de última hora é associado a deficiências emocionais, mentais e físicas que reduzem a capacidade do corpo de lidar com o ambiente", escreveu o jornalista Ralph Heibutzki, do *Seattle Post-Intelligencer.* Ele citou um estudo da Harvard Medical School que apontou que essa prática leva a muitos efeitos colaterais indesejados, incluindo prejuízo à função mental.[1]

Além disso, estudar de última hora normalmente exige renunciar a toda ou pelo menos grande parte da quantidade normal de sono e isso pode acabar prejudicando o próprio objetivo de estudar de última hora. Andrew J. Fuligni, professor de psiquiatria da UCLA, é coautor de um estudo sobre a prática de estudar de última hora, tendo descoberto uma clara conexão entre os efeitos nocivos de estudar de última hora e os resultados esperados. "Ninguém está sugerindo que estudantes não devam estudar", disse ele, "mas uma quantidade adequada de sono também é essencial para o sucesso acadêmico. Esses resultados são consistentes com pesquisas emergentes que sugerem que a privação do sono impede a aprendizagem".[2]

Em um trabalho com alunos de todas as idades, aprendi que estudar de última hora é raramente útil como gostaríamos que fosse. Concentrar-se em um assunto por muitas horas diminui a probabilidade de que você retenha a informação. Anteriormente, falamos sobre o efeito da precedência e da recenticidade na memória. Se você tende a se lembrar melhor da primeira coisa e da mais recente, amontoar muitas informações entre elas só irá levá-lo a ter mais o que esquecer. Em breve discutiremos uma alternativa melhor.

Seja você um aluno do ensino médio frequentando aulas intensivas com o objetivo de ser aceito em uma faculdade de ponta ou um diretor corporativo diante da necessidade de se manter atualizado em seu setor em rápida mudança, provavelmente estará enfrentando dois desafios simultâneos: uma montanha de informações para destrinchar e pouco tempo para isso. Se é o seu caso, garanta que está estudando da forma mais eficiente possível. Ao longo dos anos em que venho ajudando pessoas a aprender rápido e estudar melhor, compilei sete dos meus hábitos simples favoritos para tornar seus estudos sem limites.

Hábito 1: Use a Recuperação Ativa

Recuperação ativa é o processo no qual você revisa o material e, em seguida, verifica o quanto conseguiu lembrar. Isso permite que você faça a distinção entre reconhecimento simples (familiaridade com as palavras da página) e lembrança (tornar o material uma parte ativa da sua memória).

"Muitos estudantes não percebem a importância de se esforçar para recuperar a informação", afirmou o neurologista William Klemm, da Universidade Texas A&M. "Isso ocorre, em parte, porque eles são condicionados, por testes de múltipla escolha, à recuperação passiva, ou seja, reconhecer quando uma resposta correta é apresentada em vez de gerá-la sozinho. Os estudos das práticas de aprendizagem dos alunos revelam a importância do processo de recuperação de informações que estão tentando memorizar para a formação da memória."[3]

Para utilizar a recuperação ativa, faça o seguinte:

- Revise o material estudado.
- Em seguida, feche o livro, desligue o vídeo ou a aula e escreva ou recite tudo o que você se lembra do que acabou de revisar.
- Agora, olhe o material novamente. Quanto conseguiu lembrar?

Garanta que você tem tempo suficiente para estudar de modo que possa repetir esse processo várias vezes. Como explicou Klemm, pesquisas demonstraram que "a aprendizagem ideal ocorreu quando uma sessão inicial incluiu estudos repetidos e testes de recuperação forçada de todos os itens pelo menos quatro vezes seguidas".[4] Isso me leva ao próximo importante hábito a ser adotado.

Hábito 2: Use a Repetição Espaçada

Como discutimos anteriormente neste capítulo, estudar de última hora tem muitas desvantagens. Embora seja natural procrastinar, acabar em uma situação na qual você precisa estudar uma grande quantidade de material de uma só vez aumenta a probabilidade de que não aprenda nada. Isso porque tentar trabalhar dessa maneira nos coloca em oposição direta ao modo como nosso cérebro funciona.

Por outro lado, se você espaçar as revisões do material, concentrando-se mais nas informações que não conseguiu reter, estará usando seu cérebro da melhor forma possível. "A repetição espaçada é simples, mas muito eficiente porque altera deliberadamente o funcionamento do seu cérebro", ressaltou James Gupta, CEO da plataforma de aprendizado online *Synap*. "Ela força a aprendizagem a ser trabalhosa e, assim como os músculos, o cérebro responde ao estímulo, fornecendo as conexões entre as células nervosas. Ao espaçar os intervalos, você exercita essas conexões a cada sessão. Isso produz uma retenção de conhecimento duradoura, em longo prazo, e, na minha experiência, quando as pessoas começam a usá-la, têm excelentes resultados."[5]

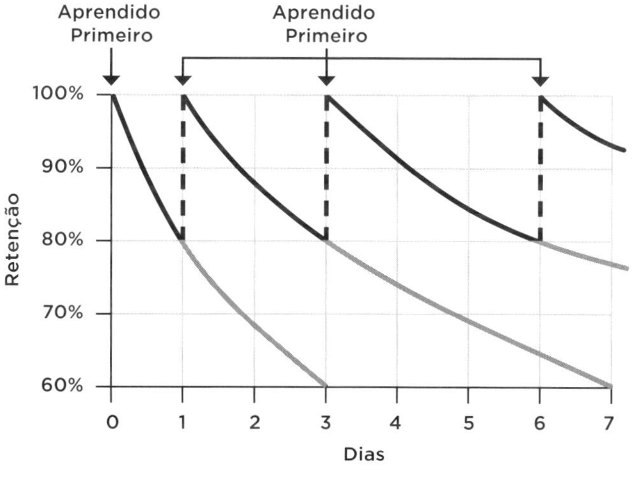

A repetição espaçada parece funcionar mais efetivamente quando você consegue rever o material em intervalos similares. Por isso é importante reservar tempo suficiente. Você pode fazer a revisão uma vez pela manhã e novamente antes do jantar por quatro dias consecutivos e, então, passar para outro material que necessita ser estudado em intervalos similares. Use essa técnica em conjunto com a recuperação ativa. Reveja o material, verifique o que você, de fato, lembra e então dê uma pausa antes de voltar a esse material específico.

Hábito 3: Controle Seu Estado de Espírito

Como discutimos anteriormente, seu estado de espírito no momento em que executa qualquer atividade terá grande impacto em seu sucesso. Por exemplo, se seu dia está sendo particularmente ruim e precisa fazer uma prova ou apresentação no trabalho, provavelmente não terá o melhor desempenho possível, pois sua disposição mental não favorece um desempenho ideal. Por outro lado, se você está se sentindo ótimo quando a mesma oportunidade surgir, com certeza produzirá resultados melhores. Quanto mais positivo e disposto estiver se sentindo, melhores serão os resultados gerados. E não é diferente com os estudos.

Sua postura também influencia sua disposição mental. Sente-se como se você estivesse prestes a aprender uma informação crítica, que mudará sua vida. Precisou mudar de posição? Se sim, observe como se sente mais focado depois de mudar a postura. Quando você se senta de forma ereta, também facilita a respiração e a circulação do oxigênio necessário ao cérebro e ao resto do corpo. Se você estiver jogado na cadeira, pode dificultar o processo respiratório e acabar mais cansado.

COMECE LOGO

Sentado em uma cadeira, curve-se, olhe para baixo, respire rápido e faça uma expressão de desânimo. Experimente isso agora. O quanto se sente motivado para alcançar o sucesso? O quão produtivo acha que será nesse estado? Essa é a postura que muitos estudantes adotam enquanto estudam. Surpreende o fato de eles não gostarem de estudar e terem de trabalhar duro para alcançar resultados mínimos? Agora, sente-se com a postura ereta e sorria. O quanto se sente melhor?

Hábito 4: Use o Olfato

Tenho certeza de que você já experienciou algo assim: ao entrar em uma sala, sente um determinado cheiro exalando pelo ar. Talvez seja um tempero específico de um assado no forno. Esse aroma imediatamente o leva de volta a um dia que sua amiga de infância lhe contou uma piada tão engraçada que você espirrou leite pelo nariz. Por que o cheiro daquele tempero acionou essa memória? Porque você o sentiu quando o evento que recordou aconteceu e aromas são especialmente eficazes em acionar memórias em nosso cérebro. Pesquisas indicam que o cheiro de alecrim pode melhorar a memória. Já o de hortelã e o de limão promovem a concentração.

"A resposta ocorre, provavelmente, devido à anatomia do cérebro", disse Jordan Gaines Lewis, pesquisador pós-doutorando na Faculdade de Medicina Penn State. "Os cheiros recebidos são processados primeiro pelo bulbo olfativo, que começa dentro do nariz e corre ao longo da parte inferior do cérebro. O bulbo olfativo tem conexões diretas com duas áreas cerebrais, a amígdala e o hipocampo. Curiosamente, as informações visuais, auditivas e táteis não passam por essas áreas do cérebro. Deve ser por isso que o olfato, mais do que qualquer outro sentido, é tão bem-sucedido em desencadear emoções e memórias."[6]

Isso nos mostra que o cheiro é uma ferramenta de memória extremamente importante, porém subutilizada. Se um cheiro em particular é capaz de nos transportar de volta à infância, podemos usar outro aroma para acelerar a recuperação de informação. Se está estudando para uma prova, coloque um pouco de um determinado óleo essencial em seu pulso enquanto estuda e use o mesmo truque quando for fazer a prova. Se fizer o mesmo ao se preparar para uma reunião, obterá resultados semelhantes. Obviamente, você pensará no bem-estar das outras pessoas e não vai se encharcar de perfume, apenas um toque é suficiente para aguçar a memória.

Hábito 5: Música para a Mente

Pense em como você aprendeu algumas de suas primeiras lições. Você memorizou o alfabeto com a ajuda de uma música, como a maioria das pessoas? Ou talvez tenha aprendido a tabuada na forma de uma canção divertida. Os pais ensinam conceitos básicos para as crianças por meio da música provavelmente desde que ela existe. Eles fazem isso porque funciona; e é respaldado por uma sólida base científica.

Vários estudos conectam a música à aprendizagem. A hipótese de excitação e humor, introduzida pelo compositor e psicólogo canadense E. Glenn Schellenberg, identifica a conexão entre a música e o humor e, consequentemente, a conexão entre o humor e a aprendizagem, sugerindo que a música pode nos colocar em condições que melhorem a capacidade de aprender.[7]

A música barroca parece ter algumas qualidades particularmente valiosas. "A música estabiliza ritmos mentais, físicos e emocionais, nos ajudando a atingir um estado de profunda concentração e foco no qual grandes quantidades de informação podem ser processadas e aprendidas", afirmou o especialista em música e aprendizado Chris Boyd Brewer. "Música barroca, como as compostas por Bach, Handel ou Telemann, de 50 a 80 batimentos por minuto, cria uma atmosfera de foco que leva os alunos a uma concentração profunda, no estado alfa de ondas cerebrais. Aprender vocabulário, memorizar fatos ou ler ouvindo esse tipo de música é altamente eficaz."[8]

Não há evidências semelhantes de que os resultados seriam os mesmos com, digamos, rap ou K-pop, mas, como as reações à música são algo pessoal, é possível que esses ritmos funcionem para você também. Como o streaming de música é tão onipresente, recomendo adicionar uma lista de reprodução barroca como ruído de fundo às suas sessões de estudo. Amazon Music, Apple Music e Spotify têm listas barrocas e, se você quiser explorar mais, cada um desses aplicativos possui listas de reprodução de música clássica (compostas em grande parte por música barroca) que foram compiladas especificamente com o objetivo de estudar.

Hábito 6: Ouça com Todo o Seu Cérebro

Se você quer tornar sua aprendizagem sem limites, convém garantir que suas habilidades de escuta estejam totalmente ajustadas. Há uma forte conexão entre ouvir e aprender, e mais de um quarto das pessoas se enquadra no estilo de aprendizagem auditiva.[9]

Ouvir é imprescindível para aprender e nós gastamos uma alta porcentagem do nosso tempo ouvindo. Mas a maioria de nós não é particularmente boa nisso. "Vários estudos examinaram esse fenômeno", escreveram Bob Sullivan e Hugh Thompson em seu livro *O Efeito Patamar — da Estagnação ao Sucesso*. "Embora ouvir seja o núcleo da maioria das nossas comunicações — o adulto médio ouve quase o dobro do que fala —, a maioria das pessoas é péssima nisso. Eis um resultado típico. Os participantes de um estudo foram solicitados a assistir a uma apresentação oral de 10 minutos e, depois, descrever o conteúdo. Metade dos adultos não conseguiu fazê-lo nem mesmo logo após a apresentação e, 48 horas depois, 75% dos participantes não conseguiram se lembrar do assunto."[10]

Uma das razões pelas quais não ouvimos bem é que tendemos a não dedicar toda nossa capacidade cerebral ao exercício. Sullivan e Thompson, que conduziram um estudo sobre a natureza das distrações digitais na Carnegie Mellon University, apontam que "o cérebro humano tem capacidade para processar até 400 palavras por minuto de informação, mas mesmo uma pessoa com velocidade acima da média fala apenas cerca de 125 palavras por minuto. Isso significa que três quartos do seu cérebro poderiam muito bem estar fazendo outra coisa enquanto alguém fala com você".[11]

Para ajudar a aliviar esse problema, desenvolvi uma ferramenta que o ajudará a ouvir com todo o seu cérebro. Lembre-se do acrônimo HEAR [escutar, em inglês]:

- **H de Halt — Pare:** é bem provável que, enquanto você ouve alguém falar, haja outras coisas acontecendo no mesmo lugar. Talvez haja pessoas circulando, talvez seu telefone esteja apitando, avisando que você acabou de receber uma mensagem de texto. Talvez haja música tocando na sala ou uma televisão ligada ao fundo. Enquanto isso, você está pensando em sua lista de tarefas, na sua próxima reunião ou no que vai jantar à noite. Faça o possível para desligar tudo e estar completamente presente com seu interlocutor. Lembre-se de que ouvir envolve mais do que somente as palavras que a pessoa está dizendo; inflexão vocal, linguagem corporal, expressões faciais e outras criam contexto adicional e fornecem informações adicionais. Você só conseguirá absorver isso tudo se ignorar todo o resto.
- **E de Empathy — (Exercite a) Empatia:** se você se imaginar no lugar do interlocutor, provavelmente aprenderá mais com essa experiência de escuta do que se fizer de forma desinteressada. Tentar entender os motivos do interlocutor traz materialidade adicional ao que ele possa estar dizendo e permite que você sinta isso a partir da perspectiva dele.
- **A de Anticipate — (Crie) Expectativa:** envolva-se na experiência com um senso de expectativa. Lembre-se de que o aprendizado depende do seu estado de espírito e que o que você pode aprender com aquele interlocutor se tornará uma memória de longo prazo se você adicionar emoção. Seu entusiasmo pelo que está ouvindo aumentará muito seu potencial para de fato escutar.
- **R de Review (Revise):** se você tiver a chance de interagir diretamente com o interlocutor, faça isso. Faça perguntas esclarecedoras ou peça para que ele repita um ponto. Se puder tomar notas, faça isso. Depois, reflita sobre o que foi dito pelo interlocutor. Parafraseie-o na sua cabeça e imagine-se ensinando a outra pessoa. Fazendo isso, vai consolidar o conteúdo em sua mente.

Hábito 7: Anote Como Tomar Notas

Estudar nas melhores condições provavelmente melhorará sua retenção de forma considerável. E, tanto na preparação quanto durante seus estudos, o aprimoramento da sua habilidade de tomar notas é inestimável.

A principal vantagem de tomar notas é que elas personalizam a informação que você precisa reter em seu vocabulário e modo de pensar. Na melhor das hipóteses, as anotações permitem que você organize e processe informações de uma forma que aumente a probabilidade de você usá-las posteriormente.

Mas muitas pessoas tomam notas de forma ineficiente. Armadilhas comuns incluem se concentrar tanto em escrever a ponto de não escutar de fato as informações; tentar reproduzir tudo que ouve; e fazer anotações de tal forma que elas não serão úteis nem no dia seguinte. É fácil evitar todas essas armadilhas estando ciente delas, então vamos montar um plano para aprimorar sua habilidade de anotar.

Primeiro, garanta que você entende o propósito de tomar essas notas. Por exemplo, o objetivo de fazer anotações em uma aula intermediária pode ser muito diferente das anotações feitas na aula de revisão antes da prova final. Da mesma forma, o que você está tentando atingir com as anotações feitas em uma reunião semanal com sua equipe provavelmente será diferente daquelas que faz na semana que antecede uma importante apresentação para um cliente.

Ao tornar clara a sua intenção com suas anotações, você estará apto a distinguir entre a informação que é relevante e a que não é. Tenho um amigo escritor que insiste em transcrever toda entrevista que faz, mesmo que fosse mais eficiente, em termos de tempo, ter um serviço de transcrição fazendo isso para ele. A razão, segundo ele, é que ao fazer isso ele transcreve apenas as partes da entrevista que sabe que serão úteis, eliminando, portanto, a possibilidade de que essas citações se percam entre todas as outras conversas que podem não ser relevantes para o livro que ele está escrevendo. O que permanece é praticamente conteúdo puro. Da mesma forma, se você anotar com um objetivo em mente, tudo o que registrar será relevante.

Depois de definir suas metas, adote uma abordagem ativa para tomar notas. Ouça com atenção para captar exatamente o que você precisa e escreva suas notas de forma que o ajudem a relembrar mais tarde. Se for usar abreviações e atalhos, use os que lhe são familiares. A última coisa que você quer é que suas próprias anotações sejam indecifráveis depois.

Igualmente importante é garantir que use suas próprias palavras sempre que possível. Como observado anteriormente, uma das principais armadilhas para uma anotação eficaz é tentar registrar *tudo*. Existem duas desvantagens óbvias nisso. Uma é que é impossível escrever tão rápido quanto falar. Em média, uma pessoa escreve de 10 a 12 palavras por minuto e um orador médio fala em torno de 100 palavras no mesmo período. Mesmo se estivesse digitando suas anotações (o que não recomendo; falarei mais em breve), você provavelmente registraria apenas metade do que o orador estaria dizendo.

Mas há outra desvantagem ainda mais fundamental: se você está copiando o que alguém está dizendo literalmente, é provável que não esteja processando nada. Isso significa que, no momento mais essencial da aprendizagem, você está utilizando a maior parte do seu cérebro para uma tarefa de ditado. Quando você usa suas próprias palavras nas anotações, começa a processar a informação e isso melhora muito o aprendizado.

Aproveitando que estamos falando sobre escrever, recomendo fazer suas notas à mão. Mesmo que esteja usando um tablet para guardar as anotações, utilize uma caneta eletrônica. Existem programas prontamente disponíveis para converter sua caligrafia em texto, para organização posterior, porém, o mais importante é que escrever à mão requer que você comece a processar o material imediatamente e isso tem se mostrado mais eficaz.

"A presente pesquisa sugere que, mesmo quando notebooks são usados unicamente para anotação, eles ainda podem estar prejudicando a aprendizagem porque seu uso resulta em um processamento mais superficial", escreveram Pam A. Mueller e Daniel M. Oppenheimer em seu estudo sobre o assunto. "Descobrimos que estudantes que tomam notas em notebooks se saem pior em questões conceituais do que os estudantes que tomam notas à mão. Mostramos que, embora fazer mais anotações possa ser benéfico, a tendência dos usuários de notebook a fazer transcrições literais, em vez de processar as informações e reformulá-las com suas próprias palavras, é um fator determinante para a aprendizagem."[12]

Mais importante, tenha certeza de que você está realmente escutando. Você não está aqui como secretário, mas como alguém que está recebendo informação para usá-la posteriormente. Portanto, é importante escutar o que os outros estão dizendo. Anote o que está sendo enfatizado. Certifique-se de estar entendendo os argumentos do orador e, se a oportunidade surgir, faça perguntas. Isso só pode acontecer se você dedicar o mesmo nível de atenção às informações recebidas e ao registro delas.

Enquanto estiver tomando notas, use o que chamo de método "capte e crie". No lado esquerdo do papel, você está captando, tomando notas; no lado direito, está criando, fazendo anotações. Está escrevendo suas impressões sobre o que está captando. Como uso isso? Por que devo usar isso? Quando vou usar isso?

Após o término da sua sessão de anotações, revise-as imediatamente. Isso o ajudará a reter a informação com muito mais eficiência do que se esperar alguns dias para lê-las. Como um benefício adicional, você poderá complementar suas anotações com qualquer detalhe que tenha esquecido, pois as informações ainda estarão frescas em sua mente.

UMA DICA PARA ATUALIZAR SUAS ANOTAÇÕES

Se você quiser sempre extrair o máximo das suas anotações, lembre-se do acrônimo *tip* [dica, em inglês]:

- **T de Think (Pensar):** antes de começar qualquer sessão de anotações, pense no que você mais espera reter nela. Isso irá ajudá-lo a filtrar as informações de maior valor e separá-las daquelas menos relevantes para o seu objetivo.
- **I de Identify (Identificar):** escute atentamente as informações apresentadas e identifique o que é mais importante no contexto do seu objetivo. Lembre-se de que tentar escrever tudo tornará impossível processar a informação a tempo e, provavelmente, tornará o estudo mais difícil. Identifique o que você mais precisa e anote.
- **P de Prioritize (Priorizar):** ao revisar as suas anotações após a apresentação, priorize as informações mais valiosas para você, talvez colocando notas adicionais conforme necessário para tornar as informações prioritárias mais claras ou fazendo um resumo para destacar os principais pontos.

ANTES DE SEGUIRMOS ADIANTE

Se você sabe que ilimitar-se significa tornar-se um estudante pelo resto da vida, a forma como você realiza seus estudos torna-se de vital importância. Antes de avançarmos para o próximo capítulo:

- Coloque sua recuperação em prática. Apresente-se a algum material novo e avalie imediatamente quanto você reteve.
- Encontre uma lista de reprodução que funcione para você. Há várias, e a música, certamente, aumentará a sua capacidade de absorver informações; portanto, reserve um tempo para achar uma de que você goste. Talvez você queira usá-la como trilha sonora enquanto lê o restante deste livro.
- Experimente suas novas ferramentas de tomar notas. Talvez seja bom reler este capítulo e fazer anotações. Ou veja uma palestra do TED e anote. Use as habilidades aprendidas aqui para melhorar essa experiência.

"Se fizéssemos todas as coisas de que somos capazes, nós surpreenderíamos a nós mesmos."

— THOMAS EDISON

13

MEMÓRIA

O que posso fazer para melhorar minha memória imediatamente?

Como manter grandes quantidades de informação na minha memória?

Como acessar essa informação facilmente quando precisar?

Há alguns anos, cheguei no escritório cedo, antes que qualquer um aparecesse. O telefone começou a tocar e fui atendê-lo. Imediatamente, uma mulher começou a falar, animadamente, do outro lado da linha.

"Eu te amo, eu te amo, eu te amo!"

Acredite, essa não era a resposta normal que recebia ao atender uma chamada.

"Calma", disse eu. "Quem é?"

"É a Anne. Fiz o seu curso", disse ela, emendando rapidamente: "Encontrei!"

Ok, ela tinha a minha atenção. "O que você encontrou?"

"Não sei o que é, mas venho fazendo todos os exercícios que você ensinou e comecei a me lembrar das coisas. Mesmo quando não estou usando a estratégia, lembro-me dos nomes e das conversas."

Mas ela não tinha respondido à minha pergunta. Percebi que teria que deixá-la contar a história da forma que ela queria. Pelos minutos seguintes, descobri que, alguns anos atrás, ela recebeu uma relíquia de família. Era um colar passado de geração em geração e sua avó preteriu a própria filha e as três irmãs mais velhas de Anne para lhe deixar o colar. A neta ficou extremamente honrada por receber aquele presente e prometeu cuidar dele. Só havia um problema: estava tão preocupada em manter o colar seguro que não conseguia lembrar onde o escondeu. Quando percebeu, ela começou a procurar, sem sucesso. Isso a levou a níveis monumentais de angústia e uma enorme quantidade de culpa, reforçada pela família.

Após três anos, ela concluiu que havia perdido a relíquia para sempre ou que alguém havia roubado. Então, às 2 horas da madrugada, no dia daquela ligação, ela acordou de um sono pesado, desceu dois lances de escada até o porão, olhou atrás do boiler e encontrou uma fenda. Retirou o colar e quase morreu de alívio.

"Que história fantástica, parabéns", disse eu. "No entanto, estou curioso. Não ensinei como encontrar itens perdidos. Esse não é um tópico que abordamos em nossas aulas."

"Sim, mas você fez algo mais valioso ainda. Não sei o que é, mas nas últimas semanas tenho me lembrado de muitas coisas. Não apenas no presente, mas coisas sobre as quais não pensava há anos. Jim, muito obrigada por me devolver o meu cérebro."

Anne ilustrou com sua animação algo que venho compartilhando com as pessoas há muito tempo. Sim, seu cérebro é um órgão. Mas ele age como um músculo. E assemelha-se significativamente a um músculo, se não o usa, perde. Nosso cérebro somente se mantém em forma quando fazemos um esforço conjunto para mantê-lo funcionando. Se não conseguirmos manter nosso cérebro em forma — seja por preguiça, por dependência excessiva da tecnologia para pensar por nós ou por não nos desafiarmos em novas aprendizagens —, ele se tornará "flácido". Pense desta forma: se você engessar um braço por seis meses, ao tirar o gesso, não terá um braço mais forte. Na verdade, após desimobilizá-lo, é provável que tenha perdido parte de sua funcionalidade. Isso também acontece com o cérebro: se você não o exercitar regularmente, ele pode não estar em seu melhor quando precisar dele. Mas, se você fizer um esforço para mantê-lo em excelente forma, descobrirá que ele estará sempre pronto para atuar em nível de super-herói para você, assim como foi com Anne.

FERRAMENTAS E TÉCNICAS DE MEMORIZAÇÃO

A memória é, sem dúvida, a parte mais importante do processo de aprendizado. Se você não consegue lembrar, não consegue aprender nada. Não existe conhecimento sem memória. Mas por que a maioria das pessoas tem capacidade de memória abaixo da ideal? Acho que é pela forma como fomos ensinados a memorizar, geralmente por meio da memorização mecânica. Até os dias atuais, a maioria das escolas ensina a memorizar pela repetição da informação ou da frase até que fique temporariamente gravada na mente, mesmo que as pessoas tenham a tendência de esquecer a informação tão logo não seja mais necessária e esse tipo de memória raramente leve ao domínio do material que está sendo memorizado.

Sua memória também é um dos seus ativos mais valiosos. Ela o ajuda em todas as áreas da sua vida. Desafio você a fazer qualquer coisa sem utilizá-la. Se você não tivesse memória, a vida seria, no mínimo, extremamente desafiadora. Imagine acordar todas as manhãs e esquecer tudo o que sabe. Você teria que aprender a sair da cama, se vestir, escovar os dentes, tomar café da manhã ou dirigir um carro. Seria muito inconveniente. Por sorte, você nasceu com uma ótima memória; só precisa aprender como usá-la.

COMECE LOGO

Como você classificaria a sua memória agora? Quais aspectos você gostaria de melhorar? Para saber mais, faça a nossa avaliação de memória em *www.LimitlessBook.com/resources* [conteúdo em inglês].

Para fazer um grande upgrade do seu cérebro, você precisa tornar a sua memória sem limites, pois ela é parte fundamental da maioria das funções cerebrais. Sendo assim, deixe-me encorajá-lo novamente com um fato muito importante: não existe memória boa e ruim; apenas memória treinada ou não. Se você tem problema em lembrar os nomes das pessoas, fazer apresentações sem ler ou até encontrar as chaves do carro pela manhã, é pouco provável que seja porque você é incapaz. Pelo contrário: apenas não foi treinado.

Joshua Foer é uma prova viva de que a memória pode ser treinada. Em 2005, ele era um jornalista que assumiu a tarefa de escrever sobre o mundo pouco conhecido dos atletas mentais. Fascinado com o que viu nas competições de elite de memorização, quis aprender mais sobre os participantes. Para sua surpresa, ele descobriu que a maioria dos entrevistados considerava possuir memória ruim ou média antes de aprender a treinar os princípios da memorização. Agora, eles disputam o mais alto nível das competições.

Foer percebeu que não havia restrições à memória e que ela pode ser treinada como a capacidade atlética. Ele começou a praticar o que aprendeu. Um ano depois, ele voltou ao Campeonato Americano de Memória, mas como competidor. No dia do evento, almoçamos juntos entre as competições e nos maravilhamos com o fato de que, muitas vezes, o que parece ser fruto da genialidade pode, na verdade, ser aprendido. Mais tarde naquele dia, Foer venceu e levou o troféu para casa. Ele escreveu um livro inovador, chamado *A Arte e a Ciência de Memorizar Tudo.*

Por que a memória é tão importante para você se tornar sem limites? Porque ela serve como alicerce para qualquer ação, atual e futura. Imagine como seria se o seu computador tivesse uma capacidade de armazenamento muito baixa ou acesso inconsistente ao que armazenou. Seria quase impossível executar a maioria das funções — você começaria a escrever uma mensagem de e-mail e seu computador poderia não localizar o destinatário entre os contatos ou não lembrar como enviar a mensagem — e, mesmo que conseguisse executá-las, o computador levaria muito tempo até descobrir como fazer isso.

Embora eu tenha comparado o nosso cérebro a supercomputadores, sabemos que ele é muito mais do que isso. Talvez a diferença mais significativa seja a nossa habilidade de raciocinar, de considerar os fatos ou as situações que se apresentam e agir, inovar ou navegar pelas circunstâncias com base nesses fatos e situações. O processo de raciocínio requer vasculhar o nosso rico estoque de memórias, usando ferramentas que se mostraram úteis no passado para tomar decisões informadas e produtivas.

"É impossível pensar criativamente no futuro sem um senso do que é conhecido", afirmou Eve Marder, professora de neurociência da Brandeis University, em Massachusetts. "Costumamos dizer que estamos procurando pensadores interdisciplinares e sintéticos capazes de fazer conexões entre campos díspares e ver novos caminhos para a descoberta. Não imagino que possa encontrar esses líderes criativos para o futuro entre as legiões de estudantes que esquecem tudo o que aprenderam porque podem 'apenas procurar na internet'. Como alguém sabe o que procurar, se esqueceu tanto?"[1]

O neurologista William Klemm, que conhecemos no Capítulo 12, fornece cinco razões pelas quais melhorar a memória é essencial:

1. **Memorização é disciplina para a mente.** Muito necessária em uma época em que tantas mentes são preguiçosas, distraídas, têm pouco no que pensar ou o fazem de forma desleixada, a memorização ajuda a treinar a mente para focar e ser diligente.

2. **Não, nem sempre você pode "pesquisar no Google".** Às vezes, não há acesso à internet. E nem tudo de importante está lá (e grande parte de lixo irrelevante virá junto de qualquer pesquisa). A pesquisa na internet também não ajuda quando você quer aprender a usar um idioma estrangeiro, precisa escrever ou falar de improviso, deseja se tornar um especialista, entre outras situações.

3. **A memorização cria o repertório do que pensamos.** Ninguém consegue pensar em um vácuo de informações. Tornar-se especialista em qualquer área requer que você já possua conhecimento.

4. **Pensamos com as ideias contidas na memória de trabalho, que só podem ser acessadas em alta velocidade a partir da memória armazenada no cérebro.** A compreensão é nutrida pelas informações que você mantém na memória de trabalho conforme pensa. Sem esse conhecimento, temos uma mente incapaz de pensar claramente.

5. **O exercício da memória desenvolve um esquema de aprendizagem e memorização que promove uma maior capacidade de aprender.** Quanto mais você lembra, mais *consegue* aprender.[2]

Gostaria de enfatizar o último ponto. Sua memória não é como um contêiner, um recipiente ou um disco rígido, que não aceita mais nenhuma informação depois de cheio. Ela funciona mais como um músculo, pois quanto mais você a treina, mais forte e com maior capacidade de armazenamento ela se torna.

Neste capítulo, vamos discutir algumas ferramentas e técnicas para treinar sua memória. Você aplicará os princípios básicos do funcionamento da mente e desenvolverá a memória de tal forma que vai aprender (e lembrar) de maneira natural, fácil e divertida. A mais fundamental delas, porém, é esta: lembre-se da técnica MOM, mãe em inglês, um acrônimo que criei para ativar sua memória instantaneamente:

- **M de Motivation (Motivação):** é um fato que somos consideravelmente mais propensos a nos lembrar de coisas que estamos motivados a lembrar. Se alguém lhe diz "lembre-se de me telefonar amanhã", você pode ou não lembrar do compromisso. Mas se, em vez disso, a pessoa disser "se você se lembrar de me ligar amanhã, lhe darei $5 mil", você definitivamente se lembrará de telefonar. É muito mais provável que se lembre de algo quando tiver uma forte motivação para tal. Então, se quer treinar para ter uma memória mais afiada, dê a si mesmo uma motivação mais forte para fazê-lo. Ter uma boa razão é eficaz, portanto, torne o ato de lembrar algo pessoal. Se você conseguir se convencer de que há valor em reter aquela memória, há uma grande chance de conseguir.
- **O de Observation (Observação):** com que frequência você esquece o nome de alguém assim que o ouve? Provavelmente o motivo é não ter prestado atenção quando o ouviu. Talvez estivesse procurando conhecidos na sala. Talvez ainda estivesse pensando em uma conversa anterior. Seja qual for a razão, você não estava inteiramente presente. Na maioria das vezes quando não conseguimos lembrar algo, o problema não é *retenção*, mas *atenção*. Se você quer melhorar sua memória, condicione-se a estar realmente presente em qualquer situação em que queira se lembrar de algo.
- **M de Methods (Métodos):** ao longo deste capítulo, trarei uma série de ferramentas que você poderá usar quando precisar se lembrar de algo. Deixe-as sempre em sua caixa de ferramentas mentais e use-as até que se tornem algo automático.

É MAIS FÁCIL SE LEMBRAR DO PADEIRO

As chances de se lembrar de algo aumentam consideravelmente se as pessoas puderem associá-lo a um ponto de referência. Alguns anos atrás, após um estudo testar a habilidade das pessoas em conectar nomes a rostos, a pesquisadora Gillian Cohen criou o nome para o que viria a ser conhecido como paradoxo de Baker-baker. No estudo, os participantes receberam uma série de fotografias de rostos, com os nomes e vários detalhes sobre as pessoas, e, depois, foram solicitados a lembrar os nomes. O estudo mostrou que as pessoas tinham muito mais dificuldades em lembrar os sobrenomes do que as ocupações, mesmo quando eram a mesma palavra. Então, por exemplo, era muito mais fácil lembrar que alguém era padeiro [baker, em inglês] do que lembrar que seu sobrenome era Baker.

Voltemos a Joshua Foer por um momento para uma explicação:

> Quando você ouve que o homem na foto é padeiro, esse fato é incorporado a toda uma rede de ideias sobre o que significa ser um padeiro: ele fabrica pães, usa um chapéu branco grande e cheira bem quando volta do trabalho.
>
> Por outro lado, o nome Baker é conectado somente à memória do rosto da pessoa. Essa ligação é frágil e, caso se perca, o nome flutuará irremediavelmente no submundo das memórias perdidas. Mas, quando se trata da ocupação de uma pessoa, há várias cordas para puxar a memória de volta.
>
> Mesmo que você não se lembre de cara que aquele homem é padeiro, talvez tenha uma vaga noção sobre ele ou associe seu rosto a um grande chapéu branco, ou talvez porque isso acione uma lembrança da padaria do seu bairro. Há muitos nós nesse emaranhado de associações que podem ser traçados até a profissão.[3]

O paradoxo de Baker-baker nos mostra que criar associações aumenta consideravelmente nossa memória. Os exercícios nas páginas seguintes são ferramentas que considero particularmente eficazes.

RECORDANDO UMA GRANDE QUANTIDADE DE INFORMAÇÕES

Uma das coisas que faço regularmente quando ministro palestras para grandes grupos é pedir ao público que fale um grupo de palavras aleatórias — algo entre 30 e 100 —, que repito em seguida em ordem normal e inversa. Sempre deixo a plateia de queixo caído, mas não é essa minha intenção. Pelo contrário, faço isso para mostrar um ponto essencial: que todo mundo tem capacidade de fazer a mesma coisa.

Já falamos sobre a importância da memória na execução de quase todas as funções cerebrais. Se quer tornar seu cérebro e, por consequência, você sem limites, precisa fazer o mesmo com sua memória. Para isso, deve treiná-la ao ponto em que ela possa reter uma grande quantidade de informações e permitir que você as acesse facilmente. O que faço no palco com uma lista de cem palavras pode ter o impacto imediato de um truque de mágica simples, mas a forma pela qual me condicionei a isso pode ser usada por qualquer pessoa para lembrar e acessar muitas informações. Talvez, no seu caso, sejam as especificações para toda a sua linha de produtos. Ou uma longa série de fórmulas matemáticas. Talvez as instruções para todas as paradas que você tem de fazer quando leva as crianças do bairro para a natação. Independentemente do que seja, essa ferramenta pode ajudar.

Para esse exercício, vamos falar sobre como memorizar uma lista de palavras. A técnica será sempre a mesma, mas é muito mais fácil de ser explicada se nos concentrarmos em algo específico. A seguir, apresento uma lista de palavras simples. Sua tarefa é memorizá-las na ordem em que elas aparecem.

Não gaste mais de trinta segundos olhando e vire a página. Boa sorte!

Hidrante	Diamante
Balão	Cavaleiro
Pilha	Boi
Barril	Pasta de dente
Tábua	Placa

Qual método você usou para lembrar a lista? Repetiu as palavras em sua cabeça várias vezes? Por exemplo: "Hidrante, balão, pilha, hidrante, balão, pilha, hidrante, balão, pilha, barril etc." Acha que precisa recitar repetidamente essas palavras até elas fixarem na sua cabeça? Tentou visualizar as palavras como figuras em sua mente? Muitas pessoas usam uma combinação desses dois métodos. O processo de recitar repetidamente ou escrever a informação para memorizá-la é chamado de aprendizagem por repetição, também conhecido como aprendizagem mecânica.

Talvez esse tenha sido o método que você usou no segundo ou no terceiro ano para decorar a tabuada. Provavelmente ficava repetindo "7 vezes 7 é 49, 7 vezes 7 é 49" sem parar ou escrevia "7×7=49, 7×7=49, 7×7=49" até preencher uma folha inteira. Esse método também é muito utilizado no ensino fundamental para aprender a escrever. Sua professora deve ter ditado palavras, como "cadeira", para que você escrevesse 50 vezes em um pedaço de papel. O que estava acontecendo nesse momento? Sua capacidade de aprendizado estava sendo sufocada. Você entediava seu cérebro continuamente com esse método até que ele desistiu e disse: "Você venceu! Pela centésima vez, Colombo chegou à América em 1492, chega dessa ladainha!"

Muitas pessoas pensam que a aprendizagem mecânica é um processo muito tedioso e chato. Sobrecarrega o cérebro e é extremamente ineficaz para lembrar a maioria das coisas. Sabemos que 85% da informação que você se esforça para lembrar dessa maneira é perdida em até 48 horas. É por isso que muitos estudantes sentem a necessidade de estudar em cima da hora, pois sabem que o conteúdo será esquecido em um curto período de tempo.

APRENDIZAGEM ELEMENTAR

Uma das razões pelas quais a aprendizagem mecânica é ineficiente é porque só envolve uma pequena parte do cérebro. Você está usando uma parte mais analítica para processar a informação e armazenar aquilo que precisa aprender. Ao implementar o método mecânico, você envolve apenas parte da sua mente e uma porção ainda menor do seu potencial.

No sistema tradicional de educação, você provavelmente aprendeu alguns tópicos desta forma:

- **História:** "Juscelino Kubitschek foi o 21º presidente do Brasil, J.K. foi o 21º, o 21º foi J.K..."
- **Química:** "Glicose C6H12O6, glicose C6H12O6, glicose C6H12O6..."
- **Francês:** "*Comment allez-vous* significa 'como vai?'. *Comment allez-vous* significa 'como vai?'. *Comment allez- vous* é 'como vai?'..."

E a lista continua. A pergunta que você deve se fazer agora é: "A forma como aprendi no ensino fundamental é o melhor método para aprender hoje?" A resposta, muito provavelmente, será não. Na escola, o foco é ensinar três elementos essenciais: ler, escrever e fazer cálculos. E eu sempre pensei que o quarto deveria ser "memorizar". Seus requisitos de aprendizagem mudaram muito ao longo dos anos. Aprender por repetição teve resultados decentes quando você era mais novo. Porém, no mundo de hoje, você se afogará em informações e fadiga mental.

Nesta seção, mostrarei as habilidades para lembrar de uma forma mais eficaz, como você nunca imaginou ser possível. Essas habilidades o ajudarão a substituir o sentimento de ter esperança de lembrar pelo de ter confiança em saber que as informações que possui estarão disponíveis sempre que você precisar.

Pare um minuto e, sem virar a página, tente relembrar a lista na ordem de apresentação. Escreva o máximo que puder. Faça isso agora.

____

____

____

____

Como foi? Se você é como a maioria das pessoas, provavelmente conseguiu relembrar poucas palavras da lista.

COMECE LOGO

Agora, vamos tentar outra coisa. Tire um minuto para se esticar. Faça algumas respirações profundas. Limpe sua mente e relaxe mais a cada expiração. Pare um momento e relaxe. E só então continue.

Agora, assuma uma posição confortável e imagine que está diante de um hidrante enorme, o maior que você já viu. Coloque alguns balões no topo deste hidrante. Há tantos deles que o hidrante é arrancado do chão e voa em direção ao céu. De repente, eles são atingidos por pilhas e explodem. As pilhas foram lançadas ao céu em grandes barris por meio de uma tábua de madeira, como uma gangorra. A tábua foi alavancada por um enorme diamante, uma pedra grande e brilhante. Então, um cavaleiro em uma armadura brilhante pega o diamante e foge. Ele é rapidamente interceptado por um boi. A única forma de passar é escovando os dentes do boi com pasta de dente. O boi libera a passagem e revela uma grande placa de neon com a palavra "parabéns" nela e, então, há uma grande explosão.

Agora, pare por um tempo, feche os olhos e revise essa pequena história. Você pode lê-la novamente se precisar. Faça isso antes de prosseguir.

COMECE LOGO

Sem espiar, escreva a história novamente.

Como você deve ter percebido, transformamos a lista em uma história. Agora, repasse a história em sua mente e liste o máximo de palavras que conseguir lembrar. Verifique as respostas e anote o número de acertos.

Como você se saiu da segunda vez? Se você é como a maioria dos alunos, conseguiu relembrar mais palavras na segunda tentativa. O mais incrível disso é que, quando você começar a treinar a sua memória dessa forma, poderá usar essa ferramenta para memorizar grandes quantidades de informação. Uso essa técnica para ajudar os atores a recordar todas as suas falas em um roteiro, alunos a memorizar a tabela periódica e vendedores a descrever um produto com um nível de detalhamento que parece que o item foi projetado por eles. Lembre-se: não existe memória boa ou ruim, apenas memória treinada ou não. Usar essa ferramenta regularmente lhe dará treinamento suficiente para poder acessá-la em qualquer situação.

SEU FOCO ATIVO NA MEMÓRIA

Esse é um conceito muito importante: muitas pessoas veem a aprendizagem como uma atividade passiva. Elas encontram a informação em livros, anotações ou leituras. Se o material for absorvido, ótimo! Mas, se não, elas sentem que não há nada que possam fazer. Essa perspectiva é uma abordagem de tudo ou nada. Se conseguir reter a informação, é mais resultado de sorte e repetição do que foco e habilidade. Ao adotar uma abordagem ativa à aprendizagem, você terá melhores resultados, além da satisfação que surge do envolvimento e da consciência pessoal. O aprendizado passivo é frágil, o aprendizado ativo é sólido.

Visualização

Sua memória visual é muito poderosa. Ao visualizar imagens em uma história e não apenas as palavras que as representam, você cria um meio mais forte de lembrar. Faça isso agora: pense em sua cama. O que você visualizou? Talvez um colchão grande, com cabeceira de madeira, lençóis azul-marinho e travesseiros gigantes. Provavelmente, você não viu as palavras "lençóis azul-marinho" e "travesseiros gigantes" em sua mente; apenas as imagens. É assim que a sua mente pensa. Se duvida disso, responda à seguinte pergunta: com que frequência você sonha com palavras? Provavelmente não muita. Lembre-se de que uma imagem vale mais do que mil palavras!

Associação

Este é o ponto-chave para a memória e todo o aprendizado: para aprender qualquer informação nova, ela deve estar associada a algo já conhecido.

Vale a pena reforçar. Para aprender qualquer informação nova, é preciso associá-la com algo que já sabe. Você fez isso a vida inteira, provavelmente sem perceber. Veja um teste simples. O que vem à sua mente quando você pensa em uma cereja? Talvez vermelha, doce, fruta, torta, redonda, semente etc. São palavras e imagens que você aprendeu a associar à cereja; juntou algo novo a algo conhecido. Você usa a associação para andar de bicicleta, comer, conversar e aprender a fazer qualquer coisa. Da mesma forma, ao montar uma história com as palavras na sua lista, você as associou conscientemente para lembrar com mais facilidade. Sua mente faz inúmeras associações a cada minuto, a maioria sem que você perceba. É assim que você aprende. Há alguma música que o lembra de uma pessoa especial? Essa memória é uma associação. Algum cheiro que o remete à infância? É uma associação. Por que não usar essa informação e fazer associações conscientemente para aprender de maneira mais eficaz?

Emoção

A emoção torna algo memorável. A informação por si só é passível de esquecimento, mas quando é combinada à uma emoção se torna uma memória de longo prazo. A emoção acrescenta aventura, ação, humor à informação e aumenta a probabilidade de nos lembrarmos dela.

Localização

Somos muito bons em gravar lugares porque, como caçadores-coletores, não precisávamos lembrar números e palavras, mas onde as coisas estavam. Precisávamos saber onde tinha água limpa, solo fértil ou comida. Se é possível associar algo a um lugar, será mais provável que se lembre.

Esses são alguns dos vários pontos-chave para ter uma ótima memória; o resto deste capítulo será dedicado a mostrar técnicas específicas e aplicações que podem ser usadas em diferentes situações. Se você não se saiu bem no exercício de memorização, não se preocupe. É compreensível. Só precisa de um pouco de prática. Muitas pessoas não usam a imaginação desde a infância. Experimente revisar a história algumas vezes, pois será um bom exercício para a sua mente criativa. Faça isso agora.

Repare que você também pode recordar a história de trás para a frente; as associações podem lhe dar a lista em qualquer ordem. Pratique isso e veja por si mesmo.

Os resultados devem deixá-lo impressionado. A maioria das pessoas usando métodos mecânicos levará entre 10 e 30 minutos para memorizar aquela lista e terá apenas resultados temporários. No entanto, você verá que essa história, que não levou mais de um minuto para aprender, ficará acessível em sua mente por dias ou até semanas sem novas revisões. É o poder de trabalhar de forma inteligente, não necessariamente de forma árdua. Esse é o poder da sua imaginação. Esse é o poder da sua mente. Vamos tentar de novo.

"O segredo de uma boa memória é a atenção, e a atenção a um assunto depende do nosso interesse. Raramente esquecemos o que causou uma profunda impressão em nossa mente."

— TYRON EDWARDS

UM EXERCÍCIO RÁPIDO DE MEMÓRIA

Peça a um amigo para lhe dar uma lista de dez palavras aleatórias. Ou você mesmo pode fazê-la: para tornar isso o mais aleatório possível, pegue um livro, um jornal, uma revista ou um panfleto. Use os primeiros substantivos que encontrar nos dez primeiros parágrafos (em outras palavras, não use palavras como "eu", "o", "quando" etc.) e certifique-se de não usar o mesmo termo mais de uma vez. Anote-os em um papel.

Agora, vire a folha e tente reescrever a lista novamente, na ordem. Compare-a com a original. Como foi seu desempenho? Provavelmente não se lembrou de tudo, mas também não esqueceu tudo. Isso é instrutivo, porque a genialidade deixa pistas, o que significa que sua inteligência inata lhe dará informações sobre como ela funciona. Você usou algum tipo de método para memorizar essas palavras, e poderá acessá-lo para avançar para o próximo passo.

Diga em voz alta quais palavras você lembrou e por que você acha que se lembrou delas. Fazer isso o ajudará a entender como você memoriza. Por exemplo, há uma grande chance de você ter lembrado a primeira e a última palavra. Este é o fenômeno comum que discutimos no Capítulo 4, conhecido como precedência e recenticidade, em que as pessoas tendem a lembrar a primeira e a última coisa que ouviram em qualquer situação. De que outras palavras você se lembrou? Elas têm alguma coisa em comum, como começarem com a mesma letra ou serem todas palavras de ação? O que isso quer dizer para você? As palavras que você memorizou foram organizadas de alguma forma? Elas evocaram algum tipo de emoção? Havia algo de único em alguma palavra que você lembrou?

O que você provavelmente descobriu até agora é que as palavras lembradas na primeira passagem tinham certas qualidades e as esquecidas não tinham nada que despertasse algo em você. Vamos criar um processo no qual cada palavra tem uma qualidade memorável.

- Conte uma história usando essas dez palavras, passando de uma em uma. Você não está tentando vencer uma competição literária, então ela não precisa fazer muito sentido. O que importa é que haja algum tipo de detalhe imaginativo para as palavras na sua lista (por exemplo, se uma delas for "flor", imagine-se em um jardim florido) e que você consiga vinculá-las na história, de forma que elas apareçam na sua lista com uma imagem criada para cada uma. Quanto mais emocionais e exageradas forem as imagens, melhor se lembrará das palavras.
- Agora, em outro pedaço de papel, escreva a lista novamente, usando a história que você criou para se lembrar das palavras e da ordem em que elas apareceram. Como foi dessa vez? Com certeza melhor, embora haja uma chance de ainda não ter conseguido se lembrar de todas.

"Todo pensamento é um ato de associação: fazer com que algo à sua frente evoque em sua mente algo que você nem sabia que sabia."

— ROBERT FROST

- Agora, escreva a lista novamente (sem olhar as versões anteriores que criou, mas, desta vez, anote-as em ordem inversa. Você precisará se lembrar da história que inventou de uma forma diferente para fazer isso, mas isso realmente ajudará a guardar essas palavras.

A essa altura, você provavelmente terá memorizado a maioria das palavras de sua lista, quem sabe todas. Ao mesmo tempo, deve estar imaginando como isso o ajudará a se lembrar de todos os detalhes em uma apresentação que pretende fazer.

PASSANDO MUITAS INFORMAÇÕES SEM ANOTAÇÕES

Como já discutimos, a memória é fundamental para quase tudo o que você faz. Realmente não há como se tornar sem limites sem ter uma memória bem treinada, porque ela rege a sua habilidade de raciocinar, calcular possíveis resultados e servir como fonte de informações para os outros. Muitas vezes, você precisa estar apto a passar uma quantidade significativa de informações a uma pessoa ou grupo de uma só vez. Pode ser na forma de um relatório à diretoria, um discurso em uma assembleia, compartilhar sua experiência sobre um assunto com seus colegas de sala, dentre outras situações. E, em muitos outros casos, é crucial que você esteja apto a fazer isso sem a ajuda de anotações, porque elas podem sugerir que você sabe menos do material do que deveria.

Tenho ensinado a executivos, estudantes, atores e outros grupos uma técnica consagrada pelo tempo para fazer apresentações sem anotações. E, quando digo "consagrada pelo tempo", não estou exagerando. O método que ensino e que compartilharei com você agora é uma versão do Método de Loci, que existe há mais de 2.500 anos.

A lenda por trás desse método é que o poeta grego Simônides de Ceos sobreviveu ao desabamento de um edifício que matou os demais presentes. Quando os oficiais tentaram identificar as vítimas, Simônides foi o único que pôde ajudá-los, porque lembrava quem eram as vítimas baseado em onde elas estavam no momento do desabamento. No processo, Simônides criou uma ferramenta de memória que é tão eficaz hoje quanto era em 500 a.C.

Loci é o plural da palavra *locus*, que significa "um ponto ou lugar em particular". Portanto, o Método de Loci, também conhecido como palácio da memória, é uma ferramenta de memória que associa o que você quer lembrar a pontos ou lugares específicos que você conhece bem. É assim que ensino o método:

- Identifique os dez principais pontos de sua apresentação. Podem ser palavras-chave, frases ou citações que gostaria de incorporar. Não use parágrafos longos, pois isso tornará o processo complicado e sua apresentação parecerá rígida e excessivamente ensaiada. A premissa aqui é que você conhece bem o tópico e possui alguma facilidade com o material. Esse método é feito para ajudá-lo a trazer cada ponto essencial à sua mente quando precisar.
- Agora, imagine um lugar que você conheça bem para servir de palácio da memória. Pode ser parte da sua casa, uma rua em que passa com frequência, um parque próximo ou qualquer outro lugar com que tenha grande familiaridade e que possa lembrar com facilidade.
- Agora, pense em um caminho por esse local. Se for uma sala de sua casa, por exemplo, imagine-se percorrendo esse cômodo. Identifique dez itens do ambiente que consiga visualizar rapidamente em sua mente. Um pode ser o abajur no canto que você vê quando entra. Outro, uma cadeira à esquerda do abajur. Outro pode ser a mesa lateral, próxima à cadeira, e assim por diante. Torne esse caminho o mais prático possível. Ziguezaguear pelo espaço provavelmente será menos produtivo. Apenas veja-se andando por esse espaço no sentido horário, prestando atenção ao que sempre nota enquanto passa por cada item.
- Escolhidos os dez itens, associe cada ponto principal da apresentação a cada um deles. Certifique-se de que a ordem dos pontos de discussão coincida com a ordem pela qual você caminha pela sala. Por exemplo, pensando na sala que descrevemos, se a primeira coisa que você quer dizer é a mensagem principal de toda a apresentação, atribua-a ao abajur. Se o ponto seguinte for um detalhe essencial do produto ou um fato histórico importante, atribua-o à cadeira e assim por diante.
- Agora treine a sua apresentação, usando o percurso pelo local escolhido como uma ferramenta para lembrar cada uma das mensagens primárias. Cada componente da apresentação deve vir à sua mente conforme for necessário.

Assim como acontece com toda nova habilidade, pode levar algum tempo até você se tornar um especialista no uso dessa ferramenta de memória, mas ela provavelmente começará a ajudá-lo de imediato. Com a prática, você deve ter acesso a grandes quantidades de informação sem consultar suas anotações. Sua lembrança dos fatos melhorará consideravelmente e seus discursos e relatórios parecerão mais naturais. Você pode aplicar essa abordagem sempre que precisar memorizar grande quantidade de informação.

FERRAMENTA BÔNUS 1: UMA FORMA RÁPIDA DE LEMBRAR OS NOMES DE TODOS

Como dissemos antes, não se lembrar de algo, como o nome de alguém que acabou de conhecer, com frequência ocorre devido à falta de atenção naquele momento. O acrônimo MOM, discutido anteriormente, pode ajudá-lo. Mas há também uma técnica voltada especificamente para ajudar as pessoas a se lembrarem de nomes que você pode achar útil. O mnemônico usado é BE SUAVE, para você ficar leve e não ter problemas:

- **B de Believe (Acredite):** acreditar na sua capacidade é o primeiro passo essencial. Se tentar se convencer de que não consegue se lembrar de nomes, é exatamente isso o que acontecerá.
- **E de Exercise (Exercite):** como nas outras ferramentas deste livro, será necessário alguma prática para alcançar o resultado, mas você deve ficar muito bom nisso rapidamente.
- **S de Say it (Diga):** ao ouvir o nome de uma pessoa pela primeira vez, repita-o. Isso serve para confirmar que você ouviu o nome corretamente e lhe oferecerá a oportunidade de ouvir o nome duas vezes.
- **U de Use it (Use):** durante a conversa, use o nome de seu interlocutor. Isso o ajudará a fixá-lo.
- **A de Ask (Pergunte):** pergunte à pessoa de onde vem o nome dela. Isso soa um pouco estranho quando o nome é comum, como "João", mas é particularmente útil ao encontrar alguém com um nome menos comum.
- **V de Visualization (Visualize):** a visão é uma ferramenta de memória incrivelmente poderosa, como já vimos com o Método de Loci. Tente associar uma imagem ao nome de uma pessoa. Por exemplo, se conhece uma mulher chamada Maria, pode imaginá-la como a personagem da fábula infantil João e Maria.
- **E de End (Finalize):** ao se despedir da pessoa, finalize a conversa repetindo o nome dela.

FERRAMENTA BÔNUS 2: UMA FORMA RÁPIDA DE LEMBRAR VOCABULÁRIO E IDIOMAS

O vocabulário é um dos pilares da aprendizagem. Lembrar o significado das palavras é fácil; basta usar os mesmos sistemas que você vem utilizando. Um dos conceitos mais poderosos é a substituição de palavras. Você já sabe como fazer isso, mas agora sabe o termo para isso. A substituição de palavras é o processo de tornar uma informação intangível (difícil de imaginar) em uma imagem mais concreta e fácil de visualizar.

Veja alguns exemplos de substituição de palavras:

- *Eugênio pode ser nitrogênio.*
- *João pode ser pão.*
- *Pedro pode ser pedra.*
- *Luís pode ser luz.*

A ideia principal por trás da substituição de palavras é criar uma imagem (ou série de imagens) que seja semelhante o suficiente para lembrá-lo do termo original. Essa palavra, ideia ou conceito abstrato, antes tão difícil de entender, não é tão complicado agora. Ao criar a imagem da palavra, você tem algo mais tangível e visualizável. Lembre-se de que tendemos a nos lembrar do que criamos. Seguem mais alguns exemplos:

- Citologia, *o estudo das células*. Imagine que um dia estava conversando com um amigo e ele "citou uma lojinha" que vende células para estudo. Mesmo que pareça estranho, funciona!
- Compassível, *aquele que se compadece com facilidade*. Lembre-se de que a "compaixão é possível".

O sistema de substituição de palavras pode ser usado para praticamente qualquer coisa, incluindo línguas estrangeiras, e funciona da mesma maneira. Na verdade, algumas palavras do seu vocabulário podem ser muito parecidas com outras em outro idioma! Por exemplo:

- *Chat* (gato, em francês), que lembra "chá". Imagine-se sentado com o Gato Risonho de *Alice no País das Maravilhas*, tomando um chá.
- *Travailler* (trabalhar, em francês), que lembra a junção das palavras "trava" e "trailer". Imagine que precisa ir trabalhar e não consegue sair pois um trailer está travando sua garagem.
- *Escargot* (caracol, em francês), que soa como "escorregou". Imagine-se escorregando na gosma de um caracol.
- *Au revoir* (até logo, em francês), que soa como "o revoar". Imagine uma revoada de pássaros voando para longe e lhe dizendo "até logo".
- *Oficina* (escritório, em espanhol), que é igual a "oficina" (mecânica). Imagine que está prestes a ir para o escritório, mas lembra que seu carro está na oficina.
- *Salada* (salgada, em espanhol), que é igual a "salada". Imagine que pediu uma bela salada no restaurante, mas quando experimenta ela está muito salgada.

- *Collar* (colarinho, em inglês), que lembra "colar". Imagine-se colocando um colar em torno do colarinho da camisa.
- *Come* (verbo vir, em inglês), que lembra "come" (do verbo comer). Imagine que você está chamando o seu cão para comer dizendo *come here* (venha aqui).
- *Sunday* (domingo, em inglês), que soa como "sundae" (o sorvete). Imagine que é domingo e você está morrendo de vontade de tomar um sundae.
- *Road* (estrada, em inglês), que soa como "rodo". Imagine-se enxugando a estrada com um rodo.

Tente estes termos em inglês por conta própria (tradução em português entre parênteses):

- *Advantage* (vantagem);
- *Hair* (cabelo);
- *Bug* (inseto);
- *Money* (dinheiro);
- *Read* (ler).

Usei esses exemplos para apresentar melhor o básico. Use-os como base e entenda seu significado. Você pode usar essas habilidades para praticar qualquer coisa. Esses sistemas são tanto flexíveis quanto universais. Por exemplo, se você quer lembrar se uma palavra é masculina ou feminina, basta adicionar uma cartola às palavras masculinas e um laço às femininas. Não há regras, então seja criativo, fuja do lugar-comum e divirta-se!

CAIA DE CABEÇA

Para ampliar o vocabulário ou aprender palavras estrangeiras, alie a estratégia acima aos métodos já mostrados no capítulo sobre o estudo. Por exemplo, falamos sobre a repetição espaçada, que pode ser extremamente valiosa. Falamos sobre usar a música. Música barroca é muito eficaz na aprendizagem de novos idiomas. As técnicas de estudo já presentes no seu kit de ferramentas servirão agora a um novo e ousado propósito.

ANTES DE SEGUIRMOS ADIANTE

Espero que tenha descoberto agora que ter uma memória bem treinada é parte essencial para se tornar sem limites. Você é muito mais forte com uma memória afiada do que tentando sobreviver com a memória não treinada. Este livro contém a base para turbinar a sua memória. Visite *www.LimitlessBook.com/resources* [conteúdo em inglês] para obter um vídeo de treinamento de memória em três partes — um presente meu para você. Antes de avançarmos para o próximo capítulo:

- Pense em formas de se motivar melhor a se lembrar. Apenas pensar que seria ótimo ter uma ótima memória provavelmente não será o suficiente.
- Pense em formas nas quais você pode tentar ser menos influenciado por distrações quando estiver em uma situação em que seja importante se lembrar das coisas. Fornecerei algumas ferramentas para ajudá-lo mais adiante, mas o que você pode fazer agora para ajudá-lo a se concentrar mais?
- Tente aplicar cada uma das ferramentas que mostrei neste capítulo. Há uma boa chance de você perceber uma diferença notável e imediata em sua memória.

"O homem que não lê bons livros não tem nenhuma vantagem sobre o homem que não sabe ler."

— **MARK TWAIN**

14

LEITURA DINÂMICA

Por que é tão importante ler?

Como faço para aumentar o foco e a compreensão na leitura?

Como posso aproveitar melhor cada experiência de leitura?

O que Oprah Winfrey, Thomas Edison, John F. Kennedy e Bill Gates têm em comum? Todos eram grandes leitores. É preciso ler para liderar.

Bem-vindo à era dos dados. Nunca na história houve tamanho excesso de informações. Foram produzidas mais informações nas décadas passadas do que nos milênios anteriores. De acordo com Eric Schmidt, ex-CEO do Google, "havia 5 exabytes de informação criados entre os primórdios da civilização até 2003, mas agora essa mesma quantidade é criada a cada dois dias". E está ficando cada vez mais rápido. Toda essa informação faz os tempos atuais serem extremamente competitivos. Aqueles que conseguem acompanhar as informações mais recentes terão a vantagem competitiva necessária para ter sucesso, não apenas em termos acadêmicos e profissionais, mas também em outras áreas importantes da vida.

Estudos mostram que há uma relação direta entre a sua habilidade de leitura e o sucesso na vida. Leitores habilidosos conseguem melhores empregos, maiores ganhos e melhores oportunidades de sucesso em todos os aspectos da vida. Pense assim: se você tem habilidades medianas de leitura, tem o mesmo entendimento da maioria das pessoas. Isso não lhe dá muita vantagem competitiva, não é?

Infelizmente, para a maioria das pessoas ler é uma tarefa chata, tediosa e que consome muito tempo. Você já leu a página de um livro e se pegou perguntando "o que diabos acabei de ler?". Se a resposta for sim, você não está sozinho.

Já falamos sobre os desafios que enfrentei em meus primeiros anos na universidade. Como você sabe, eles eram tão difíceis que pensei seriamente em abandonar os estudos. Mas, ao me dedicar à tarefa de ler um livro toda semana, além da leitura que precisava para as minhas aulas, comecei a fazer um progresso considerável com minha aprendizagem. Porém não sabia quanto progresso havia feito até um dia surpreendente.

Enquanto crescia, sempre tentei me manter fora dos holofotes. Era uma criança tímida e me sentia mais confortável camuflado no ambiente do que em destaque. Continuei assim quando saí da escola. Aulas em grandes auditórios eram especialmente interessantes para mim, porque podia me sentar no canto e evitar ser notado.

Um dia, estava em uma dessas aulas com uma centena de outros alunos. Na frente, o professor estava explicando a matéria e usando um projetor para mostrar as imagens. Em dado momento, ele colocou um texto no projetor e desandei a rir instantaneamente. Foi uma reação natural para mim; a frase era engraçada. Mas a sala estava completamente quieta, o que levou a um grande número de cabeças girando na minha direção. Acho que a maioria daquelas pessoas nunca seria capaz de me identificar como um de seus colegas antes desse momento.

Fiquei com muita vergonha. Havia feito tantos esforços para permanecer invisível e agora era como se tivesse invadido o palco para chamar a atenção. Corei tão rápido que pensei que meu rosto fosse entrar em combustão; me encolhi o máximo possível.

Alguns segundos depois, os outros na sala começaram a rir. No início, pensei que fosse de mim, mas, quanto mais alunos se juntavam à risada, percebi que eles não olhavam para mim; estavam lendo o texto. Foi aí que percebi a origem da minha vergonha: li as palavras tão mais rápido que os meus colegas que reagi àquilo antes dos demais. Sabia que havia evoluído na velocidade de leitura e no nível de compreensão, mas até aquele momento não fazia ideia de quão rara era essa habilidade, e que poderia ser aprendida.

Ainda me sentindo um pouco constrangido com meu ataque de riso não intencional, saí da aula animado pelo entendimento de que minha aprendizagem havia subido para um nível totalmente novo. Devido às técnicas que aprendi, a leitura se tornou um dos meus superpoderes, abrindo caminho para enormes descobertas na minha aprendizagem. Embora tenha prometido não rir tão alto no futuro, saí daquele auditório com uma incrível sensação de entusiasmo por aprender e descobrir que outros superpoderes estavam surgindo.

COMO A LEITURA TORNA SEU CÉREBRO SEM LIMITES

Qualquer plano para tornar seu aprendizado ilimitado precisa incluir a leitura. Assim como a memória é fundamental para quase todas as funções cerebrais, ler é fundamental à aprendizagem em quase todas as formas. Se alguém lhe disser que não lê, essencialmente está dizendo "parei de tentar aprender". Sim, você pode aprender alguma coisa vendo vídeos, ouvindo podcasts ou indo ao cinema. Mesmo a comédia mais idiota provavelmente lhe ensinará *algo*. Mas é quase impossível tornar o aprendizado uma parte dinâmica e renovável da sua vida sem uma abordagem dedicada à leitura. Veja por que isso é verdade:

- **Ler coloca o seu cérebro em ação.** Quando você lê, está usando seu cérebro para muitas funções ao mesmo tempo — o que é um exercício vigoroso e gratificante. Como ressalta o médico Ken Pugh, presidente e diretor de pesquisa do Haskins Laboratories: "Partes do cérebro que evoluíram para outras funções — como visão, linguagem e aprendizado associativo — se conectam em um circuito neural específico para a leitura, o que é muito desafiador. Uma frase é uma abreviação de muitas informações que devem ser inferidas pelo cérebro."[1] Em outras palavras, ler oferece um nível incomparável de exercício mental e o cérebro é sempre um "músculo" que se fortalece quanto mais for desafiado.

- **Ler melhora a sua memória.** Ao oferecer um ótimo treino ao seu cérebro quando lê, ele funciona em um nível mais alto. Um benefício significativo disso diz respeito à memória. Um estudo conduzido pelo médico Robert S. Wilson na Rush University Medical Center, em Chicago, mostrou que ler tem um efeito importante no declínio de memória. "Não devemos subestimar os efeitos das atividades cotidianas, como ler e escrever, em nossos filhos, em nós mesmos e nos nossos pais e avós", aponta ele. "Nosso estudo sugere que exercitar o seu cérebro participando de atividades como essas ao longo da vida, desde a infância até a velhice, é importante para a saúde do cérebro na velhice."[2]

- **Ler melhora o seu foco.** Uma das coisas que fazemos quando estamos sentados com um livro, ou mesmo quando lemos um jornal, é treinar nosso foco nessa única tarefa. Ao contrário de quando navegamos na internet ou no YouTube, ao ler geralmente dedicamos grande parte de nossa atenção ao que estamos lendo. Essa prática torna mais fácil aplicar algum nível de concentração em outras tarefas.

- **Ler amplia o seu vocabulário.** Algumas pessoas parecem mais inteligentes. Como você reage quando encontra uma delas? Com muita probabilidade, você demonstra um crescente respeito e até um certo nível de admiração. Indivíduos que dão a impressão de serem mais inteligentes geralmente têm acesso a um vocabulário mais vasto e habilidades superiores em comparação com o indivíduo médio. A prática da leitura possibilita a construção orgânica do vocabulário. Quanto mais você lê, mais se expõe a uma gama maior de linguagem e ao uso dela em diversos contextos. E, como a leitura é uma ferramenta de foco muito superior, você está absorvendo uma grande quantidade de conteúdo, que estará acessível para você quando precisar.
- **Ler melhora a sua imaginação.** Se você já recebeu um tema sobre o qual escrever no trabalho ou na escola, sabe que é mais fácil pensar de forma criativa quando se tem um ponto de partida. A leitura oferece uma sequência infinita de temas a serem desenvolvidos. "Como seria estar no lugar dessa pessoa?", "Como posso usar essa técnica para ser mais produtivo?", "O que farei primeiro após Jim Kwik ajudar a me tornar sem limites?". Uma boa imaginação ajuda você a enxergar mais possibilidades na vida, e ler mantém sua imaginação alerta.
- **Ler melhora a compreensão.** O aprendizado ocorre de várias formas e, como uma ferramenta de sucesso, tem muitos elementos. E, embora o pensamento ágil e o domínio das habilidades sejam fundamentais para o sucesso, a empatia e a compreensão não podem ser deixadas de lado. A leitura lhe apresenta vidas que você jamais conheceu e formas de pensar bem diferentes das suas. Tudo isso constrói tanto sua empatia como sua compreensão de como o mundo funciona além de si mesmo.

COMECE LOGO

Se você conseguisse ler rápido, com maior compreensão e prazer, quais livros você começaria a ler este mês? Crie uma lista com os 3 livros que deseja começar a ler.

AUTOAVALIAÇÃO DE LEITURA

A primeira coisa que você precisa fazer é descobrir sua atual velocidade de leitura, ou seu ritmo de base. Essa velocidade de leitura é medida em palavras por minuto. Para medir, você precisará de um romance de fácil leitura, um lápis e um cronômetro. Então, faça o seguinte:

1. Configure um alarme para dois minutos;
2. Leia em uma velocidade confortável e pare quando o alarme disparar (faça uma marcação onde você parou);
3. Conte o total de palavras em três linhas regulares e divida o total por três. Esse é o número médio de palavras por linha;
4. Conte o número de linhas que leu (apenas aquelas que conseguiu ler até a metade da página);
5. Multiplique o número de palavras por linha pelo número de linhas que leu (multiplique as respostas dos passos 3 e 4);
6. Divida esse número por dois (porque você leu em dois minutos), esse é o seu número de palavras por minuto. Faça isso agora. É importante termos este exercício completo antes de seguirmos. Escreva abaixo:

   Qual é a sua velocidade de leitura atual? __________ palavras por minuto.

A média de velocidade de leitura de uma pessoa, normalmente, fica entre 150 e 250 palavras por minuto, dependendo da dificuldade do material. Se você está lendo muito abaixo de 100 palavras por minuto, o material pode ser muito difícil ou talvez seja bom procurar ajuda (as habilidades que você aprender aqui serão de grande valia).

Digamos que uma pessoa leia 200 palavras por minuto. Ela lê e estuda quatro horas por dia. Uma pessoa que lê 400 palavras por minuto (duas vezes mais rápido) precisa estudar somente metade do tempo. Um leitor mais rápido economiza pelo menos duas horas por dia.

COMECE LOGO

Se você puder economizar duas horas por dia, o que fará com esse tempo extra? Reserve um momento para escrever como você gastaria essas duas horas diariamente.

DESAFIOS À LEITURA

As pessoas não leem, ou escolhem ler muito pouco, por várias razões. Você trabalha muito e está exausto ao final do dia. É mais fácil se entreter passivamente (pela TV, filmes, música etc.) do que se envolver na atividade necessária para ler. Se o entretenimento exigir esforço, é provável que prefira jogar videogame. Entendo perfeitamente, mas, se você compreendeu os benefícios que listei anteriormente, sabe que precisa dedicar um tempo do seu dia — todos os dias — à leitura.

Outra razão importante pela qual as pessoas não leem é que elas consideram um processo trabalhoso. Pode levar cinco minutos para ler uma página de um livro, ou seja, a leitura de um livro de 300 páginas seria uma jornada de 25 horas. As pessoas tendem a ler lentamente por algumas razões. Uma é pararem de aprender a ler relativamente cedo — talvez no terceiro ou no quarto ano — e seu nível de leitura (e, mais importante, sua técnica de leitura) nunca foi muito além disso, mesmo que continuassem a aprender apesar dessa limitação. A outra é que elas não se permitem focar quando estão lendo. Elas prestam atenção às crianças, espiam a televisão, checam seus e-mails a cada minuto e por aí vai. Portanto, elas se veem lendo o mesmo parágrafo repetidamente por não estarem focadas o suficiente para compreender o que estão lendo.

Há algumas razões básicas pelas quais as pessoas leem devagar. Sua eficiência na leitura é composta de duas partes principais: o ritmo da leitura (velocidade) e a compreensão do que se lê (entendimento). Antes de vermos as várias formas de melhorar sua eficiência na leitura, precisamos primeiro examinar as três barreiras e obstáculos que nos impedem de ler mais rápido.

1. Regressão

Isso já aconteceu com você? Você já leu uma linha em um livro e acabou lendo-a novamente? Ou já se pegou "perambulando na leitura" (voltando a pontos que percorreu e relendo palavras)? *Regressão* é o termo usado para descrever a tendência dos seus olhos voltarem e relerem certas palavras. Quase todo mundo faz isso em certo grau e, na maior parte do tempo, de forma subconsciente. As pessoas acreditam que, fazendo isso, estão melhorando a compreensão, mas em geral estão dificultando. Ao regredir ou voltar na leitura é muito fácil ignorar o significado e a essência do que está sendo lido. A regressão interrompe seriamente o processo de leitura e diminui a velocidade.

2. Habilidades Desatualizadas

Ler não é tanto uma medida de inteligência; é uma habilidade como qualquer outra, que pode ser aprendida e aprimorada. Qual foi a última vez que teve uma aula de leitura? Para a maioria, foi no quarto ou no quinto ano. Se você é como a maioria das pessoas, suas habilidades de leitura provavelmente são as mesmas daquela época. Eis o desafio: a quantidade e a dificuldade do que você está lendo mudaram desde então? A complexidade do material provavelmente aumentou drasticamente, mas nossa habilidade de leitura permaneceu a mesma.

3. Subvocalização

Subvocalização é uma palavra sofisticada para a sua voz interior. Você já reparou em uma voz dentro de si, dizendo as palavras enquanto você as lê? É a sua própria voz, espero. A subvocalização limita sua velocidade de leitura para apenas algumas centenas de palavras por minuto. Isso significa que ela é limitada pela sua velocidade de fala, não a de pensamento. Na verdade, sua mente lê muito mais rápido.

De onde vem a subvocalização? Para a maioria das pessoas, quando você aprendeu a ler. Era necessário ler em voz alta para que sua professora soubesse que está fazendo do modo certo. Você se lembra de quando se sentava em uma roda com as outras crianças e cada uma se revezava e lia em voz alta? Para a maioria de nós, era um evento muito estressante. Havia muita pressão para dizer as palavras corretamente. A forma de pronunciá-las era muito importante. Foi ali que o seu cérebro fez a associação: se quero entender uma palavra enquanto estou lendo, tenho de estar apto a dizê-la corretamente.

Mais tarde, lhe disseram que não deveria ler em voz alta, mas silenciosamente, para si próprio. Foi quando você internalizou a "voz de leitura". Desde então, a maioria de nós tem feito isso. Em suma, você acredita que, se não ouvir as palavras, não as entende. Não é esse o caso.

Veja um exemplo: sabemos que o presidente John F. Kennedy lia muito rápido, entre 500 e 1.200 palavras por minuto. Ele contratou instrutores de leitura dinâmica para treinar sua equipe. Ele também fazia discursos a uma velocidade de aproximadamente 250 palavras por minuto. Claramente, quando ele estava lendo, havia muitas palavras que não repetia mentalmente. Não é necessário dizer as palavras para entendê-las.

Pare um instante e pense em um carro específico, seu ou de alguém. Como ele é? Qual a cor? Faça isso agora.

O que foi que você pensou? Pode ter dito "é azul, tem quatro pneus e bancos de couro marrom". A pergunta é: as palavras "azul", "pneus" ou "couro" apareceram em sua mente ou você visualizou um carro com todas essas coisas? Para a maioria de nós, nossa mente pensa primariamente em imagens, não em palavras. Como discutimos no capítulo anterior sobre memória, as palavras são apenas uma ferramenta que usamos para comunicar nossos pensamentos ou imagens.

Enquanto lê, você pode aumentar consideravelmente tanto a velocidade como a compreensão visualizando o material. Não é necessário "dizer" todas as palavras, porque levará muito tempo, assim como você não lê nem pronuncia sinais de pontuação como "ponto, vírgula, interrogação" quando os vê em uma frase. Você não leria uma frase assim: "Comprei abacates vírgula amoras e brócolis ponto." Você entende que os pontos são apenas símbolos que representam vários significados.

Palavras também são símbolos. Você já viu 95% das palavras que leu anteriormente. Não é necessário pronunciá-las, assim como você não precisa pronunciar palavras de preenchimento como "porque", "isso" ou "o". Você as reconhece visualmente, não pelo som. É o significado do que a palavra representa que importa. E o significado é mais bem descrito e lembrado na forma de imagens. Entender esse conceito é o primeiro passo para reduzir a subvocalização.

EQUÍVOCOS SOBRE LEITURA

Mito 1: Leitores Rápidos Não Compreendem Bem

Esse é um mito disseminado pelos leitores lentos e não é verdadeiro. Na verdade, leitores mais rápidos têm, com frequência, uma compreensão melhor do que os lentos. Veja esta analogia: quando você está dirigindo por uma rua muito tranquila, pode fazer muitas coisas: ouvir rádio, beber um suco verde, acenar para um vizinho e cantar a sua música favorita. Sua atenção não está em só um lugar; está apenas fluindo e vagando.

Mas imagine que você está acelerando em uma pista de corrida, fazendo curvas fechadas. Você tem mais ou menos foco? Aposto que está muito concentrado em tudo que está em seu entorno. Você não está pensando na sua roupa que precisa mandar para a lavanderia. O mesmo acontece com a leitura. A chave para uma melhor compreensão na leitura são o foco e a concentração. Mas muitas pessoas leem tão devagar que entediam a própria mente. Uma mente entediada não se concentra bem. Seu cérebro consegue lidar com grandes quantidades de informação e, ainda assim, a maioria das pessoas, ao ler, o alimenta... com... uma... palavra... por... vez. O que deixa o cérebro faminto.

Se sua mente divaga ou sonha acordada, essa pode ser a razão. Se você não dá ao seu cérebro o estímulo necessário, ele irá procurar se divertir em outro lugar, na forma de distração. Talvez você se veja pensando no que vai jantar, no que vestirá para seu encontro de amanhã ou prestando atenção em uma conversa no corredor. Já falamos sobre ler uma página ou parágrafo e não se lembrar do que acabou de ser lido. Isso pode ocorrer porque você lê em um ritmo tão lento que entedia o seu cérebro e ele, simplesmente, perde o interesse. Ou você pode estar usando a leitura como sedativo e acaba dormindo. Ao ler rápido, você mantém sua mente estimulada, fica mais focado e tem uma compreensão melhor.

Mito 2: Ler Rapidamente É Mais Difícil e Exige Mais Esforço

Ler rápido requer menos esforço, principalmente porque leitores treinados tendem a fazer menos regressão no texto do que os mais lentos — esses tendem a parar em algumas palavras, lê-las novamente, passar para outra palavra, retornar à anterior e continuar assim na leitura. Isso requer muito esforço, além de ser extremamente desgastante e chato. Leitores rápidos passam pelas palavras com muito mais facilidade e em menos tempo, o que os torna mais eficientes: eles levam menos tempo e tiram maior proveito disso!

Mito 3: Leitores Rápidos Não Apreciam a Leitura

Isso também não é verdade. Você não precisa estudar as pinceladas individuais de uma obra de arte para apreciá-la. Da mesma forma, você não tem que estudar cada palavra no livro para perceber seu valor. Uma das melhores coisas de ser um leitor treinado é a flexibilidade. Leitores rápidos têm a opção de acelerar o ritmo no material chato/não essencial e de desacelerar, ou até mesmo reler, nas informações interessantes/importantes. Flexibilidade é poder. Além disso, leitores mais rápidos apreciam a leitura de qualquer material porque sabem que não leva o dia todo.

MARCADOR VISUAL: MOSTRE O DEDO PARA A SUA LEITURA

Quando você era criança, provavelmente já disseram para não apontar o dedo para as palavras enquanto lia. A crença tradicional é a de que isso diminuirá a velocidade da sua leitura. Mas, como as crianças sabem naturalmente, usar o dedo como guia mantém seus olhos focados e impede a distração.

Na verdade, usar o dedo para ler aumenta a velocidade de leitura, porque seus olhos são atraídos pelo movimento.

Uma coisa é saber disso na teoria; outra é experimentar na prática. Vamos tentar incorporar esse método para refazer o exercício de velocidade de leitura. Comece do início e use o dedo para acompanhar as palavras. Finalize onde você parou na primeira vez. Não se preocupe com a compreensão e não perca tempo; é apenas um treino. O propósito deste exercício é se familiarizar em usar o dedo enquanto lê.

Quando terminar, configure um alarme para disparar em dois minutos. Comece de onde parou no primeiro exercício. Continue lendo até o alarme disparar. Descubra sua nova velocidade de leitura (usando a fórmula original) e a escreva abaixo:

Minha nova velocidade de leitura é __________ palavras por minuto.

Estudos mostram que usar o dedo enquanto se está lendo pode aumentar a velocidade de leitura em 25% a 100%. Quanto mais você pratica essa técnica, melhores serão os resultados. Pode ser um pouco estranho no começo, assim como quando você aprendeu a dirigir, mas seja paciente e lembre-se de que sempre é necessário investir mais esforço inicialmente para aprimorar as suas habilidades para não ter que aprender na marra depois.

Ler usando o dedo também utiliza outro sentido, o tato, no processo de aprendizado. Assim como o olfato e o paladar estão interligados, a visão e o tato também são altamente conectados. Já tentou mostrar algo novo a uma criança? O instinto natural dela é querer tocar o objeto.

Usar o dedo também diminui consideravelmente a regressão e é uma das razões pelas quais a velocidade da leitura aumenta com essa prática. Seus olhos são naturalmente atraídos para o movimento e, ao mover o dedo para a frente, é muito menos provável que os olhos perambulem pelo texto.

Pratique ler com o seu dedo. Essa ferramenta por si só aumentará significativamente sua velocidade e compreensão, revolucionando seu aprendizado. Se seu dedo ficar cansado, pratique usando todo o seu braço. É um músculo muito maior e não irá se cansar com facilidade.

COMO LER AINDA MAIS RÁPIDO

Aqui estão mais algumas ferramentas que o ajudarão a se tornar um leitor mais rápido:

1. Ler É Como Se Exercitar

Quando você vai malhar, não pode esperar que os músculos se desenvolvam se pegar leve nos pesos. Você precisa exigir um pouco mais de seus músculos até um ponto de leve desconforto para que se desenvolvam. O mesmo se aplica à leitura. Se você se forçar a ler mais rápido, seus "músculos da leitura" ficarão mais fortes, e o que era difícil se tornará fácil. Você pode ler mais rápido simplesmente treinando. Praticantes de corrida sabem bem disso. A prática regular na esteira o levará a correr cada vez mais rápido. Níveis que antes eram difíceis se tornam fáceis uma semana depois porque você se forçou a um nível mais alto de excelência.

Para aumentar ainda mais sua velocidade, tente este exercício: você precisará de um romance de fácil leitura, um lápis e um relógio com alarme:

1. Leia confortavelmente (usando o seu dedo ou um marcador visual) por quatro minutos. Defina um alarme para disparar em quatro minutos e leia normalmente. Marque a linha quando o alarme disparar. Esta será a sua "linha de chegada".
2. Agora, configure o alarme para disparar em três minutos. A meta aqui é alcançar a linha de chegada antes de o alarme disparar. Então leia (usando o dedo) até a linha que atingiu no passo 1 em três minutos.
3. Ajuste o alarme para disparar em dois minutos. Não se preocupe com a compreensão. Tente atingir a linha de chegada antes de o alarme tocar. Use o marcador visual e percorra linha por linha. Faça com que seus olhos sigam o dedo o mais rápido possível.
4. Reta final. Defina o alarme para disparar em um minuto. Dê o seu melhor para atingir a linha de chegada nesse tempo. Não pule linhas e não se preocupe com a compreensão.
5. Agora, respire. Defina o seu alarme para disparar em dois minutos. Comece a partir da linha de chegada e leia uma nova seção. Siga em uma velocidade confortável, com compreensão. Conte o número de linhas que leu, multiplique pelo número de palavras por linha e divida o número por 2. Essa é a sua nova velocidade de leitura. Escreva-a aqui: ______ palavras por minuto.

Como se saiu? Ao fazer esse exercício, você notará que seu ritmo aumentou. Eis uma analogia: se está dirigindo em uma estrada a 100 quilômetros por hora e diminui para 60 por causa do tráfego moderado, notará uma grande diferença. Isso ocorre porque você estava acostumado a dirigir em alta velocidade. Mas, na realidade, você não está tão devagar, porque tudo é relativo.

O mesmo princípio se aplica à leitura. Se você se forçar a ler duas ou três vezes mais rápido do que está acostumado, quando finalmente diminuir o ritmo para uma velocidade confortável, ela parecerá lenta.

Você precisa praticar esse exercício de quatro minutos ao menos uma vez ao dia até alcançar um nível em que se sinta satisfeito. Agende sua leitura. Assim como nos exercícios físicos, não pode esperar malhar apenas uma vez e ficar forte para sempre. Você deve ler regularmente, caso contrário, seus músculos de leitura ficarão fracos.

2. Expanda Sua Visão Periférica

A sua visão periférica é o intervalo de letras ou palavras que seus olhos conseguem captar ao mesmo tempo. Ao aumentar a visão periférica, você será capaz de ver e absorver mais palavras de uma vez. A maioria das pessoas foi ensinada a ler uma palavra por vez. Mas, de fato, você é capaz de ler mais do que isso.

Quando você aprendeu a ler, ensinaram que as letras formam uma grande estrutura, chamada "palavra". Quando criança, você compreendia o som de uma palavra pelas letras. Por exemplo, a palavra "boletim" poderia ser dividida em letras para que você a entendesse, B-O-L-E-T-I-M. Agora que você está mais velho, não presta mais tanta atenção nas letras que está lendo, e sim nas unidades maiores, conhecidas como palavras.

Uma das razões pelas quais as pessoas têm uma velocidade limitada de leitura é que elas leem uma palavra por vez. Mas, se você colocar a palavra "escolar" depois de "boletim", terá BOLETIM ESCOLAR. Essas duas palavras têm significados distintos, mas sua mente as vê como uma coisa só. Assim como sua mente é capaz de ver essas duas palavras juntas, também é capaz de ver grupos de palavras ao mesmo tempo. Ao fazer isso, você aumentará ainda mais sua velocidade de leitura. Da mesma forma que capta as palavras, e não as letras individualmente, leitores habilidosos veem grupos de palavras (ou ideias), e não as palavras individualmente. Mais adiante ofereço dicas extras de como "captar" mais.

3. Contando

Usando os exercícios que descrevi, o problema com a subvocalização começará a diminuir. O processo de ler mais rápido naturalmente dificulta a vocalização de todas as palavras, mesmo mentalmente. Quando você ultrapassa um certo ritmo (em torno de 300 a 350 palavras por minuto), fica impossível subvocalizar todas as palavras. Ao atingir esse patamar, seu cérebro começará a fazer a transição de dizer as palavras para vê-las mais como imagens. Ler um livro será mais como assistir a um filme.

Contar é outra ferramenta que pode ser usada para abafar a voz interior. O processo é bastante simples: conte em voz alta enquanto está lendo: "1, 2, 3..." e por aí vai. Você descobrirá que é muito difícil contar em voz alta e falar mentalmente (subvocalizar) ao mesmo tempo. Fazer isso o condicionará a subvocalizar menos, permitindo que veja as palavras em vez de dizê-las, levando a uma maior velocidade e compreensão.

As pessoas tendem a lembrar e entender o que veem mais do que o que *ouvem*. Isso faz sentido, uma vez que a maioria das pessoas consegue lembrar melhor o rosto do que o nome de alguém. Ao praticar esses exercícios, sua velocidade de leitura aumentará porque você não falará mais cada palavra. Inicialmente, você pode ficar um pouco confuso (e sua compreensão pode diminuir), mas em pouco tempo sua mente se cansará de contar e acabará parando. Com a prática, a compreensão aumentará e se expandirá rapidamente porque você poderá ver e entender o material de forma mais completa.

HISTÓRIAS DE SUCESSO

Eu poderia encher um livro com histórias de sucesso de alunos que se beneficiaram com a leitura dinâmica, que postamos regularmente nas redes sociais. Segue uma que recebemos hoje. Sarah era uma leitora extremamente lenta, tinha dificuldade de se concentrar e achava impossível lembrar nomes e eventos. Após anos de dificuldades, ela se convenceu de que tinha poucas chances de melhorar suas habilidades de leitura ou estudo.

Em meus programas, faço questão de tranquilizar meus alunos de que não estamos buscando a perfeição, e sim o progresso, e isso foi compreendido por Sarah. Ela percebeu que estava buscando soluções complicadas, mas as ferramentas e técnicas que ensinamos — que são fáceis de ignorar e deixar passar porque são simples — eram as melhores para usar. Ela decidiu se dedicar e fazer o seu melhor, independentemente das dúvidas que pudesse ter.

Os resultados falam por si; a velocidade de leitura de Sarah, hoje, é três vezes maior — ela foi de 235 palavras por minuto para 838. Ela começa seu dia lendo, o que lhe dá um impulso positivo todas as manhãs e a faz sentir que já realizou algo positivo em seu dia.

Hayes sofreu uma lesão cerebral quando era jovem. Ele lutou contra isso e manteve boas notas durante o ensino médio. No entanto, com o passar do tempo, ele começou a experimentar o que descreve como "névoa cerebral", algo que o acompanhou na faculdade, onde seu sucesso acadêmico foi muito inferior.

"Meu primeiro ano na faculdade foi o pior", me disse ele. "Fui reprovado pela primeira vez, e minha motivação estava em seu nível mais baixo. No meu segundo ano, tecnicamente ainda era calouro, pois mudei de curso. Isso também foi um desastre. Eu me sentia um fracasso. Estava cansado o tempo todo e realmente lutava com a fadiga mental. Eu precisava resolver meu problema de névoa cerebral e recuperar o controle da minha educação e vida."

Assim como eu, Hayes encontrou inspiração nos super-heróis.

"Lembro-me de assistir *The Flash* e vê-lo ler livros incrivelmente rápido, e pensei: 'E se eu pudesse fazer isso?' Também me lembro de assistir *Doctor Strange* e ver como ele se tornou um feiticeiro rapidamente com a ajuda de livros."

Hayes nunca encontrou prazer na leitura e lia apenas quando lhe atribuíam um livro como tarefa acadêmica. Mas seus aliados super-heróis o convenceram de que um curso de leitura rápida poderia mudar seu rumo.

"Depois de aprender a ler rápido, percebi que não precisava levar um mês para ler um livro; eu podia fazê-lo em uma semana. Isso despertou uma paixão pela leitura. Li cem livros nos últimos doze meses.

"Descobri que a leitura dinâmica de manhã era particularmente útil. Pratico a leitura dinâmica por vinte minutos todas as manhãs e percebo que isso ajuda a desafiar o cérebro logo cedo. Minha névoa cerebral se foi, e minha função cognitiva está muito melhor."

DICAS ADICIONAIS DE LEITURA

- Segure seu livro na posição vertical. Se o livro estiver na mesa, você pode estar fazendo uma de duas coisas:
    1. Olhando a página em um ângulo em vez de em linha reta, o que força seus olhos sem necessidade; ou
    2. Estará curvado para frente para enxergar claramente a página e isso (como você sabe) interrompe o fluxo de oxigênio pelo seu corpo e faz com que se sinta cansado.
- Leia apenas de 20 a 25 minutos por vez. Lembre-se da precedência e da recenticidade. Além disso, se seus olhos se cansarem, faça uma pausa. Feche-os e deixe-os descansar.
- Faça da leitura um hábito. Aqueles que alcançam um alto grau de sucesso quase sempre são leitores ávidos. Grandes leitores leem com frequência. A chave é tornar a leitura um hábito. Dê esse presente para si mesmo.

COMECE LOGO

Reserve, ao menos, quinze minutos por dia para ler e coloque em sua agenda como um compromisso importante. Comprometa-se a fazer da leitura parte dos seus hábitos diários.

ANTES DE SEGUIRMOS ADIANTE

Tornar sua leitura e aprendizagem sem limites lhe dará um nível de liberdade incomparável. As pessoas que aproveitam ao máximo sua capacidade de aprender vivenciam o mundo com um senso de domínio e com a confiança de que nenhuma tarefa ou desafio as intimidará. Visite *www.LimitlessBook.com/resources* [conteúdo em inglês] e coloque o que você aprendeu em prática. Você pode assistir a uma aula magna rápida, na qual eu o guio por esses métodos, com duração de uma hora. Antes de avançarmos para o próximo capítulo:

- Identifique um hábito de leitura atual que você gostaria de mudar. Qualquer transformação requer que você identifique o que está atrapalhando; observe quando isso acontece.
- Pratique sua leitura com um marcador visual todos os dias. Defina um tempo por dia, mesmo que seja de dez minutos, para desenvolver o "músculo da leitura".
- Faça uma lista de livros que você gostaria de ler esse mês e anote o que pode mudar em sua vida após terminá-los.
- Assista à minha aula magna gratuita de leitura dinâmica em *www.jimkwik.com/reading* [conteúdo em inglês].

"Pensar é o trabalho mais difícil que existe. Talvez por isso tão poucos se dediquem a ele."

— HENRY FORD

15

PENSAMENTO

Por que é importante pensar a partir de várias perspectivas?

Quais as maneiras pelas quais as pessoas usam a inteligência?

Que tipos de superpoderes você pode aproveitar pensando de maneira diferente?

Geralmente, atingir um grande resultado exige novas abordagens para pensar. Uma observação atribuída a Albert Einstein recomenda que "não podemos resolver os problemas usando o mesmo tipo de pensamento com o qual os criamos". E isso, claro, faz todo sentido. Muitas vezes adotamos determinadas perspectivas no trabalho, em nossa vida pessoal e nos estudos, e elas impedem qualquer abordagem que não se encaixe nesse ponto de vista. Mas há dois problemas nisso. O primeiro é que todas as perspectivas devem ser questionadas regularmente para confirmar que ainda são viáveis. Por exemplo, depois que uma empresa fecha as portas, é comum que uma análise posterior demonstre que ela estava tão focada em uma determinada abordagem ao mercado que não foi capaz de ver que o público-alvo não estava mais tão receptivo quanto antes. O segundo problema gerado por uma perspectiva fixa é que os desafios são fruto de um tipo específico de pensamento e a resposta somente pode ser encontrada com uma nova abordagem.

Por que a maioria das pessoas tem uma amplitude de pensamento tão restrita? Acho que a resposta é a mesma de quando discutimos a concentração: porque, de alguma forma, perdemos a "aula de como pensar" quando estávamos na escola. Felizmente, nunca é tarde demais para frequentar essa aula, e vou matriculá-lo nela agora.

OS CHAPÉUS DO PENSAMENTO

O médico e psicólogo Edward de Bono criou o conceito dos "seis chapéus do pensamento" como uma ferramenta para sair de qualquer padrão de pensamento ao qual esteja preso.[1] Utilizado regularmente para ajudar grupos a resolver problemas de forma mais produtiva, ele é facilmente adaptável a qualquer pessoa que queira manter seu pensamento ativo. A noção central é separar o pensamento em seis funções distintamente definidas, usando progressivamente uma série de chapéus metafóricos:

- Você coloca o **chapéu branco** quando está no modo de coleta de informações. Com ele, seu foco é coletar detalhes e obter todos os fatos necessários para solucionar qualquer problema que esteja tentando resolver. Para ajudá-lo a se lembrar disso, pense em um jaleco branco.
- Você muda para um **chapéu amarelo** para acrescentar otimismo ao seu pensamento. Aqui, você tenta identificar os pontos positivos em qualquer problema ou desafio que esteja enfrentando, destacando o valor inerentemente estabelecido. Como dica para a sua memória, pense em um sol amarelo.
- A seguir, você veste um **chapéu preto** para ignorar o lado bom do desafio e enfrentar suas dificuldades e armadilhas. É aqui que você se depara com as consequências de não conseguir resolver um problema com êxito. Dica para a memória: pense em uma toga de juiz em um tribunal.
- Depois de fazer isso, coloque o seu **chapéu vermelho** para permitir que a emoção entre em jogo. É neste momento que você pode deixar transparecer seus sentimentos sobre o problema e, talvez, até expressar medos. É também o momento para permitir que intuições e especulações entrem na conversa. Para se lembrar disso, pense em um coração vermelho.
- Agora, é a vez do **chapéu verde.** Quando usa este chapéu, você está no modo criativo. Analisou o problema de uma forma analítica e emocional. Agora, pergunte-se que novas ideias pode incorporar ao que já sabe sobre o problema. Como fazer isso de um jeito nunca considerado antes? Dica de memória: pense em um gramado verde.
- Por fim, vista o **chapéu azul** para assumir o modo de gerenciamento e certifique-se de ter abordado todos os pontos de forma produtiva e passado pelo processo de uma maneira que se beneficie de todos os outros chapéus que usou. Muitas vezes, as organizações começam com o chapéu azul para definir metas para uma reunião e, depois, o colocam novamente no final. Mesmo que você esteja usando os seis chapéus sozinho, é algo a se considerar. Para se lembrar dele, pense em um céu azul.

De Bono aborda a resolução de problemas por um método engenhoso e elegantemente organizado para aproveitar ao máximo o seu pensamento. Em essência, é uma forma bem definida de encarar um problema de todos os ângulos. Primeiro, você identifica claramente o que precisa abordar. Então, certifica-se de que tem acesso a todos os fatos. A seguir, garante que está lidando com a questão de uma perspectiva positiva. Então, é hora de ser realista sobre os desafios que está enfrentando e permitir que os sentimentos sejam considerados. Após isso, permita-se atacar o problema de uma forma ainda não considerada, deixando a sua imaginação correr livremente. E, então, você volta para se certificar de que abordou tudo o que pretendia durante essa sessão.

Veja de quantas formas diferentes usou seu cérebro para uma única tarefa. Você foi analítico, emocional e criativo; explorou os pontos positivos e os negativos. E, muito provavelmente, atacou o problema com ferramentas que não usa automaticamente todos os dias (que pode passar a utilizar a partir de agora). Einstein ficaria orgulhoso de você.

COMECE LOGO

Pense em um problema que precisa ser resolvido agora. Pode ser qualquer coisa, de "como posso conseguir esse emprego?" a "como posso me comunicar melhor com a minha família?". Use o modelo dos "seis chapéus do pensamento" para analisar a questão sob diferentes perspectivas.

DE QUE FORMA VOCÊ É INTELIGENTE?

Por que é importante termos as ferramentas para nos ajudar a pensar de formas diferentes? Porque, de modo geral, as pessoas têm uma forma dominante de usar a inteligência. Howard Gardner, professor de cognição e educação na Harvard, estudou extensivamente a inteligência e identificou oito diferentes tipos:[2]

1. **Espacial:** é alguém que, normalmente, pensa a partir da perspectiva do espaço ao seu redor. Pilotos de avião tendem a ser pensadores espaciais, assim como os bons jogadores de xadrez, pois ambos precisam ter uma compreensão natural de como as coisas se encaixam no espaço. O artista Claude Monet é outro exemplo, pelo uso notável do espaço em suas pinturas.

2. **Corporal-cinestésica:** um indivíduo com predominância dessa forma de inteligência usa seu corpo como forma de expressão ou para resolver problemas. Ginastas têm a inteligência corporal-cinestésica refinada, assim como bateristas. O primeiro nome que me vem à mente ao falar dessa forma de inteligência é o da tenista norte-americana Venus Williams, que expressou sua genialidade com o corpo em uma quadra como poucos.
3. **Musical:** é uma pessoa com uma forte "sensibilidade a ritmo, altura, métrica, tom, melodia e timbre".[3] Músicos, obviamente, têm dominância da inteligência musical, mas o mesmo também ocorre com poetas que, com frequência, usam a métrica e o ritmo de forma tão eficaz quanto usam as palavras. O modelo para inteligência musical é Wolfgang Amadeus Mozart.
4. **Linguística:** alguém com predominância da inteligência linguística está particularmente sintonizado com todas as implicações das palavras, não só com a definição estrita do dicionário. É claro que escritores têm essa característica, assim como grandes oradores e advogados. A primeira pessoa que me vem à cabeça ao falar sobre inteligência linguística é William Shakespeare.
5. **Lógico-matemática:** é o poder de ver as "relações lógicas entre ações e símbolos".[4] Matemáticos se sentem muito confortáveis vendo ou buscando as conexões entre diferentes números. Cientistas também fazem conexões entre objetos físicos ou entre forças que agem sobre objetos. Nosso amigo Albert Einstein imediatamente vem à mente como um ótimo exemplo.
6. **Interpessoal:** alguém com predominância da inteligência interpessoal tem uma habilidade natural profunda de se conectar com os outros e um vasto entendimento de como eles podem estar se sentindo a qualquer momento. Terapeutas e professores tendem a ter uma forte inteligência interpessoal. Ao pensar nessa inteligência, me lembro de Oprah Winfrey porque ela tem uma habilidade incrível de se relacionar com seus interlocutores.
7. **Intrapessoal:** uma pessoa com predominância da inteligência intrapessoal tem uma noção particularmente refinada do que acontece dentro de si. Pessoas com inteligência intrapessoal forte são ótimas em avaliar o próprio estado emocional. Estão em contato com seus sentimentos, sabem o que os ativa e têm uma boa noção de como administrá-los. Se você conhece alguém que mantém a calma mesmo nas circunstâncias

mais difíceis, é provável que essa pessoa tenha uma forte inteligência intrapessoal. Um exemplo notável é Mahatma Gandhi.

8. **Naturalista:** esse tipo de inteligência se expressa na habilidade de ver a natureza em todas as suas complexidades. Onde você vê um campo de flores, alguém verá quatro diferentes tipos de tulipas, algumas variedades de lavanda e uma grama rara que você pensou ser uma erva daninha. Zoólogos e paisagistas tendem a ter um domínio na inteligência naturalista. A primeira pessoa com essa característica que me vem à mente é a notável primatóloga Jane Goodall.

Você se vê em uma dessas descrições? Há uma grande chance de identificar-se com mais de uma. Raramente as pessoas têm uma única forma de inteligência: é provável que uma ou duas sejam predominantes e, talvez, você aplique outras com certa regularidade. Ao mesmo tempo, é quase certo que descobrirá que raramente — ou nunca — usa alguns itens da lista.

Mas todas essas formas de inteligência identificam maneiras bem-sucedidas de operar no mundo e qualquer uma delas pode entrar em jogo ao encarar uma tarefa ou problema específico. Ter consciência de todas as oito, considerando cada uma enquanto usa os seis chapéus de pensamento, é uma maneira extremamente eficaz de ilimitar o seu pensamento.

QUAL É O SEU ESTILO DE APRENDIZAGEM?

Assim como os tipos de inteligência variam de pessoa a pessoa, a forma de aprendizagem também muda. O modelo VAC (visual, auditivo e cinestésico) de estilos de aprendizagem está em uso desde a década de 1920 e é útil para mostrar como você prefere aprender as coisas:

- **V de Visual:** você aprende por meio de ilustrações, gráficos, vídeos e outras mídias virtuais.
- **A de Auditivo:** você se sente mais confortável aprendendo ao ouvir uma palestra, debate, podcast, audiolivro etc.
- **C de Cinestésico:** você prefere aprender por meio da interação física. Os cinestésicos tendem a se sair melhor com uma abordagem prática de aprendizagem.[5]

Faça um rápido teste para ter uma ideia de qual é seu estilo:

1. **Quando não entende ou não se lembra de algo, você sente que:**
   a. Aquilo não soa familiar.
   b. Parece nebuloso ou pouco claro.
   c. Não consegue captar ou sentir.

2. **Quando precisa ensinar um amigo como chegar à sua casa, você prefere:**
   a. Desenhar um mapa.
   b. Explicar a ele como chegar.
   c. Buscá-lo em seu carro.

3. **Você está hospedado em um hotel, alugou um carro e gostaria de visitar um amigo, mas não sabe o endereço. Prefere que ele:**
   a. Desenhe um mapa.
   b. Diga as instruções de como chegar.
   c. Busque você de carro.

4. **Aprender um material técnico é mais fácil quando:**
   a. Alguém lhe explica as ideias.
   b. Você visualiza os conceitos e vê o quadro completo.
   c. Você pode aprender fazendo ou sentindo as ideias.

5. **Quando vai cozinhar uma sobremesa especial para a sua família, você:**
   a. Faz algo que já conhece.
   b. Busca ideias em um livro de receitas.
   c. Pede dicas para outras pessoas.

6. **Você vai comprar um novo aparelho de som. Além do preço, o que mais influencia na sua decisão?**
   a. Referências de um amigo.
   b. Como você se sente ouvindo.
   c. A aparência ou o aspecto singular.

"Uma vida não examinada não vale a pena ser vivida."

— SÓCRATES

7. **Lembre-se de um momento de sua vida em que aprendeu a fazer algo, como jogar um novo jogo de tabuleiro. Evite pensar em uma habilidade específica, como andar de bicicleta. Qual foi a melhor forma de aprender?**
   a. Olhando as instruções, figuras, diagramas ou gráficos.
   b. Ouvindo a explicação de alguém.
   c. Fazendo.

8. **Qual destes jogos você prefere?**
   a. Memória.
   b. Perfil.
   c. Jogo da Mímica.

9. **Na hora de aprender sobre um novo programa de computador, você:**
   a. Lê as instruções.
   b. Telefona para um amigo e faz perguntas sobre o programa.
   c. Liga e vai usando até aprender.

10. **Você percebe com mais facilidade e é mais sensível:**
    a. À qualidade da música de um sistema de som.
    b. Se cores, formas e padrões não combinam.
    c. À sensação de que uma roupa é desconfortável.

11. **Quando não tem certeza entre duas formas de escrever uma palavra, você:**
    a. Visualiza a palavra em sua mente e escolhe a melhor forma.
    b. Fala em voz alta.
    c. Testa escrevendo as duas versões.

12. **Um novo filme chegou ao cinema. O que mais influencia a sua decisão de assistir ou não?**
    a. Opiniões de amigos/família.
    b. Você tem uma intuição de que o filme é bom.
    c. Você viu um trailer.

13. **Você se lembra mais facilmente do caminho quando:**
    a. Repete para você mesmo assim que o ouve.
    b. Visualiza as instruções.
    c. Sente intuitivamente como chegar lá.

14. Você prefere um professor ou treinador que goste de usar:

a. Folhetos, fluxogramas, gráficos e imagens.
b. Excursões, experiências e aplicações.
c. Debates, palestras com convidados e conversas.

15. Quando você entende completamente uma nova ideia, sente que:

a. É algo concreto ou tem uma sensação a respeito dela.
b. Ela é alta e clara.
c. Consegue visualizá-la.

16. Você toma decisões melhores quando confia:

a. No seu próprio instinto.
b. No que lhe parece mais claro.
c. No que soa melhor para você.

17. Em uma festa, você se interessa mais por pessoas que:

a. São interessantes e articuladas.
b. Transmitem uma sensação acolhedora e relaxante.
c. Irradiam uma beleza visual.

Após escrever as respostas, use o quadro a seguir para ver que tipo de aprendizagem é mais natural para você:

1: a (A) b (V) c (C),	**7:** a (V) b (A) c (C),	**13:** a (A) b (V) c (C),
2: a (V) b (A) c (C),	**8:** a (V) b (A) c (C),	**14:** a (V) b (C) c (A),
3: a (V) b (A) c (C),	**9:** a (V) b (A) c (C),	**15:** a (C) b (A) c (V),
4: a (A) b (V) c (C),	**10:** a (A) b (V) c (C),	**16:** a (C) b (V) c (A),
5: a (C) b (V) c (A),	**11:** a (V) b (A) c (C),	**17:** a (A) b (C) c (V)
6: a (A) b (C) c (V),	**12:** a (A) b (C) c (V),	

As respostas lhe darão uma boa ideia do seu estilo de aprendizagem. Muito provavelmente, será uma combinação de auditivo (A), visual (V) e cinestésico (C), mas você deve ver uma predominância forte de um deles e isso pode ser extremamente útil à medida que você começa a tornar seu pensamento sem limites, pois pode fazer um esforço consciente para incorporar outros tipos ao seu estilo principal.

MODELOS MENTAIS

Modelos mentais são construtos de pensamento que nos ajudam a entender melhor o mundo à nossa volta. Pense neles como atalhos. Por exemplo, todos ouvimos falar do modelo mental econômico da oferta e demanda. Provavelmente, você está familiarizado com a ideia de que a oferta é a quantidade de algo disponível em um mercado, seja um serviço, produto ou mercadoria primária. Quando ela é comparada à demanda por este item, o valor é determinado e isso muitas vezes dita o preço. Esse modelo é uma forma rápida de entender o que está acontecendo em um mercado. Nem sempre é preciso e não explica cada fator envolvido, mas serve como uma forma simples de avaliar o preço ou o valor de um item.

Modelos mentais treinam sua mente para pensar; em última análise, você não alcança o nível de suas expectativas, mas, sim, o nível de seu treinamento. Modelos podem agir como atalhos que poupam tempo e energia valiosos quando você está avaliando uma ideia, tomando uma decisão ou resolvendo um problema.

Nas páginas a seguir, incluo alguns dos meus modelos mentais favoritos para uma tomada de decisões mais rápida e perspicaz, e para resolução de problemas de forma criativa.

Tomada de Decisão: Regra 40/70

Uma das maiores barreiras a uma tomada rápida de decisão é o sentimento sempre presente de que não temos informações suficientes para tomar a decisão "correta". O ex-secretário de estado norte-americano Colin Powell lida com isso com a Regra 40/70.[6] Sua regra é jamais tomar uma decisão com menos de 40% da informação que conseguirá obter e não mais do que 70% das informações disponíveis. De acordo com Powell, com menos de 40% é um mero palpite. E mais de 70% indica que você está enrolando para tomar a decisão. É claro que isso significa que você precisa estar confortável com a possibilidade de estar errado, mas isso é algo sempre necessário.

"Quando você tem cerca de 70% de toda a informação, provavelmente deve decidir, porque pode perder a oportunidade. Minha experiência mostra que você deve reunir o máximo de informação possível e prestar atenção à sua intuição, ao seu instinto informado. Às vezes, o que minha mente analítica diz não é o que farei", disse Powell.[7]

Produtividade: Criar uma Lista do que Não Fazer

Pode parecer incoerente, mas às vezes é tão importante saber o que *não* fazer quanto o que fazer. Essa tática é mais bem empregada para direcionar sua atenção ao essencial e evitar o que não importa no momento.

Muitas vezes, no início do projeto ou até mesmo em um dia atribulado, pode parecer torturante decidir no que se concentrar. O poder da lista do que não fazer é que você consegue decidir, desde o início, o que definitivamente deixará de lado. Quando escrevemos a nossa relação de tarefas do dia, normalmente não atribuímos uma ordem de prioridade nem um valor a cada item. Uma lista de tarefas convencional pode facilmente se tornar algo genérico, contendo tudo que sabemos que precisa ser feito naquele dia em vez daquilo que deve ser feito primeiro, de acordo com o grau de importância.

Para que você não pense que a lista do que não fazer deve conter itens como checar as redes sociais, vamos trabalhar exatamente em como você deve compilar essa lista:

- Primeiro, anote as tarefas que podem ser importantes, mas que não podem ser realizadas devido a circunstâncias externas. Talvez você esteja esperando um e-mail, ou que um colega finalize a parte dele no projeto.
- A seguir, inclua tarefas que você acha que tem de ser feitas, mas que não agregam valor; você também pode pensar nelas como atividades improdutivas. Pergunte-se se pode delegar ou contratar alguém para fazê-las. Você também pode questionar se alguém vai reparar se a tarefa não for realizada. A ideia aqui é que seu tempo é mais bem aproveitado quando usado em tarefas que promovam sua vida e seus objetivos.
- Em seguida, inclua tarefas atuais e em andamento que não carecem de atenção adicional. Isso vale para sistemas já estabelecidos, como fazer o almoço das crianças ou uma rápida reunião com sua equipe no início do dia de trabalho. Essas tarefas fazem parte da sua rotina e não devem entrar em sua lista de tarefas diárias.
- Por fim, inclua tarefas urgentes que muitas vezes são designadas por outras pessoas, como elaborar uma pesquisa preliminar sobre um projeto ou fazer chamadas de acompanhamento. Elas podem ser necessárias, mas talvez não precisem ser feitas por você.[8]

Quando você acabar sua lista do que não fazer, ela deve parecer uma lista de proibições, com itens que não estão disponíveis para o uso de seu tempo. Assim, você poderá identificar as atividades que realmente darão resultado e optar por se dedicar a elas.

COMECE LOGO

Faça isso agora. Pare e crie sua lista do que *não* fazer. O que você precisa evitar hoje para se concentrar e alcançar seus objetivos? Seja específico e cumpra sua lista não fazendo cada um dos itens.

Resolução de Problemas: Estude Seus Erros

Quando reservamos um tempo para estudar os erros que cometemos, especialmente os que têm efeito em nossa vida, transformamos cada um em uma oportunidade de aprendizagem. Use esse método para avaliar o que deu errado para ter melhores resultados da próxima vez.

- Primeiro, torne claro o que aconteceu e o que não aconteceu. Com frequência, confundimos causa com correlação. Entenda o que aconteceu e o que levou ao erro.
- A seguir, pergunte-se por que esses erros aconteceram. Examine as camadas mais profundas do incidente. Você pode perguntar "por que" até ficar sem camadas para questionar.
- Depois, pergunte como você pode evitar os mesmos erros, da melhor maneira possível, no futuro. Se alguns fatores que causaram o erro estiverem fora do seu controle, pergunte como você pode evitar as causas que não podem ser eliminadas.
- Por fim, usando o que aprendeu com este exercício, determine como você pode criar melhores condições para apoiar os resultados desejados no futuro.[9]

Para ajudar a ilustrar esta estratégia, imagine o seguinte: o projeto de arrecadação de fundos que você organizou para a escola dos seus filhos teve um desempenho muito abaixo do esperado. Primeiro, você precisa saber o que aconteceu. Você e sua equipe falharam em inspirar as pessoas a doar ou elas não compareceram? Nesse caso, vamos presumir que os doadores estavam disponíveis, mas não doaram o quanto você esperava ou não fizeram nenhuma doação.

Agora, você deve se perguntar por quê. Tem a ver com a forma como você apresentou a necessidade? Ou foi a época do ano? Ou a situação econômica? Lembre-se: sua resposta aqui deve levar a mais perguntas. Nesse caso, consideremos que você decidiu que talvez não tenha enfatizado a importância da campanha porque houve uma arrecadação de fundos na escola dois meses antes e você não queria parecer insistente. Seu excesso de zelo fez com que possíveis doadores pensassem que a causa não era crítica.

Como evitar que isso ocorra novamente? Você decide que, da próxima vez que estiver à frente da campanha, vai fazê-la no início do ano escolar e que, independentemente da proximidade com qualquer outra ação, fará o possível para enfatizar seu valor e importância, e por que os doadores precisam abrir as carteiras. A conclusão é que você percebeu que precisa melhorar a forma de transmissão da mensagem sobre sua campanha e decidiu aprender sobre isso para estar muito mais bem preparado quando vier a campanha do ano seguinte.

Estratégia: Pensamento de Segunda Ordem

A maioria das pessoas pensa nas consequências de seus atos, mas poucas enxergam dois passos adiante dos efeitos imediatos que eles terão em nossa vida. Vamos considerar o livro *Conspiracy*, de Ryan Holiday, que descreve como o empreendedor Peter Thiel planejou e executou a derrocada da *Gawker*,[10] uma das revistas online mais ativas (e desagradáveis) dos Estados Unidos. O desejo de confrontar a *Gawker* nasceu depois que a revista o expôs como um homem gay. Mas ele não agiu imediatamente. Durante dez anos, ele e uma equipe fizeram uma jogada após a outra, estrategicamente, com base em um plano que haviam elaborado para destruir a *Gawker* para sempre. Independentemente do que você acha sobre as ações de Thiel, elas definitivamente não foram produto do pensamento impulsivo. Esse é um exemplo de um pensamento de segunda ordem: a habilidade de pensar estrategicamente em uma série de eventos.

Esse modelo é simples; mesmo assim, nem sempre é fácil. Para usar o pensamento de segunda ordem quando consideramos ações futuras:

- Sempre se pergunte: "E depois?"
- Pense em intervalos de tempo. Quais serão as consequências daqui a cinco dias? Cinco meses? Cinco anos?
- Trace os possíveis planos de ação que você pode tomar, usando colunas para organizar as consequências.[11]

O pensamento de primeira ordem é fácil, mas é o de segunda ordem que nos permite analisar a questão ao longo do tempo e as consequências. O melhor de tudo é que nos permite ver o que os outros não conseguem.

DANDO SALTOS GIGANTES

Avançar gradualmente é um sinal significativo de progresso. Cada passo dado no processo para se tornar sem limites o coloca na direção certa. Mas e se você pudesse avançar a sua genialidade exponencialmente? Afinal, se dermos trinta passos para frente em ritmo normal, acabaremos em algum lugar na rua. Mas, se dermos trinta passos exponenciais, daremos a volta na Terra mais de duas dezenas de vezes. Esse é o tipo de pensamento defendido por Naveen Jain, ganhador da Medalha Albert Einstein de Tecnologia e fundador de algumas das maiores companhias de inovação do mundo, incluindo Moon Express (primeira companhia privada autorizada a pousar na Lua), World Innovation Institute, iNome, TalentWise, Intelius e Infospace.

"O pensamento exponencial envolve começar a ver as coisas com uma mentalidade diferente", disse Jain. "Não se trata de pensar fora da caixa, e sim em uma caixa completamente diferente."[12] É aqui que a genialidade normal começa a se tornar sem limites. Como ele explica, o pensamento linear (o tipo usado pela maioria das pessoas) nos faz ver o problema e buscar uma solução. Podemos atacá-lo de vários ângulos. Podemos usar chapéus diferentes para resolver o problema de formas que ampliem o nosso pensamento. Podemos, inclusive, pensar em uma solução que resolva a questão de forma efetiva e nos leve adiante. Tudo isso é progresso significativo.

E se, em vez disso, olhássemos para a raiz do problema e o resolvêssemos? Isso levaria a um progresso exponencial que mudaria o mundo. Jain usa como exemplo a falta de água potável em muitas partes do mundo. Pode-se tentar resolver essa questão sob vários pontos de vista, incluindo encontrar maneiras de melhorar a filtragem e criar sistemas para levar água doce de lugares onde ela existe em abundância para outros em que ela é escassa. E se você identificasse que a maior causa dessa escassez, entre tantas outras, é que grande parte dessa água está sendo usada para a agricultura, e não para consumo direto? Você poderia tentar resolver o problema de uma forma completamente diferente. E se você pudesse usar significativamente menos água para a agricultura, talvez por uma combinação de aeroponia (técnica de cultivo que mantém as plantas suspensas no ar), aquaponia (sistema que une o cultivo de peixes com o de plantas imersas na água) ou outras técnicas sendo experimentadas atualmente ou ainda não inventadas? Isso poderia resultar em tanta água que o problema original se tornaria eminentemente solucionável. Esse é o pensamento exponencial em ação, e seu valor é óbvio.

Quando Jain começou a Viome, sua empresa, seu objetivo era atacar a natureza dominante das doenças crônicas que ele vê como subjacentes à crise mundial da saúde. Entendendo que cada sistema imunológico dos indivíduos é diferente e, portanto, o modo como cada pessoa processa os alimentos que consome pode variar bastante, ele e sua equipe desenvolveram uma ferramenta para analisar o microbioma intestinal para que uma pessoa possa "conhecer os alimentos certos para o seu corpo e descobrir como a otimização da atividade intestinal pode melhorar drasticamente sua saúde".[13] Enquanto escrevo, eles estão no processo de coletar informações de um grande número de usuários, dados que levarão a recomendações importantes a todos os indivíduos que utilizam essa ferramenta.

Naveen Jain opera na maior das escalas. Ele é um empreendedor de sucesso que nunca abriu duas empresas do mesmo setor, e um dos seus princípios operacionais é o de que criar uma empresa de bilhões de dólares é *simplesmente* uma questão de resolver um problema de US$10 bilhões. A maioria de nós não pensa em uma escala tão grande, mas você ainda pode usar o pensamento exponencial para exercitar sua mente e ilimitar sua genialidade. Para aprender mais sobre a Viome e assistir à minha entrevista com Jain, visite *www.JimKwik.com/Viome* [conteúdo em inglês].

PENSANDO EXPONENCIALMENTE

Então, como um indivíduo pensa exponencialmente? Talvez seu objetivo não seja resolver todos os problemas do mundo, inventar uma nova tecnologia ou fundar uma companhia de um bilhão, mas você pode fazer uma diferença real na sua escola, empresa ou no seu crescimento pessoal. Como um pensamento menos linear e mais exponencial causa mudanças enormes em sua vida?

O primeiro passo é ter um bom entendimento de como é uma mentalidade exponencial. Em um artigo na *Harvard Business Review*, Mark Bonchek, fundador da Shift Thinking, descreve a mentalidade linear como uma linha em um gráfico que aumenta gradualmente com o tempo. Então, ele a justapõe com uma segunda linha que avança lentamente no início e depois faz uma curva acentuada para cima antes de avançar demais no gráfico. É sua representação visual da mentalidade exponencial.

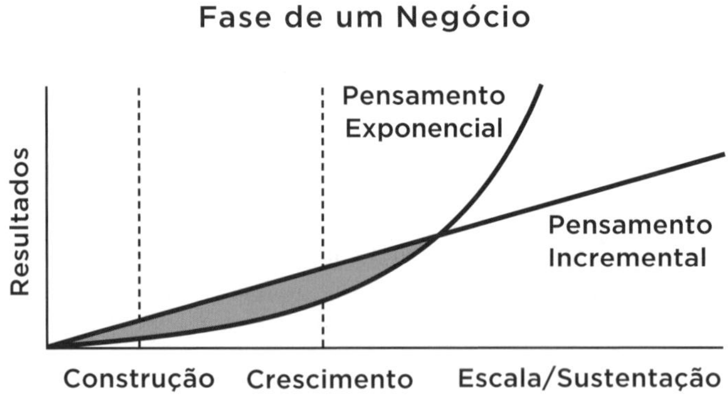

"A mentalidade incremental busca algo *melhor*, enquanto a exponencial foca fazer algo *diferente*", observa ele. "A incremental está satisfeita com 10%. A exponencial busca alcançar dez vezes mais."[14]

"A mentalidade incremental traça uma linha reta do presente ao futuro", continua Bonchek. "Um 'bom' plano de negócios incremental possibilita que você visualize exatamente como chegará de um ponto a outro. Mas modelos exponenciais não são diretos. Eles são como uma curva na estrada que o impede de ver adiante, exceto que, nesse caso, a curva sobe."

Bonchek fala especificamente sobre aplicar o pensamento exponencial nos negócios, mas a mesma percepção pode ser aplicada ao pensamento em outros aspectos da vida. Imagine, por exemplo, que você está tentando visualizar como reunir a família no jantar ao menos três vezes na semana. Uma mentalidade linear envolve olhar as agendas sociais, de atividades, de trabalho e escola de todos para encontrar uma forma de reservar alguma data. Mas uma mentalidade exponencial adotaria uma abordagem para transformar os horários estressantes de sua família em algo diferente.

Talvez o "jantar" não seja a meta em si, mas encontrar momentos-chave durante a semana em que todos possam estar no mesmo lugar e se concentrar exclusivamente uns nos outros. Talvez a questão não seja exatamente as agendas, mas como cada um escolhe usar seu tempo. O progresso pode não ser muito evidente (três meses depois, você terá feito poucos avanços), mas as mudanças que vem implementando começam a tomar forma e, de repente, todos terão muito mais tempo juntos.

Se você deseja desenvolver sua capacidade de pensamento exponencial — e dar um grande passo em direção a tornar sua genialidade sem limites —, considere estes quatro passos na próxima vez que analisar um problema ou tarefa que precise de uma solução:

Passo 1: Identifique a Raiz do Problema

Como ilustrou Naveen Jain quando abordou o problema da água no mundo, a questão principal pode não ser a mais evidente. Como ele observou, o problema subjacente à escassez de água potável não é a disponibilidade, mas, sim, o uso para fins agrícolas. Resolver o problema subjacente permite uma solução muito mais viável para o problema evidente.

Vamos voltar ao exemplo do jantar. O problema evidente é que, raras vezes, a família está reunida no jantar porque suas agendas são muito ocupadas. O problema implícito pode ser que as suas agendas são tão ocupadas porque seu cônjuge se sente compelido a ficar longas horas no trabalho, sua filha se sente obrigada a ser uma atleta de elite, seu filho se sente compelido a obter um desempenho acadêmico perfeito para poder frequentar uma faculdade com uma taxa de aceitação de 3% e você se sente obrigado a participar de três conselhos sem fins lucrativos. Mas talvez até esse não seja o verdadeiro problema implícito.

Talvez a questão seja a pressão que cada um sente não por aspirar pessoalmente a esses objetivos, mas por viver em uma comunidade que menospreza as pessoas que não têm metas como essas.

Passo 2: Postule uma Nova Abordagem

Uma das chaves para o pensamento exponencial é encher os seus pensamentos com frases "e se". Evie Mackie, do centro de inovação da empresa britânica do setor de varejo John Lewis Partnership, diz que "frases 'e se' servem para trazer cenários impensáveis à tona. Por exemplo: 'E se a humanidade precisasse se adaptar para viver em um mundo que estivesse 90% submerso' ou 'e se nós não pudéssemos mais usar as mãos para interagir'. Isso ajuda a conceituar um conjunto COMPLETAMENTE diferente de ideias que talvez nunca tivéssemos cogitado e nos permite imaginar o que precisaríamos para sobreviver em um mundo futuro, que poderia ser um lugar bem diferente".[15]

Em nosso exemplo, se você percebeu que o problema implícito é que as regras predominantes em nossa comunidade o forçaram a preencher sua vida diária com atividades que tiram muito do seu tempo, você pode se perguntar "e se não ligássemos para o que as pessoas pensam?" ou "e se o dia tivesse apenas 18 horas em vez de 24?", ou até perguntar "e se vivêssemos em outro lugar?".

Passo 3: Leia sobre o Assunto

Como você já deve saber, sou um defensor ferrenho de que você deve ler o máximo possível. Ler liberta o seu cérebro mais do que praticamente qualquer outra atividade. A leitura é especialmente importante quando se trata de pensamento exponencial. Você não poderá dar grandes saltos cognitivos se não tiver uma visão abrangente sobre um assunto.

Então, agora que você passou pelo exercício "e se", leia mais sobre os assuntos de seu interesse. Seu cônjuge pode ler sobre a conexão entre o sucesso corporativo e a felicidade. Sua filha pode se interessar por se conectar a blogueiros e influenciadores para se informar sobre as chances de se tornar uma atleta de elite e conhecer mais sobre as vidas deles. Seu filho pode ler estudos que analisam a graduação em universidades ultracompetitivas e os sucessos profissional e emocional que vêm a seguir. Você pode se dedicar a livros sobre as causas que está defendendo por meio de organizações sem fins lucrativos e reconsiderar a importância delas para você.

Passo 4: Extrapole

Você já identificou o problema implícito, formulou perguntas que lhe permitiram imaginar um mundo sem o problema e concluiu sua pesquisa. Agora é hora de tentar um novo cenário. Vamos imaginar o seguinte: você está convencido de que sua família preencheu a vida com atividades porque precisa manter seu status na comunidade. Perguntou: "E se vivêssemos em outro lugar?" e descobriu que todos os seus familiares ficaram intrigados com a ideia. Vocês leram sobre o assunto e descobriram que seriam mais felizes e satisfeitos se seus objetivos de trabalho/esporte/escola/filantrópicos fossem revistos e reconcebidos.

O que poderia acontecer se vocês se mudassem para uma cidade a 100 quilômetros, para o outro lado do país ou mesmo para outro país? Você sabe que fazer algo tão drástico pode não parecer um progresso de imediato. Já visualizou a linha reta e a curva, e percebeu que pode até parecer que deu um grande passo para trás devido a todos os ajustes que terá de fazer. Mas digamos que vocês quatro interpretaram os cenários e decidiram que entrar em ação é a coisa certa. Dois anos depois, a família está prosperando — e vocês jantam juntos quase todas as noites.

ANTES DE SEGUIRMOS ADIANTE

Este é o último dos capítulos de métodos e estou certo de que você está animado para colocar em ação tudo o que aprendeu neste livro. Antes de finalizarmos, lhe darei uma visão de como isso deve funcionar para você, além de um plano inicial de dez dias para aplicar o que aprendeu na sua vida. Antes de avançarmos para o próximo capítulo:

- Reveja as oito formas de inteligência de Howard Gardner, descritas neste capítulo. Quais delas se alinham mais com a sua própria inteligência?
- Agora que você já sabe qual é o seu estilo de aprendizagem, o que pode fazer para incorporar os outros ao seu pensamento?
- Experimente todos os seis chapéus do pensamento durante uma situação hipotética. Imagine uma tarefa relativamente simples e lide com ela usando o método de Edward de Bono.

"Quando você está no auge, as coisas acontecem num momentum, e em certo ponto não há como saber se é você quem cria esse impulso ou se é ele que move você."

— ANNIE LENNOX

PARTE V

MOMENTUM SEM LIMITES

O QUANDO

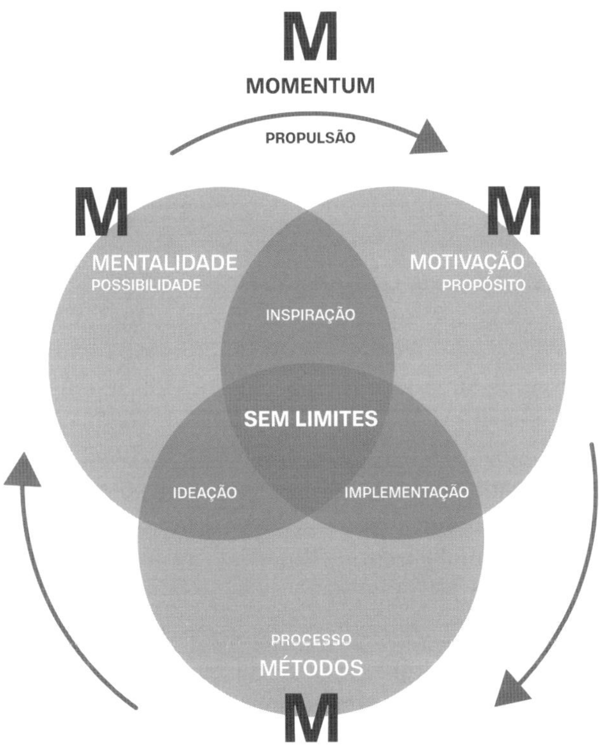

Momentum

mo·men·tum *(subst.)*

O impulso e a força motriz adquiridos pelo desenvolvimento de um processo ou curso de eventos.

Como mencionei no prefácio desta edição expandida, nosso mundo mudou muito desde que escrevi os quinze capítulos originais. Atingimos um ponto em que a perseverança, a capacidade de nos mantermos no processo constante de nos tornar sem limites, é mais importante do que nunca. A perseverança é a chave para alcançar um estado verdadeiramente ilimitado e viável. Quando somos persistentes, podemos alcançar esse estado. Quando somos consistentes, conseguimos sustentá-lo. Quando somos perseverantes e consistentes, geramos momentum. E gerar momentum é a chave para se tornar imbatível.

Em física, momentum é igual à massa vezes a velocidade. Em sua vida pessoal, você é a massa, e a velocidade é como avança pelo mundo. O que acontece quando um objeto carece de momentum? Ele fica inerte. O mesmo acontece com você. Sem momentum, você aceita os limites, e isso não é o que nenhum de nós busca.

Ao pensar em como expandir este livro para fornecer as melhores ferramentas possíveis para o pós-pandemia, percebi que o momentum é o produto dos três componentes do nosso Modelo Sem Limites: mentalidade, motivação e métodos. Ao ilimitar todos os três, você tem momentum ilimitado — e, com momentum ilimitado, consegue sustentar o Modelo Sem Limites indefinidamente.

Então, nesta parte, fornecerei algumas ferramentas essenciais para impulsionar sua mentalidade, sua motivação e seus métodos. Para a mentalidade, estou empolgado em oferecer algo no qual minha equipe e eu estamos trabalhando há anos: uma ferramenta para descobrir seu animal cerebral. Essa ferramenta permitirá que você identifique como aprende, processa e se destaca em diferentes aspectos. Os resultados foram combinados com quatro animais que exemplificam cada forma de abordar o pensamento a fim de possibilitar que esse conhecimento seja incorporado em sua vida cotidiana. Compreender seu animal cerebral fornecerá um tremendo impulso em sua mentalidade, pois permite que você crie um plano personalizado para o autodesenvolvimento e o aprendizado ao longo da vida.

Como você já sabe, a motivação está relacionada à gestão de energia. O déficit de energia pode levar à falta de impulso. A motivação é o combustível. Uma parte significativa desse combustível é fornecida por aquilo que você oferece ao seu corpo. Já falamos sobre os principais alimentos para o cérebro, mas quero lhe apresentar uma visão mais abrangente de como fornecer um excelente combustível para seu corpo. O capítulo sobre Nutrição Cerebral traz dicas, estratégias e recursos, incluindo nootrópicos, para uma mente sem limites.

Então chegamos aos métodos. Além dos métodos fornecidos anteriormente, há um conjunto particular de ferramentas que se tornou cada vez mais vital após 2020, com a mudança na forma que encaramos o trabalho. O ambiente profissional, e até mesmo a própria definição de trabalho, mudou permanentemente nos últimos anos. Então, o que isso significa para nós como indivíduos que buscam se tornar ilimitados? O capítulo sobre como se tornar sem limites no trabalho traz algumas respostas-chave.

E, por fim, achei essencial abordar talvez o maior gerador de momentum até agora, algo que não era comumente acessível quando este livro foi originalmente publicado: a inteligência artificial (IA). Ao usar efetivamente a IA como um aprimoramento para a inteligência humana (IH), você se permite gerar momentum em uma escala totalmente nova.

Esta parte fornecerá novas maneiras de desbloquear sua mentalidade, sua motivação e seus métodos. E, com isso, alcançar níveis extraordinários de momentum, que o levará à vida e ao aprendizado que deseja e merece e o ajudará a se tornar uma força imbatível. Seu caminho para o momentum ilimitado começa nas próximas páginas.

"Não se sinta intimidado pelo que não sabe. Isso pode ser sua maior força e garantir que você faça as coisas de maneira diferente de todo mundo."

— SARA BLAKELY, FUNDADORA E CEO DA SPANX

16

SEM LIMITES NO TRABALHO

Como alinhar minhas ambições profissionais com o novo ambiente de trabalho?

Como dominar as habilidades de que preciso para alcançar a excelência no trabalho?

Como aumentar minha agilidade de aprendizado para lidar com mudanças imprevistas no ambiente de trabalho?

Allison trabalha em uma revista online há mais de doze anos, e havia galgado seu caminho até o cargo de editora sênior pouco antes do início da pandemia. Ela é muito ambiciosa — o tipo de pessoa que fica no escritório até as 19h30 todas as noites — e tem como objetivo se tornar editora-chefe antes de completar 40 anos. No entanto, 2020 trouxe duas mudanças significativas em sua vida. Uma delas foi que ela e seu marido deram as boas-vindas ao primeiro filho. A outra foi que sua empresa decidiu tornar todos os cargos editoriais permanentemente remotos. A primeira mudança foi uma fonte de grande alegria para Allison. Embora ela e seu marido se sentissem muito satisfeitos com a vida que tinham, o bebê lhes deu um senso de completude que não tinham previsto. A segunda foi uma bênção de muitas maneiras, pois deu a Allison horários muito mais flexíveis, o que lhe permitiu passar mais tempo com seu filho sem abandonar as ambições profissionais. Havia apenas um problema: Allison sempre foi extremamente focada no seu trabalho, muitas vezes deixando de almoçar sem nem perceber. Ela sempre viu esse foco como essencial para o seu sucesso. Agora, seu dia de trabalho havia se tornado segmentado, com interrupções pessoais que também eram muito importantes para ela. O foco irrestrito não era mais possível. E ela percebeu que precisaria fazer ajustes, mas não sabia como.

Rohan entrou na empresa no final de 2018. Como membro de uma equipe de cinco pessoas, ele passava a maior parte do tempo nos escritórios dos colegas ou em salas de reunião, resolvendo problemas, fazendo brainstormings e oferecendo feedback. Uma unidade colaborativa forte, a equipe era altamente eficaz e permaneceu assim mesmo quando um dos membros deixou a empresa por um emprego do outro lado do país. Rohan adorava compartilhar ideias com os colegas, especialmente em sessões regadas a boas xícaras de café.

O lockdown foi uma pá de cal nesta engrenagem, e a produtividade despencou durante os primeiros seis meses da pandemia. Ainda assim, a situação se estabilizou o suficiente para que a empresa decidisse que os funcionários só retornariam ao trabalho presencial dois dias por semana. Após mais de dois anos nessa nova realidade, Rohan ainda está se ajustando, tentando conciliar o novo ambiente de trabalho com sua crença contínua de que é mais produtivo quando interage pessoalmente com os outros.

Shanice se formou na faculdade em 2022 e imediatamente foi contratada por um grande site de empregos. Ela adora seu trabalho, e foi informada de que há uma clara oportunidade de progresso na carreira se ela se destacar. Mas, exceto por visitas trimestrais ao escritório, ela faz tudo do sofá de sua sala de estar.

Shanice não tem dificuldade em cumprir com suas obrigações. Na verdade, é comum que ela peça mais trabalho porque conclui as tarefas com muita rapidez. Além disso, seu supervisor parece adorá-la. Tudo parece estar indo muito bem. O único problema é que ela não tem como saber se deve se dedicar a essa empresa em longo prazo, porque, ao ver seus colegas apenas algumas vezes por ano, ela tem apenas uma vaga noção da cultura corporativa.

Allison, Rohan e Shanice representam muitos profissionais de hoje. Antes da pandemia, as relações de trabalho já vinham passando por mudanças drásticas para muitos de nós, com um aumento da preocupação com o equilíbrio entre trabalho e vida pessoal, novas formas de encarar a lealdade à empresa/empregador e métricas evoluídas para medir conquistas e eficiência. Mas, ao retornar ao trabalho após o lockdown, muitos se viram em uma nova situação, com poucos precedentes. Ao mesmo tempo, a maioria das pessoas deseja sentir que está contribuindo, participando de algo maior do que si mesma, e que está trilhando um caminho para conquistas maiores e as recompensas que vêm com elas. Como é possível se tornar ilimitado neste novo ambiente de trabalho tão desafiador?

COMECE LOGO

Como o seu ambiente de trabalho mudou nos últimos anos? Reserve alguns minutos para escrever os aspectos positivos e negativos.

TORNANDO SEU APRENDIZADO MAIS ÁGIL

Mesmo que você esteja no mesmo emprego há muito tempo, há uma grande chance de ele ter se transformado de formas fundamentais nos últimos anos. Você está trabalhando em um novo local ou em vários locais, precisa interagir com seus colegas de maneiras completamente novas e sua conexão com os objetivos gerais da empresa é menos tangível do que costumava ser. Se você mudou de emprego ou se, como Shanice, entrou no mercado de trabalho depois da pandemia, é provável que se sinta ainda mais perdido. Diante disso, uma ferramenta incrivelmente valiosa a ser cultivada é a agilidade de aprendizado.

Em um artigo para a *Forbes*, Ilias Simpson, CEO da empresa de comércio eletrônico Radial, descreveu a agilidade de aprendizado como "a capacidade de pegar algo que você aprendeu ou experimentou anteriormente e aplicar a um cenário completamente novo ou diferente. Pessoas com altos níveis de agilidade de aprendizado prosperam durante períodos de transição e, na verdade, anseiam por eles; elas aprendem continuamente com experiências desconhecidas e aplicam essas lições para ter sucesso no próximo desafio que enfrentarem. A agilidade de aprendizado possibilita saber o que fazer quando você *não* sabe o que fazer".[1]

Indivíduos com altos níveis de agilidade de aprendizado utilizam o que já aprenderam para extrapolar como agir em situações desconhecidas. Diante do cenário atual, esse recurso é particularmente valioso. Mas desenvolver essa ferramenta o ajudará a se tornar sem limites pelo resto de sua vida profissional, independentemente das transformações imprevisíveis que provavelmente surgirão. Simpson conta como as mudanças regulares de emprego aprimoraram sua agilidade de aprendizado: "Cada vez que assumo um novo cargo, sou obrigado a usar o que aprendi anteriormente e adaptá-lo a um novo cenário. Por exemplo, quando entrei no setor de logística terceirizada, apliquei os princípios que havia aprendido de uma indústria completamente diferente: a manufatura enxuta."

Para Allison, ter um alto nível de agilidade de aprendizado tornou as mudanças em sua situação de trabalho muito mais viáveis.

"Apliquei algo que tive que dominar no início da minha carreira", me disse ela. "Quando recebi minha primeira promoção, ainda estava atuando como assistente. Eu tinha que alternar entre trabalhos de nível sênior, como encomendar artigos e dar feedback aos autores, e trabalhos mais administrativos, como cuidar da agenda do meu chefe e fazer anotações em reuniões. Essa alternância de funções dificultava manter o foco total, e fiquei muito empolgada quando finalmente assumi um cargo em que não precisava mais fazer isso. Mas, então, quando minha situação de trabalho mudou e eu precisava alternar entre uma imersão profunda em um artigo, almoçar com meu filho, voltar ao artigo, passar algumas horas com minha família depois que a babá saía e procurar um novo autor para um artigo que eu queria assim que o bebê ia dormir, recorri a habilidades de foco que aprendi durante as primeiras fases da minha carreira."

Robert W. Eichinger, CEO, e Michael M. Lombardo, diretor de pesquisa da Lominger Limited, Inc., uma empresa de consultoria de gestão, observaram que a agilidade de aprendizado era um indicador primário de potencial.

Em um artigo, eles descrevem: "O aprendizado de novos conhecimentos técnicos e profissionais é diferente do aprendizado de novos comportamentos pessoais ou formas de visualizar eventos e problemas. Se as pessoas aprendem, crescem e mudam ao longo do tempo (e, consequentemente, desenvolvem novas habilidades, não só aprimorando as que já têm), comparar as competências de um jovem promissor de 25 anos com as competências (perfil de sucesso) de cinquentões bem-sucedidos não será totalmente informativo. Os jovens promissores de 25 anos não são apenas versões em miniatura de cinquentões bem-sucedidos." Mais adiante no mesmo artigo, eles observaram que "a agilidade de aprendizado foi um indicador muito mais forte de desempenho e promovibilidade do que as medições do QI e dos cinco grandes fatores de personalidade".[2]

Então, como é possível desenvolver e aprimorar essa habilidade vital em sua vida profissional?

- **Adote uma mentalidade de crescimento:** cultivar a agilidade de aprendizado começa com a adoção de uma mentalidade de crescimento, como definido pela psicóloga Carol Dweck e discutido em outras partes deste livro. Essa mentalidade o encoraja a encarar desafios como oportunidades de crescimento e desenvolvimento, fomentando um impulso contínuo para a melhoria.

- **Busque novas experiências:** procure ativamente novas experiências e desafios, tanto dentro quanto fora do ambiente de trabalho. Ao se expor a situações diversas, você desenvolverá uma gama mais ampla de habilidades e insights, melhorando sua adaptabilidade e seus recursos.
- **Reflita sobre suas experiências:** revise regularmente seus sucessos e fracassos. Extraia lições de cada experiência e aplique-as a situações futuras, refinando continuamente sua abordagem e expandindo sua base de conhecimento.
- **Aprenda com os outros:** cerque-se de pessoas com perspectivas e experiências diversas. Participe de diálogos abertos e construtivos e esteja disposto a aprender com as experiências, ideias e insights dos outros.
- **Seja curioso:** fomente a curiosidade e a inquisitividade em sua vida profissional. Faça perguntas, explore novas ideias e busque oportunidades para expandir sua compreensão de sua área e domínios relacionados.
- **Experimente e repita:** adote uma mentalidade de experimentação, reconhecendo que nem toda tentativa será bem-sucedida. Esteja disposto a iterar suas ideias e abordagens, usando feedback e lições aprendidas para refinar suas estratégias e melhorar seu desempenho.
- **Desenvolva resiliência:** cultive a resiliência aprendendo a encarar contratempos e fracassos como oportunidades de crescimento e desenvolvimento. Enfrente desafios e mantenha uma atitude positiva diante da adversidade.
- **Cultive adaptabilidade:** aprimore sua adaptabilidade mantendo-se informado sobre as tendências e os desenvolvimentos de sua área e atualizando suas habilidades e conhecimentos. Esteja preparado para pivotar e ajustar sua abordagem conforme as circunstâncias.
- **Mantenha-se comprometido com o aprendizado:** dedique-se a um aprendizado contínuo e reconheça que sempre há mais a descobrir, explorar e dominar. Mantenha uma abordagem proativa para o desenvolvimento pessoal e profissional, buscando continuamente oportunidades de crescimento.

PARTINDO PARA A PRÁTICA

Tornar-se sem limites no trabalho envolve dominar as habilidades necessárias para operar no mais alto nível. Isso se tornou particularmente importante no novo ambiente profissional, pois o domínio das habilidades oferece um alto nível de fluidez quando as condições mudam. Por exemplo, se fazer apresentações é uma parte importante do seu trabalho e você domina várias maneiras de manter seu público engajado, poderá empregar essas habilidades quando precisar fazer apresentações online ou em vídeo pré-gravado. Por outro lado, se você só aprendeu determinadas habilidades de engajamento (como manter contato visual com as pessoas presentes em uma reunião), a mudança para o Zoom pode ser muito menos eficaz.

No livro *Developing Talent in Young People*, Benjamin Bloom, professor da Universidade de Chicago, conduziu um extenso estudo com profissionais de elite em uma ampla gama de disciplinas em busca de características semelhantes desde a juventude. Ele descobriu que havia poucas. Na verdade, com algumas exceções específicas de cada área (como tamanho corporal em atletas), havia realmente apenas um elemento comum: a prática.

Em um artigo para a *Harvard Business Review*, o psicólogo K. Anders Erickson, que cunhou o termo *prática deliberada*, escreve: "A quantidade e a qualidade da prática foram fatores-chave no nível de expertise que as pessoas alcançaram. De forma consistente e esmagadora, as evidências demonstraram que a especialização é algo construído, não inato."[3] Em outro trecho do artigo, ele observa que "a jornada para um desempenho verdadeiramente superior não é para os fracos nem para os impacientes. O desenvolvimento de uma expertise genuína requer esforço, sacrifício e uma autoavaliação honesta, mas muitas vezes dolorosa. Não há atalhos. Leva pelo menos uma década para alcançar a expertise, e você precisará investir esse tempo sabiamente, dedicando-se à prática 'deliberada' — com um foco em tarefas que estejam além do seu nível atual de competência e conforto". Ele não está brincando quando afirma que é preciso dedicação e explica que são necessárias 10 mil horas ou mais antes que você possa se considerar um especialista.

É claro que isso não significa que você só obterá os resultados após 10 mil horas de prática deliberada. A prática verdadeira e focada das habilidades trará frutos muito antes disso. Considere o caso de Rohan. Quando ele percebeu que era improvável que sua empresa voltasse ao trabalho presencial cinco dias por semana, ele começou a se dedicar à prática deliberada de suas habilidades de comunicação, acreditando que isso o tornaria um colaborador muito mais eficaz e até um líder de equipe. Ele contratou um coach que o prescreveu um conjunto rigoroso de exercícios com o objetivo de transformá-lo em um especialista em comunicação, além de se voluntariar para ajudar alunos do ensino fundamental a participar de uma competição de resolução de problemas, acreditando que, se fosse capaz de se comunicar com essas crianças, conseguiria se comunicar com qualquer pessoa.

"Grande parte de ser um bom colaborador é a habilidade de comunicação", me disse ele. "Se eu consigo expressar minhas necessidades e opiniões com clareza, é muito mais provável que meus colegas possam ajudar a colocar essas ideias em prática. Ao mesmo tempo, se consigo comunicar efetivamente minhas preocupações sobre os rumos de um projeto, é menos provável que ele saia dos trilhos. Isso sempre foi verdade, mas é especialmente verdade agora que não estamos juntos no mesmo espaço com tanta frequência. Para mim, ser um ótimo comunicador é definitivamente um trabalho em progresso, mas sinto que estou fazendo avanços reais."

Como já mencionei anteriormente, a prática leva ao progresso. Se você se esforça para aprimorar uma habilidade, verá melhorias. A prática deliberada leva essa noção à sua conclusão final: se realmente se dedicar a praticar uma habilidade com plena concentração e esforço, é provável que se torne um especialista com o tempo.

Então, como você chega lá?

- **Identifique seus objetivos de aprendizado:** comece identificando as habilidades específicas que deseja aprimorar ou adquirir em seu trabalho. Divida essas habilidades em componentes gerenciáveis e defina objetivos claros e alcançáveis para cada uma.

- **Planeje suas sessões de prática:** crie sessões de prática estruturadas que se concentrem em componentes específicos de seus objetivos de aprendizado. Aloque um tempo exclusivo para essas sessões e assegure-se de trabalhar em um ambiente livre de distrações que permita que se concentre completamente.

- **Recorra a fontes externas:** a prática deliberada muitas vezes requer aprender elementos de uma habilidade que você não sabia que existiam. Livros, sessões de treinamento, vídeos e coaches podem ampliar consideravelmente seus horizontes e mostrar a amplitude total do que você precisa dominar para se tornar um especialista.

- **Desafie-se:** a prática deliberada exige que você supere seu nível atual de desempenho. Eleve continuamente os parâmetros e enfrente tarefas cada vez mais difíceis para ampliar suas habilidades e acelerar seu progresso.

- **Busque feedback:** o feedback regular é um componente crucial da prática deliberada. Solicite feedback de colegas, mentores ou supervisores e use suas percepções para refinar suas técnicas e estratégias.
- **Reflita e ajuste:** após cada sessão de prática, reserve um tempo para refletir sobre seu desempenho. Identifique áreas para melhorias e faça os ajustes necessários para aprimorar ainda mais suas habilidades e sua expertise.
- **Persista:** a prática deliberada requer dedicação, determinação e paciência. Mantenha-se aberto ao processo e cultive uma mentalidade de crescimento, que encare os desafios como oportunidades de melhoria.

COMECE LOGO

Quais as três novas áreas que você gostaria de explorar em sua vida profissional? Anote-as e reserve um tempo em sua agenda para trabalhar nos próximos passos.

TORNE ISSO UM EXERCÍCIO EM EQUIPE

As duas primeiras técnicas discutidas neste capítulo são em grande parte empreendimentos individuais. Claro, você pode pedir ajuda a um coach para aprimorar sua prática deliberada, mas o trabalho a ser feito é em grande parte seu. No entanto, há outra habilidade-chave que pode ajudá-lo a se tornar sem limites no ambiente profissional, permitindo que você trabalhe em estreita colaboração com os outros.

A aprendizagem colaborativa é uma abordagem para dominar habilidades que envolve o uso de grupos para melhorar a experiência de aprendizagem. Em um ambiente de aprendizagem colaborativa, você trabalha em conjunto para resolver problemas, gerar novas ideias e enxergar a situação de perspectivas que talvez não considerasse sozinho. Se já trabalhou produtivamente em equipe, você testemunhou alguma forma de aprendizagem colaborativa em ação, e pode ter percebido como a contribuição de uma pessoa estimula outra ou como o debate sobre duas soluções diferentes para um problema muitas vezes resulta em uma terceira solução melhor.

A aprendizagem colaborativa oferece vários benefícios únicos. Ela aprimora as habilidades de comunicação, pois, como discutimos anteriormente, é difícil colaborar bem sem se comunicar bem. Promove a interação social, o que tende a ter um efeito positivo na experiência no ambiente de trabalho. Aumenta a retenção, porque, como discutimos em outras partes deste livro, as pessoas retêm mais quando ensinam. E promove a abertura de mente e a disposição para aprender com as perspectivas dos outros.

Claro, a aprendizagem colaborativa pode ser um desafio em ambientes de trabalho onde os colegas podem se ver apenas alguns dias por semana ou, no caso de Shanice, três ou quatro vezes por ano. Shanice encontrou uma solução útil para isso.

"Trabalho com pessoas muito inteligentes", me disse ela, "e sei que posso aprender muito com elas. Mas, se estou na Filadélfia, um colega está em Chicago, outro em Albuquerque e outro em Los Angeles, não é possível nos encontrarmos para tomar um café. Então, iniciei um grupo de chat com seis funcionários que começaram na empresa aproximadamente ao mesmo tempo que eu, no qual conversamos sobre os projetos em que estamos trabalhando, compartilhamos artigos sobre assuntos relevantes para o que estamos fazendo ou apresentamos um problema ao grupo para ver como os outros o abordariam. Aprendi muito com essas pessoas, e gosto de pensar que também ensinei um pouco".

É bem provável que seu ambiente de trabalho ofereça algum tipo de aprendizagem colaborativa, mesmo que seja informal. Tente se envolver nesses programas sempre que possível. Enquanto isso:

- **Procure maneiras de participar da aprendizagem colaborativa:** mesmo que seu local de trabalho não tenha um programa específico em vigor, procure trabalhar com outras pessoas com as quais você possa aprender e que também possam aprender com você.

- **Seja proativo:** à medida que os projetos surgem, encontre maneiras de incluir outras pessoas. Se estiver trabalhando em um projeto solo, ofereça ajuda a outras pessoas em "troca" de ajuda em seu projeto.

- **Aproveite todas as oportunidades para iniciar uma conversa:** o grupo de chat de Shanice funciona porque os participantes estimulam a interação por meio de perguntas para o grupo, compartilhando artigos relevantes sobre tópicos de interesse e trocando ideias.

- **Incentive o feedback de seus colegas:** as pessoas cujas opiniões você respeita também são provavelmente aquelas com quem você pode aprender. Pedir a opinião honesta de outras pessoas sobre um projeto não é apenas uma ferramenta de ensino valiosa, mas também aumenta a probabilidade de que elas façam o mesmo com você.
- **Aproveite o valor da análise póstuma:** depois que um projeto ou iniciativa é lançado, há uma oportunidade de reflexão que pode levar a momentos de aprendizado e novas perspectivas.

AJUSTANDO SUA INTELIGÊNCIA EMOCIONAL

Talvez não haja ferramenta mais valiosa para se tornar sem limites no trabalho do que a inteligência emocional. Cunhada pelos pesquisadores Peter Salovey e John Mayer e popularizada pelo psicólogo Daniel Goleman em seu notável best-seller de mesmo nome, a inteligência emocional é, em termos gerais, a habilidade de compreender e gerenciar suas emoções e a capacidade de identificar, apreciar e afetar as emoções dos outros.

No ambiente de trabalho, a inteligência emocional (conhecida como IE) é crucial se você deseja trabalhar bem com os outros, manter-se no rumo certo e formar os vínculos necessários para se tornar um líder. Um alto nível de IE está associado a muitos benefícios, incluindo melhoria na comunicação, na tomada de decisões e nas habilidades interpessoais, todas contribuindo para o aprimoramento da aprendizagem e do desempenho no ambiente de trabalho. Ao contrário do QI, a IE pode ser apurada e desenvolvida ao longo da vida, e a consciência do seu nível atual de IE e o esforço contínuo de aumentar esse nível podem fazer uma diferença avassaladora no tipo de funcionário, colega e líder que você pode ser.

A IE tem sido um diferencial para cada uma das pessoas que conhecemos no início deste capítulo e desempenhou um papel fundamental na maneira com que lidam com suas situações atuais.

Allison, cuja IE sempre foi alta, é plenamente consciente de que há dois conjuntos de necessidades, até certo ponto independentes, que precisa satisfazer: a de alcançar grandes realizações no trabalho e a de estar presente para seu filho e seu marido. Como sua IE é muito alta, Allison consegue identificar quando uma parte de sua vida está interferindo em outra, avaliar qual precisa ser priorizada em determinado momento e agir de acordo. Além disso, por ser capaz de captar os estados emocionais das pessoas ao seu redor, ela consegue identificar as situações em que precisa acalmar sentimentos feridos ao tomar decisões. A IE de Allison a ajuda até mesmo a lidar com os problemas de foco que continuam a desafiá-la, permitindo-lhe enxergar quando a frustração está se infiltrando em seus pensamentos.

Rohan sabe que tem trabalho a fazer em relação à sua IE. Uma das razões pelas quais ele é um colaborador tão eficaz em ambientes presenciais é sua habilidade de se sintonizar com a energia dos outros. No entanto, ele sempre enfrentou alguns desafios para captar a emoção na comunicação escrita e nas chamadas telefônicas, e isso agora se estendeu ao Zoom. Boa parte de sua frustração com sua situação profissional decorre de sua incapacidade de se sentir tão colaborativo trabalhando à distância quanto se sentia no modo presencial. É um trabalho em progresso para ele, mas estar ciente do que causa esse desconforto lhe dá um ponto de partida para trabalhar.

Para Shanice, aproveitar sua IE proporciona novas maneiras de avaliar a cultura da empresa. Ao se comunicar mais com seu supervisor, e aproveitar as oportunidades em que os colegas no grupo de chat deixam de lado a aprendizagem colaborativa para trocarem experiências sobre seus próprios supervisores e a empresa em geral, Shanice conseguiu usar sua compreensão das próprias emoções e das emoções dos outros para obter uma imagem um pouco mais clara da organização como um todo. Ela percebe que está apenas no início de sua jornada, mas está animada com o que pode descobrir.

Então, o que você pode fazer para aproveitar e até mesmo aprimorar sua inteligência emocional no trabalho?

- **Cultive a autoconsciência:** desenvolva um maior entendimento de suas próprias emoções ao refletir regularmente sobre seus sentimentos, pensamentos e reações. Essa autoconsciência pode ajudá-lo a reconhecer padrões em suas respostas emocionais e a gerenciar melhor suas emoções durante o processo de aprendizado.

- **Pratique a empatia:** desenvolva empatia ouvindo ativamente outras pessoas e colocando-se no lugar delas. A empatia pode aprimorar sua capacidade de se conectar com os outros, promover um ambiente de aprendizado positivo e incentivar a colaboração.

- **Construa resiliência emocional:** cultive a resiliência emocional aprendendo a se recuperar de contratempos e a manter uma mentalidade positiva. A resiliência pode ajudá-lo a lidar com o estresse e a adversidade, permitindo que você permaneça focado e engajado em sua jornada de aprendizado.

- **Aproveite as emoções positivas:** fomente emoções positivas, como curiosidade, alegria e entusiasmo, para criar um ambiente ideal para o aprendizado. Você pode fazer isso estabelecendo metas significativas, celebrando conquistas e mantendo o senso de humor.

- **Gerencie as emoções negativas:** desenvolva estratégias para gerenciar emoções negativas, como estresse ou ansiedade, que podem prejudicar o aprendizado. Técnicas como atenção plena, respiração profunda ou exercícios físicos podem ajudá-lo a regular suas emoções e manter o foco em seus objetivos de aprendizado.

- **Comunique-se de forma eficaz:** desenvolva habilidades de comunicação sólidas, incluindo escuta ativa, empatia e assertividade, para aprimorar a colaboração e o aprendizado dentro de sua equipe.

- **Busque apoio emocional:** cultive uma rede de apoio de colegas, mentores ou amigos que possam fornecer encorajamento, conselhos e feedback construtivo durante sua jornada de aprendizado. O apoio emocional pode ajudá-lo a navegar por emoções difíceis, permanecer motivado e manter uma perspectiva positiva.

- **Reflita e adapte-se:** reflita regularmente sobre suas emoções e seu impacto em suas experiências de aprendizado. Identifique áreas para crescimento e desenvolva estratégias para gerenciar melhor suas emoções.

Cada uma dessas técnicas ajudará você a se tornar sem limites no trabalho. E, é claro, grande parte do que discutimos em outras partes deste livro também entra em jogo. Para reunir tudo isso, lembre-se do acrônimo DRIVE [impulso, em português]:

- **D de Determinação:** determinação e disciplina são cruciais para alcançar o desempenho máximo e atingir todo o seu potencial no trabalho. Sem um alto nível de determinação, algo como prática deliberada seria quase impossível. Estabeleça metas claras para si mesmo e elabore um plano metódico para alcançá-las. Desenvolva rotinas e hábitos que estejam alinhados com a realização de seus objetivos. Acesse sua força interior para mantê-lo determinado quando algo inevitavelmente der errado. Lembre-se: o sucesso não é alcançado da noite para o dia; é o resultado de esforço consistente, foco e persistência. Explore o poder da disciplina e da determinação para desbloquear seu potencial ilimitado e alcançar resultados extraordinários.

- **R de Resiliência:** desenvolva resiliência para se recuperar de contratempos e adversidades. Encare o fracasso como uma oportunidade de aprender e crescer. Cultive a inventividade buscando soluções criativas e encontrando maneiras de superar obstáculos. Desenvolva uma mentalidade de crescimento que possibilite que você se adapte e prospere em qualquer situação. Elabore estratégias para lidar com o estresse, os contratempos e as adversidades. Valorize a reflexão e a aprendizagem com o fracasso. Aumente suas habilidades de resolução de problemas e celebre a adaptação quando encontrar novas soluções. Lembre-se: o caminho para o sucesso ilimitado é pavimentado com obstáculos e desafios, mas é nossa capacidade de superar esses obstáculos e se adaptar a novas circunstâncias que realmente faz a diferença. Explore o poder da resiliência e da inventividade para desbloquear todo o seu potencial e alcançar resultados extraordinários.
- **I de Inovação:** aproveite o poder da inovação e da imaginação para criar ideias e soluções novas. Explore a curiosidade e a disposição para experimentar e assumir riscos calculados. Mantenha-se atualizado com as tendências e os avanços do setor; e use sua criatividade para impulsionar a melhoria contínua e se manter à frente da concorrência. Dê a si mesmo tempo e espaço para o pensamento criativo.
- **V de Visão:** crie uma visão clara para sua carreira e seu crescimento pessoal e alinhe suas ações com seus valores fundamentais. Desenvolva um forte senso de propósito que guie sua tomada de decisões e o ajude a manter o foco em seus objetivos. Defina claramente seus valores pessoais e como esses valores se alinham com os valores de seu local de trabalho. Reavalie regularmente sua visão e seus valores para garantir que permaneçam relevantes e alinhados com suas aspirações. Lembre-se: visão clara e valores sólidos servem de base para o sucesso ilimitado, orientando nossas ações e decisões na busca de resultados extraordinários. Explore o poder da visão e dos valores para desbloquear todo o seu potencial e alcançar seus objetivos mais ambiciosos.
- **E de Execução:** desenvolva as habilidades e estratégias necessárias para executar seus planos com eficiência e alcançar seus objetivos. Utilize ferramentas como a técnica Pomodoro, o mapeamento mental e o método FAST para aprimorar o foco, a produtividade e a aprendizagem. Procure continuamente maneiras de melhorar a eficiência e a eficácia

e meça seu progresso para garantir que esteja no caminho certo para alcançar seus objetivos. Elabore planos de ação para manter o foco na tarefa. Implemente técnicas de gerenciamento de tempo para maximizar a eficiência. Mantenha-se no caminho da melhoria contínua. Lembre-se: a capacidade de cumprir consistentemente nossos compromissos e alcançar nossos objetivos é um componente crucial do sucesso ilimitado. Explore o poder da execução e da eficiência para desbloquear todo o seu potencial e alcançar resultados extraordinários.

ANTES DE SEGUIRMOS ADIANTE

O ambiente de trabalho enfrentou novos desafios nos últimos anos, mas seu potencial para se tornar sem limites no trabalho nunca foi tão grande. Antes de avançarmos para o próximo capítulo:

- Passe uma tarde escrevendo seus objetivos de carreira. Seja extremamente sincero sobre sua situação atual em relação a esses objetivos e o que você precisa aprender, refinar e aprimorar para chegar aonde deseja.

- Use uma habilidade na qual você já é forte em uma habilidade completamente diferente para desenvolver sua agilidade de aprendizado. Por exemplo, se você é particularmente bom em comunicação escrita, tente escrever um discurso e apresentá-lo a um grupo de amigos ou colegas que oferecerão feedback honesto.

- Encontre uma equipe com a qual você possa trabalhar para ajudar a fortalecer determinadas habilidades e desenvolver novas. Mesmo que vocês estejam separados por um continente inteiro, podem colaborar na aprendizagem.

- Descubra estratégias para turbinar sua agilidade de aprendizado em *kwiklearning.com* [conteúdo em inglês].

"Todo mundo é um gênio. Mas, se você julgar um peixe pela sua habilidade de escalar uma árvore, ele passará a vida toda acreditando que é estúpido."

— ATRIBUÍDA A ALBERT EINSTEIN

17

ENTENDENDO SEU ANIMAL CEREBRAL

Qual a diferença na maneira como eu processo informações em comparação com os outros?

Como o conhecimento do meu tipo cerebral ajuda no processo de me tornar sem limites?

Como eu trabalho e interajo efetivamente com pessoas que têm tipos cerebrais diferentes do meu?

As pessoas aprendem de maneiras diferentes, processam informações de formas diferentes e se destacam em aspectos diferentes. Esse fato é notório para a maioria de nós há muito tempo e foi codificado por meio de avaliações como Myers-Briggs e DiSC e por meio da teoria das inteligências múltiplas de Howard Gardner. Ao aprofundar meu conhecimento em neurociência para a nova versão deste livro, passei muito tempo focado na teoria do processamento dual. Em sua essência, a teoria do processamento dual postula que nosso cérebro opera em dois níveis simultaneamente. Em um nível, processamos as informações instintivamente. Por exemplo, realizamos a maioria das funções físicas — andar, comer, navegar por um ambiente — sem pensar nelas. Nosso cérebro processa todas as mecânicas necessárias para realizar esses atos, mas em segundo plano. Em outro nível, processamos informações de forma cuidadosa e deliberada. Quando temos decisões importantes a tomar, consideramos as ramificações. Quando temos uma longa viagem pela frente, tentamos diferentes rotas mentalmente. Isso é algo muito consciente e deliberado. Cada forma de processamento tem seu valor. Se você está em uma situação perigosa, deseja que seus instintos estejam o mais aguçados possível para tirá-lo dessa situação. Mas, se você está pensando em se casar ou mudar de emprego, quer ter certeza de fazer uma análise profunda antes de tomar essa importante decisão.

À medida que dediquei mais tempo a isso, percebi que seria enormemente valioso desenvolver uma maneira de visualizar tipos cerebrais de modo a nos permitir uma visão o mais tridimensional possível.

Depois de anos de trabalho, minha equipe e eu chegamos a quatro tipos de cérebro aos quais atribuímos animais representativos. Antes de apresentar cada um desses tipos, gostaria que você respondesse ao seguinte questionário com vinte perguntas de múltipla escolha.

É importante observar que o questionário não é diretamente baseado em uma teoria ou estrutura científica específica. Em vez disso, ele se inspira em diversas teorias e modelos bem estabelecidos em psicologia, neurociência e ciência cognitiva. Dentre eles: a teoria das inteligências múltiplas de Gardner; modelos de estilos de aprendizagem, como visual, auditivo e cinestésico; tipos de personalidade; a teoria da dominância cerebral de Roger W. Sperry; e estilos cognitivos.

Ao responder ao questionário, por favor, anote suas respostas.

COMECE LOGO

Para uma experiência completa, eu recomendo fortemente que você responda ao questionário digital em *mybrainanimal.com* [conteúdo em inglês], onde receberá um relatório detalhado com estratégias de aprendizagem personalizadas e dicas para colher os benefícios do seu tipo de cérebro específico todos os dias, para desfrutar da aprendizagem e da vida que você deseja e merece.

1. **Quando confrontado com um problema, você prefere:**
    1. Considerar múltiplas perspectivas antes de tomar uma decisão.
    2. Confiar em seus instintos e agir imediatamente.
    3. Analisar e elaborar estratégias antes de agir.
    4. Colaborar com os outros e chegar a um consenso.
2. Ao aprender algo novo, você:
    1. Divide-o em partes menores e lógicas.
    2. Começa imediatamente e aprende através da experiência prática.
    3. Discute e troca ideias com os outros.
    4. Reflete sobre como isso se conecta ao seu conhecimento existente.
3. **Em um projeto em grupo, você geralmente:**
    1. Garante que a voz de todos seja ouvida e considerada.
    2. Executa tarefas de forma rápida e eficiente.
    3. Oferece ideias e soluções criativas.
    4. Atribui diferentes papéis às pessoas com base em suas habilidades.
4. **Ao tomar decisões, você confia mais em:**
    1. Intuição e instintos.
    2. Lógica e raciocínio.
    3. Valores e princípios pessoais.
    4. Opinião dos outros e consenso do grupo.
5. **Em seu tempo livre, você é mais propenso a:**
    1. Ler ou se envolver em atividades intelectuais.
    2. Dedicar-se a hobbies ou interesses que usem sua imaginação.
    3. Socializar com amigos ou participar de eventos públicos.
    4. Praticar atividades físicas ou esportivas.
6. **Sua abordagem para comunicação é:**
    1. Empática e compreensiva.
    2. Inclusiva e aberta.
    3. Apaixonada e expressiva.
    4. Precisa e direta.

7. Ao definir metas, você:

1. Cria planos e cronogramas detalhados.
2. Considera o impacto mais amplo de suas metas.
3. Prioriza a velocidade.
4. Incorpora regularmente as ideias dos outros.

8. Você se sente mais confortável em um papel que:

1. Promova o trabalho em equipe e a cooperação.
2. Permita que você pense em tarefas e desafios.
3. Exija decisões rápidas e adaptabilidade.
4. Incentive o livre fluxo de ideias.

9. Você se sente mais realizado quando:

1. Reúne pessoas e alcança um objetivo comum.
2. Completa uma tarefa com eficiência.
3. Tem uma ideia inovadora.
4. Resolve um problema complexo.

10. Ao dar feedback, você:

1. Compartilha seus pensamentos com sensibilidade e compaixão.
2. Fala de forma franca e direta.
3. Incentiva o diálogo aberto e a discussão.
4. Fornece críticas objetivas e construtivas.

11. Em um ambiente de sala de aula, qual estilo de ensino ajuda você a aprender melhor?

1. Participar de atividades práticas e aprender por experiência.
2. Seguir uma abordagem estruturada e passo a passo para aprender.
3. Utilizar recursos visuais e explorar sua imaginação.
4. Participar de discussões em grupo.

12. Ao tentar persuadir alguém, como você descreveria seu estilo?

1. Receptivo e compreensivo.
2. Direto, breve e racional.
3. Dinâmico e convincente.
4. Animado e cativante.

13. Como você costuma lidar com conflitos?

1. Analisa a situação e propõe soluções racionais.
2. Aborda o problema diretamente e toma ação decisiva.
3. Procura chegar a acordos criativos.
4. Fomenta a comunicação aberta e a compreensão entre todas as partes.

14. Qual ambiente de trabalho mais o atrai?

1. Uma atmosfera colaborativa e de apoio.
2. Um ambiente estruturado e organizado.
3. Um ambiente dinâmico e energético.
4. Um espaço que incentiva a inovação e a troca de ideias.

15. De qual das seguintes tarefas você mais gosta?

1. Concluir um desafio físico ou competição.
2. Projetar um novo produto ou conceito.
3. Liderar uma equipe ou facilitar uma discussão em grupo.
4. Fazer uma análise aprofundada de um conjunto de dados.

16. Como você costuma lidar com o estresse?

1. Cria um plano para enfrentar a fonte do estresse.
2. Conversa sobre isso com alguém em quem confia.
3. Pratica atividades físicas para liberar a tensão.
4. Encontra uma saída criativa para expressar suas emoções.

17. Ao planejar uma viagem, você prefere:

1. Criar um itinerário detalhado com antecedência.
2. Escolher um destino com muitos lugares fascinantes para visitar.
3. Aventurar-se com um planejamento mínimo.
4. Viajar com um grupo e passar a maior parte do tempo juntos.

18. De que tipo de filme ou programa de TV você mais gosta?

1. Ação ou suspense.
2. Mistério ou drama policial.
3. Ficção científica ou fantasia.
4. Drama ou comédia com relacionamentos entre personagens fortes.

19. Qual afirmação melhor descreve sua abordagem à gestão do tempo?

1. Você entende que algumas ideias podem atrapalhar seu cronograma, e tudo bem.
2. Uma vez que você cria um cronograma, faz o possível para segui-lo.
3. Você prefere ser flexível e se adaptar às mudanças de prioridades.
4. A melhor maneira de cumprir o cronograma é distribuir o trabalho.

20. Qual das alternativas melhor descreve sua abordagem ao crescimento pessoal?

1. Sempre considerar uma nova maneira de fazer as coisas.
2. Construir relacionamentos fortes e aprender com os outros.
3. Abraçar desafios e ultrapassar seus limites.
4. Analisar regularmente seus pontos fortes e fracos para encontrar áreas para melhoria.

Agora que já respondeu ao questionário, veja as correspondências das respostas no gabarito a seguir:

1: 1 (D) 2 (C) 3 (O) 4 (E)	**8:** 1 (E) 2 (O) 3 (C) 4 (D)	**15:** 1 (C) 2 (D) 3 (E) 4 (O)
2: 1 (O) 2 (C) 3 (E) 4 (D)	**9:** 1 (E) 2 (C) 3 (D) 4 (O)	**16:** 1 (O) 2 (E) 3 (C) 4 (D)
3: 1 (E) 2 (C) 3 (D) 4 (O)	**10:** 1 (D) 2 (C) 3 (E) 4 (O)	**17:** 1 (O) 2 (D) 3 (C) 4 (E)
4: 1 (C) 2 (O) 3 (D) 4 (E)	**11:** 1 (C) 2 (O) 3 (D) 4 (E)	**18:** 1 (C) 2 (O) 3 (D) 4 (E)
5: 1 (O) 2 (D) 3 (E) 4 (C)	**12:** 1 (E) 2 (O) 3 (C) 4 (D)	**19:** 1 (D) 2 (O) 3 (C) 4 (E)
6: 1 (D) 2 (E) 3 (C) 4 (O)	**13:** 1 (O) 2 (C) 3 (D) 4 (E)	**20:** 1 (D) 2 (E) 3 (C) 4 (O)
7: 1 (O) 2 (D) 3 (C) 4 (E)	**14:** 1 (E) 2 (O) 3 (C) 4 (D)	

- Se o maior número de suas respostas foi C [de *cheetah*], então você é um **Ágil Guepardo**.
- Se o maior número de suas respostas foi O [de *owl*], então você é uma **Sábia Coruja**.
- Se o maior número de suas respostas foi D [de *dolphin*], então você é um **Criativo Golfinho**.
- Se o maior número de suas respostas foi E [de *elephant*], então você é um **Empático Elefante**.

CONHEÇA OS ANIMAIS

Como você provavelmente pode imaginar pelos animais que escolhemos, cada tipo de cérebro é drasticamente diferente dos outros. Vamos analisar cada um:

1. **Os Ágeis Guepardos:** são conhecidos por seu pensamento rápido, adaptabilidade e fortes instintos. Tomam decisões rápidas e se saem bem em situações de alta pressão. Sua natureza dinâmica permite que se adaptem facilmente a novos desafios e ambientes. Alguns guepardos famosos incluem Richard Branson, Serena Williams e Steve Jobs.
    - Pessoas com este tipo de cérebro tendem a abraçar desafios e gostam de situações fora de suas zonas de conforto. Isso não quer dizer que os guepardos sejam impulsivos; eles apreciam o valor do planejamento cuidadoso e estratégico. No entanto, eles estão completamente à vontade com mudanças repentinas em circunstâncias da vida e decisões de negócios. Se você é um guepardo, é provável que prospere em situações em que as condições mudam regularmente e é menos provável que queira estar em situações em que existam regras, regulamentos e instituições rígidas. Algumas profissões nas quais os guepardos prosperam são vendas, planejamento de eventos e até mesmo atletismo.
2. **As Sábias Corujas:** são caracterizadas por suas fortes habilidades analíticas, atenção aos detalhes e pensamento lógico. Elas se destacam em compreender conceitos complexos e dividir problemas em partes menores e gerenciáveis. São infinitamente curiosas, e essa curiosidade as leva a fazer perguntas e explorar novos tópicos.
    - As corujas valorizam a oportunidade de se aprofundar em um problema, considerar vários resultados, fazer listas de prós e contras e planejar cenários antes de tomar decisões. Apreciam aqueles que são excelentes em pensar rapidamente, mas sabem que fazem seu melhor trabalho quando reservam um tempo para analisar tudo. Albert Einstein era uma Coruja. Marie Curie e Warren Buffett também.
    - Se você é uma Coruja, ama quebra-cabeças complexos, seja gerenciar os interesses de todos antes de decidir sobre uma viagem de família ou oferecer um relatório sobre a prudência da fusão da sua empresa com outra. Provavelmente também é propenso a se sentir desconfortável em qualquer ambiente no qual seja necessário tomar decisões rápidas regularmente. Os tipos de trabalho nos quais

as Corujas prosperam incluem contabilidade, pesquisa científica e desenvolvimento de software.

3. **Os Criativos Golfinhos:** são caracterizados por sua inovação, pensamento fora da caixa e forte intuição. Eles criam ideias originais e encontram soluções únicas para problemas complexos. Sua criatividade permite que eles abordem desafios com uma nova perspectiva. Os golfinhos entendem que uma ideia criativa só é útil se puder funcionar dentro de um cenário prático.
   - Eles não tentam reinventar a roda toda semana. Em vez disso, procuram maneiras de expandir as condições existentes ou tentar uma nova abordagem que esteja apenas ligeiramente além do que foi tentado antes. Entre os Golfinhos famosos estão Walt Disney, Frida Kahlo e Leonardo da Vinci.
   - Se você é um Golfinho, está no seu melhor quando um novo ponto de vista é bem recebido. Em casa, isso pode envolver reinventar a noite da pizza em família. No trabalho, poderia ser criar uma nova campanha de marketing para um produto antigo. Golfinhos terão dificuldade em qualquer ambiente onde a adesão estrita à convenção seja primordial. Golfinhos prosperam em profissões como escrita, design gráfico e arquitetura.
4. **Os Empáticos Elefantes:** são conhecidos por sua inteligência emocional excepcional, profundo entendimento dos outros e sua habilidade de forjar conexões fortes. Eles se destacam em apoiar as pessoas ao seu redor, o que os torna excelentes jogadores de equipe. Elefantes são pessoas que garantem que as necessidades e preocupações de todos sejam ouvidas. Apreciam o valor dos outros tipos de animal cerebral e usam essa apreciação para facilitar a comunicação aberta entre os outros, mediar conflitos e manter um clima positivo. Oprah Winfrey é um Elefante. Assim como Madre Teresa e Nelson Mandela.
   - Se você é um Elefante, adora trabalhar em equipe e abraça os desafios associados em ajudar as pessoas a verem diferentes pontos de vista, seja mediando os conflitos de personalidade de seus filhos ou reunindo um grupo diversificado de pensadores para lançar uma nova linha de produtos. Pessoas com este tipo de cérebro tendem a prosperar em áreas como recursos humanos, relações públicas e ensino.

Algo que você provavelmente vai notar é que, embora um tipo de animal cerebral quase sempre seja dominante, você vai ter pelo menos algumas características de outros também. Como discutimos quando falamos sobre as oito formas de inteligência de Howard Gardner, isso ocorre porque nenhum de nós usa o cérebro de uma única maneira. E comparar suas respostas a esse questionário pode ser instrutivo e às vezes surpreendente. Por exemplo, um colega meu tinha uma clara predominância como Golfinho, compreensível já que ele ganha a vida sendo criativo e está mais à vontade em situações em que pode usar sua criatividade. No entanto, ele também tinha muitos aspectos da Coruja, o que o fez pausar momentaneamente até perceber que também adora vasculhar dados, escrever relatórios técnicos e criar sistemas. Uma combinação dessas sugeriria que ele seria mais adequado para um cargo no qual pudesse ser tanto criativo quanto analítico, por exemplo, diretor criativo de uma agência de publicidade.

COMECE LOGO

Compartilhe o questionário com alguns de seus colegas e discuta seus resultados.

POR QUE É IMPORTANTE CONHECER O SEU ANIMAL CEREBRAL

O que mais me empolga sobre essa avaliação é que ela fornece uma maneira de entender como seu cérebro funciona, combinando tanto sua personalidade quanto a forma como você processa informações, de maneira elegante, simplificada e, sendo sincero, divertida. Não é muito mais agradável — e, de fato, mais aplicável — pensar em si mesmo como um Guepardo do que como uma mera combinação de letras?

Mas minha equipe e eu não criamos essa nova avaliação apenas para ter assunto durante o café com os amigos. Ela é incrivelmente valiosa para você de duas maneiras distintas:

1. Entender seu tipo de cérebro ajuda você a compreender melhor como navega pelo mundo e quais são as situações ideais para prosperar. Por exemplo, se é um Golfinho, vai querer se colocar em situações em que sua criatividade seja valorizada e necessária, e evitar situações em que

precise fazer as coisas "do jeito que sempre foram feitas". Compreender seu tipo de cérebro pode afetar tudo, desde com quem você busca amizade ou relacionamento romântico até que tipo de ambiente de trabalho — ou até mesmo de carreira — é melhor para você.

2. Compreender os tipos de cérebro também o ajuda a interagir melhor com os outros. Se você é um Guepardo, pode precisar respirar fundo antes de começar um projeto com uma Coruja. Mas, ao entender como o cérebro de uma Coruja funciona, é muito mais provável que cheguem a uma solução viável. Além disso, é claro, o simples conhecimento de que existem quatro tipos de animal cerebral distintos permite que você aborde qualquer dinâmica de grupo de mente aberta. Na realidade, é improvável que conheça os tipos de cérebro de cada pessoa que encontrar (não é viável exigir que todos os seus amigos de videogame respondam ao questionário antes de começarem a jogar), mas simplesmente saber que esses diferentes tipos existem lhe dará uma perspectiva sobre outras pessoas que talvez não tenha de outra forma.

O QUE SEU TIPO DE CÉREBRO SIGNIFICA PARA O SEU CRESCIMENTO PESSOAL

Como sempre, tornar-se sem limites envolve maximizar suas chances de atingir seu potencial. É aí que a avaliação é verdadeiramente inestimável. Uma vez que você entenda seu animal cerebral, o caminho para criar um plano sob medida para autoaperfeiçoamento e aprendizado ao longo da vida fica mais claro. Vamos analisar passo a passo:

- **Reflita sobre seus pontos fortes e fracos:** dedique algum tempo para analisar seu tipo de animal cerebral. O que isso significa sobre as áreas em que atualmente sente que está se destacando? Elas estão alinhadas com as forças do seu animal cerebral? Se sim, o que você pode fazer para se tornar ainda mais forte? Está se concentrando em atividades que não se alinham bem com o seu tipo de cérebro e se sentindo frustrado? Finalmente, você pode entender por quê.

- **Estabeleça metas pessoais:** com base em sua autorreflexão, estabeleça metas pessoais alcançáveis que estejam alinhadas com o seu tipo de animal cerebral. Divida essas metas em etapas menores e gerenciáveis e estabeleça prazos para ajudá-lo a manter o foco.

- **Procure recursos e apoio:** identifique livros, cursos, podcasts, workshops ou oportunidades de mentoria que estejam alinhados com o seu animal cerebral e suas metas pessoais. Esses recursos podem ajudá-lo a desenvolver as habilidades e o conhecimento necessários para se destacar em sua vida pessoal e profissional.

- **Monitore seu progresso:** avalie regularmente seu progresso em direção às suas metas pessoais e faça ajustes conforme necessário. Celebre seus sucessos e aprenda com eventuais contratempos.
- **Compartilhe sua jornada:** conecte-se com outras pessoas que compartilham seu tipo de animal cerebral ou estão em uma jornada semelhante de crescimento pessoal. Compartilhe suas experiências, insights e lições aprendidas para apoiar e inspirar uns aos outros.

Ao entender e explorar as características de seu animal cerebral, você pode desbloquear todo o seu potencial cognitivo, melhorar seu desempenho diário e alcançar uma vida mais gratificante e bem-sucedida. Ao aplicar os princípios deste capítulo, você estará bem encaminhado para se tornar verdadeiramente ilimitado.

O QUE SEU TIPO DE CÉREBRO SIGNIFICA PARA SUAS INTERAÇÕES COM OUTROS

Seja trabalhando com uma equipe de colegas, participando de um conselho comunitário local ou cultivando um unido grupo de amigos depois da faculdade, nossas interações são fortemente guiadas pelo nosso tipo de cérebro. Agora que você sabe qual é o seu — e tem um conhecimento básico de todos os quatro tipos —, está em uma posição muito melhor para entender como esses tipos trabalham juntos.

Os Guepardos podem achar a natureza ponderada das Corujas frustrante porque estas sempre desejarão basear suas decisões em estudo cuidadoso. No entanto, os Guepardos que entendem o valor de boas informações podem aprender a trabalhar bem com Corujas. Às vezes, os Guepardos podem achar os Golfinhos instáveis porque estes tendem a experimentar diferentes ideias. Com o tempo, no entanto, os Guepardos podem aprender a interagir com os Golfinhos de forma eficaz, pois uma ótima ideia criativa pode levar a uma ação rápida.

A princípio, as Corujas costumam achar desafiador trabalhar com Guepardos porque estes são propensos à ação e as Corujas precisam ser mais metódicas. No entanto, à medida que as Corujas percebem que os Guepardos muitas vezes agem movidos por um aguçado instinto, podem achar essa dinâmica revigorante. Da mesma forma, as Corujas considerarão os Golfinhos muito dependentes do pensamento mágico e não preocupados o suficiente com os fatos. Mas Corujas e Golfinhos podem encontrar um terreno comum na capacidade do Golfinho de ajudar uma Coruja a ver uma situação de uma perspectiva que a Coruja não havia considerado.

Os Golfinhos podem achar que os Guepardos limitam sua criatividade ao sempre procurar uma solução rápida. Mas um Golfinho de mente aberta verá que essa pressão pode ser uma incrível ferramenta para focar a criatividade. Por outro lado, os Golfinhos podem se frustrar com as Corujas porque estas dependem muito da lógica e da análise. O que frequentemente faz os Golfinhos trabalharem bem com as Corujas é quando percebem que as melhores ideias criativas muitas vezes estão bem ao lado da caixa e que a natureza lógica da Coruja impede um Golfinho de divagar demais.

Você notará que ainda não mencionei os Elefantes. Isso ocorre porque eles são, por natureza, formadores de equipe e conciliadores. Se você considera alguém a "cola" em qualquer situação de equipe, provavelmente está falando de um Elefante.

Aqui estão algumas ferramentas para incorporar os tipos de animal cerebral na dinâmica da equipe:

- **Aprecie a diversidade:** reconheça que cada tipo de animal cerebral traz pontos fortes únicos e abordagens para resolver problemas. Incentive os membros da equipe a compartilhar suas perspectivas e contribuir com sua experiência, e valorize essas perspectivas e experiências mesmo quando elas não se alinham com o seu modo de pensar.

- **Fomente a comunicação aberta:** crie um ambiente onde os membros da equipe se sintam à vontade para expressar seus pensamentos, ideias e preocupações. Isso ajudará a garantir que as contribuições de todos sejam valorizadas e levadas em consideração.

- **Desenvolva habilidades complementares**: incentive os membros da equipe a aprender uns com os outros e desenvolver habilidades que complementem seus pontos fortes naturais. Isso ajudará a criar uma equipe equilibrada e capaz de enfrentar desafios de múltiplos ângulos.

- **Atribua papéis e responsabilidades:** designe tarefas e projetos com base nos pontos fortes e nas habilidades únicas de cada membro da equipe. Isso ajudará a garantir que todos estejam trabalhando em sua área de especialização e aumentará a produtividade e o sucesso geral.

- **Incentive o crescimento pessoal:** apoie os membros da equipe em sua busca por crescimento pessoal e profissional. Compartilhe o que você sabe sobre os tipos de animal cerebral para ajudá-los a desenvolverem seus pontos fortes e superarem os pontos fracos.

Vamos simular um cenário para demonstrar como um grupo de pessoas com diferentes tipos de animal cerebral pode se fortalecer mutuamente. Em um ambiente de trabalho colaborativo, Mark, Susan, Lisa e David são designados para uma equipe encarregada de desenvolver uma nova estratégia de marketing para um produto inovador.

Mark, o Ágil Guepardo, se destaca na elaboração de táticas criativas para alcançar o público-alvo e se adapta rapidamente a quaisquer mudanças ou contratempos que a equipe encontre. Seu pensamento rápido e sua adaptabilidade permitem que a equipe seja ágil e flexível em sua abordagem. A natureza dinâmica de Mark também ajuda a manter a equipe motivada e energizada ao longo do projeto.

Susan, a Sábia Coruja, assume a liderança na análise das tendências de mercado e dos dados para identificar potenciais oportunidades e desafios. Suas fortes habilidades analíticas e atenção aos detalhes permitem que ela descubra insights cruciais que ajudam a moldar a estratégia de marketing. Susan também garante que as decisões da equipe sejam respaldadas por dados, o que ajuda a criar uma base sólida para o projeto.

Lisa, o Criativo Golfinho, contribui com seu pensamento inovador e perspectiva única, sugerindo ideias de marketing fora do comum que destacam o produto em relação aos concorrentes. Ela incentiva a equipe a desafiar táticas de marketing convencionais e explorar novos caminhos. A criatividade de Lisa ajuda a equipe a gerar uma campanha de marketing que capta a atenção do público e desperta interesse pelo produto.

David, o Empático Elefante, atua como o âncora emocional da equipe, garantindo que as necessidades e preocupações de todos sejam ouvidas e atendidas. Sua excepcional inteligência emocional permite que ele facilite a comunicação aberta, faça mediação de conflitos e mantenha uma dinâmica de equipe positiva. A empatia e a compreensão de David ajudam a criar um ambiente de trabalho inclusivo e de apoio onde todos se sintam valorizados.

Conforme o projeto avança, os membros da equipe reconhecem e valorizam as forças e as contribuições únicas de cada um. Susan, Mark, Lisa e David aprendem a explorar suas diversas habilidades cognitivas para criar uma estratégia de marketing bem-sucedida e abrangente.

Susan e Lisa colaboram na combinação de insights baseados em dados com ideias criativas para garantir que a campanha de marketing seja inovadora e eficaz. Mark e David trabalham juntos para garantir que a equipe permaneça ágil e adaptável, ao mesmo tempo que mantém uma forte conexão emocional e um sistema de apoio.

Neste exemplo, a interação dos diferentes tipos de animal cerebral não apenas promove um ambiente de trabalho harmonioso, mas também leva a um resultado bem-sucedido para o projeto. As forças complementares do Ágil Guepardo, da Sábia Coruja, do Criativo Golfinho e do Empático Elefante permitem que a equipe enfrente desafios de diferentes ângulos, otimize a tomada de decisões e crie uma estratégia de marketing que gere resultados.

À medida que se aproxima das etapas finais do projeto, a equipe começa a refinar sua estratégia de marketing e se prepara para a implementação. Os distintos tipos de animal cerebral continuam desempenhando um papel crucial para garantir o sucesso do projeto.

Mark, o Ágil Guepardo, é responsável pela coordenação entre diferentes departamentos e partes interessadas para garantir a execução tranquila da campanha de marketing. Ele antecipa possíveis desafios e desenvolve proativamente planos de contingência para lidar com quaisquer problemas que possam surgir durante a implementação. A engenhosidade e a adaptabilidade de Mark ajudam a equipe a manter o rumo e sustentar o momentum.

Susan, a Sábia Coruja, revisa meticulosamente o trabalho da equipe, verificando os dados e insights para garantir que a estratégia de marketing seja baseada em informações precisas. Ela também cria um plano detalhado para medir o desempenho da campanha, delineando indicadores-chave de desempenho (KPIs) e estabelecendo sistemas de relatório para acompanhar o progresso.

Lisa, o Criativo Golfinho, colabora com as equipes de design e conteúdo para dar vida aos elementos criativos da campanha de marketing. Ela garante que a mensagem e os visuais da campanha estejam alinhados com a estratégia geral e ressoem com o público-alvo. A abordagem imaginativa de Lisa garante que a campanha seja memorável e impactante.

David, o Empático Elefante, concentra-se em manter um ambiente de trabalho positivo e de apoio durante a alta pressão da fase de implementação. Ele consulta regularmente os membros da equipe, oferecendo incentivo e orientação para ajudá-los a superar quaisquer obstáculos. A empatia e a inteligência emocional de David ajudam a equipe a manter-se motivada e comprometida com o sucesso do projeto.

A conclusão bem-sucedida do projeto é a prova do poder da diversidade cognitiva e da importância de aproveitar as forças únicas de cada tipo de animal cerebral. Mark, Susan, Lisa e David não apenas alcançaram seu objetivo, mas também aprenderam lições valiosas sobre trabalho em equipe, colabora ção e a importância de explorar suas diferenças cognitivas.

Sua experiência demonstra que, quando indivíduos com diferentes tipos de animal cerebral se unem, eles são capazes de superar desafios, aprimorar a tomada de decisões e criar soluções inovadoras que impulsionam o sucesso. Ao entender e apreciar a diversidade cognitiva dentro de sua equipe, eles desbloquearam seu potencial ilimitado e alcançaram resultados extraordinários.

COMECE LOGO

Pense nas pessoas com quem você mais interage. Que novos insights sua nova compreensão dos tipos de cérebro traz sobre suas interações com elas?

COMO CADA TIPO DE CÉREBRO PODE MELHORAR A LEITURA?

Conhecer o seu tipo de animal cerebral possibilita que você adote estratégias que estejam alinhadas com seus pontos fortes e suas preferências cognitivas únicos. Aqui estão algumas sugestões para aprimorar a leitura em cada tipo de cérebro:

Guepardo

- **Leitura rápida:** faça uma leitura corrida do texto para identificar pontos essenciais, tópicos e palavras-chave. Isso pode ajudá-lo a compreender as ideias principais e decidir em quais seções focar com mais detalhes.
- **Estabeleça metas de leitura:** estabeleça metas de leitura específicas e atingíveis, como ler um certo número de páginas ou seções dentro de um período de tempo, para manter o foco e a motivação.
- **Pratique a leitura ativa:** aumente o engajamento com o texto fazendo perguntas e previsões e estabelecendo conexões com suas próprias experiências, o que pode melhorar a compreensão e a retenção.

Coruja

- **Crie um esboço:** crie uma estrutura ou um esboço do material que está lendo. Isso pode ajudá-lo a entender melhor o fluxo de informações e a se lembrar dos pontos-chave com mais facilidade.

- **Faça anotações organizadas:** faça anotações organizadas e concisas durante a leitura, o que o ajuda a compreender e reter melhor as informações.

- **Analise o conteúdo:** aprimore suas habilidades de leitura avaliando criticamente o conteúdo, identificando padrões e estabelecendo conexões entre diferentes ideias.

Golfinho

- **Visualize o conteúdo:** crie imagens mentais ou cenas relacionadas ao material que está lendo, o que o ajuda a entender e recordar melhor as informações.

- **Faça conexões:** estabeleça conexões entre o conteúdo que está lendo e outras ideias ou experiências, o que possibilita ver o material de diferentes perspectivas e aprimorar sua compreensão.

- **Use cores ou destaque:** use técnicas de codificação de cores ou marcadores de texto para enfatizar pontos-chave e ideias, facilitando a revisão e a lembrança das informações posteriormente.

Elefante

- **Discuta o conteúdo:** discuta o material com outras pessoas, o que o ajuda a obter novas percepções e reforçar sua compreensão.

- **Resuma e parafraseie:** pratique a síntese e o parafraseamento do conteúdo, isso facilita a compreensão e a retenção das informações.

- **Crie um cronograma de leitura:** crie um cronograma de leitura com tempo dedicado para a leitura e a reflexão, isso o ajuda a manter o foco e o interesse no material.

COMO CADA TIPO DE CÉREBRO PODE APRIMORAR A MEMÓRIA?

Como conhecer o seu tipo de animal cerebral pode ajudá-lo a desenvolver técnicas de memória? Aqui estão algumas sugestões para memorizar melhor as informações:

Guepardo

- **Aprenda fazendo:** envolva-se em atividades práticas ou treine novas habilidades, o que o ajuda a reforçar a aprendizagem por meio da experiência.
- **Use técnicas de visualização:** crie imagens mentais ou visualize cenários relacionados às informações que está tentando lembrar, o que melhora a retenção de memória.
- **Ensine aos outros:** consolide a compreensão e a memória de um tópico explicando-o a outra pessoa, o que reforça sua própria aprendizagem por meio do engajamento ativo.

Coruja

- **Use dispositivos mnemônicos:** crie dispositivos mnemônicos, como acrônimos ou associações, para ajudá-lo a lembrar informações complexas de maneira mais organizada e estruturada.
- **Organize informações:** categorize e organize as informações em grupos ou hierarquias lógicas, isso facilita a lembrança posterior.
- **Utilize a repetição espaçada:** use técnicas de repetição espaçada, como revisar cartões de memorização em intervalos crescentes, para reforçar sua memória ao longo do tempo.

Golfinho

- **Crie mapas mentais:** use mapas mentais para representar visualmente informações e mostrar conexões entre diferentes conceitos, o que pode ajudar na memorização e na lembrança posterior.
- **Use técnicas de narração:** insira informações em histórias ou narrativas, o que pode ajudá-lo a lembrar detalhes de forma mais eficaz, aproveitando sua criatividade e imaginação.

- **Envolva múltiplos sentidos:** incorpore diferentes experiências sensoriais em sua aprendizagem, como ouvir música, desenhar ou usar aromaterapia.

Elefante

- **Participe de estudos em grupo:** estude com outras pessoas, pois o processo de discutir e compartilhar informações pode ajudar a reforçar sua memória.
- **Use palácios da memória:** crie "palácios da memória" associando informações a locais ou objetos específicos em um ambiente familiar, o que pode ajudá-lo a lembrar detalhes com mais facilidade.
- **Pratique a recuperação ativa:** teste sua memória por meio de exercícios de recuperação ativa, como resumir informações de cabeça ou ensiná-las a outra pessoa, o que fortalece as conexões de memória.

COMO CADA TIPO DE CÉREBRO PODE MELHORAR A RESOLUÇÃO DE PROBLEMAS E A TOMADA DE DECISÃO?

Ao se concentrar em estratégias adaptadas aos pontos fortes e às preferências do seu tipo de cérebro, você pode aprimorar suas habilidades de resolução de problemas e tomar decisões mais eficazes.

Guepardo

- **Confie nos instintos:** confie na intuição e nos sentimentos instintivos para orientar sua tomada de decisão, especialmente em situações em que decisões rápidas são necessárias ou quando há informações limitadas disponíveis.
- **Aja e aprenda com a experiência**: tome decisões com base na ação e na experiência. Esteja aberto para testar potenciais soluções, aprender com os resultados e ajustar sua abordagem conforme necessário.
- **Busque opinião de outros:** busque conselhos ou feedback de outras pessoas para equilibrar sua tomada de decisão instintiva com uma variedade de perspectivas e insights.

Coruja

- **Analise o problema:** primeiro divida o problema em partes menores, identificando as causas principais e os princípios subjacentes. Essa abordagem sistemática pode ajudá-lo a entender melhor o problema e identificar soluções potenciais.
- **Avalie as alternativas:** use suas habilidades analíticas para avaliar cuidadosamente os prós e os contras de cada solução potencial, o que o ajuda a tomar decisões informadas com base em critérios objetivos.
- **Revise e reflita:** após tomar uma decisão, revise os resultados e reflita sobre o processo de tomada de decisão para aprender com suas experiências e melhorar suas habilidades de tomada de decisão futuras.

Golfinho

- **Pense de forma criativa:** aproveite sua criatividade e sua imaginação para gerar soluções inovadoras para problemas. Esteja aberto para explorar ideias e abordagens não convencionais.
- **Procure padrões e conexões:** melhore suas habilidades de resolução de problemas identificando padrões, tendências e conexões entre informações aparentemente não relacionadas.
- **Considere o panorama geral:** tenha uma visão holística do problema, considerando o contexto mais amplo e as implicações de longo prazo de suas decisões.

Elefante

- **Colabore e comunique-se:** aproveite suas sólidas habilidades de comunicação e colaboração para envolver outras pessoas no processo de resolução de problemas, reunindo perspectivas e insights diversos para informar suas decisões.
- **Construa consenso:** trabalhe para criar um consenso entre os membros da equipe ou partes interessadas, o que pode levar a soluções mais eficazes e sustentáveis.
- **Equilibre empatia e objetividade:** explore sua natureza empática para considerar o impacto humano de suas decisões, ao mesmo tempo que mantém a objetividade para garantir decisões bem informadas.

É POSSÍVEL MUDAR SEU TIPO DE CÉREBRO?

Embora os tipos de animal cerebral usados neste modelo representem padrões e tendências cognitivas estáveis, é importante observar que o cérebro humano tem uma incrível capacidade de mudança e adaptação, conhecida como neuroplasticidade.

Isso significa que, com esforço consciente e prática, um indivíduo pode de fato desenvolver novas habilidades cognitivas e estratégias que possam levá-lo a se identificar mais com um tipo de animal cerebral diferente. Por exemplo, um Empático Elefante pode trabalhar no desenvolvimento de suas habilidades analíticas e, com o tempo, descobrir que se identifica mais com a Sábia Coruja. Uma mudança pode ser facilitada por meio de prática, atenção plena e reflexão, orientação profissional ou mudanças no estilo de vida.

No entanto, também é importante lembrar que o objetivo não é necessariamente mudar o tipo de animal cerebral, mas, sim, entendê-lo e utilizá-lo de forma eficaz, ao mesmo tempo que reconhece e trabalha nos pontos fracos. É a diversidade de nossas habilidades cognitivas que nos torna únicos e nos permite contribuir de diferentes maneiras.

ANTES DE SEGUIRMOS ADIANTE

Com essa introdução aos tipos de animal cerebral, você agora tem uma nova e poderosa ferramenta para expandir seu potencial e interagir com os outros em novos níveis. Antes de avançarmos para o próximo capítulo:

- Anote três insights obtidos agora que você sabe qual é o seu tipo de animal cerebral. Formule um plano de ação com base nessas observações.

- Imagine pessoas de cada um dos quatro tipos de animal cerebral, como se estivesse escalando o elenco de um filme. Como seria seu Guepardo ou seu Elefante ideal? Isso pode ser uma maneira muito eficaz de dar vida a esses quatro tipos em sua mente.

- Considere as principais diferenças entre você e as pessoas que têm os outros três tipos de cérebro. Imagine duas maneiras de ajudar a criar uma ponte entre vocês.

"A maneira como você pensa, a maneira como você se comporta e a maneira como você se alimenta podem influenciar sua vida por 30 a 50 anos."

— DEEPAK CHOPRA

18

NUTRIÇÃO CEREBRAL

Como o que e quando você come afetam seu potencial ilimitado?

Como você pode mudar seus hábitos alimentares para maximizar a saúde cerebral?

Quais nootrópicos podem melhorar seu desempenho cognitivo?

Anya era uma potência. Ela avançou rapidamente em nossos programas de leitura rápida, memória e habilidades de estudo com tremendo entusiasmo. Sua empolgação por cada novo programa só era igualada pela sua dedicação em extrair o máximo deles. Mas, apesar de todo o esforço dedicado para se destacar, ela sentia que consistentemente ficava um pouco aquém de seus objetivos. Em determinado momento, ela chegou a tirar algumas semanas de folga, acreditando que poderia ter um desempenho melhor após um período para "recarregar as baterias". Quando nem isso foi capaz de ajudar, ela entrou em contato com nossos escritórios com algumas perguntas, questionando se estava fazendo algo errado.

Ela não estava fazendo nada errado. No entanto, faltava uma coisa: ela não estava alimentando seu cérebro, ou qualquer parte de seu corpo, de forma adequada. Sua dieta era carregada de açúcar e alimentos processados, e ela parecia dedicada a sustentar toda a indústria de sanduíches de frango empanado sozinha.

Anya tinha a mentalidade e a motivação para ser verdadeiramente sem limites, e estava aderindo aos métodos como uma profissional. Mas até que decidisse fornecer ao seu cérebro a nutrição de que ele precisava para prosperar, ela não estava fazendo tudo o que podia para se libertar de limitações.

COMECE LOGO

Dedique um minuto para avaliar o estado atual do seu cérebro. Você sente que ele está funcionando a todo vapor ou há espaço para alguns ajustes? Agora, reflita sobre sua dieta nos últimos dias. Você percebe alguma correlação?

CINCO MENTIRAS COMUNS SOBRE A NUTRIÇÃO CEREBRAL

Como vimos anteriormente, um tópico tão rico e em constante evolução quanto a nutrição cerebral tende a gerar uma série de "mentiras" ou Ideias Limitadas Mantidas [LIEs, na sigla em inglês]. Aqui estão as cinco mais comuns, e a verdade por trás de cada uma:

Mentira 1: "A saúde do cérebro se resume à genética. A dieta não importa muito."

Este mito provavelmente teve origem em estudos científicos iniciais que enfatizaram o papel da genética na saúde cerebral e na função cognitiva.

Verdade: embora a genética desempenhe um papel na saúde do cérebro, suas escolhas de dieta e estilo de vida podem impactar significativamente sua função cognitiva e sua saúde cerebral. Na verdade, pesquisas sugerem que uma dieta saudável, rica em nutrientes que impulsionam o cérebro, pode ajudar a prevenir a deterioração cognitiva e aprimorar o desempenho mental.

Mentira 2: "Todas as gorduras são ruins para o cérebro."

Esta ideia provavelmente surgiu do mito mais amplo de que todas as gorduras são prejudiciais, que ganhou destaque durante o frenesi das dietas com baixo teor de gordura no final do século XX.

Verdade: gorduras saudáveis, especialmente os ácidos graxos ômega-3 encontrados em alimentos como peixes, nozes e sementes de linhaça, são cruciais para a saúde do cérebro. Essas gorduras são essenciais para a função cerebral e a manutenção das células cerebrais.

Mentira 3: "Desde que esteja comendo o suficiente, você está recebendo todos os nutrientes de que seu cérebro precisa."

Este mito pode surgir de um mal-entendido sobre como a nutrição funciona. A ideia de que quantidade equivale a qualidade é um equívoco comum.

Verdade: a qualidade dos alimentos que você ingere é tão importante quanto a quantidade, se não mais. Consumir uma variedade de alimentos ricos em nutrientes é fundamental para garantir que seu cérebro receba todos os nutrientes necessários para funcionar de forma ideal.

Mentira 4: "Tomar um multivitamínico é suficiente para suprir todas as necessidades nutricionais do seu cérebro."

Este mito provavelmente vem dos esforços de marketing da indústria de suplementos, que frequentemente enfatizam os benefícios dos multivitamínicos como uma solução universal para todos.

Verdade: embora os multivitamínicos possam ajudar a preencher as lacunas, não devem ser confiados como a única fonte de nutrientes. Uma dieta variada, com alimentos integrais e diversificados, é a melhor maneira de nutrir seu cérebro.

Mentira 5: "Açúcar é o combustível do cérebro, então quanto mais, melhor."

Este mito pode ter surgido do fato de que a glicose, uma forma simples de açúcar, é uma fonte primária de energia para o cérebro.

Verdade: embora seja verdade que o cérebro use glicose para energia, nem todos os açúcares são iguais. O consumo excessivo de açúcares refinados pode levar a distúrbios metabólicos, inflamação e deterioração da função cognitiva. Uma dieta com quantidades moderadas de carboidratos complexos, como os encontrados em grãos integrais e vegetais, fornece uma fonte mais estável e saudável de glicose para o seu cérebro.

Ao desmascarar essas Ideias Limitadas Mantidas, podemos nos capacitar com conhecimento e fazer escolhas mais saudáveis para nutrir melhor nosso cérebro.

AS DEMANDAS NUTRICIONAIS DO CÉREBRO

O cérebro é um órgão complexo e que demanda muita energia. Apesar de representar apenas 2% do nosso peso corporal, ele consome incríveis 20% da energia do nosso corpo. Uma nutrição cerebral adequada é essencial para sustentar suas funções mais complexas, incluindo a geração de novos neurônios, a produção de neurotransmissores e a formação e a manutenção de sinapses. Como Anya descobriu, o cérebro precisa ser alimentado da maneira correta para funcionar em um nível ideal. Um cérebro bem nutrido é altamente eficiente. Ele pode rapidamente se adaptar a novas informações, tomar decisões ponderadas e processar pensamentos complexos. Por outro lado, um cérebro privado de nutrientes essenciais pode sofrer diminuição nas habilidades cognitivas, redução da capacidade de memória e maior suscetibilidade a distúrbios de humor e doenças neurodegenerativas. Ao nutrir nosso cérebro corretamente, podemos melhorar a memória, o foco e o desempenho mental geral.

Um estudo de 2017 publicado na revista *Neurology* descobriu que indivíduos que seguem uma dieta mediterrânea, rica em frutas, vegetais, grãos integrais e proteínas magras, apresentaram menor atrofia cerebral total ao longo de um período de três anos.[1] Esse estudo está alinhado com nosso entendimento histórico, reforçando que uma dieta rica em nutrientes é a base para um cérebro com alto desempenho.

Os ácidos graxos ômega-3, encontrados em abundância em peixes e sementes de linhaça, demonstraram apoiar a saúde do cérebro e a função cognitiva. Um estudo publicado na *Current Clinical Pharmacology* descobriu que uma ingestão maior de ômega-3 foi benéfica para melhorar a função cognitiva na doença de Alzheimer muito leve e no transtorno depressivo maior.[2] O ômega-3 funciona reduzindo a inflamação no cérebro e mantendo a saúde das células cerebrais, destacando ainda mais sua importância em nossa dieta.

Antioxidantes, encontrados em uma variedade de frutas e vegetais, desempenham um papel crucial na proteção de nosso cérebro contra o estresse oxidativo — um processo prejudicial que pode levar ao declínio cognitivo. Um estudo de 2002 publicado no *Journal of the American Medical Association* concluiu que uma alta ingestão dietética de vitamina C e vitamina E pode reduzir o risco de doença de Alzheimer.[3]

A seguir, vamos nos concentrar em alimentos específicos e práticas alimentares para impulsionar o foco, a memória e o desempenho mental. Por exemplo, os mirtilos, frequentemente chamados de “frutas do cérebro”, estão repletos de antioxidantes conhecidos como flavonoides. De acordo com um estudo publicado na *Physiology, Nutrition, and Metabolism,* o consumo regular de mirtilos pode retardar o envelhecimento cerebral e melhorar a memória de trabalho.[4]

E quanto ao chocolate? O chocolate amargo, especificamente, é rico em flavonoides, cafeína e antioxidantes. Um estudo publicado na revista *Appetite* revelou que o consumo mais frequente de chocolate estava significativamente associado a um melhor desempenho cognitivo.[5]

O jejum intermitente recentemente ganhou atenção científica por seus benefícios para a saúde do cérebro. Essa prática envolve alternar entre períodos de alimentação e jejum. Um estudo publicado no *New England Journal of Medicine* descobriu que o jejum intermitente pode melhorar a função cognitiva, proteger contra doenças neurodegenerativas e possivelmente prolongar a expectativa de vida.[6] Essa abordagem alimentar ajuda a otimizar nossos processos metabólicos, proporcionando ao nosso cérebro uma fonte de energia mais saudável e eficiente.

Estudos demonstraram que café, em moderação, tem notáveis benefícios no aprimoramento cerebral, além de nos fornecer uma dose rápida de energia. Um estudo publicado no periódico *Frontiers in Aging Neuroscience* descobriu que o consumo de café a longo prazo poderia reduzir o risco de doença de Alzheimer.[7]

Nenhum alimento isolado, por mais poderoso que seja, pode garantir a saúde e o desempenho do nosso cérebro. Em vez disso, é preciso uma dieta variada e equilibrada para fornecer uma gama de nutrientes, cada um desempenhando seu papel em nossa cognição. Assim, sua dieta deve conter uma boa mistura de frutas, vegetais, proteínas magras e grãos integrais.

Embora entender a nutrição e sua conexão com a saúde do cérebro seja crucial, lembre-se de que isso é apenas uma peça do quebra-cabeça. Outros fatores relacionados ao estilo de vida, como exercícios, sono e gerenciamento do estresse, também são cruciais para manter a função cerebral ideal. Como em tudo na vida, o equilíbrio é fundamental.

Na jornada para se tornar sem limites, a nutrição cerebral atua como sua estrela-guia, iluminando o caminho para o máximo desempenho cognitivo. É o combustível que impulsiona o motor do seu cérebro, permitindo que você pense, aprenda, crie e contribua para o mundo de maneira significativa. Então, alimente-se como se seu cérebro dependesse disso — porque, de uma maneira muito real, ele depende.

A neuronutrição é um campo de pesquisa relativamente novo que examina o impacto dos nutrientes na saúde cerebral, no desempenho cognitivo e no bem-estar mental. Numerosos estudos têm mostrado uma forte correlação entre uma dieta saudável e a função cerebral ideal.

Em um artigo do National Institutes of Health, David O. Kennedy, do Centro de Pesquisa sobre o Cérebro, Desempenho e Nutrição da Universidade Northumbria, escreveu sobre as vitaminas do complexo B: "Seus efeitos coletivos são particularmente prevalentes em inúmeros aspectos da função cerebral, incluindo produção de energia, síntese/reparo de DNA/RNA, metilação genômica e não genômica e a síntese de numerosas neurosubstâncias e moléculas de sinalização."[8] Essas vitaminas ajudam a regular os níveis de homocisteína, um aminoácido associado ao declínio cognitivo e à demência quando presente em concentrações elevadas. As vitaminas do complexo B são abundantes em alimentos como vegetais de folhas verdes, grãos integrais e carnes magras.

Em outro artigo do National Institutes of Health, Simon C. Dyall, membro da Faculdade de Saúde e Ciências Sociais da Universidade de Bournemouth, escreveu: "Os ácidos graxos poli-insaturados ômega-3 (PUFAs, na sigla em inglês) exibem propriedades neuroprotetoras e representam um potencial tratamento para uma variedade de distúrbios neurodegenerativos e neurológicos."[9] Essas gorduras essenciais, encontradas em peixes oleosos, nozes e sementes de linhaça, foram associadas ao estímulo do crescimento das células cerebrais, à redução da inflamação e à melhora da comunicação entre as células cerebrais. Estudos sugerem que uma dieta rica em ômega-3 pode aprimorar a memória e a aprendizagem, além de proteger contra o declínio cognitivo e a depressão.

Outros estudos mostraram que antioxidantes como vitamina C, vitamina E e flavonoides, disponíveis em alimentos como frutas vermelhas, chocolate amargo e chá verde, protegem as células cerebrais do estresse oxidativo e da inflamação, que podem contribuir para o declínio cognitivo e as doenças neurodegenerativas. Enquanto isso, a colina, um nutriente essencial encontrado em ovos, soja e frango, desempenha um papel vital na produção do neurotransmissor acetilcolina, que é crucial para processos de memória e aprendizagem.

A seguir, apresento um rápido questionário sobre nutrição cerebral para ajudá-lo a avaliar o quanto seus hábitos alimentares atuais estão auxiliando sua saúde cognitiva:

1. **Com que frequência você consome peixes oleosos (como salmão, cavala ou sardinhas)?**
    a. Quase todos os dias.
    b. Algumas vezes por semana.
    c. Raramente ou nunca.

2. **Você regularmente consome alimentos ricos em antioxidantes (como mirtilos, chocolate amargo, nozes)?**
    a. Sim, quase diariamente.
    b. Ocasionalmente.
    c. Não, raramente ou nunca.

3. **Com que frequência você consome alimentos ricos em vitaminas do complexo B (como vegetais de folhas verdes, grãos integrais, ovos)?**
    a. Todos os dias.
    b. Ocasionalmente.
    c. Raramente ou nunca.

4. **Com que frequência você se expõe à luz solar (que auxilia na produção de vitamina D) ou consome alimentos ricos em vitamina D (como peixes oleosos, queijo ou gemas de ovos)?**
    a. Todos os dias, várias vezes ao dia.
    b. Uma vez por dia ou algumas vezes por semana.
    c. Raramente ou nunca.

5. **Com que frequência você toma um multivitamínico ou outro suplemento dietético voltado para a saúde cerebral?**
    a. Todos os dias.
    b. Ocasionalmente.
    c. Raramente ou nunca.

6. **Com que frequência você consome alimentos ricos em colina (como ovos, carnes magras e tofu)?**
    a. Quase todos os dias.
    b. Algumas vezes por semana.
    c. Raramente ou nunca.

7. **Com que frequência você consome vegetais de folhas verdes (como espinafre, couve ou acelga)?**
    a. Todos os dias.
    b. Ocasionalmente.
    c. Raramente ou nunca.

8. **Você consome regularmente alimentos ricos em probióticos (como iogurte, chucrute ou kimchi)?**
    a. Sim, quase diariamente.
    b. Ocasionalmente.
    c. Não, raramente ou nunca.

9. **Com que frequência você bebe chá verde ou consome alimentos/bebidas ricos em L-teanina?**
    a. Todos os dias, várias vezes ao dia.
    b. Uma vez por dia ou algumas vezes por semana.
    c. Raramente ou nunca.

10. **Você costuma consumir alimentos ricos em curcumina (como a cúrcuma)?**
    a. Sim, todos os dias.
    b. Ocasionalmente.
    c. Não, raramente ou nunca.

11. **Com que frequência você consome alimentos ricos em magnésio (como vegetais de folhas verdes, legumes, nozes e sementes)?**
    a. Quase todos os dias.
    b. Algumas vezes por semana.
    c. Raramente ou nunca.

12. **Com que frequência você consome alimentos ricos em prebióticos (como cebolas, alho, bananas e aveia) para apoiar seu eixo intestino-cérebro?**
    a. Todos os dias, várias vezes ao dia.
    b. Uma vez por dia ou algumas vezes por semana.
    c. Raramente ou nunca.

13. **Com que frequência você consome alimentos ricos em proteínas (como carnes magras, tofu, feijões e lentilhas) que fornecem aminoácidos necessários para a produção de neurotransmissores?**
    a. Quase todos os dias.
    b. Ocasionalmente.
    c. Raramente ou nunca.

14. **Com que frequência você se hidrata? Você está bebendo os oito copos de água recomendados diariamente?**
    a. Quase todos os dias.
    b. Algumas vezes por semana.
    c. Raramente ou nunca.

15. **Você regularmente consome alimentos ricos em flavonoides (como frutas cítricas, frutas vermelhas, cebolas, salsa, chocolate amargo)?**
    a. Sim, todos os dias.
    b. Ocasionalmente.
    c. Não, raramente ou nunca.

Pontuação:

Para cada resposta A, some 3 pontos.

Para cada resposta B, some 2 pontos.

Para cada resposta C, some 1 ponto.

- **35–45 pontos:** Excelente! Seus hábitos alimentares parecem ser altamente favoráveis à saúde cerebral. Continue assim e continue explorando novos alimentos e nutrientes para otimizar a função do seu cérebro.
- **25–34 pontos:** Você está no caminho certo, mas há espaço para melhorias. Considere adicionar mais alimentos saudáveis para o cérebro à sua dieta e manter a consistência.
- **16–24 pontos:** Sua dieta pode precisar de alguns ajustes para melhor auxiliar a saúde do seu cérebro. Considere incorporar mais nutrientes e alimentos benéficos para o cérebro regularmente.
- **15 pontos:** Sua dieta atual pode não ser suficiente para manter a saúde do seu cérebro. Agora é um ótimo momento para começar a incorporar mais alimentos e suplementos benéficos para o cérebro.

É importante salientar que esse questionário é apenas um guia geral e não substitui o aconselhamento nutricional profissional. Sempre consulte um profissional de saúde ou nutricionista para elaborar um plano alimentar que atenda às suas necessidades individuais.

COMECE LOGO

Compartilhe esse questionário com amigos e familiares e discuta seus resultados.

NUTRINDO SEU CÉREBRO ILIMITADO

Como Anya descobriu, prestar atenção em como você alimenta seu cérebro é uma parte essencial para desbloquear seu potencial ilimitado. Pouco tempo depois de começar a reduzir o consumo de fast-food e priorizar uma dieta equilibrada e rica em nutrientes, ela sentiu que não havia nada que não pudesse aprender. Antes de mergulharmos em detalhes específicos da neuronutrição, aqui estão alguns passos-chave que você pode dar imediatamente para alimentar melhor seu cérebro:

- **Mantenha-se hidratado:** a hidratação adequada é vital para a função cerebral ideal. A desidratação pode prejudicar a memória de curto prazo, a atenção e as habilidades de tomada de decisão. Procure beber pelo menos oito copos de água de 250 ml diariamente e ajuste com base em seu nível de atividade e necessidades individuais.

- **Consuma uma dieta colorida:** comer uma variedade de frutas e vegetais coloridos garante que você obtenha uma ampla gama de fitonutrientes, que oferecem inúmeros benefícios à saúde, incluindo propriedades antioxidantes e anti-inflamatórias que auxiliam a saúde cerebral.

- **Limite o consumo de alimentos processados e com açúcares adicionados:** uma dieta rica em alimentos processados e açúcares adicionados tem sido associada ao declínio cognitivo e ao aumento do risco de doenças neurodegenerativas. Em vez disso, concentre-se em consumir alimentos integrais e nutritivos que forneçam nutrientes essenciais para o seu cérebro.

- **Cuide da saúde do seu intestino:** pesquisas emergentes sugerem uma forte conexão entre a saúde do intestino e a função cerebral — o eixo intestino-cérebro que discutimos anteriormente neste livro. Incorpore alimentos ricos em prebióticos, como bananas, vegetais de folhas verdes, cebolas, alho e alcachofras, bem como alimentos ricos em probióticos, como iogurte, kefir e chucrute, em sua dieta para estimular um microbioma intestinal saudável e promover uma função cerebral ideal.

- **Pratique uma alimentação consciente:** a alimentação consciente envolve prestar total atenção aos alimentos e à experiência de comer, saboreando cada mordida e ouvindo os sinais de fome e saciedade do seu corpo. Essa abordagem pode ajudá-lo a fazer escolhas alimentares mais saudáveis, melhorar a digestão e aumentar o prazer das suas refeições.

Embora seja melhor obter nutrientes dos alimentos integrais, certas pessoas, como aquelas com restrições dietéticas ou condições de saúde específicas, podem se beneficiar da suplementação. Consulte um profissional de saúde para determinar se a suplementação é apropriada para você e quais nutrientes podem ser necessários para promover a saúde do seu cérebro.

NOOTRÓPICOS E SUPLEMENTOS

Isso nos leva aos nootrópicos e suplementos. De acordo com o National Institutes of Health: "Nootrópicos, também conhecidos como 'drogas inteligentes', são um grupo diversificado de substâncias medicinais cuja ação melhora o raciocínio, o aprendizado e a memória, especialmente nos casos em que essas funções estão comprometidas."[10]

A seguir, apresento uma lista de nootrópicos, seus benefícios e as pesquisas de apoio. É importante notar que, embora esses suplementos possam oferecer benefícios, eles também podem ter potenciais efeitos colaterais. Sempre consulte um profissional de saúde antes de iniciar qualquer dieta nootrópica para garantir que seja adequada às suas necessidades únicas e para evitar possíveis interações com medicamentos ou condições pré-existentes.

1. L-teanina, um aminoácido encontrado no chá verde, é conhecido por seus efeitos calmantes sobre o cérebro. Ele pode promover relaxamento sem causar sonolência, tornando-se um excelente suplemento para melhorar o foco e reduzir o estresse.[11]

2. *Bacopa monnieri*, também conhecida como Brahmi, é uma erva ayurvédica tradicionalmente usada para melhorar a memória, o aprendizado e a concentração. Pesquisas modernas têm apoiado seu potencial para melhorar a função cognitiva, principalmente nos domínios da memória e da atenção.[12]

3. *Rhodiola rosea*, uma erva adaptogênica, é conhecida por sua capacidade de melhorar o desempenho mental e físico sob estresse. Ela pode ajudar a aumentar a resistência do cérebro ao estresse, combater a fadiga mental e melhorar o humor.[13]
4. Monofosfato de uridina é um nucleotídeo que desempenha um papel crucial na síntese de membrana neural e na produção de neurotransmissores. Pesquisas indicam que pode ajudar a melhorar a função cognitiva, principalmente nos domínios da aprendizagem e da memória.[14]
5. Acetil-L-carnitina é um derivado de aminoácido que desempenha um papel essencial na produção de energia dentro das mitocôndrias das células cerebrais. Pode ajudar a melhorar a função cognitiva, reduzir a fadiga mental e proteger o cérebro contra o declínio relacionado à idade.[15]
6. Fosfatidilserina é um fosfolipídio que compõe as membranas celulares, especialmente nas células cerebrais. Está envolvida na manutenção da função celular e mostrou melhorar a memória, o aprendizado e a função cognitiva.[16]
7. N-Acetilcisteína (NAC) é um derivado de aminoácido que atua como um poderoso antioxidante, protegendo as células cerebrais do estresse oxidativo. Também ajuda a repor os níveis de glutationa do corpo, um dos antioxidantes mais críticos para a saúde do cérebro.[17]
8. Huperzine A, um composto derivado do musgo chinês *Huperzia serrata*, é conhecido por sua capacidade de inibir a enzima acetilcolinesterase. Isso leva ao aumento dos níveis de acetilcolina, um neurotransmissor essencial para os processos de memória e aprendizado.[18, 19]
9. Alfa-GPC é um composto natural de colina encontrado no cérebro que pode ser tomado como suplemento para aumentar os níveis de colina. Está envolvido na síntese de acetilcolina, um neurotransmissor essencial para a memória, o aprendizado e a função cognitiva geral.[20]
10. DMAE ou Dimetilaminoetanol é um composto encontrado em pequenas quantidades no cérebro e acredita-se que atue como precursor do neurotransmissor acetilcolina. Tem sido usado como suplemento para melhorar a memória, o foco e a função cognitiva.[21]
11. Sulforafano é um composto encontrado em vegetais crucíferos como brócolis, couve-de-bruxelas e couve. Possui propriedades antioxidantes e anti-inflamatórias potentes que podem apoiar a saúde do cérebro, reduzindo o estresse oxidativo e a inflamação.[22]

12. Extrato de fruta inteira de café, *Coffea arabica*. A fruta do café, anteriormente considerada um subproduto sem importância da colheita de café, possui um perfil antioxidante forte e agora acredita-se ter um impacto positivo em uma série de benefícios para a saúde, especialmente a função cognitiva.[23, 24]

13. *Alpinia galanga*, uma planta da família do gengibre/cúrcuma, possui um rizoma usado principalmente na medicina ayurvédica e chinesa desde 500 d.C. A alpinia é tradicionalmente conhecida por suas propriedades estimulantes, microbianas e anti-inflamatórias. Pesquisas recentemente publicadas sugerem que esta erva pode aumentar a energia, o foco e a atenção.[25]

Os suplementos a seguir são comumente associados à melhoria da função cerebral. Assim como os nootrópicos, sempre certifique-se de discutir esses suplementos com um profissional de saúde antes de começar a usá-los:

1. Cogumelo juba de leão é um fungo único conhecido por suas potenciais propriedades de aumento cognitivo. Pesquisas sugerem que pode promover a produção de fator de crescimento neural (NGF, na sigla em inglês) e de fator neurotrófico derivado do cérebro (BDNF, na sigla em inglês), que promovem o crescimento, a sobrevivência e a plasticidade dos neurônios. Os benefícios incluem melhora da memória, do foco e da função cognitiva geral.[26]

2. Ácidos graxos ômega-3, como mencionado anteriormente, são vitais para a saúde do cérebro. Isso é especialmente verdadeiro para o ácido eicosapentaenoico (EPA, na sigla em inglês) e o ácido docosahexaenoico (DHA, na sigla em inglês). Eles desempenham papéis essenciais na função neuronal, na fluidez da membrana celular e na neurotransmissão. Seus benefícios incluem melhora da memória, do aprendizado e da função cognitiva geral, além de redução da inflamação e proteção contra o declínio cognitivo.[27, 28]

3. Ginkgo biloba é uma espécie de árvore antiga com uma longa história de uso na medicina tradicional para melhorar a memória e a função cognitiva. Acredita-se que funcione aumentando o fluxo sanguíneo para o cérebro e atuando como antioxidante.[29]

4. Curcumina, o composto ativo na cúrcuma, possui poderosas propriedades antioxidantes e anti-inflamatórias. Estudos demostraram que auxilia a saúde do cérebro, reduzindo a inflamação e o estresse oxidativo, que podem contribuir para o declínio cognitivo.[30]

5. Magnésio L-treonato é uma forma altamente biodisponível de magnésio especificamente projetada para atravessar a barreira hematoencefálica. Estudos demonstram que ele aumenta os níveis de magnésio no cérebro, apoia a plasticidade sináptica e melhora a função cognitiva.[31]

6. A creatina, uma substância produzida naturalmente pelo nosso corpo e encontrada predominantemente em carne vermelha e peixe, desempenha um papel crucial no metabolismo energético. Vários estudos mostraram que a suplementação de creatina pode melhorar a função cognitiva, especialmente em tarefas que requerem memória de curto prazo e pensamento rápido.[32]

7. Colina é um nutriente encontrado em muitos alimentos, incluindo ovos e grãos integrais. Um estudo publicado pelo *The American Journal of Clinical Nutrition* observou que "a maior ingestão de colina foi relacionada a um melhor desempenho cognitivo".[33]

8. As vitaminas do complexo B são oito vitaminas que incluem tiamina, riboflavina, niacina e outras. Elas foram relacionadas de várias maneiras a uma melhoria na função cerebral.[34]

9. Ashwagandha, uma erva adaptogênica, tem sido usada na medicina ayurvédica tradicional por séculos para melhorar a resiliência mental e física. Pode ajudar a reduzir o estresse e a ansiedade e melhorar a função cognitiva.[35]

10. 5-HTP é um aminoácido natural e um precursor do neurotransmissor serotonina, que desempenha um papel vital na regulação do humor, do sono e do apetite. A suplementação com 5-HTP pode ajudar a melhorar o humor e reduzir o estresse.[36]

11. Resveratrol, um polifenol encontrado em vinho tinto, uvas e frutas vermelhas, tem ganhado atenção por seus potenciais efeitos neuroprotetores. Age como antioxidante, reduzindo o estresse oxidativo, e também pode ajudar a melhorar a memória e a função cognitiva.[37]

COMECE LOGO

Para uma lista atualizada dos meus nootrópicos e suplementos favoritos, acesse *KwikBrain.com/Nutrition* [conteúdo em inglês].

ANTES DE SEGUIRMOS ADIANTE

O poder de se tornar sem limites começa dentro de você. Portanto, continue alimentando sua mente, nutrindo seu corpo e cuidando do seu espírito. Antes de avançarmos para o próximo capítulo:

- Escreva uma lista dos seus alimentos favoritos. Quantos deles estão alinhados com o que você aprendeu sobre nutrição cerebral?
- Pense em três maneiras de adicionar mais cor à sua dieta.
- Considere duas maneiras de melhorar sua pontuação no questionário de nutrição cerebral durante a próxima semana (e, se você já atingiu a pontuação máxima, parabéns!).

"A inteligência artificial alcançará níveis humanos por volta de 2029. Estendendo isso ainda mais, digamos, até 2045, teremos multiplicado a inteligência, a inteligência humana biológica de nossa civilização, em um bilhão de vezes."

— RAY KURZWEIL

19

COMO A INTELIGÊNCIA ARTIFICIAL PODE AUMENTAR A INTELIGÊNCIA HUMANA

Como posso usar a inteligência artificial para aprimorar minha jornada de aprendizado?

Como a inteligência artificial pode me ajudar a desenvolver habilidades e talentos que já possuo?

Como a inteligência artificial pode facilitar meu acesso ao conhecimento, permitindo que eu tenha mais tempo para a aplicação desse conhecimento?

Liz é uma romancista com quatro livros em seu currículo, incluindo um que foi selecionado para um prêmio significativo. O primeiro manuscrito de seu quinto romance estava progredindo no ritmo bem estabelecido de seus trabalhos anteriores até que ela chegou a uma cena crítica em cerca da metade da narrativa. Então ela atingiu um muro simbólico. Ela sabia o que a próxima cena de seu romance precisava transmitir, mas não conseguia pensar em uma maneira de transmiti-la dada a evolução dos eventos nas várias cenas anteriores e o que ela sabia que precisava acontecer mais adiante na história. Liz se orgulhava de conseguir colocar pelo menos algumas novas palavras na página todos os dias, mas agora se viu empacada. Várias técnicas que a haviam desbloqueado no passado não funcionaram porque ela simplesmente não conseguia encontrar uma maneira de fazer essa cena crítica funcionar.

No quarto dia, Liz recorreu a um recurso que jurara nunca usar: os programas de IA sobre os quais todos vinham falando. Ela nunca quis que uma máquina tivesse qualquer participação em seu processo criativo, acreditando que esse era um caminho perigoso para qualquer pessoa que trabalha com criação. Mas agora ela estava desesperada; ela não podia avançar sem resolver esse problema significativo da história. Relutantemente, ela contou ao programa de IA escolhido os detalhes do seu romance, a parte da história que já havia escrito, os personagens e os rumos da história. Então ela descreveu o que precisava acontecer na cena problemática. E então, mesmo desconfortável, pediu à IA para escrever a cena para ela.

Segundos depois, uma cena apareceu na tela do seu computador. Havia tantas coisas erradas com isso: a prosa era desajeitada e não soava nada como ela, a cena prosseguia de maneira muito simplista, o diálogo era forçado, e assim por diante. No entanto, havia algo sobre a maneira como a cena se movia do começo ao fim que despertou a imaginação de Liz. A IA havia adotado uma abordagem para a cena que Liz nunca teria pensado, e essa abordagem a livrou do bloqueio em que se encontrava ao tentar encontrar uma solução por conta própria.

No final das contas, Liz não usou uma única frase da cena que a IA havia criado. Mas ver a passagem de uma perspectiva totalmente nova havia libertado seu cérebro para tentar um caminho diferente, e esse caminho rompeu o gargalo em sua história e permitiu que ela completasse o restante do romance. Ela até acabou pedindo à IA sugestões de título.

A FERRAMENTA SUPREMA PARA O CÉREBRO

Os contadores de histórias vêm imaginando o futuro em que estamos vivendo há mais de três quartos de século. Isaac Asimov tinha seus robôs conscientes. Arthur C. Clarke nos apresentou HAL. Meu favorito era a IA de Tony Stark, Jarvis, porque ela podia ajudar Tony a inventar qualquer coisa que seu coração desejasse. Os cientistas da computação têm ensinado máquinas a aprender por décadas, e várias formas de IA já há muito tempo estão presentes em nossos lares em todo tipo de coisas, desde cafeteiras até aspiradores de pó. Mas a percepção da IA mudou significativamente quando os Grandes Modelos de Linguagem (LLM, na sigla em inglês) foram introduzidos pela primeira vez ao público em geral no outono de 2022. Quase instantaneamente, os LLMs se tornaram a primeira opção para um grande segmento da população em busca de informações, compreensão e talvez um atalho para escrever um trabalho acadêmico (não que eu aprove isso de forma alguma). E, de forma tão instantânea quanto, algumas pessoas começaram a alertar sobre os rumos para os quais a IA estava nos levando. Comentaristas nos lembraram do que aconteceu com HAL em *2001: Uma Odisseia no Espaço* e evocaram o fantasma da Skynet, a IA que deixou a humanidade de joelhos nos filmes do Exterminador do Futuro.

Quanto mais eu aprendo sobre IA, mais uma coisa fica clara: nosso cérebro continua sendo nosso recurso mais poderoso, mesmo em uma era em que a inteligência artificial cresceu aos saltos. Tenho uma crença infinita no potencial do cérebro humano — e acredito que a IA é o maior recurso já criado para a Inteligência Humana (IH).

Quando penso nas possibilidades para a IA, não penso na Skynet; penso em Liz, que você conheceu no início deste capítulo. A IA é uma ferramenta de potencial inimaginável que está remodelando o mundo como o conhecemos. E quero que você entenda que não é algo para temer, mas, sim, algo que podemos aproveitar e integrar em nossos métodos para aprender mais rápido e nos tornarmos ilimitados.

Vamos dar uma olhada em apenas algumas das maneiras pelas quais a IA pode ajudá-lo em sua jornada para se tornar sem limites:

- **Aprendizado personalizado:** imagine ter um tutor pessoal de IA que conhece seu estilo de aprendizado e suas particularidades e elabora um plano de aprendizado exclusivamente para você. Já há versões disso disponíveis.

- **Gerenciamento do conhecimento:** todos os dias, somos bombardeados com mais informações do que nosso cérebro pode processar. A IA pode nos ajudar a lidar com essa sobrecarga de informações. Ela pode filtrar o ruído, destacar o que é importante e resumir informações complexas, permitindo que nos concentremos em aprender e aplicar conhecimentos em vez de nos sentirmos sobrecarregados. Quando você pede a um aplicativo de IA para resumir um tópico para você, ele examina enormes quantidades de dados para criar o resumo — e você sempre pode pedir para fornecer mais informações ou explorar mais a fundo um subtema específico.
- **Aprimoramento da memória:** aplicativos de IA podem nos ajudar a praticar a recuperação — o ato de recordar informações —, o que fortalece nossa memória. Eles até podem nos lembrar de revisar o que aprendemos nos momentos ideais com base em como nossa memória funciona. Que tal ter um hipocampo externo?

COMECE LOGO

Anote três tarefas que você precisa realizar na próxima semana. Passe alguns minutos pensando em como a IA pode ajudá-lo a realizá-las.

A chave para aproveitar ao máximo a IA é usá-la não para pensar por você, mas para complementar seu já incrível poder cerebral. Lembre-se sempre de que a IA é uma ferramenta — e você é o artesão. Ao contrário do cenário da Skynet, a IA existe para nos servir. Não estamos pretendendo que a IA assuma nossos papéis. Em vez disso, queremos que ela nos ajude a desempenhar melhor os nossos papéis. É como usar uma calculadora: a calculadora não elimina a necessidade de entendermos a matemática, mas nos permite fazer cálculos mais complexos de forma mais rápida e precisa. A IA pode ser a calculadora para muitas partes de nossa vida. Ela pode au-
entar nossas habilidades, liberando mais tempo e recursos mentais. Com
A lidando com tarefas rotineiras e organizando informações, temos a
idade de nos concentrar em tarefas criativas, estratégicas e centradas
humano.

rdade, vamos adotar uma variação do significado do acrônimo
z de Inteligência Artificial, pensemos nela como Inteligência
A augmentação envolve tornar algo melhor, aprimorá-lo. E é
ız para a nossa Inteligência Humana. Ela nos fornece maneiras

de tornar nossos dons inatos — os quais temos aprimorado ao longo do curso deste livro — ainda mais poderosos.

Considere Sam. Ela era uma aprendiz determinada que se via constantemente lutando contra o tempo. Como muitos de nós, ela tinha dificuldade em acompanhar o bombardeio diário de informações, as mudanças rápidas em seu campo profissional e o constante desejo de aprender e crescer pessoalmente.

Um dia, ela descobriu uma plataforma de aprendizado alimentada por IA projetada para ajudar indivíduos a aprender mais rápido e de forma mais eficaz. Cética, mas curiosa, ela decidiu experimentar. Ela começou definindo seus objetivos de aprendizado dentro da plataforma: ela queria dominar o marketing digital, melhorar seu francês e mergulhar nos conceitos básicos de design gráfico.

A IA começou avaliando o conhecimento e o estilo de aprendizado existentes de Sam por meio de testes adaptativos e exercícios interativos. Os testes revelaram que Sam era uma aprendiz visual para idiomas, mas preferia projetos práticos e interativos para assuntos mais técnicos. E revelaram até que o foco de Sam atingia o pico pela manhã e diminuía no final da tarde.

Agora, munida dessa compreensão, a IA elaborou um plano de aprendizado para Sam. Ela selecionou conteúdo visual para suas lições de francês e as agendou para a manhã, quando seu foco estava mais aguçado. Ela procurou tutoriais interativos baseados em projetos para marketing digital e design gráfico, agendando-os para a tarde para que Sam pudesse experimentar e praticar quando sua criatividade estivesse no auge. Em seguida, lembrou-a de revisar lições passadas em intervalos ideais, aprimorando sua capacidade de memorização. Ela forneceu resumos e destacou pontos-chave no material que Sam estava estudando, reduzindo seu tempo de leitura. A IA até incorporou sessões de microaprendizado, conteúdo em pequenos blocos que ela poderia consumir durante os intervalos, tornando seu processo de aprendizado contínuo sem que isso parecesse opressivo.

Com o tempo, Sam percebeu que não apenas estava aprendendo mais rápido, mas também desfrutava mais do processo. A frustração de filtrar informações irrelevantes desapareceu. A luta para lembrar o que havia aprendido foi substituída por uma memória confiável. E, mais importante, ela tinha mais tempo para aplicar seus novos conhecimentos e habilidades em cenários do mundo real.

Ao final de seis meses, Sam não apenas alcançou seus objetivos de aprendizado, mas os superou. Ela avançou em sua carreira, conversou em francês durante suas férias em Paris e até trabalhou como freelancer em design gráfico para uma empresa local. Tudo porque ela aproveitou a IA como uma ferramenta, um complemento à sua inteligência humana.

A história de Sam ilustra o poder da IA quando usada para aprimorar nossas capacidades humanas. Seu sucesso não veio apenas da IA, mas da sinergia que ela criou com seu próprio impulso para aprender e crescer. Lembre-se: a IA não é uma solução mágica, mas uma ferramenta poderosa. É como usamos essa ferramenta que de fato desbloqueia nosso potencial ilimitado.

CONHECIMENTO E RACIOCÍNIO NÃO SÃO A MESMA COISA

Existe a chance de que a IA nos torne "mais burros"? Não realmente, a menos que você esteja buscando ativamente ser assim. Vamos voltar à analogia da calculadora. Agora que todos nós carregamos aplicativos de calculadora em nossos telefones, não precisamos mais fazer contas de cabeça para determinar quanto dar de gorjeta em um restaurante ou quantos sacos de semente de grama precisamos para cobrir nossos gramados. Gerações antes de nós conseguiam fazer isso, e imagino que a maioria das pessoas nascidas nas últimas décadas também seria capaz, mas isso faria suas cabeças doerem. Mas realizar o cálculo real é apenas a parte mais fundamental de qualquer problema matemático. A parte mais essencial é saber como abordar o problema em primeiro lugar, e uma calculadora não pode fazer isso por você; ela só pode executar qualquer função matemática que você inserir nela.

Isso aponta para a diferença entre conhecimento e raciocínio. O conhecimento é o acúmulo de vastas quantidades de dados. O raciocínio é a aplicação desses dados para criar, resolver problemas, considerar perspectivas e, de outra forma, atuar nos níveis mais altos de funcionalidade que associamos a fazer parte da comunidade humana. As calculadoras podem suplantar o conhecimento; se você tiver uma, nunca precisará memorizar tabelas de multiplicação ou aprender a dividir um número de três dígitos por um número de dois dígitos. No entanto, elas de forma alguma substituem o raciocínio. Se você não souber que descobrir como economizar para aquela guitarra com que vem sonhando é um problema de álgebra, nunca conseguirá inserir os números certos em sua calculadora.

Da mesma forma, a IA pode filtrar quantidades massivas de informações em nanossegundos para fornecer o que você está buscando. Mas essas informações só são úteis se você souber como solicitá-las em primeiro lugar e depois souber o que fazer com elas quando as tiver.

Ao escrever sobre IA para o *Los Angeles Times*, Angela Duckworth, professora de psicologia e autora do best-seller *Garra: O poder da paixão e da perseve-*

rança, afirmou que a IA "demonstra lindamente como saber e pensar não são a mesma coisa. Saber é memorizar fatos; pensar é aplicar raciocínio a esses fatos. O chatbot sabe tudo que existe na internet, mas na verdade não pensa em nada. Ou seja, ele não pode fazer o que o filósofo da educação John Dewey, há mais de um século, chamou de pensamento reflexivo: 'Consideração ativa, persistente e cuidadosa de qualquer crença ou suposta forma de conhecimento à luz das bases que a sustentam'.

"A tecnologia há muito tempo vem tornando o conhecimento mecânico menos importante. Por que memorizar qual é o 14º elemento na tabela periódica, ou os dez rios mais longos do mundo, ou o aniversário de Einstein, quando você pode simplesmente pesquisar no Google? Ao mesmo tempo, os incentivos econômicos para pensar, em oposição a saber, aumentaram. Não é surpresa que o aluno médio pense melhor, mas saiba menos do que os colegas de um século atrás."[1]

Anos atrás, uma amiga minha, designer gráfica, criticou os aplicativos de computador que facilitavam o design, sentindo que um verdadeiro designer precisava dominar habilidades físicas como montagem para ser realmente excelente no ofício. No entanto, quando ela usou relutantemente um desses aplicativos pela primeira vez, descobriu que o aplicativo não fazia o trabalho por ela; ainda era preciso colocar todo o seu talento e inspiração no projeto. O que o aplicativo fez foi realizar muitas das tarefas mais triviais com um ou dois cliques, permitindo que ela se concentrasse inteiramente nos aspectos criativos de seu projeto. Quando usada da maneira ideal, é disso que se trata a Inteligência Aumentada. Ainda precisamos empregar todas as nossas habilidades de nível superior — e, em um mundo pós-IA, essas habilidades serão mais valiosas do que nunca —, mas podemos aprimorar essas habilidades com coisas que as máquinas fazem particularmente bem para ter o melhor dos dois mundos.

COMECE LOGO

Abra um dos vários chatbots disponíveis e faça uma pergunta sobre uma tarefa com a qual está trabalhando. A resposta o surpreende? Faz com que pense de forma diferente sobre a tarefa de alguma maneira?

COLOCANDO A IA PARA TRABALHAR PARA VOCÊ AGORA MESMO

O mundo da IA está mudando tão rapidamente que só podemos especular sobre quais ferramentas estarão disponíveis para nós daqui a seis meses, um ano ou três anos. O que já está claro, no entanto, é que você pode colocar a Inteligência Aumentada para trabalhar para você hoje para aprimorar sua vida e seu aprendizado:

- **Definição de metas:** a IA pode ajudá-lo a estabelecer metas inteligentes e alcançáveis com base em seus interesses e capacidades. Ela pode dividir essas metas em tarefas menores, tornando-as mais gerenciáveis e menos avassaladoras. Ao definir e alcançar essas tarefas menores, você cria um ciclo de feedback positivo que gera momentum.

- **Caminhos de aprendizagem personalizados:** a IA pode criar caminhos de aprendizagem personalizados, adaptados a suas necessidades, pontos fortes, fraquezas e ritmo. Essa abordagem individualizada pode ajudá-lo a aprender de forma mais eficaz e eficiente, resultando em progresso perceptível que pode motivá-lo a continuar.

- **Rastreamento de progresso:** a IA pode fornecer feedback oportuno e significativo sobre seu desempenho, ajudando-o a ver o progresso que está fazendo em tempo real. Testemunhar seu próprio crescimento e melhoria oferece um grande impulso de motivação, mantendo seu momentum.

- **Responsabilidade:** a IA pode servir como um parceiro de responsabilidade, enviando lembretes para tarefas ou prazos, incentivando-o a manter-se no caminho certo com seus objetivos de aprendizado. Esses lembretes consistentes podem ajudá-lo a manter o foco e o momentum.

- **Variedade e engajamento:** a IA pode manter sua experiência de aprendizado diversificada e interessante, introduzindo diferentes formatos (vídeos, artigos, questionários, módulos interativos), o que pode ajudar a manter seus níveis de engajamento elevados e sustentar seu momentum.

- **Aprendizado ao longo da vida:** a IA pode fornecer continuamente novas oportunidades de aprendizado com base em seus interesses e objetivos em evolução, incentivando o hábito de aprendizado ao longo da vida. Isso pode ajudá-lo a manter o momentum em sua vida pessoal e profissional.

- **Equilíbrio:** algumas ferramentas de IA podem ajudar a garantir um equilíbrio saudável em sua vida, monitorando seus padrões de trabalho e sugerindo pausas ou atividades de relaxamento quando necessário. Esse equilíbrio é crucial para evitar o esgotamento e manter um momentum constante a longo prazo.

COMO A IA AMPLIA OUTRAS HABILIDADES QUE VOCÊ ADQUIRIU COM ESTE LIVRO

Não há melhor indicação de como a IA trabalha a serviço de sua IH do que quando pensamos sobre seu uso no contexto de outras habilidades discutidas neste livro. Aqui estão algumas das mais relevantes:

- **Aprendizado ativo:** a absorção passiva de informações raramente leva a um aprendizado eficaz. O aprendizado ativo, no qual os aprendizes se envolvem diretamente com o material, promove a compreensão e a recordação. A IA possibilita essa abordagem prática, transformando os aprendizes de espectadores em participantes. Lisa é uma profissional ocupada que queria aprender espanhol, mas tinha uma agenda muito agitada. As aulas de idiomas tradicionais pareciam complexas e inflexíveis. Foi então que ela descobriu um aplicativo de idiomas com IA que permitia praticar durante o trajeto para o trabalho, oferecendo feedback instantâneo sobre pronúncia e gramática. A abordagem interativa do aplicativo permitiu que Lisa se tornasse fluente em espanhol em um ano.

- **Foco:** nossas capacidades de atenção estão sob constante ataque nesta era digital. Notificações pop-up, e-mails constantes e feeds intermináveis podem dispersar nosso foco. Felizmente, a IA pode ajudar. Aplicativos com IA podem gerenciar distrações, criando um ambiente propício para a concentração. Howard havia se tornado tão dependente de suas diversas notificações que mal conseguia manter o foco nas tarefas. Então ele descobriu um aplicativo de foco com IA que bloqueava todas as distrações externas por períodos prescritos. Em questão de dias, ele conseguia passar horas sem sentir vontade de saber o que estava acontecendo no mundo fora de seu projeto atual.

- **Memória:** memória não se trata apenas de armazenamento; trata-se da recuperação de informações quando necessário. A IA emprega técnicas comprovadas, como repetição espaçada e recuperação ativa, para aprimorar nossa memória. Renee constatou isso quando utilizou uma ferramenta com IA que usava algoritmos de aprendizado de máquina para determinar quando ela deveria revisar determinados cartões de memorização para maximizar a recordação e a aprendizagem. Ao facilitar a recuperação ativa, a IA reforça as vias neurais em nosso cérebro, levando a uma melhor retenção de memória. A IA avançada até poderia ser usada para criar "palácios da memória" virtuais — uma técnica na qual você associa informações a locais específicos em um lugar familiar. Essa técnica pode ser particularmente útil para lembrar grandes quantidades de informações.

- **Estudo:** a IA talvez seja a melhor parceira de estudo já criada. Ferramentas com IA podem ajudar a aprimorar seus estudos, permitindo que você "teste" seu aprendizado, levando a aplicação do que você está estudando para além dos livros. Scott percebeu que sua compreensão do que estava aprendendo cresceu drasticamente quando reforçou um novo conceito por meio de uma série de perguntas para seu chatbot favorito. As "conversas" que ele teve com o bot lhe deram maior clareza e maior habilidade com o material. A IA pode criar mapas mentais com base no material que você está estudando. Isso ajuda a visualizar as conexões entre diferentes peças de informação, auxiliando na recordação.

- **Responsabilidade:** ao configurar notificações e alertas, a IA pode lembrá-lo de revisar suas anotações ou lembrá-lo sobre próximas provas ou prazos. Esses lembretes podem servir como gatilhos que acionam sua memória.

APRENDIZAGEM SEM LIMITES COM IA

Digamos que você queira aplicar alguns dos princípios e processos de aprendizagem sem limites para entender melhor um assunto difícil, como a neuroplasticidade. Como você pode usar a IA para expandir seu conhecimento nessa área?

Aqui estão dez comandos para IA para ajudá-lo a aprofundar sua compreensão da neuroplasticidade usando algumas de minhas técnicas de aprendizado favoritas:

1. **Simplificação:** "Explique a neuroplasticidade nos termos mais simples, como se eu tivesse cinco anos." Às vezes, simplificar para o básico é o primeiro passo para uma compreensão profunda.

2. **Mapeamento mental:** "Se eu fosse criar um mapa mental para a neuroplasticidade, qual seria o tema central e os subtemas relacionados?" Isso ajudará você a visualizar o conceito e seus vários aspectos.
3. **Palácio da memória:** "Vamos criar um palácio da memória para os elementos-chave da neuroplasticidade. Onde cada peça de informação seria colocada em um local familiar?"
4. **Associação visual:** "Você pode me ajudar a criar uma associação visual para a neuroplasticidade e seus componentes-chave?" Associar imagens às informações ajuda na lembrança.
5. **Repetição espaçada:** "Você pode me fornecer um resumo da neuroplasticidade agora e outro daqui a alguns dias?" A repetição ao longo do tempo ajuda a fixar o conhecimento.
6. **Método FAST:** "Vamos usar o método FAST (*Forget* [esquecer], *Act* [agir], *State* [estado de espírito], *Teach* [ensinar]) para a neuroplasticidade. Como posso aplicar essas etapas para entender e lembrar o conceito?"
7. **Analogias:** "Quais são algumas analogias que podem me ajudar a entender melhor a neuroplasticidade?" Analogias podem tornar conceitos complexos mais relacionáveis.
8. **Neuroplasticidade em ação:** "Descreva algumas atividades diárias ou hábitos que utilizam a neuroplasticidade." Ver os princípios em ação pode aprofundar a compreensão.
9. **Pensamento crítico:** "Quais são as controvérsias ou os debates em torno da neuroplasticidade?" O pensamento crítico incentiva o engajamento ativo com o material.
10. **Ensine para aprender**: "Se eu tivesse que explicar a neuroplasticidade para um amigo, como deveria descrevê-la?" Ensinar o material reforça sua compreensão.

Todos esses comandos não apenas ajudarão você a entender a neuroplasticidade, mas também lhe darão uma amostra de algumas técnicas de aprendizado poderosas. Seu potencial para explorar, entender e reter assuntos complexos realmente não conhece limites. Ao abraçar o poder do aprendizado aprimorado por IA, você descobrirá que o mundo do conhecimento é sempre expansivo e está totalmente ao seu alcance.

MANTENDO-SE À FRENTE EM UM MUNDO PÓS-IA

A IA mudou nossa vida de maneiras sem precedentes, transformando o local de trabalho, a educação, a comunicação e até mesmo a forma como interagimos uns com os outros. Como discutimos anteriormente, você pode usar tudo isso para se tornar sem limites, basta se lembrar de que a IA é um equivalente muito, muito poderoso de uma calculadora. Dito isso, as pessoas que prosperarão em um mundo pós-IA serão aquelas que adotarem certos conceitos fundamentais:

- Tornar-se à prova de IA. A IA automatizou muitas tarefas e funções que antes eram estritamente do domínio da inteligência humana. Ela assumiu linhas de montagem, centros de chamadas, vários papéis de marketing e muito mais. Isso valoriza as habilidades e as características nas quais as máquinas nunca foram excelentes. Aspectos como criatividade, empatia e pensamento crítico. Mesmo os especialistas mais otimistas em aprendizado de máquina admitem que a IA dificilmente aprenderá essas habilidades em um nível elevado por um bom tempo. A IA pode tentar replicá-las, mas, em um futuro próximo, a inteligência humana continuará muito à frente. Certifique-se de se treinar para maximizar essas características dominando ferramentas tais como os seis chapéus do pensamento, ouvindo com todo o seu cérebro e lendo o máximo que puder.

- Trabalhar consistentemente para impulsionar seu arsenal cognitivo. A IA está sempre se tornando mais inteligente, e isso significa que aqueles que prosperam nesse ambiente devem fazer o mesmo. Obviamente, esse é um conceito central deste livro e espero que seja algo que você já tenha adotado, mas nunca é demais atualizar e aprimorar habilidades que aguçam a memória, a produtividade e a atenção. Torne-se um mestre da técnica Pomodoro, do palácio da memória e de outros exercícios de construção cerebral que discutimos ao longo deste livro.

- Ter uma inteligência emocional extremamente alta. Enquanto os humanos forem a forma dominante neste planeta (e lembre-se: não adotamos a narrativa de um futuro dominado pela Skynet), a humanidade será inestimável. Ninguém que conheci no ramo da tecnologia sugere que as máquinas serão capazes de adquirir uma inteligência emocional de escala humana em um futuro previsível. Portanto, aprimorar a sua é uma maneira essencial de prosperar. Reveja a seção sobre o aprimoramento de sua inteligência emocional no Capítulo 16, "Sem Limites no Trabalho", e certifique-se de continuar trabalhando nessas habilidades.

- Pensar de forma diferente. Lembra-se de Liz no início deste capítulo? Ela atingiu uma barreira em seu trabalho porque continuava pensando dentro de limites previsíveis. Somente quando ela pediu ajuda a um aplicativo de IA é que conseguiu ver uma nova abordagem para seu problema, e essa perspectiva permitiu que ela seguisse novos caminhos para uma solução. Agilidade e adaptabilidade são essenciais em um mundo pós-IA, então certifique-se de manter seu cérebro o mais flexível possível. Volte ao que discutimos anteriormente neste livro sobre neuroplasticidade, aprenda coisas novas e leia, leia, leia. Ao fazer isso, você sempre será capaz de se destacar diante de um cenário em constante mudança.

- Formar uma aliança com a IA. A matemática é bastante simples aqui: se a IA tem capacidades limitadas em áreas como criatividade, pensamento crítico e inteligência emocional, e se você se aprimorou nessas áreas e tem acesso a tudo o que a IA faz bem, está em uma posição imbatível para prosperar. Falamos sobre como usar melhor a IA em outras partes deste capítulo. Vamos apenas enfatizar este ponto mais uma vez. A IA é uma ferramenta enormemente poderosa à sua disposição. Use todas as suas capacidades para ser absolutamente ilimitado.

ADOTE O TREINAMENTO CEREBRAL, ACEITE O FUTURO

O treinamento cerebral, semelhante ao treinamento físico, é um meio de aprimorar e preservar nossas habilidades cognitivas. Assim como exercitamos nosso corpo para permanecermos em forma e saudáveis, nosso cérebro precisa de atenção semelhante para permanecer afiado e ágil. O treinamento cerebral não se trata apenas de resolver quebra-cabeças ou jogar jogos de memória. Trata-se de manter nossa flexibilidade cognitiva, nossa capacidade de aprender, desaprender e reaprender — habilidades que nos manterão à tona em um mar de automação de IA.

À medida que a IA evolui, o mercado de trabalho também, mudando para suprir habilidades que a IA não consegue automatizar. As habilidades mais procuradas agora incluem pensamento crítico, criatividade, inteligência emocional e adaptabilidade — todas produtos de um cérebro bem treinado. A IA pode estar tornando nossa vida mais confortável, mas também está tornando nosso mundo mais complexo. Nesse cenário em mudança, um cérebro treinado não é apenas um "plus", é uma necessidade.

À medida que a IA continua a transformar nossa vida, lembre-se: seu cérebro não é uma tecnologia obsoleta; é uma ferramenta notável que precisa ser continuamente afiada. Seu cérebro é sua passagem para navegar no mundo complexo da IA, e treiná-lo é o melhor investimento que você pode fazer em si mesmo.

É um momento emocionante para estar vivo, em uma era em que a tecnologia e o potencial humano convergem. Então, não vamos deixar nosso cérebro para trás. Em vez disso, vamos entrar no futuro equipados com nosso maior ativo: uma mente ilimitada e bem treinada.

Os únicos limites são aqueles que estabelecemos para nós mesmos. Não há melhor momento do que agora para começar a treinar nosso cérebro, para acessar nosso potencial cognitivo e mergulhar de cabeça no futuro. Com um mundo dominado pela IA, é nossa vantagem humana que nos destacará. Continue aprendendo, continue crescendo e continue desafiando seu cérebro, porque uma mente ilimitada é uma mente à prova de futuro.

ANTES DE SEGUIRMOS ADIANTE

Aproveitar o poder da IA pode nos ajudar a realizar nosso potencial ilimitado e manter o momentum em nossas jornadas de aprendizado. Vamos pensar na Inteligência Aumentada não como Skynet, mas como Jarvis — o assistente sempre competente de um super-herói. E nunca se esqueça de que você é o condutor nesta jornada. Com a IA como seu copiloto, as possibilidades realmente são ilimitadas. Antes de avançarmos:

- Descubra nossas últimas atualizações e iniciativas de IA em *kwikbrain.com/AI* [conteúdo em inglês].

- Considere uma pergunta ou uma tarefa que tenha se mostrado desafiadora ultimamente. Peça a um aplicativo de IA para ajudá-lo a abordá-la. Em seguida, incorpore a solução sugerida ao que você já sabe sobre a tarefa para elaborar uma abordagem que talvez não tivesse considerado de outra forma.

- Pense em uma habilidade ou um talento que você tenha desejado desenvolver, mas achou que não teria tempo para realizar. Pesquise quais ferramentas de IA podem estar disponíveis para acelerar seu aprendizado nessa área.

"Não cessaremos nossa
exploração
E o fim de toda nossa
exploração
Será chegar aonde
começamos
E conhecer o lugar pela
primeira vez."

— T. S. ELIOT

POSFÁCIO

O RETORNO DO POSSÍVEL

Se você é como a maioria esmagadora das pessoas no mundo, quando começou a ler este livro estava sendo regulado — conscientemente, inconscientemente ou ambos — por um conjunto de limitações imposto por você mesmo ou por outras pessoas.

Talvez você quisesse aprender uma nova habilidade, mas tinha certeza de que não possuía capacidade para tal. Talvez quisesse se candidatar a uma grande promoção no trabalho, mas sua voz interna ficava dizendo que você não tinha competência para isso. Talvez você estivesse convencido de que sempre sairia de casa sem o celular, jamais se lembraria de todos os nomes das pessoas em sua próxima reunião social ou seria o cara chato que sempre leria seus discursos em um pedaço de papel. Se essa carapuça já lhe serviu, agora que você chegou ao final do livro espero que esteja pronto para se despedir dessa pessoa.

Em vez disso, vamos conhecer um novo você, sem limites.

Você sem limites possui uma mentalidade igualmente sem limites. Você não acredita que há coisas que você não pode ser ou fazer. Podem haver várias coisas que você ainda não fez e, talvez, coisas com as quais teve dificuldades no passado, mas esse você sem limites sabe que seu passado não é igual ao futuro. Ele entende que seu cérebro é uma ferramenta muito mais poderosa do que antes se imaginava e que, ao ajustar sua mente para aprender tudo o que quiser, você pode conquistar praticamente qualquer habilidade.

O você sem limites também tem uma motivação sem limites. No passado, talvez você pudesse conceber uma vida mais ambiciosa, mas não conseguia realmente agir. Agora, no entanto, sabe como alinhar seus hábitos com as ambições; você é capaz de assumir um compromisso com a aprendizagem e a melhoria ao longo da vida e isso é tão natural para você quanto se vestir de manhã.

Você também sabe como abastecer seu cérebro com comida, sono e exercícios para começar seu dia da melhor forma e está sempre pronto para enfrentar novos e exigentes desafios. E você sabe como explorar o fluxo para que, depois de iniciar uma tarefa, possa mergulhar completamente nela. E, talvez o mais significativo, o você sem limites deu acesso a métodos para aprender a aprender. Ao descobrir isso, você se tornou exponencialmente mais poderoso do que jamais foi. Apesar de algumas limitações físicas, se você pode aprender, pode fazer. E as ferramentas que você tem agora à sua disposição permitem que você aprenda qualquer coisa mais rapidamente. Quando se combina isso com as habilidades obtidas ao ilimitar sua concentração, memória, pensamento e leitura, você está de posse do kit supremo de ferramentas de um super-herói.

Um super-herói não é só alguém que descobriu e desenvolveu os seus superpoderes. Todo super-herói deve, em algum momento, voltar ao seu mundo e ajudar os outros. Ele deve trazer consigo as lições e a sabedoria que conquistou durante sua jornada. Ele deve não somente integrar seus poderes com sua vida, mas aprender a usá-los para apoiar os outros. No final de *Matrix*, Neo ganhou a batalha e se livrou dos limites. Em seu último telefonema para a Matrix, ele disse: "Vou desligar o telefone e mostrar a essas pessoas o que você não quer que elas vejam. Vou mostrar a elas um mundo sem você. Um mundo sem regras ou controles, fronteiras ou limites. Um mundo onde tudo é possível." Ele volta ao mundo comum com a missão de inspirar os outros a libertar suas mentes.

Minha esperança é a de que você não leve o que aprendeu neste livro para tornar apenas a sua vida melhor, mas também a vida daqueles ao seu redor. A fórmula é: aprender; ganhar; retornar. Nenhuma jornada do herói é feita em seu benefício exclusivo. Com o seu conhecimento recém-descoberto, ajude as pessoas ao seu redor a aprenderem melhor e mais rapidamente e a também serem sem limites.

No filme *Lucy*, uma estudante norte-americana interpretada por Scarlett Johansson desenvolve poderes sobre-humanos após o potencial total de seu cérebro ser libertado. O professor Norman, interpretado por Morgan Freeman, é um neurologista que ajuda Lucy a lidar com as mudanças surpreendentes que ocorrem em sua mente e corpo. Quando Lucy lhe pergunta o que ela deve fazer com seus novos dons, o professor Norman responde, na voz única de Morgan Freeman:

> Você sabe... Se você pensar sobre a própria natureza da vida — quero dizer, bem no início, o desenvolvimento da primeira célula se dividindo em duas células —, o único objetivo da vida tem sido transmitir o que foi aprendido. Não havia propósito maior. Então, se você está me perguntando o que fazer com todo o conhecimento que está acumulando, eu diria... Passe adiante.

Agora, a questão é: o que você fará com o que aprendeu? Resolver um problema desafiador no trabalho para que você e seus colegas tenham um impacto no setor e, talvez, no seu mundo? Começar um clube de leitura? Reduzir a enorme pilha de revistas em sua mesa de café e ensinar aos seus filhos o que acabou de aprender? Conectar-se aos outros de forma mais dinâmica? Organizar um jantar com comidas para o cérebro? Se matricular em uma aula que abrirá novas portas? Talvez dar aulas? O que você escolheria?

É o que um super-herói faria. É o que o você sem limites pode fazer.

Pelas páginas deste livro, você teve a oportunidade de fazer um test drive de algumas novas habilidades. Nas páginas seguintes, apresento um programa para você começar. Agora é hora de começar a usar o conjunto de todas as coisas que aprendeu. Comece com uma coisa só, mas comece. Em qualquer lugar. E, quando você o fizer, aposto que ficará surpreso com o que descobrirá sobre si mesmo. O você sem limites é a pessoa que você realmente é e que, com o tempo, será algo que você nem pode imaginar agora.

Conheça-se. Acredite em você. Ame-se. Seja você mesmo.

E lembre-se: a vida que você vive são as lições que você ensina.

Não tenha limites.

Com amor e aprendizagem,

Jim

PROGRAMA INICIAL RÁPIDO DE 13 DIAS

Parabéns por chegar ao final deste livro.

Cobrimos muita coisa neste livro. Meu conselho é implementar tudo o que aprendeu. Se não sabe por onde começar, este programa de 13 dias está aqui para ajudá-lo a iniciar sua jornada sem limites.

Você pode seguir o plano elaborado por mim ou escolher três ótimas dicas principais para integrar em cada seção principal: Mentalidade, Motivação e Métodos. Dessa forma, você conseguirá se concentrar nas áreas em que sente mais dificuldade e precisa de mais ajuda. Também pode baixar nosso programa de 13 dias, em vídeo, em *www.LimitlessBook.com/resources* [conteúdo em inglês].

Obrigado por me permitir ser seu coach cerebral por meio deste livro. Espero ter notícias do seu progresso em breve.

DIA 1: APRENDA MAIS RÁPIDO

No primeiro dia, coloque em ação o acrônimo FASTER [mais rápido, em inglês]:

- **Forget (Esquecer):** a chave para manter um foco consistente é eliminar ou esquecer o que o distrai. Há três coisas que deve esquecer (ao menos temporariamente).
    1. O que você já sabe.
    2. O que não é urgente.
    3. Suas limitações.
- **Act (Agir):** a educação tradicional ensinou a muitas pessoas que aprender é um ato passivo. Mas assimilar *não* é ser um espectador. O cérebro humano aprende mais criando do que consumindo informação. Sabendo disso, gostaria que você se perguntasse como pode ser mais ativo em seu aprendizado. Tome notas e faça os exercícios deste livro.
- **State (Estado de espírito):** seu estado de espírito é uma imagem instantânea das suas emoções. Ele é altamente influenciado por seus pensamentos (psicologia) e pela condição física do seu corpo (fisiologia). Mude sua postura ou a intensidade de sua respiração. Escolha conscientemente condições de alegria, fascínio e curiosidade.

- **Teach (Ensinar):** se você quer reduzir drasticamente sua curva de aprendizagem, aprenda com a intenção de ensinar a alguém.
- **Enter (Anotar):** se não está anotado em sua agenda, há uma grande chance de não estar acontecendo. Reserve horários específicos para investir em você, mesmo que sejam apenas dez ou quinze minutos por dia.
- **Review (Revisar):** você ficará mais apto a reter a informação ao revisá-la em diversas sessões espaçadas. Tenha o hábito de refletir sobre seu dia e faça uma revisão diária do que aprendeu.

Para mais sobre isso, releia a seção específica no Capítulo 4.

DIA 2: MATE AS SUAS FORMIGAS

Identifique as vozes na sua cabeça que estão focando o que você não consegue fazer — os Pensamentos Automáticos Negativos [ANTs (formigas), no acrônimo em inglês]. E comece a questioná-las.

Lembre-se, também, de ignorar as irritantes Ideias Limitadas Mantidas [LIEs (mentiras) no acrônimo em inglês]. E verifique constantemente seus sistemas de crenças. Se estiver pensando "sempre faço tudo errado nesse tipo de coisa", contra-ataque com "só porque nunca fui bom nisso, não significa que não posso ser ótimo agora. Como posso aprender?".

Não restrinja o que é possível para se adequar à sua mente; expanda a sua mente para o que é possível. Para saber mais, releia a seção específica no Capítulo 8.

DIA 3: QUESTIONE AS SUAS PERGUNTAS

Reflita sobre o poder das perguntas dominantes. Provavelmente você tem uma pergunta rondando o seu subconsciente ao longo do dia. Identifique essa questão e pense sobre como pode mudá-la para alterar o seu comportamento. Conhecimento em si não é poder; ele só tem esse potencial se colocado em prática. Comece a fazer as perguntas que vão ajudá-lo a ter as respostas motivadoras de que necessita ao longo do dia. Para mais, releia a seção específica no Capítulo 4.

DIA 4: IMAGINE O QUE VOCÊ MAIS DESEJA

Reserve um momento para escrever todas as desvantagens que terá se não aplicar o que aprendeu com este livro. Por exemplo, você pode escrever "vou ter que continuar estudando muito e me contentar com os mesmos resultados medíocres", "vou continuar duvidando de mim", "não poderei mostrar o meu melhor para os meus entes queridos", "não vou conseguir um bom emprego".

Agora, escreva as vantagens que você terá se aplicar o que aprendeu, como "estarei apto a aprender o que preciso com confiança, conseguir um ótimo emprego na área que amo e ganhar muito dinheiro para retribuir ao mundo", "terei mais tempo livre para me exercitar e ser saudável, viajar e passar mais tempo com meu companheiro". Ou algo mais simples, como "finalmente terei tempo livre para relaxar!".

Seja específico. Imagine, sinta, acredite e, então, trabalhe diariamente para isso. Visualize o seu momento de glória. Para saber mais, releia a seção específica no Capítulo 7.

DIA 5: ACREDITE EM SEU PROPÓSITO

O propósito é como você se relaciona com outras pessoas. É o que você está aqui para compartilhar com o mundo. Qual é o seu porquê?

Pense em quem está contando com você para se tornar sem limites. É a sua família? Seu amor? Seus amigos? Colegas? Vizinhos? Seja específico sobre quem você está decepcionando ao estabelecer limites em sua vida. Agora, pense em como pode impactar a vida de todos ao seu redor quando atingir seus 100%. Você identificou seu objetivo. Para saber mais, releia a seção específica no Capítulo 7.

DIA 6: COMECE UM NOVO HÁBITO SAUDÁVEL

Dê pequenos passos simples para criar um novo hábito saudável que o levará ao sucesso. Faça disso parte de sua rotina matinal. Você jamais mudará a sua vida até que *decida* mudar algo que faz diariamente. Nossas decisões e hábitos diários têm um grande impacto em nossos níveis de felicidade e de sucesso. Com persistência, é possível alcançar; com consistência, é possível manter. De grão em grão, a galinha enche o papo. Lembre-se de que todo profissional já foi um aprendiz.

Escolha um novo hábito e comece a praticá-lo hoje. Como você pode dividi-lo em pequenos passos simples a serem cumpridos todos os dias, de modo consistente? Para saber mais, releia o Capítulo 9.

DIA 7: FORNEÇA ENERGIA AO SEU CÉREBRO

Potencialize sua energia para vencer todos os dias. Coma um ou mais desses alimentos para o cérebro diariamente. Qual é o seu favorito? Por quê? Lembre-se: o que você come importa, especialmente para a massa cinzenta. Sua alimentação o deixa energizado ou esgotado? Escreva alguma receita criativa que você pode fazer usando os alimentos para o cérebro listados abaixo:

Abacate	Vegetais de folha verde
Mirtilo	Salmão
Brócolis	Açafrão
Chocolate amargo	Nozes
Ovos	Água

Para saber mais, releia o Capítulo 8.

DIA 8: OTIMIZE O SEU ESTUDO

Estudar não é só para quem está na escola. Aprendemos ao longo de toda a vida. Defina um estado ideal para estudar e aprender. Afaste as distrações. Use o método HEAR [ouvir, em inglês] — pare, (exercite a) empatia, (crie) expectativa e revise — para assistir a um vídeo do TED que nunca viu antes e praticar suas habilidades de escuta. Para mais sobre o assunto, releia o Capítulo 12.

DIA 9: USE AS FERRAMENTAS E TÉCNICAS DE MEMORIZAÇÃO

Antes de começar uma tarefa, lembre-se do acrônimo MOM (mãe, em inglês) — Motivação, Observação e Métodos. Além disso, identifique suas razões. Qual é o seu motivo para lembrar o nome daquela pessoa? O que você observa? Lembre-se de que a maior parte da sua memória não é questão de retenção, mas de atenção. Pratique lembrar os nomes de todo mundo que conhecer hoje usando a técnica de associação. Se você esquecer o nome de alguém, anote se foi uma falha de motivação, observação ou método. Então tente novamente com outra pessoa.

Você pode treinar essa habilidade mesmo quando está fazendo compras na mercearia, andando na rua, assistindo à televisão ou em qualquer outra atividade. Dê nome a desconhecidos e teste quantos consegue lembrar. Para saber mais, releia o Capítulo 13.

DIA 10: EXPLORE O PODER DA LEITURA

Defina uma meta de leitura diária, mesmo que seja de apenas dez minutos. A leitura é poderosa e seus benefícios aumentam com o tempo. A chave é a consistência. Escolha um livro, coloque um alarme para disparar em dez minutos, elimine as distrações e treine ler com um marcador visual. Agende um horário de leitura para cada dia e anote em sua agenda esse compromisso com você mesmo.

Líderes são leitores ávidos. Ler é um excelente exercício para a sua mente. Lembre-se: você pode adquirir décadas de experiência ao ler somente um livro. Para saber mais, releia o Capítulo 14.

DIA 11: APROVEITE A INTELIGÊNCIA ARTIFICIAL PARA LER MELHOR

Experimente o poder da tecnologia em impulsionar suas capacidades de leitura. Explore e interaja com ferramentas de IA projetadas para melhorar sua velocidade de leitura, compreensão e memorização. O objetivo aqui não é depender da IA, mas usá-la como uma ferramenta de augmentação, expandindo o potencial do seu cérebro.

- **Resumos Assistidos por IA:** experimente aplicativos alimentados por IA que fornecem resumos concisos de materiais complexos. Uma dica é solicitar à ferramenta de IA um resumo com uma instrução tal como: "Explique o tópico de XYZ em termos que uma criança de oito anos entenderia."
- **Coaches de Leitura de IA:** quando você tem um grande volume de material para ler, considere pedir à IA para criar um plano diário ou semanal para leitura.
- **Assistentes de Memorização de IA:** utilize ferramentas de IA que ajudem a reforçar a memorização por meio de lembretes periódicos de revisão com base nas informações que leu. Um exemplo de lembrete é "Teste-me sobre o tópico de XYZ" ou "Faça-me perguntas sobre o livro [insira o título e o nome do autor]".

Lembre-se: a IA não substitui nosso cérebro, só nos ajuda a alcançar novos patamares. Para mais informações sobre isso, releia o Capítulo 19.

DIA 12: AUMENTE A AGILIDADE DE APRENDIZADO – LEIA E LEMBRE-SE DE VÁRIOS LIVROS AO MESMO TEMPO

Se quiser, você pode diversificar sua aprendizagem mergulhando em vários livros ao mesmo tempo. Isso não é ser multitarefa — é enriquecer seu cenário de aprendizado. Veja alguns exemplos de como fazer isso:

- **Seleção Temática:** escolha livros com temas variados para estimular diferentes partes do seu cérebro e evitar sobrecarga de informações.
- **Gerenciamento de Tempo:** dedique horários específicos para diferentes livros. Isso pode significar dividir seu tempo de leitura dentro de um dia ou atribuir diferentes dias para cada livro.
- **Anotações:** elabore estratégias de anotações diferentes para cada livro. Isso ajudará a compartimentar as informações e auxiliará na memorização.
- **Recapitulação e Revisão:** termine cada sessão de leitura com uma rápida recapitulação e comece a seguinte com uma breve revisão. Isso reforça a memória e melhora a compreensão.

Lembre-se: o objetivo é exercitar a agilidade do seu cérebro sem sobrecarregá-lo.

DIA 13: MAXIMIZE A LEITURA PARA O SEU TIPO DE CÉREBRO

Conheça as predisposições únicas do seu cérebro identificando seu animal cerebral e adapte sua estratégia de leitura de acordo:

- **Guepardos:** desejam velocidade e eficiência. Implemente técnicas de leitura dinâmica e sessões de leitura com tempo limitado.
- **Corujas:** seu ponto forte é a atenção meticulosa aos detalhes. Concentre-se em leituras profundas e imersivas e faça anotações abrangentes.
- **Golfinhos:** são intuitivos e perspicazes. Aproveite isso criando mapas mentais das informações.
- **Elefantes:** dotados de uma excelente memória ao colaborar com os outros. Suplemente sua leitura com audiobooks e participe de discussões em grupo para melhorar a compreensão.

Lembre-se: seu animal cerebral não é uma restrição, apenas um guia. O objetivo é adaptar sua abordagem à aprendizagem para obter máxima eficácia. Para mais informações sobre isso, releia o Capítulo 17.

CÉREBRO SEM LIMITES

DESCUBRA OS SEGREDOS DO SEU

ANIMAL CEREBRAL

Você já se perguntou por que se destaca em certas áreas, mas enfrenta dificuldades em outras? Ao longo dos anos, compartilhei diversas teorias de aprendizagem e recursos cognitivos que o ajudam a aproveitar seus pontos fortes para melhorar sua aprendizagem e sua vida. E, agora, quero ajudá-lo a integrar isso ainda mais.

Descubra seu tipo de cérebro único fazendo um teste desenvolvido especialmente para você. Este quiz complementar desvenda os processos-chave e princípios sobre como aproveitar seus pontos fortes para melhor desempenho, produtividade, resolução de problemas, tomada de decisões e muito mais.

Você é um Guepardo, uma Coruja, um Golfinho ou um Elefante?

Faça o teste em

KwikBrain.com/Braincode

[conteúdo em inglês]

NUTRIÇÃO SEM LIMITES

O QUE VOCÊ COME IMPORTA

ESPECIALMENTE PARA SEU CÉREBRO

Se você deseja turbinar seu poder cerebral, é importante criar hábitos saudáveis para o seu cérebro. Atividades que ajudam você a ser mais ativo, dormir o suficiente e ter uma mentalidade de crescimento são hábitos que podem ser aprendidos e desenvolvidos. Mas, para criar esses hábitos ainda mais rápido, você precisa fornecer o combustível adequado tanto para o seu corpo quanto para a sua mente.

A nutrição cerebral é um campo em rápida evolução que inclui não apenas alimentos, mas também nootrópicos e suplementos. É por isso que é vital ficar atualizado sobre os mais recentes estudos e descobertas. E estamos aqui para ajudá-lo.

Acesse o link abaixo para se manter informado sobre como pode otimizar o cuidado do seu cérebro com a melhor nutrição disponível e conhecer meus protocolos e minhas recomendações.

Acesse

KwikBrain.com/Nutrition

[conteúdo em inglês]

SEUS RECURSOS BÔNUS

Reunimos um conjunto de recursos que complementam este livro e multiplicarão seus resultados.

Eles incluem:

- Tutoriais em vídeo selecionados (tais como: eu ensino como memorizar rapidamente os principais alimentos para o cérebro e demonstro a técnica para lembrar nomes na frente de uma plateia).
- Exercícios e avaliações para testar suas habilidades.
- Receitas de alimentos para dar energia ao cérebro, de refeições completas a chás.
- Leitura recomendada.
- Entrevistas com os principais especialistas que aprofundam a discussão nos tópicos abordados neste livro: sono, exercício, nutrição, meditação e outros.
- E muito mais!

Para seu acesso gratuito, digite:

LimitlessBook.com/Resources

[conteúdo em inglês]

SUGESTÕES DE LEITURA

ALIMENTOS PARA O CÉREBRO

Brain Food, de Lisa Mosconi

Fuja da Farmácia, de Mehmet Oz

Alimento para o Cérebro, de Max Lugavere

Seu Cérebro Bem Alimentado, de Uma Naidoo

APRENDIZAGEM

Trabalhe 4 Horas por Semana, de Timothy Ferriss

Chineasy Everyday, de Shao Lan

Math Doesn't Suck, de Danica McKellar

Mapas Mentais, de Tony Buzan, com Barry Buzan

A Arte e a Ciência de Memorizar Tudo, de Joshua Foer

Os Seis Chapéus do Pensamento, de Edward de Bono

Understanding Understanding, de Richard Saul Wurman

ATENÇÃO PLENA

Respire, James Nestor

How to Live a Good Life, de Jonathan Fields

Menos Estresse, Mais Conquistas, de Emily Fletcher

The Tapping Solution for Manifesting Your Greatest Self, de Nick Ortner

Pense Como um Monge, de Jay Shetty

A Terceira Medida do Sucesso, de Arianna Huffington

BIOHACKING

Boundless, de Ben Greenfield

The DNA Way, de Kashif Khan

Smarter Not Harder, de Dave Asprey

Winter Swimming, de Susanna Søberg

CRIATIVIDADE

O Caminho do Artista, de Julia Cameron

Grande Magia, de Elizabeth Gilbert

O Ato Criativo, de Rick Rubin

The Creative Habit, de Twyla Tharp

Imagine It Forward, de Beth Comstock e Tahl Raz

A Jornada do Artista, de Steven Pressfield

EDUCAÇÃO

Educated – A Menina da Montanha, de Tara Westover

O Elemento, de Sir Ken Robinson, com Lou Aronica

Sem Limites para o Amor, de Anat Baniel

The Promise of a Pencil, de Adam Braun

FOCO

The Distracted Mind, de Adam Gazzaley e Larry D. Rosen

Tendência à Distração, de Edward M. Hallowell e John J. Ratey

Mindset do Foco, de Michael Hyatt

(In)distraível, de Nir Eyal, com Julie Li

Sagaz, de Amishi Jha

MENTALIDADE

The Alter Ego Effect, de Todd Herman

The Future Is Faster Than You Think, de Peter H. Diamandis e Steven Kotler

The Greatness Mindset, de Lewis Howes

O Jogo Infinito, de Simon Sinek

O Homem em Busca de um Sentido, de Viktor E. Frankl

Mindset – A Nova Psicologia do Sucesso, de Carol S. Dweck

Miracle Mindset, de J.J. Virgin

MOTIVAÇÃO

O Poder dos 5 Segundos, de Mel Robbins

Garra, de Angela Duckworth

The Motivation Manifesto, de Brendon Burchard

No Sweat, de Michelle Segar

Comece Pelo Porquê, de Simon Sinek

NEGÓCIOS E EMPREENDEDORISMO

Belong, de Radha Agrawal

Disrupt-Her, de Miki Agrawal

Transformações Exponenciais, de Salim Ismail, Francisco Palao e Michelle Lapierre

Princípios, de Ray Dalio

PODER MENTAL

Como Se Tornar Sobrenatural, de Joe Dispenza

Organize Sua Desordem Mental, de Caroline Leaf

O Código da Mente Extraordinária, de Vishen Lakhiani

O Poder do Subconsciente, de Joseph Murphy

PRODUTIVIDADE/HÁBITOS

Os 7 Hábitos das Pessoas Altamente Eficazes, de Stephen R. Covey

Hábitos Atômicos, de James Clear

Trabalho Focado, de Cal Newport

Essencialismo, de Greg McKeown

Flow – A Psicologia do Alto Desempenho e da Felicidade, de Mihaly Csikszentmihalyi

A Arte de Fazer Acontecer, de David Allen

Um Único Hábito Pode Mudar Sua Vida, de Mel Robbins

A Única Coisa, de Gary Keller, com Jay Papasan

O Poder do Quando, de Michael Breus

Micro-hábitos, de B.J. Fogg

RACIOCÍNIO

O Homem é Aquilo que Pensa, de James Allen

O Poder do Pensamento Positivo, de Norman Vincent Peale e Ruth Stafford Peale

Da Vinci Decodificado, de Michael J. Gelb

A Mágica de Pensar Grande, de David J. Schwartz

Pense de Novo, de Adam Grant

Quem Pensa Enriquece, de Napoleon Hill

Rápido e Devagar: Duas Formas de Pensar, de Daniel Kahneman

SAÚDE CEREBRAL

O Cérebro que se Transforma, de Norman Doidge

Mude Seu Cérebro, Mude Seu Corpo, de Daniel G. Amen

Healthy Brain, Happy Life, de Wendy Suzuki

Supercérebro, de Deepak Chopra e Rudolph Tanzi

The UltraMind Solution, de Mark Hyman

The Women's Brain Book, de Sarah McKay

The XX Brain, de Lisa Mosconi

SAÚDE FÍSICA

The Align Method, de Aaron Alexander

A Energia da Vida, de Tony Robbins, Peter Diamandis e Robert Hariri

Corpo Ativo, Mente Desperta, de John Ratey, com Eric Hagerman

O Método TB12, de Tom Brady

SONO

Good Night, de Michael Breus

Peak Sleep Performance for Athletes, de Shane A. Creado

The Ripple Effect, de Greg Wells

The Sleep Revolution, de Arianna Huffington

Sleep Smarter, de Shawn Stevenson

Por que Nós Dormimos, de Matthew Walker

AGRADECIMENTOS

Para mim, essa é a parte do livro mais difícil de escrever, porque não é nada fácil trazer uma publicação como esta ao mundo. Pode-se pensar que é uma espécie de aventura solo, mas na realidade foi um esforço heroico em grupo.

Na paginação que me foi atribuída, seria impossível agradecer pelo nome a todos os que me guiaram e apoiaram até esse momento. A lista é longa — pode-se dizer que é quase sem limites.

Sei disso porque todos têm um lugar especial no meu coração, e sinto a sua presença quando pratico meus exercícios de gratidão.

Vamos começar por VOCÊ, leitor. Obrigado não apenas por comprar este livro, mas, muito mais importante, por lê-lo e colocá-lo em prática.

Aos nossos entrevistados e ouvintes de podcast e qualquer um que já assistiu e compartilhou um de nossos vídeos, obrigado por acompanhar todas as semanas e aprender a exercitar seu cérebro comigo.

Para nossos estudantes online ao redor do mundo, muito apreço pelo seu tempo e confiança. Obrigado por permitir que nossa equipe cumpra o objetivo de criar cérebros melhores e mais brilhantes.

A todos os nossos clientes de palestras e treinamentos, gratidão por compartilhar comigo seu público e equipes.

Aos meus clientes privados, vocês sabem quem são, obrigado pela amizade e por me ensinarem tanto.

À minha parceira de longa data e CEO Alexis Blanc. Sem você, este livro e essa empresa jamais existiriam. Você usa todos os chapéus imagináveis, sua dedicação só é comparável à sua visão para um mundo melhor e mais positivo. Sou eternamente grato.

A James Blanc, obrigado, irmão, por ser um guerreiro cerebral.

Gratidão à minha assistente pessoal, Elena, obrigado por ser meu braço direito (e, às vezes, o cérebro). Aprecio tudo o que você faz.

Muito obrigado a D&D — David Michail e Donna Stapleton, sou profundamente grato por me apoiarem (e ao meu negócio).

Agradecimentos especiais a Chris Lee, meu agente de palestras, e sua equipe por nos ajudarem a disseminar a mensagem em palcos ao redor do mundo.

A Ken Hertz, Liz Heller e à membBrain pelo seu conselho.

Ao meu conselho consultivo Richard Dolan, Doug Scott, Ken Klinaftakis, por projetos especiais.

A Peter Nguyen e a toda a nossa equipe Kwik Formulas, que serve o planeta com nutrição para uma mente ilimitada.

Ao nosso incrível *Kwik Team*, que trabalha duro todos os dias servindo à comunidade. Obrigado por seu cuidado e comprometimento, Jonie, Alexa, Ana, Ana Juma, Dolan, Dragana, Faye, Jade, Kamil, Luis, Maria, Sven, Elizabeth, Miriam, Jena, Lauren, Louie, Sasha, Brittany, Jade, Iris, Denyce, Nicole, Jessica, Kyle, Dallas, Jen, Zareen, Jena, Lauren, Louie, Romario, Elizabeth, Miriam, Julia, Matilda, Alex, Dmitri, Jena, Kristie, L.J., Arthur, Marcin, Angelo, Pawel, Radek, Agata, Natalia, Katia, Hugo, Michal, Chris, Marta, Drew, Kris, Rusty e ao resto da equipe no passado, presente e futuro (sim, nosso time é formado principalmente por mulheres incríveis).

Acredito que todos podem ser seus professores na jornada da vida. Desde o pai do meu colega de faculdade, que me fez ler um livro por semana, até a pessoa que disse que eu tinha o cérebro quebrado, obrigado pelas lições.

Aos meus amigos Brendon Burchard, Scott Hoffman, Lewis Howes e Nick Ortner, que me encorajaram e insistiram para escrever este livro. Obrigado por inspirarem o mundo e por me inspirarem a transformar minha bagunça em mensagem.

Sou grato a Reid Tracy e Patty Gift, que viram o potencial deste livro. E honrado por ser parte da família Hay House. Obrigado, Anne, Mary, Margarete, Lindsay, Lizzi, Patricia, Cathy, Alexandra, Sally, Marlene, Perry, Celeste, Tricia, Julie, Yvette, Diane, John, Karen, Steve e todos os outros que ajudaram a tornar o livro o que ele é.

Agradecimentos especiais à nossa equipe criativa, que fez contribuições significativas.

Lou Aronica, obrigado por me ajudar a criar essas páginas e tornar este livro o melhor possível.

Sara Stibitz, você é inestimável. Obrigado por toda a pesquisa, entrevistas, trabalho com as palavras e por nos levar à linha de chegada.

Clay Hebert, por anos de apoio e por conduzir este projeto de A a Z.

Courtney Kenney, obrigado mais uma vez pelas longas horas de trabalho e por seu talento e por gerenciar e mobilizar tantas peças neste quebra-cabeças.

Jose Alonso, obrigado pelo novo design Kwik. Nick Onken, fotógrafo extraordinário.

Rodrigo e Anna Corral, pela belíssima arte de capa.

Dr. Mark Hyman, obrigado por acreditar em nosso trabalho e por escrever o prefácio. Agradeço muito a você e à Mia pela ajuda com este livro.

Um agradecimento especial a Michael Robertson e à equipe do Beverly Hilton por me hospedar e receber nossos eventos.

À nossa equipe da MerchLabs e Meteor, o que vemos é do que cuidamos. Obrigado por levar a consciência do cérebro para o mundo, Daniel, Tom, Mitchell, Jakob, Anthony e toda a equipe.

Obrigado às lendas e estudiosos que inspiraram a minha imaginação no início desta jornada — Quincy Jones, Neil Gaiman, Tony Robbins, Gene Roddenberry, George Lucas, Joseph Cambell, Oprah Winfrey, Piers Anthony, J.K. Rowling, Napoleon Hill, Bruce Lee, Howard Garner, Tony Buzan, Harry Lorraine, Norman Vincent Peale, Brian Tracy, Jim Rohn, Les Brown, Arianna Huffington, Sir Ken Robinson, Mister Fred Rogers e, é claro, Stan Lee.

Ao grupo de responsabilidade original, Michael Fishman, Brian Kurtz e Ryan Lee.

Obrigado, Vishen Lakhian, equipe e todos os supercérebros da Mindvalley por nos ajudarem a compartilhar o meta-aprendizado com o mundo.

Aos meus amigos super-heróis e às comunidades que eles lideram. Tony Robbins e Dean Graziosi da Mastermind. Giovanni Marsico e a ArchAngels. A comunidade de Biohacking de Dave Asprey. Tom e Lisa Bilyeu e seus Impactivists. Ken Rutkowski e os METal brothers. Elliot Bisnow e a Summit. Chris Winefield, Jen Gottlieb e a UAL. Chris Anderson e a TED. Roman Tsunder e a PTTOW & WORLDZ. Michael Fishman e a CHS. Jack Canfield e a TLC. J.J. Virgin e a Mindshare. Cole e Sanja Hatter e a Thrive. Dan Fleyshman, Joel Marion e seu MME 100 Group. Joe Polish e a Genius Network. Anthony Tjan e On Cue. Gareb Shamus e a ACE. Peter Diamandis e a família da XPrize. Organizações como YPO, EO e TKE, obrigado por me permitirem servir.

A todos os meus amigos que fizeram de tudo, desde checar se eu estava bem até ajudar a compartilhar nossos ensinamentos com o mundo. Seu encorajamento coletivo teve uma importância imensurável para mim.

Para as organizações sem fins lucrativos de educação infantil que amamos e apoiamos (inclusive com parte dos lucros deste livro) — WE Charity, Pencils of Promise, Unstoppable Foundation, entre outras —, obrigado pelas escolas que constroem e pelos cuidados de saúde e água limpa que fornecem para crianças necessitadas.

Às organizações sem fins lucrativos de saúde cerebral que estão mudando o mundo financiando e conduzindo pesquisas sobre a Doença de Alzheimer — Steve Aoki e a Aoki Foundation, Women's Alzheimer's Movement, de Maria Shriver, Dr. Rudy Tanzi, Cleveland Clinic Lou Ruvo Center for Brain Health, Women's Brain Initiative and Alzheimer's Prevention Clinic, da Dra. Lisa Mosconi, na Weill Cornell Medical College.

A todos os meus professores (e professores ao redor do mundo), tendo trabalhado com tantos educadores e por minha mãe recém-aposentada da educação pública, sei que não é fácil. Obrigado por seu carinho, compaixão e comprometimento. Vocês são os verdadeiros super-heróis e nós agradecemos pelas capas que vocês vestem.

Ao esquadrão geek original — Dakota, Morris e Dave. Obrigado pelas revistas em quadrinhos, videogames e jogos de cartas. Não apenas pela sua amizade, mas por todas as longas sessões tutoriais. Não teria terminado a escola sem vocês.

Ao meu personal trainer de longa data, Flow Trandu, mente e corpo são a equipe perfeita — kumite para a vida! Ao meu *sifu* Chuck Giangreco, que é um verdadeiro multiplicador de forças no mundo.

Ao sensei Rick, por anos de treinamento nas artes marciais, sabedoria e amizade. E a Bryan Watanabe, que me surpreendeu com a sua integridade e capacidade de impactar tão positivamente as pessoas ao seu redor.

Obrigado, Rocky e Jax, por me fazerem companhia em todas essas manhãs escrevendo — vocês são os melhores cachorros do mundo!

Para a minha amada, tenho muita sorte de ter você nessa jornada. Obrigado por suportar minha obsessão com toda essa coisa de cérebros e super-heróis. Todos os dias com você são uma aventura de aprendizado e risadas, estou maravilhado com o seu amor e apoio ilimitados. Você é a maior bênção da minha vida.

Às nossas famílias, o amor flui forte e profundamente, deixando-nos uma vida de lembranças para guardar na memória.

Ao meu irmão e à minha irmã, obrigado por tudo o que vocês fazem e são. Vocês me inspiram como pessoas e pais. Amo vocês demais.

Obrigado aos meus pais, meus heróis originais, não apenas por me encorajarem neste livro, mas também por acreditarem em mim desde o início. Tudo o que já me tornei ou fiz de bom é por sua causa. Qualquer coisa diferente disso é culpa minha.

E, novamente, obrigado a VOCÊ, leitor. É nossa honra servi-lo enquanto trabalhamos juntos para criar um cérebro, uma vida e um mundo sem limites.

SOBRE O AUTOR

Jim Kwik (seu nome real) é altamente reconhecido no mundo como especialista em aprimoramento de memória, otimização cerebral e aprendizado acelerado. Após uma lesão cerebral deixá-lo com dificuldades de aprendizado, Kwik criou estratégias para melhorar drasticamente seu desempenho mental. Desde então, tem dedicado sua vida a ajudar os outros a libertar sua verdadeira genialidade e poder mental. Por mais de duas décadas, ele tem sido coach cerebral de estudantes, idosos, empreendedores e educadores. Seu trabalho chegou aos notáveis da elite de Hollywood, atletas profissionais, políticos e magnatas dos negócios, com clientes corporativos como Google, Virgin, Nike, Zappos, SpaceX, GE, NBA, Twentieth Century Fox, Cleveland Clinic, Wordpress e instituições como Força Aérea dos Estados Unidos, Nações Unidas, Caltech, Universidade Harvard e Singularity University.

Suas palestras atingem plateias presenciais que totalizam mais de 200 mil pessoas todos os anos; seus vídeos online acumulam milhões de visualizações. Com frequência, Kwik é destaque na imprensa em veículos como *Forbes, Good Morning America, Entrepeneur Magazine, Entertainment Tonight, Dr. Oz,* HuffPost, *Fast Company, Inc.* e CNBC. Ele é o apresentador do aclamado podcast *Kwik Brain*, que se destaca como o principal programa de treinamento educacional no iTunes. Os cursos online em KwikLearning.com são acessados em 195 países.

Defensor da saúde cerebral e da educação global, Kwik também é filantropo, financiando projetos que variam desde pesquisa de Alzheimer até a criação de escolas da Guatemala ao Quênia, proporcionando assistência à saúde, água potável e aprendizado para crianças carentes. Sua missão: não deixar nenhum cérebro para trás.

Conecte-se com Jim Kwik em:

JimKwik.com (palestras, treinamentos, podcast)

KwikLearning.com (programas online)

Twitter: @JimKwik

Facebook: @JimKwik

Instagram: @JimKwik

TikTok: @JimKwik

Mensagem de texto: (+1)310-299-9362

NOTAS

CAPÍTULO 2

1. "Digital Overload: Your Brain On Gadgets", *NPR*, última modificação em 24 de agosto de 2010, www.npr.org/templates/story/story.php?storyId=129384107.
2. Ibidem.
3. Matt Richtel, "*Attached to Technology and Paying a Price*", *The New York Times*, última modificação em 7 de junho de 2010, www.nytimes.com/2010/06/07/technology/07brain.html.
4. Paul Waddington, "Dying for Information? A Report on the Effects of Information Overload in the UK and Worldwide", *Reuters*, acessado em 11 de dezembro de 2019, www.ukoln.ac.uk/services/papers/bl/blri078/content/repor~13.htm.
5. "Digital Distraction", *American Psychological Association*, última modificação em 10 de agosto de 2018, www.apa.org/news/press/releases/2018/08/digital-distraction.
6. Daniel J. Levitin, *The Organized Mind: Thinking Straight in the Age of Information Overload* (Nova York: Dutton, 2016).
7. Sean Coughlan, "Digital Dependence 'Eroding Human Memory'", *BBC News, BBC*, última modificação em 7 de outubro de 2015, www.bbc.com/news/education-34454264.
8. Rony Zarom, "Why Technology Is Affecting Critical Thought in the Workplace and How to Fix It", *Entrepreneur*, 21 de setembro de 2015, www.entrepreneur.com/article/248925.
9. Jim Taylor, "How Technology Is Changing the Way Children Think and Focus", *Psychology Today*, 4 de dezembro de 2012, www.psychologytoday.com/us/blog/the-power-prime/201212/how-technology-is-changing-the-way-children-think-and-focus.
10. Patricia M. Greenfield, "Technology and Informal Education: What Is Taught, What Is Learned", *Science*, 2 de janeiro de 2009, https://science.sciencemag.org/content/323/5910/69.full.
11. Richard Foreman, "The Pancake People, or, 'The Gods Are Pounding My Head'", *Edge*, 8 de março de 2005, https://www.edge.org/3rd_culture/foreman05/foreman05_index.html.

CAPÍTULO 3

1. Tara Swart, *The Source: Open Your Mind, Change Your Life* (Nova York: Vermilion, 2019).
2. Suzana Herculano-Houzel, "The Human Brain in Numbers: a Linearly Scaled-up Primate Brain", *Frontiers in Human Neuroscience*, 9 de novembro de 2009, www.ncbi.nlm.nih.gov/pmc/articles/PMC2776484/.

3. Ferris Jabr, "Cache Cab: Taxi Drivers' Brains Grow to Navigate London's Streets", *Scientific American,* 8 de dezembro de 2011, www.scientificamerican.com/article/london-taxi-memory/.

4. Courtney E. Ackerman, "What Is Neuroplasticity? A Psychologist Explains [+14 Exercises]", PositivePsychology.com, última modificação em 10 de setembro de 2019, positivepsychology.com/neuroplasticity/.

5. Catharine Paddock, Ph.D., "Not Only Does Our Gut Have Brain Cells It Can Also Grow New Ones, Study", Medical News Today, última modificação em 5 de agosto de 2009, https://www.medicalnewstoday.com/articles/159914.php; Jennifer Wolkin, "Meet Your Second Brain: The Gut", *Mindful,* última modificação em 14 de agosto de 2015, https://www.mindful.org/meet-your-second-brain-the-gut/.

6. Emily Underwood, "Your Gut Is Directly Connected to Your Brain, by a Newly Discovered Neuron Circuit", *Science,* última modificação em 20 de setembro de 2018, https://www.sciencemag.org/news/2018/09/your-gut-directly-connected-your-brain-newly-discovered-neuron-circuit.

7. Ken Robinson e Lou Aronica, *Creative Schools: The Grassroots Revolution That's Transforming Education* (Nova York: Penguin Books, 2016), xxvii-xxvii.

CAPÍTULO 4

1. Sonnad, Nikhil. "A Mathematical Model of the 'Forgetting Curve' Proves Learning Is Hard." *Quartz,* 28 de fevereiro de 2018, qz.com/1213768/the-forgetting-curve-explains-why-humans-struggle-to-memorize/.

2. Francesco Cirillo, "The Pomodoro Technique", Cirillo Consulting, francescocirillo.com/pages/pomodoro-technique.

3. Oliver Wendell Holmes, "The Autocrat of the Breakfast-Table", *Atlantic Monthly* 2, no. 8 (junho de 1858): 502.

CAPÍTULO 5

1. Jim Kwik, "Kwik Brain with Jim Kwik: Break Through Your Beliefs with Shelly Lefkoe", 2 de maio de 2019, *Kwik Brain,* https://kwikbrain.libsyn.com/114-break-through-your-beliefs-with-shelly-lefkoe/.

2. Jan Bruce, et al., *Mequilibrium: 14 Days to Cooler, Calmer, and Happier* (Nova York: Harmony Books, 2015), 95.

3. Jennice Vilhauer, "4 Ways to Stop Beating Yourself Up, Once and For All", *Psychology Today,* 18 de março de 2016, www.psychologytoday.com/us/blog/living-forward/201603/4-ways-stop-beating-yourself-once-and-all.

4. "The Power of Positive Thinking", *Johns Hopkins Medicine,* www.hopkinsmedicine.org/health/wellness-and-prevention/the-power-of-positive-thinking.

5. Mayo Clinic Staff, "Positive Thinking: Stop Negative Self-Talk to Reduce Stress", *Mayo Clinic,* última modificação em 18 de fevereiro de 2017, www.mayoclinic.org/healthy-lifestyle/stress-management/in-depth/positive-thinking/art-20043950.

6. James Clear, "How Positive Thinking Builds Your Skills, Boosts Your Health, and Improves Your Work", acessado em 22 de abril de 2019, jamesclear.com/positive-thinking.

7. Ibid.
8. Ibid.
9. Barbara L. Fredrickson, "The Broaden-and-Build Theory of Positive Emotions", *National Center for Biotechnology Information*, última modificação em 17 de agosto de 2004, www.ncbi.nlm.nih.gov/pmc/articles/PMC1693418/pdf/15347528.pdf.

CAPÍTULO 6

1. Carol S. Dweck, *Mindset: the New Psychology of Success* (Nova York: Random House, 2006).
2. Daphne Martschenko, "The IQ Test Wars: Why Screening for Intelligence Is Still so Controversial", *The Conversation*, acessado em 16 de agosto de 2019, https://theconversation.com/the-iq-test-wars-why-screening-for-intelligence-is-still-so-controversial-81428.
3. Ibid.
4. Ibid.
5. David Shenk, "The Truth About IQ", *The Atlantic*, acessado em 4 de agosto de 2009, https://www.theatlantic.com/national/archive/2009/07/the-truth-about-iq/22260/.
6. Ibid.
7. Brian Roche, "Your IQ May Not Have Changed, But Are You Any Smarter?", *Psychology Today*, 15 de julho de 2014, www.psychologytoday.com/us/blog/iq-boot-camp/201407/your-iq-may-not-have-changed-are-you-any-smarter.
8. David Shenk, *The Genius in All Of Us* (Nova York: Anchor Books, 2011) 117.
9. Gabrielle Torre, "The Life and Times of the 10% Neuromyth", *Knowing Neurons*, última modificação em 13 de fevereiro de 2018, https://knowingneurons.com/2018/02/13/10-neuromyth/.
10. Eric H. Chudler, "Do We Only Use 10% of Our Brains?", Neuroscience for Kids, https://faculty.washington.edu/chudler/tenper.html.
11. Gabrielle Torre, "The Life and Times of the 10% Neuromyth", *Knowing Neurons*, última modificação em 13 de fevereiro de 2018, https://knowingneurons.com/2018/02/13/10-neuromyth/.
12. Eric Westervelt, "Sorry, Lucy: The Myth of the Misused Brain Is 100 Percent False", *NPR*, 27 de julho de 2014, https://www.npr.org/2014/07/27/335868132/sorry-lucy-the-myth-of-the-misused-brain-is-100-percent-false.
13. Barry L. Beyerstein, "Whence Cometh the Myth that We Only Use 10% of our Brains?", em *Mind Myths: Exploring Popular Assumptions About the Mind and Brain*, ed. Sergio Della Sala (Londres: Wiley, 1999), p. 3–24.
14. Ibid.
15. Robynne Boyd, "Do People Only Use 10 Percent of Their Brains?", *Scientific American*, última modificação em 7 de fevereiro de 2008, https://www.scientificamerican.com/article/do-people-only-use-10-percent-of-their-brains/.
16. Thomas G. West, *In the Mind's Eye: Creative Visual Thinkers, Gifted Dyslexics, and the Rise of Visual Technologies* (Amherst, Nova York: Prometheus Books, 2009).

17. Ibid.

18. "Einstein's 23 Biggest Mistakes: A New Book Explores the Mistakes of the Legendary Genius", *Discover*, última modificação em primeiro de setembro de 2008, http://discovermagazine.com/2008/sep/01-einsteins-23-biggest-mistakes.

19. "About Page", *Beth Comstock*, https://www.bethcomstock.info/.

20. 99U, "Beth Comstock: Make Heroes Out of the Failures", vídeo, 12:40, 3 de setembro de 2015, https://www.youtube.com/watch?v=0GpIlOF-UzA.

21. Thomas Hobbes, *The English Works of Thomas Hobbes of Malmesbury*, ed. William Molesworth (Aalen, Alemanha: Scientia, 1966).

22. "Carol W. Greider", Wikipedia, acessado em 27 de julho de 2019, https://en.wikipedia.org/wiki/Carol_W._Greider.

23. "Carol Greider, Ph.D., Director of Molecular Biology & Genetics at Johns Hopkins University", *Yale Dyslexia*, http://dyslexia.yale.edu/story/carol-greider-ph-d/.

24. Mayo Clinic Staff, "Dyslexia", *Mayo Clinic*, última modificação em 22 de julho de 2017, https://www.mayoclinic.org/diseases-conditions/dyslexia/symptoms-causes/syc-20353552.

25. Claudia Dreifus, "On Winning a Nobel Prize in Science", *The New York Times*, 12 de outubro de 2009, seção Ciência, https://www.nytimes.com/2009/10/13/science/13conv.html.

26. Jim Carrey, discurso de formatura, Maharishi International University, Fairfield, Iowa, 24 de maio de 2014, www.mum.edu/graduation-2014, acessado em 5 de janeiro de 2020.

27. Fred C. Kelly, "They Wouldn't Believe the Wrights Had Flown: A Study in Human Incredulity", *Wright Brothers Aeroplane Company*, http://www.wright-brothers.org/History_Wing/Aviations_Attic/They_Wouldnt_Believe/They_Wouldnt_Believe_the_Wrights_Had_Flown.htm.

28. Ibid.

29. "Bruce Lee", *Biography.com*, última modificação em 16 de abril de 2019, www.biography.com/actor/bruce-lee.

30. Mouse AI, "I Am Bruce Lee", direção de Pete McCormack, vídeo, 1:30:13, última modificação em 13 de junho de 2015, www.youtube.com/watch?v=2qL-WZ_ATTQ.

31. "I Am Bruce Lee", Leeway Media, 2012, www.youtube.com/watch?v= 2qL-WZ_ATTQ.

32. Bruce Lee, Bruce Lee Jeet Kune Do: Bruce Lee's Commentaries on the Martial Way, ed. John Little (Claredon, Vermont: Tuttle Publishing, 1997).

33. Daniel Coyle, The Talent Code: Greatness Isn't Born. It's Grown (Londres: Arrow, 2010); "The Talent Code: Grow Your Own Greatness: Here's How", Daniel Coyle, http://danielcoyle.com/the-talent-code/.

CAPÍTULO 7

1. "Kind (n.)", Index, www.etymonline.com/word/kind.

2. Christopher J. Bryan, et al., "Motivating Voter Turnout by Invoking the Self", *PNAS*, última modificação em 2 de agosto de 2011, https://www.pnas.org/content/108/31/12653.

3. Adam Gorlick, "Stanford Researchers Find That a Simple Change in Phrasing Can Increase Voter Turnout", *Stanford University*, última modificação em 19 de junho de 2011, https://news.stanford.edu/news/2011/july/increasing-voter-turnout-071911.html.

CAPÍTULO 8

1. Eva Selhub, "Nutritional Psychiatry: Your Brain on Food", *Harvard Health* (blog), *Harvard Health Publishing*, última modificação em 5 de abril de 2018, www.health.harvard.edu/blog/nutritional-psychiatry-your-brain-on-food-201511168626.

2. Jim Kwik, "Kwik Brain with Jim Kwik: Eating for Your Brain with Dr. Lisa Mosconi", última modificação em 4 de janeiro de 2019, https://jimkwik.com/kwik-brain-088-eating-for-your-brain-with-dr-lisa-mosconi/.

3. Jim Kwik, "Kwik Brain with Jim Kwik: When to Eat for Optimal Brain Function with Max Lugavere", última modificação em 19 de julho de 2018, https://jimkwik.com/kwik-brain-066-when-to-eat-for-optimal-brain-function-with-max-lugavere/.

4. "Table 1: Select Nutrients that Affect Cognitive Function", *National Institutes of Health*, www.ncbi.nlm.nih.gov/pmc/articles/PMC2805706/table/T1/?report=objectonly, acessado em 1º de junho de 2019. Ministério da Saúde, https://bvsms.saude.gov.br/alimento-funcionais/

5. Heidi Godman, "Regular Exercise Changes the Brain to Improve Memory, Thinking Skills", *Harvard Health (blog), Harvard Health Publishing*, 5 de abril de 2018, www.health.harvard.edu/blog/regular-exercise-changes-brain-improve-memory-thinking-skills-201404097110.

6. Daniel G. Amen, *Change Your Brain, Change Your Life: the Breakthrough Program for Conquering Anxiety, Depression, Obsessiveness, Lack of Focus, Anger, and Memory Problems* (Nova York: Harmony Books, 2015), 109–110.

7. The Lancet Neurology, "Air Pollution and Brain Health: an Emerging Issue", *The Lancet* 17, no. 2 (fevereiro de 2018): 103, www.thelancet.com/journals/ laneur/article/PIIS1474-4422(17)30462-3/fulltext.

8. Tara Parker-Pope, "Teenagers, Friends and Bad Decisions", *Well (blog), The New York Times*, 3 de fevereiro de 2011, well.blogs.nytimes.com/2011/02/03/teenagers-friends-and-bad-decisions/?scp=6&sq=tara%2Bparker%2Bpope&st=cse.

9. "Protect Your Brain from Stress", *Harvard Health (blog), Harvard Health Publishing*, última modificação em agosto de 2018, www.health.harvard.edu/mind-and-mood/protect-your-brain-from-stress.

10. "Brain Basics: Understanding Sleep", National Institute of Neurological Disorders and Stroke, *US Department of Health and Human Services*, última modificação em 13 de agosto de 2019, www.ninds.nih.gov/Disorders/Patient-Caregiver-Education/Understanding-Sleep.

11. Jean Kim, "The Importance of Sleep: The Brain's Laundry Cycle", Psychology Today, 28 de junho de 2017, www.psychologytoday.com/us/blog/culture-shrink/201706/the-importance-sleep-the-brains-laundry-cycle.

12. Jeff Iliff, "Transcript of 'One More Reason to Get a Good Night's Sleep'", TED, última modificação em setembro de 2014, www.ted.com/talks/jeff_iliff_one_more_reason_to_get_a_good_night_s_sleep/transcript.

13. Ibid.

14. Sandee LaMotte, "One in Four Americans Develop Insomnia Each Year: 75 Percent of Those with Insomnia Recover", *Science Daily*, 5 de junho de 2018, https://www.sciencedaily.com/releases/2018/06/180605154114.htm.

15. Kathryn J. Reid, et al., "Aerobic Exercise Improves Self-Reported Sleep and Quality of Life in Older Adults with Insomnia", *Sleep Medicine, US National Library of Medicine*, última modificação em outubro de 2010, www.ncbi.nlm.nih.gov/pmc/articles/PMC2992829/.

16. Michael J. Breus, "Better Sleep Found by Exercising on a Regular Basis", *Psychology Today*, 6 de setembro de 2013, www.psychologytoday.com/us/blog/sleep-newzzz/201309/better-sleep-found-exercising-regular-basis-0.

17. Sandee LaMotte, "The Healthiest Way to Improve Your Sleep: Exercise", *CNN*, última modificação em 30 de maio de 2017, www.cnn.com/2017/05/29/health/exercise-sleep-tips/index.html.

18. David S. Black, et al., "Mindfulness Meditation in Sleep-Disturbed Adults", *JAMA Internal Medicine* 5 (abril de 2015): 494–501, jamanetwork.com/journals/jamainternalmedicine/fullarticle/2110998.

19. Karen Kaplan, "A Lot More Americans are Meditating Now than Just Five Years Ago", *Los Angeles Times*, 8 de novembro de 2018, www.latimes.com/science/sciencenow/la-sci-sn-americans-meditating-more-20181108-story.html.

20. Jim Kwik, "Kwik Brain with Jim Kwik: How to Make Meditation Easy with Ariel Garten", *Jim Kwik*, última modificação em 8 de novembro de 2018, https://jimkwik.com/kwik-brain-080-your-brain-on-meditation-with-ariel-garten/.

21. Ibid.

CAPÍTULO 9

1. Sarah Young, "This Bizarre Phenomenon Can Stop You from Procrastinating", *The Independent*, última modificação em 9 de março de 2018, www.independent.co.uk/life-style/procrastinating-how-to-stop-zeigarnik-effect-phenomenon-at-work-now-a8247076.html.

2. Art Markman, "How to Overcome Procrastination Guilt and Turn It Into Motivation", *HBR Ascend*, 7 de janeiro de 2019, hbrascend.org/topics/turn-your-procrastination-guilt-into-motivation/.

3. B.J. Fogg, "When you learn the Tiny Habits method, you can change your life forever", *Tiny Habits*, última modificação em 2019, www.tinyhabits.com/.

4. Deepak Agarwal, *Discover the Genius in Your Child* (Delhi: AIETS.com Pvt.Ltd., 2012), p. 27-28.

5. Charles Duhigg, *The Power of Habit: Why We Do What We Do in Life and Business* (Nova York: Random House, 2012), p. 20–21.

6. James Clear, "The Habits Academy", The Habits Academy, habitsacademy.com/.

7. Jim Kwik, "Kwik Brain with Jim Kwik: Understanding Habit Triggers with James Clear", *Jim Kwik*, 18 de outubro de 2018, https://jimkwik.com/kwik-brain-075-understanding-habit-triggers-with-james-clear/.

8. Ibid.

9. Phillippa Lally, et al., "How Are Habits Formed: Modelling Habit Formation in the Real World", *European Journal of Social Psychology*, vol. 40, no. 6 (julho de 2009): 998–1009, doi:10.1002/ejsp.674.

10. Alison Nastasi, "How Long Does It Really Take to Break a Habit?", *Hopes & Fears*, acessado em 20 de novembro de 2015, www.hopesandfears.com/hopes/now/question/216479-how-long-does-it-really-take-to-break-a-habit.

11. Ibid.

12. B. J. Fogg, "A Behavior Model for Persuasive Design", Persuasive '09: *Proceedings of the 4th International Conference on Persuasive Technology*, no. 40 (26 de abril de 2009), doi:10.1145/1541948.1541999.

13. Ibid.

14. Ibid.

15. Ibid.

CAPÍTULO 10

1. Mihaly Csikszentmihalyi, *Flow: the Psychology of Optimal Experience* (Nova York: Harper Row, 2009). Publicado no Brasil com o título: *Flow: A Psicologia do Alto Desempenho e da Felicidade.*

2. Mike Oppland, "8 Ways To Create Flow According to Mihaly Csikszentmihalyi", *PositivePsychology.com*, acessado em 19 de fevereiro de 2019, positivepsychology program.com/mihaly-csikszentmihalyi-father-of-flow/.

3. Susie Cranston e Scott Keller, "Increasing the 'Meaning Quotient' of Work", *McKinsey Quarterly*, janeiro de 2013, www.mckinsey.com/business-functions/organization/our-insights/increasing-the-meaning-quotient-of-work.

4. Entrepreneurs Institute Team, "A Genius Insight: The Four Stages of Flow", *Entrepreneurs Institute*, última modificação em 12 de fevereiro de 2015, entrepreneurs institute.org/updates/a-genius-insight-the-four-stages-of-flow.

5. Hara Estroff Marano, "Pitfalls of Perfectionism", *Psychology Today*, 1º de março de 2008, www.psychologytoday.com/us/articles/200803/pitfalls-perfectionism.

6. Travis Bradberry, "Why the Best Leaders Have Conviction", *World Economic Forum*, última modificação em 7 de dezembro de 2015, www.weforum.org/agenda/2015/12/why-the-best-leaders-have-conviction/.

CAPÍTULO 11

1. Jim Kwik, "Kwik Brain with Jim Kwik: How to Concentrate with Dandapani", *Jim Kwik*, 8 de outubro de 2019, https://jimkwik.com/kwik-brain-149-how-to-concentrate-with-dandapani/.

2. Ibid.

3. Ibid.
4. "A Clean Well-Lighted Place", *BeWell,* acessado em 7 de janeiro de 2020, https://bewell.stanford.edu/a-clean-well-lighted-place/.
5. Melanie Greenberg, "9 Ways to Calm Your Anxious Mind", *Psychology Today*, 28 de junho de 2015, www.psychologytoday.com/us/blog/the-mindful-self-express/201506/9-ways-calm-your-anxious-mind.
6. Donald Miller, "The Brutal Cost of Overload and How to Reclaim the Rest You Need", *Building a StoryBrand*, buildingastorybrand.com/episode-40/.
7. Markham Heid, "The Brains of Highly Distracted People Look Smaller", *VICE*, 12 de outubro de 2017, tonic.vice.com/en_us/article/wjxmpx/constant-tech-distractions-are-like-feeding-your-brain-junk-food.
8. Kristin Wong, "How Long It Takes to Get Back on Track After a Distraction", *Lifehacker*, 29 de julho de 2015, lifehacker.com/how-long-it-takes-to-get-back-on-track-after-a-distract-1720708353.
9. "4-7-8 Breath Relaxation Exercise", *Council of Residency Directors in Emergency Medicine*, fevereiro de 2010, www.cordem.org/globalassets/files/academic-assembly/2017-aa/handouts/day-three/biofeedback-exercises-for-stress-2---fernances-j.pdf.

CAPÍTULO 12

1. Ralph Heibutzki, "The Effects of Cramming for a Test", *Education*, 21 de novembro de 2017, education.seattlepi.com/effects-cramming-test-2719.html.
2. Mark Wheeler, "Cramming for a Test? Don't Do It, Say UCLA Researchers", *UCLA Newsroom*, 22 de agosto de 2012, newsroom.ucla.edu/releases/cramming-for-a-test-don-t-do-it-237733.
3. William R. Klemm, "Strategic Studying: The Value of Forced Recall", *Psychology Today*, 9 de outubro de 2016, www.psychologytoday.com/us/blog/memory-medic/201610/strategic-studying-the-value-forced-recall.
4. Ibid.
5. James Gupta, "Spaced Repetition: a Hack to Make Your Brain Store Information", *The Guardian*, 23 de janeiro de 2016, www.theguardian.com/education/2016/jan/23/spaced-repetition-a-hack-to-make-your-brain-store-information.
6. Jordan Gaines Lewis, "Smells Ring Bells: How Smell Triggers Memories and Emotions", *Psychology Today*, 12 de janeiro de 2015, www.psychologytoday.com/us/blog/brain-babble/201501/smells-ring-bells-how-smell-triggers-memories-and-emotions.
7. Wu-Jing He, et al., "Emotional Reactions Mediate the Effect of Music Listening on Creative Thinking: Perspective of the Arousal-and-Mood Hypothesis", *Frontiers in Psychology* 8 (26 de setembro de 2017): 1680, www.ncbi.nlm.nih.gov/pmc/articles/PMC5622952/.
8. Claire Kirsch, "If It's Not Baroque Don't Fix It", *The Belltower*, 25 de janeiro de 2017, http://belltower.mtaloy.edu/2017/01/if-its-not-baroque-dont-fix-it/.
9. Alina-Mihaela Busan, "Learning Styles of Medical Students — Implications in Education", *Current Health Sciences Journal* 40, no. 2 (abril-junho de 2014): 104– 110, www.ncbi.nlm.nih.gov/pmc/articles/PMC4340450/.

10. Bob Sullivan and Hugh Thompson, "Now Hear This! Most People Stink at Listening [Excerpt]", *Scientific American*, 3 de maio de 2013, www.scientificamerican.com/article/plateau-effect-digital-gadget-distraction-attention/.

11. Ibid.

12. Cindi May, "A Learning Secret: Don't Take Notes with a Laptop", *Scientific American*, 3 de junho de 2014, www.scientificamerican.com/article/a-learning-secret-don-t-take-notes-with-a-laptop/

CAPÍTULO 13

1. Eve Marder, "The Importance of Remembering", *eLife* 6 (14 de agosto de 2017), https://www.ncbi.nlm.nih.gov/pmc/articles/PMC5577906/.

2. William R. Klemm, "Five Reasons That Memory Matters", *Psychology Today*, 13 de janeiro de 2013, www.psychologytoday.com/us/blog/memory-medic/ 201301/five-reasons-memory-matters.

3. Joshua Foer, "How to Train Your Mind to Remember Anything", *CNN*, 11 de junho de 2012, www.cnn.com/2012/06/10/opinion/foer-ted-memory/index.html.

CAPÍTULO 14

1. Lauren Duzbow, "Watch This. No. Read It!", Oprah.com, junho de 2008, www.oprah.com/health/how-reading-can-improve-your-memory#ixzz2VYPyX3uU.

2. "Keep Reading to Keep Alzheimer's at Bay", *Fisher Center for Alzheimer's Research Foundation*, última modificação em 12 de novembro de 2014, www.alzinfo.org/articles/reading-alzheimers-bay/.

CAPÍTULO 15

1. "Six Thinking Hats", *De Bono Group*, www.debonogroup.com/six_thinking_hats.php.

2. "The Components of MI", *MI Oasis*, www.multipleintelligencesoasis.org/the-components-of-mi, acessado em 10 de abril de 2019.

3. Ibid.

4. Ibid.

5. The Mind Tools Content Team, "VAK Learning Styles: Understanding How Team Members Learn", *Mind Tools*, www.mindtools.com/pages/article/vak-learning-styles.htm, acessado em 10 de abril de 2019.

6. Matt Callen, "The 40/70 Rule and How It Applies to You", Digital Kickstart, última modificação em 3 de maio de 2016, https://digitalkickstart.com/the-4070-rule-and-how-it-applies-to-you/.

7. Ibid.

8. Rimm, Allison, "Taming the Epic To-Do List". *Harvard Business Review*, 14 de junho de 2018, https://hbr.org/2018/03/taming-the-epic-to-do-list.

9. Peter Bevelin, *Seeking Wisdom: from Darwin to Munger* (PCA Publications LLC, 2018).

10. Ryan Holiday, *Conspiracy: The True Story of Power, Sex, and a Billionaire's Secret Plot to Destroy a Media Empire* (Nova York: Portfolio, 2018).

11. "Second-Order Thinking: What Smart People Use to Outperform", *Farnam Street*, acessado em 22 de janeiro de 2019, https://fs.blog/2016/04/second-order-thinking/.

12. "Kwik Brain with Jim Kwik: Exponential Thinking with Naveen Jain", *Jim Kwik*, 4 de maio de 2018, https://jimkwik.com/kwik-brain-059-exponential-thinking-with-naveen-jain/.

13. Viome.com Home Page, *Viome, Inc.*, acessado em 5 de fevereiro de 2020, www.viome.com.

14. Mark Bonchek, "How to Create an Exponential Mindset", Harvard Business Review, 4 de outubro de 2017, hbr.org/2016/07/how-to-create-an-exponential-mindset.

15. Evie Mackie, "Exponential Thinking", Medium, Room Y, última modificação em 30 de agosto de 2018, medium.com/room-y/exponential-thinking-8d7cbb8aaf8a.

CAPÍTULO 16

1. Ilias Simpson, "How Learning Agility Helps Transform individuals into Leaders", *Forbes*, 20 de agosto de 2021, https://www.forbes.com/sites/forbesbusinesscouncil/2021/08/20/how-learning-agility-helps-transform-individuals-into-leaders/?sh=7b0855e76385.

2. Robert Eichinger e Michael Lombardo (2004), "Learning Agility as a Prime Indicator of Potential". HR. Human Resource Planning. 27. 12.

3. K. Anders Ericsson, Michael J. Prietula e Edward T. Cokely, "The Making of an Expert", Harvard Business Review, julho-agosto 2007, https://hbr.org/2007/07/the-making-of-an-expert.

CAPÍTULO 18

1. Michelle Luciano et al., "Mediterranean-Type Diet and Brain Structural Change from 73 to 76 Years in a Scottish Cohort", *Neurology* 88, nº 5 (31 de janeiro de 2017): 449–455, https://doi.org/10.1212/wnl.0000000000003559.

2. Thekkuttuparambil Ananthanarayanan Ajith, "A Recent Update on the Effects of Omega-3 Fatty Acids in Alzheimer's Disease", *Current Clinical Pharmacology* 13, nº 4 (2018): 252–260, https://doi.org/10.2174/1574884713666180807145648.

3. Mariam J. Engelhart, et al., "Dietary intake of antioxidants and risk of Alzheimer disease". *JAMA* 287 nº 24 (26 de junho de 2022): 3223-3229, https://doi.org/10.1001/jama.287.24.3223.

4. Joanna L. Bowtell et al., "Enhanced Task-Related Brain Activation and Resting Perfusion in Healthy Older Adults after Chronic Blueberry Supplementation", *Applied Physiology, Nutrition, and Metabolism* 42, nº. 7 (julho de 2017): 773–779, https://doi.org/10.1139/apnm-2016-0550.

5. Georgina E. Crichton, Merrill F. Elias e Ala'a Alkerwi, "Chocolate Intake Is Associated with Better Cognitive Function: The Maine-Syracuse Longitudinal Study", *Appetite* 100 (1º de maio de 2016): 126–132, https://doi.org/10.1016/j.appet.2016.02.010.

6. Rafael de Cabo e Mark P. Mattson, "Effects of Intermittent Fasting on Health, Aging, and Disease", *New England Journal of Medicine* 381, nº 26 (26 de dezembro de 2019): 2541–2551, https://doi.org/10.1056/nejmra1905136.

7. Samantha L. Gardener et al., "Higher Coffee Consumption Is Associated with Slower Cognitive Decline and Less Cerebral Aβ-Amyloid Accumulation over 126 Months: Data from the Australian Imaging, Biomarkers, and Lifestyle Study", *Frontiers in Aging Neuroscience* 13 (19 de novembro de 2021), https://doi.org/10.3389/fnagi.2021.744872.

8. David Kennedy, "B Vitamins and the Brain: Mechanisms, Dose and Efficacy — a Review", *Nutrients* 8, n. 2 (27 de janeiro de 2016): 68, https://doi.org/10.3390/nu8020068.

9. Simon C. Dyall, "Long-Chain Omega-3 Fatty Acids and the Brain: A Review of the Independent and Shared Effects of EPA, DPA and Dha", *Frontiers in Aging Neuroscience* 7 (21 de abril de 2015): 52, https://doi.org/10.3389/fnagi.2015.00052.

10. Matěj Malík e Pavel Tlustoš, "Nootropics as Cognitive Enhancers: Types, Dosage and Side Effects of Smart Drugs", *Nutrients* 14, nº 16 (17 de agosto de 2022): 3367, https://doi.org/10.3390/nu14163367.

11. David A Camfield et al., "Acute Effects of Tea Constituents L-Theanine, Caffeine, and Epigallocatechin Gallate on Cognitive Function and Mood: A Systematic Review and Meta-Analysis", *Nutrition Reviews* 72, nº 8 (19 de junho de 2014): 507–522, https://doi.org/10.1111/nure.12120.

12. Eric A. Walker e Mark V. Pellegrini, Bacopa monnieri. In StatPearls. Stat-Pearls Publishing, https://www.ncbi.nlm.nih.gov/books/NBK589635/.

13. Emilija Ivanova Stojcheva e José Carlos Quintela, "The Effectiveness of Rhodiola rosea L. Preparations in Alleviating Various Aspects of Life-Stress Symptoms and Stress-Induced Conditions — Encouraging Clinical Evidence", *Molecules* 27, nº 12 (17 de junho de 2022): 3902, https://doi.org/10.3390/molecules27123902.

14. Arpad Dobolyi et al., "Uridine Function in the Central Nervous System", *Current Topics in Medicinal Chemistry* 11, nº 8 (2011): 1058–1067, https://doi.org/10.2174/156802611795347618.

15. Mariano Malaguarnera, "Carnitine Derivatives: Clinical Usefulness", *Current Opinion in Gastroenterology* 28, nº 2 (março de 2012): 166–176, https://doi.org/10.1097/mog.0b013e3283505a3b.

16. Yael Richter et al., "The Effect of Soybean-Derived Phosphatidylserine on Cognitive Performance in Elderly with Subjective Memory Complaints: A Pilot Study", *Clinical Interventions in Aging* 8 (21 de maio de 2013): 557–563, https://doi.org/10.2147/cia.s40348.

17. Micaely Cristina dos Santos Tenório et al., "N-Acetylcysteine (NAC): Impacts on Human Health", *Antioxidants* 10, nº 6 (16 de junho de 2021): 967, https://doi.org/10.3390/antiox10060967.

18. Dong Hang Cheng, Hua Ren e Xi Can Tang, "Huperzine A, a Novel Promising Acetylcholinesterase Inhibitor", *NeuroReport* 8, nº 1 (20 de dezembro de 1996): 97–101, https://doi.org/10.1097/00001756-199612200-00020.

19. Guoyan Yang et al., "Huperzine A for Alzheimer's Disease: A Systematic Review and Meta-Analysis of Randomized Clinical Trials", *PLoS ONE* 8, nº 9 (23 de setembro de 2013), https://doi.org/10.1371/journal.pone.0074916.

20. Qinhong Huang et al., "Acetylcholine Bidirectionally Regulates Learning and Memory", *Journal of Neurorestoratology* 10, nº 2 (junho de 2022): 100002, https://doi.org/10.1016/j.jnrt.2022.100002.

21. W. Dimpfel, W. Wedekind e I. Keplinger, "Efficacy of Dimethylaminoethanol (DMAE) Containing Vitamin-Mineral Drug Combination on EEG Patterns in the Presence of Different Emotional States", *European Journal of Medical Research* 8, nº 5 (30 de maio de 2003): 183–191, https://pubmed.ncbi.nlm.nih.gov/12844472/.

22. Yuchuan Ding e EricA Klomparens, "The Neuroprotective Mechanisms and Effects of Sulforaphane", *Brain Circulation* 5, nº 2 (abril-junho 2019): 74–83, https://doi.org/10.4103/bc.bc_7_19.

23. Jennifer L. Robinson et al., "Neurophysiological Effects of Whole Coffee Cherry Extract in Older Adults with Subjective Cognitive Impairment: A Randomized, Double-Blind, Placebo-Controlled, Cross-over Pilot Study", *Antioxidants* 10, nº 2 (20 de janeiro de 2021): 144, https://doi.org/10.3390/antiox10020144.

24. Rachelle A. Reed et al., "Acute Low and Moderate Doses of a Caffeine-Free Polyphenol-Rich Coffeeberry Extract Improve Feelings of Alertness and Fatigue Resulting from the Performance of Fatiguing Cognitive Tasks", *Journal of Cognitive Enhancement* 3, nº 2 (7 de novembro de 2018): 193–206, https://doi.org/10.1007/s41465-018-0118-8.

25. Shalini Srivastava, Mark Mennemeier e Surekha Pimple, "Effect of Alpinia Galanga on Mental Alertness and Sustained Attention with or without Caffeine: A Randomized Placebo-Controlled Study", *Journal of the American College of Nutrition* 36, nº 8 (2017): 631–639, https://doi.org/10.1080/07315724.2017.1342576.

26. Yuusuke Saitsu et al., "Improvement of Cognitive Functions by Oral Intake of Hericium Erinaceus", *Biomedical Research* 40, nº 4 (1º de agosto de 2019): 125–131, https://doi.org/10.2220/biomedres.40.125.

27. Karin Yurko-Mauro et al., "Beneficial Effects of Docosahexaenoic Acid on Cognition in Age-related Cognitive Decline", *Alzheimer's & Dementia* 6, nº 6 (3 de maio de 2010): 456–464, https://doi.org/10.1016/j.jalz.2010.01.013.

28. "Omega-3 Fatty Acids", NIH Office of Dietary Supplements, n.d., https://ods.od.nih.gov/factsheets/Omega3FattyAcids-Healthprofessional/.

29. Steven T. DeKosky et al., "Ginkgo Biloba for Prevention of Dementia: A Randomized Controlled Trial", *JAMA* 300, nº 19 (19 de novembro de 2008): 2253–2262, https://doi.org/10.1001/jama.2008.683.

30. Katherine H. Cox et al., "Further Evidence of Benefits to Mood and Working Memory from Lipidated Curcumin in Healthy Older People: A 12-Week, Double-Blind, Placebo-Controlled, Partial Replication Study", *Nutrients* 12, nº 6 (4 de junho de 2020): 1678, https://doi.org/10.3390/nu12061678.

31. "Magnesium", NIH Office of Dietary Supplements, n.d., https://ods.od.nih.gov/factsheets/magnesium-healthprofessional.

32. Caroline Rae et al., "Oral Creatine Monohydrate Supplementation Improves Brain Performance: A Double–Blind, Placebo–Controlled, Cross–Over Trial", *Proceedings of the Royal Society of London. Series B: Biological Sciences* 270, nº 1529 (22 de outubro de 2003): 2147–2150, https://doi.org/10.1098/rspb.2003.2492.

33. Coreyann Poly et al., "The Relation of Dietary Choline to Cognitive Performance and White-Matter Hyperintensity in the Framingham Offspring Cohort", *The American*

Journal of Clinical Nutrition 94, nº 6 (dezembro de 2011): 1584–1591, https://doi.org/10.3945/ajcn.110.008938.

34. David O. Kennedy, "B Vitamins and the Brain: Mechanisms, Dose and Efficacy — a Review", *Nutrients* 8, nº 2 (27 de janeiro de 2016): 68, https://doi.org/10.3390/nu8020068.

35. Dante Xing et al., "Effects of Acute Ashwagandha Ingestion on Cognitive Function", *International Journal of Environmental Research and Public Health* 19, nº 19 (20 de setembro de 2022): 11852, https://doi.org/10.3390/ijerph191911852.

36. Koen Schruers et al., "Acute L-5-Hydroxytryptophan Administration Inhibits Carbon Dioxide-Induced Panic in Panic Disorder Patients", *Psychiatry Research* 113, nº 3 (30 de dezembro de 2002): 237–243, https://doi.org/10.1016/s0165-1781(02)00262-7.

37. David O Kennedy et al., "Effects of Resveratrol on Cerebral Blood Flow Variables and Cognitive Performance in Humans: A Double-Blind, Placebo-Controlled, Crossover Investigation", *The American Journal of Clinical Nutrition* 91, nº 6 (junho de 2010): 1590–1597, https://doi.org/10.3945/ajcn.2009.28641.

CAPÍTULO 19

1. Angela Duckworth e Lyle Ungar, "Op-Ed: Don't Ban Chatbots in Classrooms — Use Them to Change How We Teach", *Los Angeles Times*, 19 de janeiro de 2023, https://www.latimes.com/opinion/story/2023-01-19/chatgpt-ai-education-testing-teaching-changes.

ÍNDICE

Este livro foi impresso nas oficinas gráficas da Editora Vozes Ltda.,
Rua Frei Luís, 100 – Petrópolis, RJ.